宋永嘉学派之学术思想

董金裕 著

中国出版集团 东方出版中心

图书在版编目（CIP）数据

宋永嘉学派之学术思想/董金裕著. －上海：东方出版中心，2022.11
ISBN 978-7-5473-2097-6

Ⅰ.①宋… Ⅱ.①董… Ⅲ.①永嘉学派－研究 Ⅳ.①B244.92

中国版本图书馆CIP数据核字（2022）第208343号

宋永嘉学派之学术思想

著　　者　董金裕
责任编辑　陈明晓
封面设计　钟　颖

出版发行　东方出版中心有限公司
地　　址　上海市仙霞路345号
邮政编码　200336
电　　话　021-62417400
印刷者　上海盛通时代印刷有限公司

开　　本　710mm×1000mm　1/16
印　　张　22
字　　数　360千字
版　　次　2023年3月第1版
印　　次　2023年3月第1次印刷
定　　价　58.00元

主编单位

中共永嘉县委宣传部

永嘉书院

编审委员会

顾问:黄　慧　吴呈钱

成员:叶朝阳　周旭丹　林久区　胡程远

　　　李作勤　杨文宾　金淑微

序

　　董金裕先生是台湾政治大学的著名教授,也是与我相识相知三十多年的好朋友。我认识金裕兄,是在1988年9月韩国汉城(今首尔)奥运会期间由国际退溪学会主办的退溪学国际会议上。应邀与会的中国学者有十多名,我是由国际退溪学会副会长、日本筑波大学校长高桥进教授推荐,从新加坡飞往汉城出席会议的——当时我正应聘在新加坡东亚哲学研究所担任专任研究员。大家相互认识后,真有一见如故之感。次年7月,我应国际中国哲学会创会会长成中英先生之邀,到美国夏威夷大学出席其第七届年会,再次在会上遇见了金裕兄,老友重逢,感到分外亲切。当时,金裕兄送了一本他撰著的《章实斋学记》(章学诚,字实斋,清浙江绍兴人),以及新近在台北出版的专著《宋永嘉学派之学术思想》。那个时候,我也正在主持整理《黄宗羲全集》和研究南宋以来的浙东学派问题,对浙东学派的缘起、内涵定位、学派特色与基本精神等问题有了若干新认识。在与金裕兄的交流中,我深感他对浙东学术远较我有更深度的了解,我们对相关问题也有许多共识。其后,我们在中国大陆、台湾、香港以及多个国际场合都有机会同时出席会议,发表个人见解,尤其是董兄作为国际儒学联合会的副理事长和中华孔孟学会副会长,我作为国际儒联的理事暨学术委员,现在又同为国际儒联的荣誉顾问,我们可谓志趣相投、观点相近,对于复兴以中华儒学为主导的中华传统文化更是志同道合了。

　　根据我的了解,我与金裕兄不仅对复兴大中华文化有共同志趣,而且对复兴地域性文化如浙学、浙东学派等都有惊人的共识。例如,他基于对两宋永嘉学派与章学诚的深刻认识,从四大方面展开了对宋永嘉学派的研究与阐发:一、就学术思想而言,世人每每误以为宋代学术专言理学,其实宋学派别甚多,除北宋濂、洛、关学,南宋朱、陆之学以外,尚有其他学派。其中尤以叶适为代表的浙东永嘉学派影响最大。永嘉学派自北宋兴起,至南宋已与朱、陆鼎足而三,很值得学者重视。二、就政治教化而言,理学思想虽并涵内圣、外王,然因较偏尚心性义理之探讨,对实际政治事务难免有所忽略。永嘉学派以经制言事功,经史并重,富有实证精神,既可以补当时学术之失,亦有助于今人施政立教之参考。三、就思想批评而言,永嘉学派兼重心性与事功,但因深受时势之激发,不免以经世济民为着重,因而往往被误以为崇尚功利。然其学实以仁义纪纲为本,以期利于国计民生,标榜"崇义养利"之旨,而非自私利己者,亟待学者辨明澄清。四、就学术态度而言,我国学术在汉代有经今、古文之争,至宋明而有程朱、陆王之争,迨清朝又有汉学、宋学之争,彼此相持不下,甚至互相攻讦。永嘉学派规模宏阔,并无门户之见,能包容诸家、折中朱陆,与当时名家并立学派相互切磋,其胸襟眼光足以为治学之楷模。基于上述认知,金裕兄在四十五年前便以"宋永嘉学派"为研究主题,旁搜远绍各相关资料,进而精思细考,妥加融裁。费时三载,终于完成了洋洋三十多万字,题为《宋永嘉学派之学术思想》的学位论文,并获得诸位评审专家和答辩委员的一致肯定,最终荣获了文学博士学位。

《宋永嘉学派之学术思想》一书旨趣明确,体例精细,首先概述了永嘉学术思想变迁之大势,包括其学之兴起、转变乃至衰歇的情形与缘由,以期读者了解其来龙去脉。重点则在绍述、阐发各阶段之代表人物,计有北宋永嘉九先生(周行己、许景衡、刘安节、刘安上、戴述、沈躬行、赵霄、张辉、蒋元中)、南宋郑氏兄弟(郑伯熊、郑伯英)和薛季宣、陈傅良、叶适等人之传略及其学术思想。继而类分为南宋末年、明末清初、清道咸同光至民国以降四期,各举其信而有征之实例,论述永嘉学派诸子学术思想之影响。最后则以结论指出:永嘉之学所讲,重在"经世致用"之实事实功之建立,与宋学各派所讲"内圣外王"立场虽未必尽同,然其欲拯斯民于水火而同登于衽席之上者,目标其实一致,皆可以为我辈所认知,而为永嘉学派定位。全书之末,另有附录三种,除撰写论文必备之参考书目举要以外,顾及永嘉学者连袂接踵,其姓名尚传于今者将近二百人,有著述者虽将近一半,但亡佚颇多,因特别制作宋永嘉学派诸子生平著述年表,以及宋永嘉学派诸子著述考略,既以明其生平著述情形,并考察其著作之存佚,以作为将来有志于考索永嘉学术者之助焉。我对董兄研究永嘉学派的问题意识及其论述的展开,尤其是关于宋永嘉学派思想特色和历史地位的结论都是十分赞同的。我关于叶适、永嘉学派和黄宗羲思想的研究也颇受董兄的启发。例如我和温州市社科联主席洪振宁先生合作主编的《叶适与永嘉学派——纪念叶适诞辰860周年学术研讨会论文集》、由我署名发表的《永嘉学派的人文精神》《试论"浙学"的基本精神》《"浙学"的时代价值》等论文也都吸收了董兄大著的研究成果。

总之,董兄之博士论文是一部价值很高的佳作,但在当时受到印刷和出版条件的限制而印量不多,流传不广,殊为可惜。所幸近二十多年来,国人已十分肯定和重视中华传统文化,浙东学术与永嘉学派的思想不仅在浙江而且在全国都日益受到重视。以叶适与永嘉学派为主题的地域性、全国性和国际性的会议也日益增多。在此学术文化空前繁荣的背景下,温州市永嘉书院总经理李作勤先生积极搜辑与弘扬乡邦文献,得知董教授之力作乃最早并且最全面系统研究永嘉学派之专著,乃十分诚恳地商请著者同意授权,并慷慨资助在大陆重新排印出版,于是问序于我。我与董兄既属同年友好,又有对浙学与永嘉学派的同样钟爱,故不揣谫陋为之作序,一则期待董兄研究永嘉学派的著作与思想能为更多学人了解,二则期待使永嘉学派、浙东学派乃至广义浙学的概念广为人知,并将浙学研究的水平推向一个新高潮。

辛丑端阳,子陵乡友、圣苑寓公　吴光　敬识

目　录

第一章 绪 论

有宋一代,学术昌盛,非徒绍述,且多创作,内圣外王,靡所不备。其在我国学术思想史上,自先秦诸子学而后,实为又一伟大时期;至如魏晋玄学、隋唐佛学,虽盛极一时,究不能为我国学术思想之主流,宋代诸儒兼融诸家而尽纳之,规模宏廓,实远过之。其中波澜壮阔,高潮迭起,声华所被,历元、明、清三代以至今日,其学术价值迄未替也。唯世之论宋学者,每多着眼于北宋四子(周敦颐、张载、程颢、程颐)以及南宋朱熹、陆九渊二家思想之探讨,而对能与当时时势相配合之永嘉学派,则颇见忽略,而罕有论及之者;即或有之,亦属零篇短简,未能作有系统而深入之研究,私窃憾焉,以为永嘉之学不可不论述之者凡有四端,因思即其遗文,探究其学术思想之底蕴,以表彰绝学,而有本书之撰述焉。

宋代学术,要以理学最称大宗,其学倡自北宋周、张、二程,以迄南宋之朱、陆,而达其展演之高峰,"大抵以格物致知为先,明善诚身为要,凡诗、书六艺之文,与夫孔、孟之遗言,颠错于秦火,支离于汉儒,幽沉于魏、晋、六朝者,至是皆焕然而大明,秩然而各得其所……其于世代之污隆,气化之荣悴,有所关系也甚大"(《宋史》四百二十七《道学传》序)。惟自有清乾、嘉以来,汉学递兴,学者渐以非毁宋儒为能,于性理之学未免贬之太甚,善乎阮元之言曰:"两汉名教,得儒经之功;宋明讲学,得师道之益。皆于周、孔之道,得其分合,未可偏讥而互诮也。"(《清史稿·儒林传》序)汉儒宋师,盖本《周礼·太宰》九两,师以贤得民,儒以道艺得民而为言,立言可谓平允。顾天下学术,传衍既久,要不能无弊,夫理学家既以为道在人心,理备天地万物,但能穷天地万物,以合于我心之灵觉,即谓之道,于是遂不免"以孝悌忠信为浅近,而驰心于空虚窈远之地"(《十驾斋养新录》十八《清谈》),于汉、唐诸儒之说,视之若弁髦,弃之若土苴,从此心性事功分为二道,儒林道学判若两途。虽云道学家于国计民生非不措意,然心性之辨愈精,事功之味相对而愈淡,故程朱诸子诚为宋学极轨,而徒众既广,流派益多,浸假而至于举一切福国利民之事而弗道,以为诚正当讲,治平可略,甚者侈言心性,猎取语录中一二语,以相标尚,抑又何异于江左之清谈耶?而值国家多难,民生凋敝之秋,似此行径,自为有识之士所不满。章学诚谓："宋儒之学，自是三代以后讲求诚正治平正路，第其流弊，则于学问文章、经济事功之外，别见有所谓道耳。以道明学，而外轻经济事功，内轻学问文章，则守陋自是，枵腹空谈性天，无怪通儒耻言宋学矣！"（《文史通义》外篇《家书五》）于是永嘉诸子遂起而绳弊矫偏，致力于古今成败、典章制度之考索，以期见之实事实功，有补于国计民生，故黄宗羲云："永嘉之学，教人就事上理会，步步着实，言之必使可行，足以开物成务，盖亦鉴一种闭眉合眼，蒙瞳精神，自附道学者，于古今事务之变，不知为何等也。"（《宋元学案》五十二《艮斋学案》）是则其于道学家之说，凡有所攻诘者，要非无所见而然也。考永嘉学派，自北宋庆历年间，王开祖、林石、丁昌期三先生导其源，迨南宋宁宗嘉定末年，计时约二百年，盖胚胎于北宋元丰九先生，暨南宋郑伯熊、伯英兄弟，而大昌于薛季宣、陈傅良、叶适，凡此诸家，实为中心人物。较其学术思想，以之颉颃濂、洛、关、闽诸贤，实无逊色。故《宋元学案》云："乾、淳诸老既殁，学术之会，总为朱、陆二派，而水心龈龈其间，遂称鼎足。"（《宋元学案》五十四《水心学案上》）盖朱之与陆，相峙相争，犹是同室之戈，至永嘉学派则驳驳晋、楚争霸矣！其学之盛如此。此永嘉之学不可论述者一也。

夫宋世学者，濂、洛、关、闽，偏于正诚一路，而薄视事功，自不可无他山之石，以为攻错之助。孔门四科，政事与德行并列，知有颜、闵，岂可不知更有冉有、季路乎？按永嘉之学与理学家之大分野，乃在于理学家所据以立说者，为《易传》《学》《庸》与《孟子》，而专究于无极太极、理气心性等问题之探讨。而永嘉诸子则假借《尚书》《周礼》，而又兼重史学，以为"订之理义，亦必于史，而后不为空言"（《习学记言》十四《孟子》），故致力于探讨古今事物之变，务期考古通今，以明当世之务，而归宿于实际事功之建立。故理学重内，永嘉学则转向外。重内则致力于人生最高指导原理之探究，此其长也；其短则不免局限于自心自身，以为治平之基础在此，而治平转不免于悬想矣！转而向外则自然通达人情事理，唯其短则在于专就事论事，而乏于切己反身之实。考理学家对于史事或不甚加会，所谓"伊洛之传，不以史事为重"（《四库全书总目提要》九十二）。司马光亦尝曰："洛中士大夫渊薮，谈空说性多矣！唯史事无所启口。"（《止斋文集》四十一《题张之望文卷跋引》）史载谢良佐自负该博，对程颢举史书，不遗一字，颢曰："贤却记得许多，可谓玩物丧志。""谢闻之，汗流浃背，面发赤。"（《宋元学案》二十四《上蔡学案》附录）今观《二程语录》中，尚见其论史，周敦颐、张载书中则颇少见，而其言如此，则一般理学家对于史学之态度为何如，盖从可知矣！理学家中，朱熹之史学造诣，最称湛深，其于历代人物贤奸，制度得失，事为利病，治乱关键，论之甚悉。所著乙部之作有《资治通鉴纲目》及《八朝名臣言行录》，二书得失，后世虽有争论，然其借史事以扶持世教之意至深，要亦自有其立场在。虽然，其平日言论，则颇有重经轻史之意，如云："看经书与看史书不同，史是皮外物事，没紧要，可以札记问人。若是经书有疑，这个是切己病痛，岂可比之看史，遇有疑则记之纸耶？"（《朱子语类》十一）若此类言论，语录之中屡屡可见。其又有甚者，谓："看史只如看人相打，相打有甚好看处。"（《朱子语类》一百二十三）虽其立场乃在于先治经通义理，然后治史通世务，然似此言论，诚不免贻误后学。夫惟理学家之轻史也，故不免唯腾空言而不切于人事，终不免沦入空虚，而为世所诟病。永嘉之学本其注重史学之立场，教人就事上理会，步步着实，言之必使可行，"意欲尽废后儒之浮论"（《宋元学案》五十四《水心学案上》黄宗羲评叶适语），实能矫救理学末流之病，而有补于当时学术之缺失。此永嘉之学不可论述者二也。

据叶适云："永嘉之学，必兢省以御物欲者，周作于前而郑承于后也。""永嘉之学，必弥纶以通世变者，薛经其始而陈纬其终也。"（《水心文集》十《温州新修学记》）所谓兢省弥纶，盖能兼重心性事功，其精神与宋学开山胡瑗之意欲绾合经义治事之全者甚相契。乃其学自为朱熹所不喜，而斥之为功利，世人不察，以为凡所谓功利者皆自私利，于是对永嘉之学乃鄙薄视之。夫明张居正不尝云乎："孔子论政，开口即云足食足兵。舜命十二牧，亦曰食哉唯时。周公立政，其克诘尔戎兵。何尝不欲其国之富且强哉？后世学术不明，高谈无实，剽窃仁义，才涉富强，便云霸术。不知王霸之辨，义利之间，在心不在迹。岂必仁义之为王，富强之为霸也。"（《太岳集》三十一《答福建巡抚耿楚侗书》）所谓在心不在迹，盖能深得圣人之用心也。考永嘉之学所以兼重事功者，盖深有受于时势之刺激，思以实政实学，裨补国计民生，措心立意，与自私利己者，实不啻若霄壤之别也。且夫圣人之道，有体有用，天下之势，有缓有急，陈亮上孝宗疏，所谓风痹不知痛痒者，未尝不中薄视事功之病。夫陈亮之学未免失之粗，永嘉学者未可比例而观也。然则以经世济民为主眼之永嘉学派所主张，亦岂可以厚非？或者谓今日之弊，正在于一切急功近利，而不顾夫世道之升降，是诚然也。然永嘉诸子所谓"以仁义纪纲为本"（《浪语集》十七《又与王枢密札子》），"礼乐为治在政刑之上"（《习学记言》二十二《汉书》），"造治成德，无依密以成功者"（《习学记言》四《易》），岂非适足以为激切者之良药石哉？此永嘉之学不可不论述者三也。

再则我国自汉世有所谓师法、家法以来，学者每每不能免于门户之争，甚者入主出奴，相为水火，不问是非，但逞意气。永嘉诸子论学，虽意有宗主，然绝少此弊。若元丰九先生，其学源出程氏，而又兼师蓝田吕氏；且周行己"与曾巩、黄庭坚、晁说之、秦观、李之仪、左誉诸人,皆相倡和,集中《寄鲁直学士》一诗,称'当今文伯眉阳苏,新词的烁垂明珠',于苏轼亦极倾倒,绝不立洛、蜀门户之见"(《四库全书总目提要》一百五十五),许景衡"立身刚直,不与贾易诸人嚣争门户"(同上),刘安节《刘给谏集》"载《苏辙追复端明殿学士赠宣奉大夫制》,有云:'处吁谟之地,非尧、舜不陈;居退实之私,以孔、孟自乐。'其推美甚至,亦无洛、蜀门户之见,与贾易诸人纷争诟诋者区以别矣"(《温州经籍志》十九)。又如薛季宣,"平生所推尊,濂溪、伊洛数先生"(《止斋文集》五十一《右奉议郎新权发遣常州借紫薛公行状》),"少师事袁溉,传河南程氏之学,晚复与朱子、吕祖谦等相往来,多所商榷"(《四库全书总目提要》一百六十)。陈傅良则于郑伯熊、薛季宣而外,兼师张栻、吕祖谦,"数请间扣以为学大指,互相发明"(《止斋文集》五十二附蔡幼学撰行状),"敬德集义,于张公尽心焉;而吕公为言本朝文献相承,所以垂世立国者"(《水心文集》十六《宝谟阁待制中书舍人陈公墓志铭》)。至叶适虽反对一贯道统之说,于周、张、二程,以至朱熹,皆有所排击,然则曰:"其博探详考,知本统所由,而后能标颜、曾、孟子为之传,揭《大学》《中庸》为之教,语学者必曰不如是,不足达孔子之道也。然后次序不差,而道德几尽信矣!非程、张暨朱、吕数君子之力哉!"(《水心文集》十《同安县朱先生祠堂记》)又曰:"南安者,昔周子、二程相与讲习其地,群圣人之道赖以复明,学者记焉。自周子、二程以来,天之命我者,属乎不离也;我之事天者,吻乎有合也。舜、文王之道即己之道,颜渊、孟轲之学即己之学也。辞华不黜而自落,功利不抑而自退,其本立矣!"(《水心文集》十一《南安军三先生祠堂记》)推美盖亦甚至。其于杨时、谢良佐亦颇致推服之意(见《水心文集》十《龟山杨先生祠堂记》、《上蔡先生祠堂记》)。而其辩林栗一书尤卓卓,盖时林栗倡为道学之说,欲窜逐朱熹,善人君子,莫不惴惧。叶适独上书天子,论栗奸邪,请加摧折,以扶善类,谓国家之本,莫大于是(见《水心文集》二《辩兵部郎官朱元晦状》)。考叶适既非言官,又所学与朱熹不相下,非平昔相党友者,一旦不忍栗之诬,出位抗言,廷斥不少恕,固有功斯文甚大,而尤见其胸怀之坦荡也。永嘉诸子,不立门户之见,若此态度,实足为吾人之所矜式也。此又永嘉之学不可不论述者四也。

本书凡分九章:第一章绪论,就永嘉学派之学术立场,及其在当时学术界之地位,说明撰述之旨趣,并对本书撰述之体例略加说明。第二章为宋永嘉学派学术思想变迁之大势,盖一书之纲领,用以说明其学之来龙去脉,暨诸代表人物学术思想之重点,及其成就与地位,并探讨其学风所以转变与夫所以终归衰歇之缘由。第三章为元丰九先生之学术思想,第四章为郑氏兄弟之学术思想,第五章为薛季宣之学术思想,第六章为陈傅良之学术思想,第七章为叶适之学术思想,分别论述永嘉学派各期代表人物之学术思想。初欲分就学术与思想二端论述之,后以诸人著述亡佚已多,无法尽窥其大全,无以,则首述其生平,然后类分为论道、论学、论持养、论政、论财计、论军事诸端,以明其学术思想之底蕴。其有无著述之存于今者,则但述其生平大端,以略窥其学之规模次第而已。第八章为宋永嘉学派学术思想之影响,博采前修时贤之说,并附己见,以所处时代与永嘉诸子之略相同者,略分为四期,述其学对于后世学者之影响。但取其实有征者论述之,期免穿凿附会之病焉。第九章为结论,绾合前八章所论述者,归纳其大要,以便掌握全书主旨。

以上八章而外,并益以三附录。附录一为宋永嘉学派诸子生平著述年表。盖永嘉学者连袂接踵,其姓名尚传于今者近二百人,有著述者殆及半焉,惟既限于篇幅、时间,无法对其学术思想一一加以考索,因编为年表,以明其生平著述之大概,用为探究其学术思想之一助焉。附录二为宋永嘉学派诸子著述考略,稽考永嘉诸子之著述,并说明其存佚,以明其学术思想之趋向焉。附录三为参考书目举要,列举撰述本书所参用之重要书目,除征引其文者外,凡于本书撰述过程中,有其启迪之功者亦加著录,一以示不敢掠美,再则表示本人对诸书作者感谢之意。

兹编所论,凡称引人物,概用本名。盖我国文人学士,于本名之外,类有字号,多者且不胜枚举,而称字称号,每寓有崇仰之意。故一则为免滋疑误,再则力避心有适莫,但称本名,而不举字号,非敢于前贤不加敬也。又本书论述各家学术思想,尽量避免使用新式名词,如论道,今人或有称哲学思想者,或有称本体论者,或有称宇宙论者,鄙意以为未必能尽符我国本有学术之内涵,因不之采,要非于西洋哲学有何歧见也。曲智私见,尚祈博学鸿儒有以谅之。

斯编之作,自搜集资料以迄草撰成编,凡逾三载。幸蒙吾师奉新熊公哲翰叔、高邮高明仲华两先生,不惮其烦,析疑解蔽,启悟多方,暨各方友朋热心提供资料,参酌意见,得以勉强完编,盛德美意,衷心铭感。惟余性既椎鲁,兼居海隅,文献难征,疏误之处,盖所不免,所愿博雅君子,不鄙而教之,抑又幸甚矣。

第二章　宋永嘉学派学术思想变迁之大势

永嘉学派自北宋仁宗庆历年间，王开祖、林石、丁昌期三先生开导其源而后，以迄南宋宁宗嘉定末年叶适之卒，近两百年间，经元丰九先生、郑氏兄弟、薛季宣、陈傅良、叶适诸大家及其弟子之讲倡，其学大昌，骎骎早有与朱、陆相颉颃之势，而为当时学术之一大宗。惟推原察变，其学术思想并非一脉相承，步武同趋。就其大体而言，可以徽、钦北狩，宋室南渡为断限。在此之前，受洛学之笼罩，虽亦论政议财，惟必兢省以御物欲，重在凝敛修省；此后则受时势之刺激，固不废修身明德，然必弥纶以通世变，遂转而主于经制事功矣。兹述其学术思想变迁之大势如后。

第一节　永嘉学术之先导

按全祖望云："永嘉之学统远矣。"（《宋元学案》五十二《艮斋学案》）先是，于北宋仁宗朝，永嘉有王开祖者，字景山，学者称为儒志先生。少敏悟，书经目辄成诵，勤笃废寝食，登皇祐五年进士第（陈谦《儒志学业传》）。试秘书省校书郎，出佐处州丽水县，以所如者不合，退居郡城东山，设塾讲倡理学于濂、洛未作之先，讲下常数百人（许及之《儒志像赞》）。复以荐召试贤良方正，未赴而卒（《宋元学案》六《士刘诸儒学案》），年仅三十二（陈谦《儒志学业传》）。其著作多湮没不传，今所存者仅其生平讲学语《儒志编》一卷（《四库全书总目提要》九十一）。其学"主于修己治人，无所谓理气心性之微妙"（同上）。"旁搜远绍，以斯道为己任。其致力也，以复性为宗，以立诚为要，躬行实践，归于心得。"（《儒志编》乾隆重刊本金洪铨跋）谓道在六经，泽及后世，异端之学，乱吾圣人之道。复援经证史，考古以咨今。又疑《系辞》有非孔子之言者。其言任道也，则曰：

> 由孟子以来，道学不明，我欲述尧、舜之道，论文、武之治，杜淫邪之
> 路，辟皇极之门，吾畏诸天者也，吾何敢已哉！（《儒志编》）

其言功略也，则曰：

拘庸庸之论者，无通变之略；持规规之见者，无过人之功。（同上）

其言复性也，则曰：

复者性之宅也，无妄者诚之原也……故君子复足以知性，无妄足以立诚……知其复则能知性，知性则能立诚，立其诚者能畜德，畜其德则能发育万物，而与天地配矣！（同上）

其言情本也，则曰：

学者之言曰："性善也，情恶也，莫善于性，莫恶于情。"此贼夫情者之言，不知圣人之统也。夫情本于性则正，离于性则邪，学者不求其本，离性而言之，奚情之不恶？（同上）

其言躬行也，则曰：

举天下知孔子之言，而不行孔子之道，是不知孔子之道也。（同上）

言不行则言隐，知不行则知隐，不可以有为。（同上）

其言传经也，则曰：

人皆谓孔子生而不偶也，而道不克大用，不若得其位可以行其道，吾不信也。孔子之道见乎六经，以至于今，为君臣父子兄弟夫妇者，尊卑上下，各有分服，而修之者循循如也。其用如水火，人非水火不生，其功无穷，又岂止一时得位而谓之道大用哉？使孔子用于当时，则六经之道固不若今之著矣！夫得用者其文简，不得用者其文备。使孔子用而为君，尧焉舜焉而已尔；为之臣，禹焉稷焉而已尔。尧、舜之书，载行事者二典存焉；禹、稷之书，载夫言者三谟存焉。行道之迹，传人口，闻人耳，凡几何？固知其不广且备也。孔子章章乎六经，万世之人饮食衣服之所以生，是岂不得其用也耶？微孔子，吾其失道左衽矣！（同上）

其言异端也，则曰：

世有佛、老者，乃夷貊之道，其为法拂吾君臣之礼，渎吾父子之亲，乱吾治天下国家之法。其祀遍天下，而其徒伍乎民，而上之人乃率天下之人祀之，益严以恭，又何反ML！（同上）

其之援经证史，考古咨今也，则曰：

夫逢人之忧，探人之患，掩而取之者郑伯也。隐居桓之位，谓隐终于是矣，使宛来归祊，欲取许田未果，而隐弑。故孔子原其意而诛之虽假，孰谓之假哉？今世为郑伯之行者众矣！皆诛于孔子者也。而世之士大夫莫之或非，亦习久而已矣！（同上）

能致众力至劳而用至约者,百工之事也;能致约力至逸而用至博者,君子之道也。世之为教者曰我善治吾簿书也,我善督吾财赋也,我善劳吾躬以从事也。是百工有司之事也。今之所谓善政,古之所谓人役也。故君子会其宗,推其纲,问其所宜,不问其所成,察其所归,不察其所存,是谓大成。诗曰:"允矣君子,展也大成。"今为百工有司之事,曰我善治此,难乎与言大成也。(同上)

其疑《系辞》有非孔子之言者,则曰:

或曰今之所谓《系辞》,果非圣人之书乎?曰其源出于孔子,而后相传于《易》师,其来也远,其传也久,其间失坠而增加者不能无也。故有圣人之言焉,有非圣人之言焉。其曰:"《易》之兴也,其于中古乎!作易者其有忧患乎!当文王与纣之事邪!商之末世,周之盛德邪!"若此者虽欲曰非圣人之言可乎?其曰:"河出图,洛出书,圣人则之,幽赞神明而生著。"若此者虽欲曰圣人之言可乎?凡学不通者惑此者也,知此然后可以知《易》矣!(同上)

观其所论,虽"其中昌明宗旨,似不及伊洛之奥衍,然其论学无过高之言,论政无过迂之谈,论人无过刻之求,固醇乎其醇也"(《介轩文钞》八《儒志编》题后)。"或疑其入理不深,正其去道未远也。"(《儒志编》咸丰重修本全衍宗跋)"是时伊洛未出,安定、泰山、徂徕、古灵诸公甫起,而先生之言,实遥与相应。"(《宋元学案》六《士刘诸儒学案》)盖后来永嘉学术,不论其为前期所重之凝敛修省,抑后期所主之经制事功,于斯皆已微露其端倪矣!故议者无不盛称其草莱开辟之功,而推尊为永嘉学之开山祖,如苏伯衡曰:"宋时永嘉人物之盛,道术之懿,固莫加于乾、淳之际,尚论其所由来,实出皇祐贤良王公景山。"(《儒志编》苏伯衡叙)全祖望曰:"永嘉后来问学之盛,盖始基之。"(《宋元学案》六《士刘诸儒学案》)金洪铨曰:"卓然为瓯邦道学开山祖。"(《儒志编》乾隆重刊本跋)许及之曰:"永嘉之学言宗师者首王贤良焉。"(《慎江文征》三十一《儒志编》叙)而南宋永嘉后学陈谦云:"当庆历、皇祐间,宋兴未百年,经术道微,伊洛先生未作,景山独能研精覃思,发明经蕴,倡鸣道学二字,著之话言,此永嘉理学开山祖也。不幸有则亡之叹,后四十余年,伊洛儒宗始出,从游诸公还乡转相授受,理学益行,而滥觞亦有自焉。"(陈谦《儒志学业传》)据此,则不仅为永嘉学术之开山,即于宋室道学之盛殆亦与有功焉。

继王氏而兴者为林石,字介夫,学者称为塘奥先生,瑞安人。少有志操,初习进士声律,既而曰:"古人之学不如是也。"遂刻意诸经,闻括苍管师常明《春秋》,往从受之，遭父丧，庐墓三年，不茹草木之滋（《宋元学案》五《古灵四先生学案》）。时有司方以三经造士，自《春秋》不得设科，非王氏之说皆为大禁，石慨然不为新经，以《春秋》教授于乡（《止斋文集》三十九《重修瑞安县学记》），绝意仕进，筑室躬耕，作萱堂以养母。或劝以仕，不答。讲论古今，必先实行而后文艺，曰："本之不立，末于何有？"邑官初至，率来谒，执弟子礼。母卒，年九十余，白首终丧如父时，人以为难（《宋元学案》五《古灵四先生学案》）。卒于建中靖国元年（《止斋文集》四十八《新归墓表》）。所著有《塘奥集》《三游集》（《宋元学案》五《古灵四先生学案》），惜皆已不传。按周行己曰："洛阳程颐正叔、京兆吕大临与叔、括苍龚源深之与吾乡先生介夫，皆传古道，名世宗师。"（《浮沚集》九《沈子正墓志铭》）陈傅良曰："是时三经新义行，天下学者非王氏不道，《春秋》且废弗讲，先生少从管师常学，师常与孙觉莘老为经社者也。先生故不为新学，以其说窃教授乡诸生。龚源深之尝以易学行世，比见先生，乃矍然顾恨识《春秋》之晚也。于是永嘉之学不专趋王氏……而周公行己、刘公元承元礼兄弟、许公景衡相继起，益务古学，名声益盛，而先生居然为丈人行。恭叔之铭沈子正也曰：'河南程正叔、关中吕与叔与介夫同为世宗师。'少伊亦云尔，且曰非《诗》《书》勿谈，非孔、孟勿为者，以二公所同尊诵如此……要之，永嘉之师友渊源不曰先生之力哉！"（《止斋文集》四十八《新归墓表》）然则其学术行谊实为后来永嘉学派之先导，陈傅良固已言之有凿矣！而其以《春秋》倡于乡，盖后来永嘉兼重史学之先声也。

王、林二氏而后，又有丁昌期，字逢辰（光绪《永嘉县志》十三），学者称为经行先生（《宋元学案》六《士刘诸儒学案》），世为永嘉人。业儒通经术（《横塘集》十九《丁大夫墓志铭》），元祐戊辰举经明行修，不第（光绪《永嘉县志》十三）。笃行著书，筑醉经堂以教授乡里。三子宽夫（《横塘集》二十《丁昌期妻蒋氏墓志铭》作惇夫），乡贡进士；廉夫，举八行；志夫，擢绍圣元年进士第。兄弟好古清修，自相师友，各以所得质于其父，不为苟同，曰："此理天下所共同，不可为家庭有阿私也。"尤斥去浮屠之说，丧祭无不本古礼（《横塘集》十九《丁大夫墓志铭》、《宋元学案》六《士刘诸儒学案》）。昌期所著书，其名不可知，世亦不传，其学莫能详，唯据刘安节祭文云："名家以儒，不诡方士，不师浮屠，独抱六经，以恢圣谟……言不苟发，行不苟趋。"（《刘左史文集》二《祭丁逢辰》）规模次第犹可概见一二。考其既以学问承家，复以之教授乡里，于永嘉后学固有所启发，故《宋元学案》云："永嘉师道之立，始于儒志先生王氏，继之者为塘奥先生林氏，安定、古灵之再传也，而先生参之。"（《宋元学案》六《士刘诸儒学案》）

按北宋前叶,永嘉儒林犹是一片草莱蒙昧,经此三先生之讲倡,师道以立,风气为开,筚路蓝缕,以启山林,导迪开创之功,良不可没也。

第二节　永嘉学派之流衍

一、北宋时期之永嘉学术(胚胎期)

永嘉学派经王开祖、林石、丁昌期三先生之讲倡以后,风气既开,迨神宗元丰中遂有太学九先生之崛起。按周行己曰:"元丰作新太学,四方游士岁常数千百人,温海郡,去京师阻远,居太学不满十人,然而学行修明,颇为学官先生称道,一时士大夫语其子弟以为矜式,四方学者皆所服从而师友焉。蒋元中、沈彬老不幸早死,不及禄,刘元承今为监察御史,元礼为中书舍人,许少伊今为赦令删定官,方进未艾,戴明仲为临江军教授,赵彦昭为辟雍正以卒,张子充最早有闻,每举不利,今以八行荐于朝。凡此吾乡之士皆能自立于学校,见用于当世,其间或先或后,或贵或贱,或寿或夭,则有命也,然不可谓不闻矣!"(《浮沚集》七《赵彦昭墓志铭》)又叶适曰:"按周博士集,元丰时,永嘉同游太学者,蒋元中、沈彬老、刘元承、刘元礼、许少伊、戴明仲、赵彦昭、张子充,所谓'不满十人,而皆经行修明,为四方学者敬服'者也。绍兴末,州始祠周公及二刘公于学,号三先生。余观自古尧、舜旧都,鲁、卫故国,莫不因前代师友之教,流风相接,使其后生有所考信。今永嘉徒以僻远下州,见闻最晚,而九人者,乃能违志开道,蔚为之前,岂非俊豪先觉之士也哉!"(《水心文集》二十九《题〈二刘文集〉后》)据是,则永嘉元丰太学九先生者,周行己恭叔、许景衡少伊、沈躬行彬老、刘安节元承、刘安上元礼、戴述明仲、赵宵彦昭、张辉子充及蒋元中是也。九先生中,自周至戴六人皆尝亲炙于程颐伊川,赵、张、蒋三氏则私淑而已(《宋元学案》三十二《周许诸儒学案》)。

抑此期永嘉之为洛学者尚不止此。所谓九先生者,盖指其同时在太学者耳,他若谢天申(此据《伊洛渊源录》十四,《止斋文集》三十九《重修瑞安县学记》作谢佃)用休、鲍若雨商霖、潘闳子文及陈经正贵一、陈经邦贵新、陈经德、陈经郛兄弟亦皆尝先后受业于程门(《宋元学案》三十二《周许诸儒学案》、《儒林宗派》)。因之,此期永嘉学术思想大抵为洛学所笼罩,故全祖望曰:"永嘉以经制言事功,皆推原以为得统于程氏。"(《宋元学案》五十六《龙川学案》)

洛学而外,永嘉诸子亦兼传关学,盖周行己、沈躬行、许景衡、谢天申诸人又尝问学于蓝田吕氏(《止斋文集》三十九《重修瑞安县学记》、《宋元学案》三十二《周许诸儒学案》)。故全祖望曰:"世知永嘉诸子之传洛学,不知其兼传关学,考所谓九先生者,其六人及程门,其三则私淑也。而周浮沚、沈彬老又尝从蓝田吕氏游,非横渠之再传乎!"(《宋元学案》三十二《周许诸儒学案》)

按此期之永嘉学者既或尝亲承程颐之熏炙,或私淑程氏,故彼时之永嘉学术思想虽于程门不无稍有歧出之处,究未能脱于洛学之笼罩,观诸子之行谊绪论,如周行己以"躬行之学"(《宋元学案》三十二《周许诸儒学案》黄百家案语)谓:"万物皆有太极,太极者道之大本;万物皆有两仪,两仪者道之大用。无一则不立,无两则不成。太极即两以成体,两仪即一以成用。故在太极不谓之先,为两仪不谓之后。然则谓之一阴一阳者,不离乎一也;谓之道者,不离乎两也。所以太虚之中,氤氲相荡,升降浮沉,动静屈伸,不离乎二端。散殊而可象者为物,物者阴阳之迹也。"(《浮沚集》二《经解"仁者见之谓之仁,知者见之谓之知,百姓日用而不知,故君子之道鲜矣"》)此程、张理一分殊之说也。其论持养而主于敬(详见下章),教人为学以为"当自格物始"(《宋元学案》三十二《周许诸儒学案》),谓:"格物者,穷理之谓也。欲穷理,直须思始得,思之有悟处始可,不然,所学者恐有限。"(同上)皆与程氏持敬、穷理之说合。许景衡论学,重在明伦,而主择善固执,自信自果(详见下章),其论学诗云:"咨尔学者,学古之道。惟古善教,有伦有要。其学维何?致知格物。反身而诚,物我为一。匪曰我私,推之斯行。亲亲长长,而天下平。"(《宋元学案》三十二《周许诸儒学案》)亦不能脱洛学之藩篱也。刘安节之论为学之道,以为莫先致知(详见下章),固程门之矩步也。刘安上以为学贵自得而主切问(详见下章),谓学者当以克己复礼为事,云:"颜子以目为问,子曰:'非礼勿视,非礼勿听,非礼勿言,非礼勿动。'视听言动,学者所由入道也。"(《刘给谏文集》五《请问其目》)继云:"能制于外者,则能养其中;能养其中,仁之道立矣!"(同上)虽有向外驰骛之嫌,惟其释克己复礼正与程氏合。又云:"唯诚则存,不诚无物。"(《刘给谏文集》四《诚斋铭》)亦程门之常言。沈躬行之学"以《中庸》《大学》为本,笃信而力行之,卓然以圣贤为归"(《宋元学案》三十二《周许诸儒学案》)。戴述"求为己之学"(同上):"知圣人之道近在吾身,退而隐于心,合于圣人之言,若自有得。"(《浮沚集》七《戴明仲墓志铭》)赵霄"为济州州学教授,导学者以笃实力行"(《浮沚集》七《赵彦昭墓志铭》)。张辉"与横塘诸公日从事于治身养心之术"(《宋元学案》三十二《周许诸儒学案》)。凡若此者,皆足见此时永嘉学者之学术思想受洛学之影响固至深且巨也。

永嘉诸子不仅受洛学影响已也,其所受于关学之沾溉亦颇不浅。考关学最重礼,史称张载之学"以《易》为宗,以《中庸》为的,以《礼》为体,以孔、孟为极"(《宋史》四百二十七本传),"以礼教学者"(《二程语录》二),尝云:"朝廷以道学政事为二事,此正自古之可忧者。"(《张子全书》十三《答范巽之书第一》)"精思力践,毅然以圣人之诣为必可至,三代之治为必可复。"(《宋元学案》十七《横渠学案上》黄百家案语)而吕大临与其兄大忠、大钧"三人同德一心,勉勉以进修成德为事,而又共讲经世实济之学"(《宋元学案》三十一《吕范诸儒学案》黄百家案语)。永嘉诸子既从张、吕二氏问学,当受其沾溉,如周行己之论持养,于主敬之外,复济以明礼(详见下章)。沈躬行之学"以《中庸》《大学》为本,笃信而力行之,卓然以圣贤为依归"(《宋元学案》三十二《周许诸儒学案》)。又如诸子之议政、论财、谈兵,或亦尝受其影响。而后来南宋永嘉学风之转重经制事功,殆亦有所得于关学之启发也。

二、南渡后永嘉学风之转变

夷考永嘉学派学术思想兴起及发皇之背景要有二端:一为理学之勃兴,二为宋室之不竞。因理学之兴,而促使永嘉学术之萌发。惟天下学术,传袭既久,不能无弊,按理学说杂释、老,不无过高支离之弊。及其末流,侈谈心性,空疏不学。乃渐为有识者所厌弃,此南渡后永嘉学风所以转变者一也。又有宋立国,专以惩创前人之失为计,自始即厉行中央集权之制,举纲张目,禁防纤悉。遂使人才日乏,风俗日坏,终致靖康变起,徽、钦北狩,造成偏安之局。南渡后不仅不图改弦更张,且有变本加厉之势,于是政风颓坏,民生凋敝,国势岌危。此在有识者视之,不能无痛切之感,因思有以挽救之,此南渡后永嘉学风所以转变者二也。

夫宋世学术之兴,要以胡瑗安定、孙复泰山为之先河。胡瑗"教人之法,科条纤悉具备,立经义、治事二斋,经义则选择其心性疏通,有器局可任大事者,使之讲明六经;治事则一人各治一事,又兼摄一事,如治民以安其生,讲武以御其寇,堰水以利田,算历以明数是也"(《宋元学案》一《安定学案》)。孙复所造虽与胡瑗有所不同,惟其高弟石介徂徕云:"孙明复先生,畜周、孔之道,非独善一身,而兼利天下者也。"范仲淹、富弼亦言其有经术(《宋元学案》二《泰山学案》)。是宋学精神本在明体致用,气象蓬勃,规模宏阔。其后范仲淹、欧阳修继兴,亦措意于生民政教之事,而不失其原貌。盖自邵雍、周敦颐出,始渐转而致力于道德心性之辨,其精神遂趋凝敛谨密。其后张载、二程赓起,张载"作《西铭》,又极言理一分殊之情,然后道之大原出于天者,灼然而无疑焉"(《宋史》四百二十七《道学传》序)。二程兄弟"扩大其所闻,表章《大学》《中庸》二篇,与《语》《孟》并行,于是上自帝王传心之奥,下至初学立德之门,融会贯通,无复余蕴"(同上)。于是遂有道学、理学之名目,而于我国学术史上展开一新页。惟此际张载与二程兄弟,设心措意犹与宋学之本有精神相去不远。考程颢《上神宗陈治法十事》,其要者若师傅、井地、学校、兵、农诸大端,亦将以所发明圣人体用之学施之政教,而返斯世于三代,以跨驾汉、唐。程颐召见问治道,则曰:"为政不法三代,终苟道也。"而张载尤醉心,谓周礼必可行于后世,曰:"治天下不由井地,终无由得平。"(《张子全书》四《周礼》)"井田至易行,但朝廷出一令,可以不笞一人而定。"(同上)"朝廷以道学政事为二事,此正自古之可忧者。"(《张子全书》十三《答范巽之书第一》)是关洛之学盖犹不失宋学明体致用之本旨也。惟兴味较前此诸家为淡,则无可讳言。其后王安石变法失败,洛、蜀党议起,章惇、蔡京专国柄,朝廷善类为之一空。迄乎南宋,心性之辨益精,事功之味更淡。惟朱熹、陆九渊二人立教虽则有道问学、尊德性之异,然同宗孔、孟,犹讲求《大学》格致诚正修齐治平一贯之道,崇法《易传》举而措之天下之民谓之事业之说。其学务为鞭辟向里,于北宋诸儒一新天下之法,以返之三代之上者,意向似不免或有偏尚,然固非绝然无意于斯。及其末流,遂渐失本意,以为诚正当讲,治平可略。甚者或束书不观,游谈无根,但侈言心性,猎取语录中一二语,以相标尚。若此情形,实无异于江左之清谈,自不免为人所厌闻。《宋史》载孝宗语曰:"近世士大夫好高论,耻言农事,微有西晋风。岂知《周礼》与《易》言理财,周公、孔子何尝不以理财为务?且不独此,士夫讳言恢复,不知其家有田百亩,内五十亩为人所据,亦投牒理索否?"(《宋史》三百九十六《赵雄传》)周密引沈仲固语曰:"道学之名起于元祐,盛于淳熙,其徒有假其名以欺世者,真可以嘘枯吹生。凡治财赋者则目为聚敛,开阃捍边者则目为粗材,读书作文者则目为玩物丧志,留心政事则目为俗吏。其所读者止《四书》,《近思录》,《通书》,《太极图》,《东》《西铭》,《语录》之类,自诡其学为正心修身齐家治国平天下,故为之说曰:'为生民立极,为天地立志,为万世开太平,为前圣继绝学。'其为太守、为监司,必须建立书院,立诸贤之祠,或刊注《四书》,衍辑语录,然后号为贤者,则可以钓声名,致膴仕。而士子场屋之文,必须引用以为文,则可以擢巍科,为名士。否则,立身如温国,文章气节如坡仙,亦非本色也。于是天下竞趋之,稍有议及其党,必挤之为小人,虽时君亦不得而辨之矣!其气焰可畏如此。然夷考其所行,则言行了不相顾,卒皆不近人情之事。异时必将为国家莫大之祸,恐不在典午清谈之下也。"(《癸辛杂识》续集下)呜呼!理学末流之弊,一至于此!无怪乎浙东诸子群起而攻,指为荒唐无统,斥云风痹不知痛痒也。如金华唐仲友曰:"浮伪之士,类以文学自居……其学荒唐而无统,其言夸诞而无当,其行诡谲而不情,其心矫伪而不悫。平居听其议论,若无所不能,及措诸事业,往往不及古人万分之一。"(《说斋文钞》八《学论》)永康陈亮曰:"今世之儒士,自以为得正心诚意之学者,皆风痹不知痛痒之人也。举一世安于君父之仇,而方低头拱手以谈性命,不知何者谓之性命乎……今世之才臣,自以为得富国强兵之术者,皆狂惑以肆叫呼之人也。不以暇时讲究立国之本末,而方扬眉伸气以论富强,不知何者谓之富强乎!"(《陈亮集》一《上孝宗皇帝第一书》)即为当时一代儒宗之理学大师朱熹亦尝痛言曰:"秦汉以来,圣学不传,儒者唯知章句训诂之为事,而不知复求圣人之意,以明夫性命道德之归。至于近世,先知先觉之士始发明之,则学者有以知夫前日之为陋矣!然或乃徒诵其言以为高,而又初不深求其意,甚者至于脱略章句,陵藉训诂,坐谈空妙,展转相迷。而其为患,反有甚于前日之为陋者。"(《朱文公文集》七十五《〈中庸集解〉序》)学术之弊,至于此极,故薛季宣曰:"灭学以来,言行判为两途旧矣!其矫情之过者,语道乃不及事,论以天何言哉之意,其为不知等尔!某虽不敏,于此窃有所好,而清谈脱俗之论,诚未能无恶焉。"(《浪语集》二十五《抵杨敬仲》)叶适亦曰:"天下虽争为性命之学,然而滞痼于语言,播流于偏末,多茫昧影响而已!"(《水心文集》二十一《宝谟阁待制知隆兴府徐公墓志铭》)"时新迪义理之学,草茅士震于见闻,多矜露忕狙,至他文史言论,儒之艺业,又昧陋颠倒,莫知幅程。"(《水心文集》二十二《巩仲至墓志铭》)"时诸儒以观心空寂名学,徒默视危拱,不能有论诘,猥曰:'道已存矣!'"(《水心文集》二十五《宋厥父墓志铭》)"近世以心通性达为学,而见闻几废。"(《水心文集》二十九《题周子实所录》)"为今世之知言者……以性为不可不言,以命为不可不知,凡六经、孔子之书,无不牵合其论而上下其辞者,精深微妙,茫然而不可测识,而圣贤之实犹未著也。"(《水心别集》六《孔子家语》)凡若此者,要皆有感而发,永嘉诸子因思补偏救弊,而以经制言事功。是理学末流之弊实导致永嘉学风转变之一大因也。

　　不宁唯是,唐自安史之乱,政出方镇,历五代不解,专兵则好争,专利则繁赋,专杀则苦刑。宋既立国,深知其弊,因痛改革之,先收兵权,然后以文臣知州,以朝官知县,以京朝官监临财赋,又置运使,置通判,以渐取其柄。禁防纤悉,文繁法密,举天下一切尽归于上,而外权遂削。自古防乱之严,未有密于此者。此在宋太祖立国之初,固实有所见而不得不尔,唯矫枉过正,不能无弊。盖法令文理繁委周密,人臣类皆循奉规矩,遵守礼文,而自约束之不给,又何暇展布其才,以求立度外之功哉!北宋初期,其弊盖已形,故王禹偁尝论之曰:"尊京师而抑郡县,为强干弱枝之术,亦匪得其中道也……设法救世,久则弊生。救弊之道,在乎从宜。疾苦转规,固不可胶柱而鼓瑟也。"(《宋史》三百九十三本传)按禹偁此疏，虽为武备而发，然则未始不可因此以概其他。后来靖康之祸，盖已肇端于此。乃南渡以来，不唯不图改弦易调，反有变本加厉之势，驯至人才日乏，事功日毁，风俗日坏。法密之弊，一至于此，无怪乎陈亮曰："唐自肃、代以后，上失其柄，而藩镇自相雄长，擅其土地人民，用其甲兵财赋，官爵唯其所命，而人才亦各尽心于其所事。卒以成君弱臣强，正统数易之祸。艺祖皇帝一兴，而四方次第平定，藩镇拱手以趋约束。使列郡各得自达于京师，以京官权知，三年一易。财归于漕司，而兵归于各郡，朝廷以一纸下郡国，如臂之使指，无所留难，自管库微职，必命于朝廷，而天下之势一矣……兵皆天子之兵，财皆天子之财，官皆天子之官，民皆天子之民，纲纪总摄，法令明备，郡县不得以一事自专也。士以尺度而取，官以资格而进，不求度外之奇才，不慕绝世之隽功……然夷狄遂得以猖狂恣睢，与中国抗衡，俨然为南北两朝，而头目手足混然无别……庆历诸臣亦尝愤中国之势不振矣，而其大要，则使群臣争进其说，更法易令，而庙堂轻矣！严按察之权，邀功生事，而郡县又轻矣！岂唯于立国之势无所助，又从而腠削之……王安石以正法度之说，首合圣意……彼盖不知朝廷立国之势，正患文为之太密，事权之太分，郡县太轻于下，而委琐不足恃，兵财太关于上，而重迟不易举……元祐、绍圣，一反一复，而卒为夷狄侵侮之资……南渡以来，大抵遵祖宗之旧，虽微有因革增损，不足为轻重有无……陛下愤王业之居于一隅，励志复仇，而不免籍天下之兵以为强，括郡县之利以为富……臣恐尺籍之兵，府库之财，不足以支一旦之用也。陛下早朝宴罢，以冀中兴日月之功，而以绳墨取人，以文法蒞事……臣恐程文之士，资格之官，不足以当度外之用也。"(《陈亮集》一《上孝宗皇帝第一书》)"国家之规模，使天下奉规矩准绳以从事，群臣救过之不给，而何暇展布四体，以求济度外之功哉！故其势必至于委靡而不振。五代之际，兵财之柄倒持于下，艺祖皇帝束之于上以定祸乱。后世不原其意，束之不已，故郡县空虚而本末俱弱。今不变其势而求恢复，虽一旦得精兵数十万，得财数万万计，而恢复之期愈远，就使虏人尽举河南之地以还我，亦恐不能守耳。"(《陈亮集》一《上孝宗皇帝第三书》)叶适亦曰："国家因唐、五季之极弊，收敛藩镇，权归于上，一兵之籍，一财之源，一地之守，皆人主自为之也。欲专大利而无受其大害，遂废人而用法，废官而用吏，禁防纤悉，特与古异，而威柄最为不分。虽然，岂有是哉！故人材衰乏，外削中弱，以天下之大而畏人。是一代之法度又有以使之矣！"(《水心别集》四《始议二》)"今内外上下，一事之小，一罪之微，皆先有法以待之。极一世之人志虑之所周浃，忽得一智，自以为甚奇，而法固已备之矣！是法之密也。虽然，人之才不获尽，人之志不获伸，昏然俯首一听于法度,而事功日堕,风俗日坏,贫民愈无告,奸人愈得志。此上下之所同患,而臣不敢诬也。故法度以密为累而治道不举。"(《水心别集》十《实谋》)"本朝之所以立国定制,维持人心,期于永存而不可动者,皆以惩创五季而矫唐末之失策为言。细者愈细,密者愈密,摇手举足,辄有法禁。而又文之以儒术,辅之以正论,人心日柔,士气日惰,人才日弱,举为懦弛之行,以相与奉繁密之法。遂揭而号于世曰:'此王政也,此仁泽也,此长久不变之术也。'以仁宗极盛之世,去五季远矣,而其人之惩创五季者不忘也。至于宣和,又加远矣,其法度紊矣,而亦曰所以惩创五季而已。况靖康以后,本朝大变,乃与唐末、五季同为祸难之余,绍兴更新以至于今日,然观朝廷之法制,士大夫之议论,堤防扃钥,孰曰非矫唐末而惩创五季也哉!"(《水心别集》十二《法度总论二》)呜呼!集权之弊,法密之害,至于此极,则吏治之隳坏,军政之废弛,财用之困竭,民生之凋弊,固势所必然也。其吏治之隳坏,绍兴间张致远盖尝论之曰:"比年士大夫专意营私,不恤国事,几习为常。殊不知国之安危乃一家之兴替,民之利病乃一家之休戚。故宁负诏旨,而不负权势之请托;宁缓贡赋,而不缓亲故之券给;宁阙军饷,而不阙公使之馈遗。冗员当省,方且创置窠阙以私辟举;摄局当罢,方且差出僚属以徇干求。卖官田则巨室租赁而谓不可行,榷酒务则以官吏废并而多为之说。奸赃不按发,以善应副为有才;簿书不钩考,以便移兑为得计。脱有急缓,上不过告诉朝廷以求支障,下不过厚敛百姓以纾己责。或谓凋残之余,未易料理,顾在人何如耳!"(《建炎以来系年要录》九十五)叶适亦曰:"盖自崇宁极于宣和,士大夫之职业,虽皮肤寒浅者亦不复修治,而专从事于奔走进取。其簿书期会,一切唯胥吏之听。而吏人根固窟穴,权势熏炙,滥恩横赐,自占优比。渡江之后,文字散逸,旧法往例,尽用省记,轻重予夺,唯意所出。其最骄横者,三省枢密院,吏部七司户刑,若他曹外路从而效视,又其常情耳。"(《水心别集》十四《吏胥》)其军政之废弛,《宋会要》载当时臣僚之论曰:"军兴以来,鲜有可用之兵,盖以纪律不严,军政弛玩。每破驿券,多至数倍,每行一驿,必批数日,此冒请之患也。请受之外,须更犒设,此邀求之患也。州县畏暴敛,民力重困,此骚扰之患也。迫以军期,胁以军法,或执缚县官,或棰挞公吏,此苛暴之患也。毁撤民居,以为蒸薪;强市饮食,不还价值;甚至搜拿财物,诱掠妇女,此剽攘之患也。妇女从行,谓为老小,将领而下,各有所携,少则一人,多则数辈,上下相蒙,无复斗志,此老小之患也。功状滥而失实,广增俘馘,邀求上赏,公受货赂,鬻卖官资,此冒赏之患也。空名告札,以俟赏功,随意补转,功重资多,赏不当功,名器实滥,此补受之患也。"(《宋会要辑稿》一百七十一《刑法七》)其影响所及,固不仅在于军政一端而已,故陈傅良谓祖宗时兵虽少而至精,逮咸平后,边境之兵增至六十万,皇祐初正兵一百四十万。谓之兵而不知战,给漕挽、服工役、缮河防、供寝庙、养国马者皆兵也。疲兵而坐食,前世之兵未有猥多如今日者。曰:"总户口岁入之数,而以百万之兵计之,无虑十户而资一厢兵,十万而给一散卒矣!其卫士之给又浮费数倍,何得不大蠹也。"(《历代兵制》八)叶适亦曰:"养兵以自困,多兵以自祸,不用兵以自败,未有甚于本朝者也。"(《水心别集》十一《兵总论二》)"朝廷以四大兵为命而困民财,四都副统制因之而侵刻兵食,内臣贵幸因之而握制将权,蠹弊相承,无甚于此。"(《水心别集》十二《四屯驻大兵》)而南宋国家财用之困竭尤自古所无,盖既与金和议,年有岁币之奉,而国内又不得不养兵以自守,于是敲骨剥髓,无所不至,"盖衰世掊克之法略已尽行"(《建炎以来系年要录》一百二十五)。哀敛之重,陈傅良谓"征榷之入,岁累数十百倍于古"(《止斋文集》三十八《代胡少钦监酒上婺守韩无咎书》)。叶适亦曰:"尝试以祖宗之盛时所入之财,比于汉、唐之盛时一再倍;熙宁、元丰以后,随处之封桩,役钱之宽剩,青苗之结息,比治平以前数倍;而蔡京变钞法以后,比熙宁又再倍矣。王黼之免夫至六千余万缗,其大半不可钩考;然要之渡江以至于今,其所入财赋,视宣和又再倍矣。是自有天地,而财用之多未有今日之比也。"(《水心别集》十一《财总论二》)然财愈多而愈困,盖"入既若是,出亦如之"(《水心别集》十五《应诏条奏六事》)。及"仓猝不继,相视无策"(同上),终于"不顾而取之,虽多而犹匮"(同上)。似此情形,则民生之凋敝,已不待赘言矣!呜呼!国事困敝若是,凡有血性之士,岂忍拱手漠视,以空谈性天?于是永嘉诸子遂以经制言事功,期有补于实际。此时势之刺激,尤为永嘉学风所以转变之最大因素也。

三、永嘉学术之中衰与大振

宋室南渡后,永嘉学风转变之原因已如上述。惟南渡之初,永嘉学术尝有中衰之势,盖彼时北宋诸儒已凋殁殆尽,如元丰九先生中,仅刘安上、许景衡尚存,然未几亦于建炎二年相继谢世(见附录一)。永嘉学者之存者仅吴表臣湛然,沈大廉元简、大经元诚兄弟暨林季仲懿成、叔豹德惠、仲熊、季狸兄弟等数人而已。之数人者虽能克绍其学,唯承先有余,启后则未免有所憾焉。且时当秦桧擅国,禁人为赵鼎、胡寅之学,而永嘉乃其寓里,后进为所愚者尤多。九先生之绪言,且将衰歇。所幸斯文未丧,英才挺生,郑伯熊、伯英兄弟继起。伯熊私淑周行己,与其弟伯英以统纪之不接为忧,首雕程氏书于闽中,慨然力行,为后生率,陈傅良、叶适皆出其门。由是永嘉之学得以振衰起敝,维持不坠。故叶适曰:"余尝叹章、蔡氏擅事,秦桧终成之。更五六十年，闭塞经史，灭绝理义，天下以佞谀鄙浅成俗。岂唯圣贤之常道隐，民彝并丧矣！于斯时也，士能以古人源流，前辈出处，终始执守，慨然力行，为后生率，非瑰杰特起者乎！吾永嘉二郑公是已。"（《水心文集》十二《〈归愚翁文集〉序》）全祖望亦曰："方秦桧擅国，禁人为赵鼎、胡寅之学，而永嘉乃其寓里，后进为所愚者尤多。故绍兴末，伊洛之学几息，九先生之绪言，且将衰歇。吴湛然、沈元简其晨星也。先生兄弟并起，推性命微眇，酌今古要会，师友警策，唯以统纪不接为惧，首雕程氏书于闽中，由是永嘉之学宗郑氏……乾、淳之间，永嘉学者连袂成帷，然无不以先生兄弟为渠率。"（《宋元学案》三十二《周许诸儒学案》）考郑氏兄弟之作今已不传，唯郑伯熊有《敷文书说》一卷行世（见附录二）。其学据叶适云："永嘉之学，必竞省以御物欲者，周作于前而郑承于后也。"（《水心文集》十《温州新修学记》）是其犹承九先生之绪余，注重反省之工夫者。惟郑伯熊尝受业于徐庭筠之门，庭筠实传胡瑗安定之学，所谓经义、治事者（《宋史》四百五十九《徐中行传》）。又据《宋史》谓其"于古人经制治法，讨论尤精"（《宋史》四百三十四《陈傅良传》）。复按今传其所著《敷文郑氏书说》，虽随文释义，未免有"牵合旧文，疏于考证"之处（《四库全书总目提要》十一）。然借古论今，"于经世立教之意，亦颇多阐发"（同上）。是其学盖已受时势之刺激，而有转于注重经制事功之倾向矣！故清人孙衣言曰："吾温于李唐以前，士大夫以文艺行治著者，史旷不书。至有宋仁宗时，博士周公，右丞许公，左史、给谏二刘公与同志之士十人，始自奋于海滨，北游太学，得列程、吕氏之门，永嘉之学于是萌芽。其后文肃郑公初仕黄岩，请业于隐君子温节徐先生庭筠。温节实传安定胡氏之学，所谓经义、治事者也。文肃既归，授之乡后进，于是文节、文宪二薛公，文节陈公，文懿蔡公，文定叶公相继并起，皆守胡氏家法，务通经以致之用，所谓经制之学也……而其同时相先后，如少南陈公、竹轩林公、忠文王公、忠简张公、忠文徐公，亡虑一二十人，初未尝以师授讲学自立门户，而其功业气节之盛，皆卓然无愧于孔、孟之徒。盖学术之正，其效见于人心风俗，而蔚为人才者又如此，此圣人之经所以为有用也。"（《逊学斋文续钞》一《〈瓯海轶闻甲集〉序》）

与郑氏兄弟同时有薛季宣士龙，以程门袁氏之传为别派。考薛季宣之父薛徽言，尝从程颐弟子胡安国学（《浪语集》三十三《先大夫行状》）。然季宣六岁而孤（见附录一），未及接其统绪。年十七，辟为荆南书写机宜文字，获事袁溉道洁，溉"初从二程先生学"（《浪语集》三十二《袁先生传》）。"又传《易》于薛翁"（《宋元学案》五十二《艮斋学案》），其学"自六经、百氏，下至博弈、小数、方术、兵书，无所不通"（《浪语集》三十二《袁先生传》）。"季宣既得道洁之传，加以考订千载，凡夫礼乐兵农，莫不该通委曲,真可施之实用。"(《宋元学案》五十二《艮斋学案》)"其学主礼乐制度,以求见之事功。"(同上)于是遂昌大永嘉经制之学。其后薛季宣仕于湖州,湖旧为宋学先河胡瑗设教之地,季宣加意寻访,于湖学推崇有加,谓:"翼之先生所以教人,得于古之洒扫应对进退,知其说者徐仲车尔,余子类能有立于世,是皆举其一端,介甫诗以宰相期之,特窥其余绪耳!成人成己,众人未足以知之。且君子之道,无精粗,无小大,是故致广大者必尽精微,极高明者必道中庸。滞于一方,要为徒法徒善。汉儒之陋则有所谓章句家法,异端之教则有所谓不立文字。稽于政在方册,人存乃举,礼仪威仪,待人以行,智者观之,不待辩而章矣!"(《浪语集》二十三《又与朱编修书》)按胡瑗教人,立经义、治事二斋,本末兼治,体用同赅。观薛季宣之论道器曰:"上形下形,曰道曰器,道无形埒,舍器将安适哉?且道非器可名,然不远物,则常存乎形器之内。昧者离器于道,以为非道遗之,非但不能知器,亦不知道矣!"(《浪语集》二十三《答陈同父书》)意欲将性命之学与典章制度之学熔为一炉,盖深有得于湖学之遗者也。按永嘉以经制之学名家者自薛季宣始,惟季宣之以经制言事功,盖乃基于其对实务之重视,而非有意于洛学之外别立一帜。其曰:"古人以小学训习童蒙,皆大学之具也。大学之道但神而明之尔。小学之废久矣!为大学者失其养心之地,流于异教,不过空寂之归,开物成务之功,宜无望于贤者。但令良心不泯,天理岂外于人邪?反而求之,莫若存其大者。积小成其大,是又不可忽也。"(《浪语集》二十三《答石应之书》)所谓"但令良心不泯","反而求之,莫若存其大者",与洛学并无相左。其高第陈傅良亦谓其"平生所推尊,濂溪、伊洛诸先生而已"(《止斋文集》五十一《右奉议郎新权发遣常州借紫薛公行状》)。故今人钱穆先生云:"大概季宣还没有对洛学树叛帜。"(《宋明理学概述》页162)是此时永嘉之学虽已以经制言事功,然仅就实际事物上着眼,而尚未有其一贯之学术系统,足与闽学相抗衡也。

传薛季宣之学者有薛叔似象先、陈傅良君举、徐元德居厚、王楠木叔,或承家学,或为门人,中以陈傅良最能光大其业。傅良为人"宽博乐易"(《止斋文集》五十二附蔡幼学撰行状),治学"不倚于一偏"(同上),若郑伯熊之克己兢畏,张栻之敬德集义,薛季宣之经制治法,吕祖谦之中原文献,莫不兼包并蓄,撷取其长,而又益以己之心得。故叶适曰:"公之从郑、薛也,以克己兢畏为主,敬德集义,于张公尽心焉。至古人经制,三代治法,又与薛公反复论之。而吕公为言本朝文献相承,所以垂世立国者,然后学之内外本末备矣!公犹不已,年经月纬,昼验夜索,询世旧、翻史牒,搜断简,采异闻,一事一物,必稽于极而后止。千载之上,珠贯而丝组之,若目见而身折旋其间。"(《水心文集》十六《宝谟阁待制中书舍人陈公墓志铭》)于永嘉诸子当中，"最称醇恪"（《宋元学案》五十三《止斋学案》）。"其学以义理为本，以文章制度为用，本《周礼》以考王道之经制，缘《诗》《书》以求文、武之行事。"（吴康《宋明理学》页 233）而会归于《周礼》一书，曰："缘《诗》《书》之义，以求文、武、周公、成、康之心，考其行事，尚多见于《周礼》一书。"（《止斋文集》四十《进〈周礼说〉序》）惟其最大成就则在于考校制度，叶适所谓"千载之上，珠贯而丝组之，若目见而身折旋其间"者，即指此而言。其所著"《周礼说》十二篇……以后准前，由本朝至汉，溯而通之"（《水心文集》十二《黄文叔〈周礼〉序》）。"于成周制度讲究甚详"（《荆溪林下偶谈》四）。又《历代兵制》八卷，"上溯成周乡遂之法，及春秋、秦、汉、唐以来历代兵制之得失，于宋代言之尤详"（《四库全书总目提要》八十二）。又与徐元德合撰《周官制度精华》二十卷，"推周官制度已稍详"（《朱子语类》八十六），"讲王公宰相处甚详"（同上）。凡此皆可见其得力处，故虽夙不喜浙学之朱熹亦不免称之曰："永嘉之学，理会制度，偏考究其小小者，唯君举为有所长。"（《宋元学案》五十一《东莱学案》附录）考陈傅良之所以致力于制度之考校者，凡以期于兴滞补敝也。而其从薛季宣游最久，虽"其学从之出而各有所不同"（《宋元学案》五十三《止斋学案》），然要亦主于经制言事功，故楼钥曰："伊洛之学，东南之士自龟山杨公时、建安游公酢之外，唯永嘉许公景衡、周公行己数公亲见伊川先生，得其传以归，中兴以来，言理性之学者宗永嘉。惟薛公后出，加以考订千载，自井田、王制、《司马法》、《八阵图》之属，该通委曲，真可施之实用……公从游最久，造诣最深，以之研精经史、贯穿百氏，以斯文为己任，综理当世之务，考核旧闻，于治道可以兴滞补敝，复古至道，条画本末灿如也。"（《攻媿集》九十五《宝谟阁待制赠通议大夫陈公神道碑》）叶适亦曰："永嘉之学，必弥纶以通世变者，薛经其始而陈纬其终也。"（《水心文集》十《温州新修学记》）其侣陈武蕃叟、陈谦益之、黄度文叔，高弟蔡幼学行之、曹叔远器远、林渊叔懿仲、朱黼文昭、徐筠孟坚、吴汉英长卿等并能传扬其学，门徒益盛，"游者常数百人"（《止斋文集》五十二附蔡幼学撰行状），永嘉遂成灿然学问之区，固一时之盛事也。

薛季宣、陈傅良讲求经制之学，颇为朱熹所不喜，被目为功利之学。朱熹曰："江西之学只是禅，浙学却专是功利。禅学后来学者摸索一上，无可摸索，自会转去。若功利则学者习之，便可见效，此意甚可忧。"（《朱子语类》一百二十三）此可见永嘉经制之学此时盖已具有相当之影响力，否则朱熹自不必与陆学并举而深斥之如此。惟虽具影响力，然犹未足与朱、陆以相抗者，盖薛、陈二氏以经制言事功，属态度而非义理，并无一严密之学术系统，而乏理论上之根据也。此则有待叶适之出，而后南宋永嘉之学始能与朱、陆相鼎足，而在学术上居一重要地位。全祖望曰：

"乾、淳诸老既殁,学术之会总为朱、陆二派,而水心龈龈其间,遂称鼎足。"(《宋元学案》五十四《水心学案上》)不唯此也,朱、陆之辨犹是一家之争也,至叶适则骎骎乎敌国矣!盖适既精于制度,得浙学之真传,又能言义理,遂为闽学之劲敌。其于永嘉学术之贡献,盖可以二端言之:一为道统之重建,俾切合经世之学旨;二为理论之树立,俾确定义理之根据。然欲重建新道统,则必须修正旧道统,故于曾子、子思、孟子、周敦颐、张载、二程咸有遗议。欲树立新理论,故于《易传》《大学》《中庸》,凡理学家所据以立说者并致其讥诋。而建立其一贯之学术体系,赋予永嘉经制学之理论基础,永嘉学派在吾国学术史上之地位至此遂告确立无疑。近人周予同曰:"按初期浙学,如陈亮之粗疏,陈傅良之酪恪,其功力与辨难,自非朱熹之敌。但自叶适之《习学记言》出,不仅与朱、陆二派鼎足而三,而且将有破坏朱氏全部哲学之势。盖朱氏哲学,近托于程氏,远托于《中庸》《周易》《孟子》,以上溯于孔子,自为得道统之真传。叶氏则以为《周易》中之《文言》《系辞》《说卦》等非孔子之作,而孟子、子思倡言心理,乃圣学之旁门。依其所言,则朱学本体论所根据之典籍不足凭信,而永嘉功利主义反有入承道统之势。"(周予同《朱熹》页91—92)何格恩曰:"梁任公谓清代学术之精神,在'以复古为解放'。叶适不囿于程、朱之义理,汉、唐之注疏,超越曾子、子思,稽合孔子之本统。苦心孤诣,卓见特识,有足多者。所谓'以复古为解放',庶几近之……浙东功利学派,在当时实与朱、陆二派鼎足而立。叶适集浙东学之大成,光芒虽不如朱、陆之远大,然其与当时学者之关系,对后来学者之影响,皆值得吾人之注意,编撰中国哲学史者所不能忽略者也。"(《叶适在中国哲学史上之位置》,《岭南学报》一九九三年二卷四期)正足以充分说明叶适对永嘉学派之贡献,暨其学术精神与成就也。

第三节　永嘉学派之衰竭

永嘉学派至叶适而极盛,然亦至叶适而转衰,其中因素不一端,兹分述如下:

一、内因

(一)规模欠宏阔

永嘉学派在北宋时期兼传关、洛之学,其学术思想几全为洛学所笼罩,自无能另起炉灶,自立门户,固无论矣!及南渡后,其思想虽转重经制事功,与朱、陆之学有所别异。唯薛季宣、陈傅良犹偏在于对实务之重视,而未能建立其学术体系。迨叶适出,始为其经世之学旨赋与理论之根据,而确立其学术史上之地位。唯叶适乃寓其学术主张于批评,"虽披坚执锐以陷朱学之阵"(周予同《朱熹》页92),对朱熹所排定之儒学传统大加抨击,然亦"未尝明言统绪果为何物,令人晓然易知"(《黄氏日抄》六十八)。其立场在怀疑,在批评,以破坏为建设,故虽有摧陷之功,然终不能别辟新径。此其规模之欠宏阔者一也。叶适之学术立场既出之怀疑、批评,故排他意味颇浓,凡与其经世学旨有所不合者,若程、朱,若佛、老,皆辞而辟之无苟容,对于各家学说未能兼蓄而并纳之。视之周、张、二程、朱、陆诸家之能汲取释、老之精华,以建立其一家之说者大有别。此其规模之欠宏阔者二也。周、张、二程、朱、陆诸家之学皆推天道以言人事,其思想发展程序乃由上而下;至叶适则反其道而行,即器以明道,即事而达义,乃由下而上者;且多着眼于下,而少涉及于上;大抵皆就事论事,而乏一最高之指导原理。此其规模之欠宏阔者三也。叶适之学务期"稽合孔氏之本统"(孙之宏《〈习学记言〉序目叙》)。既未能容纳新说,又未能如周、张、二程、朱、陆诸家之赋予儒学新内容,始终株守原始儒家之素朴观念,思想格局终嫌狭隘。此其规模之欠宏阔者四也。总之,永嘉学派之所以终不免于衰竭者,其最大原因乃在于思想基础之未能及早建立;其后虽建立之,惟格于其经世之学旨,实难有其宏阔之规模。而叶适本人又基于怀疑、批评,故其学虽足与朱、陆鼎足而三,然其思想规模终不能比也。近人熊十力曰:"永嘉诸人,虽谈经制,抗程、朱,然其细已甚。不能博以察物而穷其原,不能密以综事而通其变,徒矜矜焉以事功虚侈于当世。同父虽狂,犹复天真可爱;陈傅良自视甚高,徒见其小耳;水心聪明,亦不奈伊小何;其他更何足论。永嘉本理学派之反动,原动力欠活跃,反动力亦纤弱也。"(《十力语要》二《与贺昌群》)"水心思想稍细,而不及同父开张。他是一个批评家,颇似汉王仲任之流。然本领不大,虽博辩,而无宏规足以自树。故虽有一时摧陷之功,终亦不能别开生路。"(《十力语要》四《高赞非记语》)何格恩曰:"叶适乃思想批评家,而非思想家。"(《叶适在中国哲学史上之位置》)"叶适集浙东学派之大成,光芒……不如朱、陆之远大。"(同上)今人牟宗三先生曰:"叶水心器小不堪大就。"(《心体与性体》第一册,页291)评骘虽或不免过苛,然要非概无所见而云然也。

(二) 后继之乏人

永嘉学派经制学之学术系统既迟迟未能建立,青年学子虽一时感于时势之刺激而趋骛之,唯其学乏理论基础,终无以厌足学者之心;于是或兼习他师,或终于谢去。如木天骏"少传止斋之学……道出岳麓书院,得闻南轩之教,遂心醉焉,日与诸生讲明求仁之旨"(《宋元学案》五十《南轩学案》)。胡大时尝受业于陈傅良,"又往来于朱子……最后师象山……于象山最称相得"(《宋元学案》七十一《岳麓诸儒学案》)。沈有开"薛艮斋、陈止斋至常……从之访经制之学。而归宿于求仁,终谢去"(同上)。李元白"初受业于蔡文懿公幼学,传其经制之学,已而受业广平……人皆称其有广平遗法"(《宋元学案》七十六《广平定川学案》)。是其徒虽盛而不能深广,此永嘉学派后继之乏人者一也。永嘉学派之学术理论最后虽经叶适建立之,唯叶适思想至晚年始臻"大成"(《四朝闻见录》甲《止斋陈氏》),且其学规模又欠宏阔,难以有生之年传布甚广,此永嘉学派后继之乏人者二也。叶适自开禧三年十二月落职奉祠(《宋史》三十八《宁宗本纪》),以迄嘉定十六年卒,屏居静处十六年,其弟子若丁希亮少詹、历仲方约甫、周南南仲、王度君玉、孟猷良甫、夏庭简迪卿、滕戒季度、宋驹厥父、孟导达甫、邵持正子文等皆卒于其生前(见《水心文集》诸人墓志铭),其学未能得诸弟子之翊翼传扬,此永嘉学派后继之乏人者三也。又"水心工文,故弟子多流于辞章"(《宋元学案》五十四《水心学案上》),弟子若陈耆卿寿老、王象祖德甫、周南南仲、戴栩文于、赵汝谈履常、叶绍翁靖逸、吴子良明辅,再传弟子若车若水清臣、舒岳祥舜侯、刘庄孙正仲等皆以诗文见长(见《宋元学案》五十五《水心学案下》、六十九《沧州诸儒学案》下诸人传)。陈耆卿自述其文,谓"今而后当涵浸乎义理之学……姑志吾过以谂来者"(《筼窗集》自序),深致其悔憾之意,即其一例也。此永嘉学派后继之乏人者四也。又叶适"学不专于师法"(《水心文集》二十七《谢宰执登科》),好怀疑、批评,"言砭古人多过情"(《宋元学案》五十四《水心学案上》)。弟子得其精神,多不墨守师说,如陈耆卿曰:"忠恕者,曾子之真见也;弘毅者,曾子之真力也。夫曾子以一唯而代万夫之剩说,则其见亦卓矣!何惧乎学之不竟而徒致其力哉?吁!此曾子之所以为善学,而独得乎圣人之髓者也。"(《筼窗集》一《曾子论》)吴子良持节江右日,为隆兴府学作《三贤堂记》,曰:"道公溥,不可以专门私;学深远,不可以方册既。贯群圣贤之旨,可以会一身心之妙;充一身心之妙,可以补群圣贤之遗。孰为异,孰为同哉?合朱、张、吕、陆之说,溯而约之于周、张、二程;合周、张、二程之说,溯而约之于颜、曾、思、孟;合颜、曾、思、孟之说,溯而约之于孔子。"(《隐居通义》一《朱张吕陆》)一贯道统之观念,异于叶适平日所讲者。而吴子良之弟子车若水亦曰:"叶水心辟《系辞》得'崇高莫大乎富贵'一句,以为奇货,屡屡言之,谓为语言大病,若据说亦似惑人。"(《脚气集》上)师弟之说,牴牾若是,抑又何能期其传扬师说?此又永嘉学派后继之乏人者五也。其势若此,宜乎永嘉学派学术思想之方盛而遽斩也。

二、外缘

(一) 形势之扦格

永嘉之学以经制言事功,一则由于理学末流之空疏,再则深受时势之刺激,时代色彩极为浓厚。然既以经制事功相标榜,则必须付诸实现,否则亦徒托空言而已。历观永嘉诸子,其仕途大都坎坷不顺。若元丰九先生中,蒋、沈二氏未仕而卒,戴、赵、张三氏虽仕而位卑不足言,周与二刘庶几稍达,亦不过秘书省正字或知州而已,独许景衡于建炎初首参大政,然此期永嘉学派经世思想既尚未显明,景衡又为黄潜善等所沮,任尚书右丞历时不过半载,终赍志以殁。南渡后之诸儒,若萧振、吴松年、薛季宣、陈傅良、陈谦、黄度、陈武、叶适、蔡幼学、曹叔远、吴琚、虞复、薛叔似、方来、孟猷、孟导、历仲方、徐元德、王楠、孔元忠、赵汝谠、余嵘、陈韩等固皆尝经制方面(参附录一),然宋世地方权本极低落,自无法施展其抱负。其有官于朝者,大抵馆职而已。至薛叔似尝为兵部尚书、黄度礼部尚书、戴溪工部尚书、蔡幼学权兵部侍郎、曹叔远权礼部侍郎、方来权兵部侍郎(参附录一及《宋元学案》诸人传),然或历时甚短,或限于时势,皆无以施展平日所讲于万一。此永嘉学派之受形势之限制者一也。南渡后,和议既定,偏安之局已成,诸儒虽亟言恢复,然人才、士气俱已衰息。至孝宗朝,颇有意进取,唯国内形势已非昔比,终抱志不伸,及宁宗开禧年间,韩侂胄北伐败,宋室恢复之望于是盖已完全断绝。而宋代集权之弊,法密之害,至南宋非唯不能革,且变本而加厉。若薛季宣、陈傅良、叶适等虽屡屡言之,然积习已深,沉疴难疗,其所论说,视之空言又何以异?此永嘉学派之受形势之限制者二也。按吕祖谦云:"薛士龙归涂道此留半月,向来喜事功之意颇锐,今经历一番,却知甚难。"(《东莱吕太史别集》八《与朱侍讲》)陈傅良亦自谓:"某自落南,化为一翁,百念俱丧……学问相倾,才力相轧,若海中矣!六经之教与天地并,区区特从管窥,见得就业一节,足了一生受用。倘不失坠,及启手足,如后山所谓'生称善人,死表陈君之墓',亦是小小结果,其他树立扶持,悉俟豪杰之士。"(《止斋文集》三十七《与沈叔晦》)叶适既落职奉祠,隐居永嘉城外之宿觉庵下,"非人事酬答不妄出"(《水心文集》九《宿觉庵记》),自谓:"病而力不给,惰而志不进。"(同上)形势之扦格予诸人之打击,由此可见一斑。永嘉学派之诸大家如是,其余盖无庸赘言矣!

(二) 朱子学之定于一尊

一贯道统之说经周、张、二程及朱熹等之倡导,至南宋时盖已深入人心。叶适怀疑《易传》《学》《庸》,讥诋曾子、子思,虽不无所见,然与宗奉学统之风气不合,自为一般学者所不喜。如陈振孙即谓其"义理未得为纯明正大"(《直斋书录解题》十)。方回亦据许及之、雷孝友之劾叶适事以诋适(《宋元学案》五十四《水心学案上》全祖望案语),谓:"叶正则偏驳之文,虽巧而不知道。"(《桐江续集》三十一《送柯德阳如新城序》)"黄潜言叶正则推郑景望、周恭叔,以达于程氏,若与吕氏同所自出。至其根柢六经,折衷诸子,凡所论述,无一合于吕氏。其传之久且不废者,直文而已,学固勿与焉。盖直目水心为文士。"(《宋元学案》五十五《水心学案下》黄宗羲案语)。所以然者,殆以叶适"论学有所异同于朱子"也(《宋元学案》五十四《水心学案上》全祖望案语)。盖自嘉定四年十二月,著作郎李道传上奏,请特出明诏,崇尚道学;并请诏有司取《论语》《孟子》集注,《大学》《中庸》章句或问,颁之太学,使诸生以次诵习;又请从胡安国、魏掞之议,以邵雍、程颢、程颐、张载四人从祀孔庙,议不果行。至九年正月,潼川府路提点刑狱魏了翁状奏,请赐美谥周敦颐,诏下太常定议。十三年,追谥周敦颐曰元、程颢曰纯、程颐曰正、张载曰明,从魏了翁、任希夷之请也。理宗宝庆三年正月,诏曰:"朕观朱熹集注《大学》《论语》《孟子》《中庸》,发挥圣贤蕴奥,有补治道。朕方励志讲学,缅怀典刑,深用叹慕,可特赠熹太师,追封信国公。"绍定二年九月,改封朱熹徽国公。淳祐元年正月甲辰,诏以周敦颐、张载、程颢、程颐、朱熹从祀。丙午,封周敦颐为汝南伯、张载郿伯、程颢河南伯、程颐伊阳伯(《宋史纪事本末》八十《道学崇黜》)。程、朱之学经政府表彰,遂定于一尊。永嘉学术既与程、朱有违异,自易为人所摈斥,而日趋式微矣!

第三章　元丰九先生之学术思想

北宋永嘉元丰九先生中,有著述者周行己《周博士集》十九卷,许景衡《横塘集》三十卷,刘安节《刘左史文集》四卷,刘安上《刘给谏文集》三十卷,戴述《二戴集》,张辉《草堂语录》。其传于今者周行己《浮沚集》八卷,许景衡《横塘集》二十卷,刘安节《刘左史文集》四卷,刘安上《刘给谏文集》五卷而已,盖皆非足本也(参附录二)。今因取之以述四人之学术思想。其余无以见其著述者,则述其生平之大端,以略窥其学术行谊之一斑。

第一节　周行己

一、传略

周行己,字恭叔,学者称为浮沚先生,永嘉人也。少而风仪秀整,语音如钟(《宋元学案》三十二《周许诸儒学案》)。七岁,就傅授句读,诵五经书。十五岁,学属文。十七岁,补太学诸生。是时,一心学科举文,编缀事类,剽窃语言。又二年,读书益见古人文章浩浩如波涛,缅缅如春华,于是乐而慕之。又学为古文,上希屈、宋,下法韩、柳。见自古文人多不拘,遂恃文为非诮,凭文以戏谑,自谓为神仙中人,而鄙昔之相从者,谓踢促若辕下驹。然求其问而学焉者,十或得二三尔(《浮沚集》五《上祭酒书》)。年未二十,见程颐,持身严苦,块坐一室,未尝窥牖(《伊洛渊源录》十四)。年二十一,读书益见道理,于是始知圣人作书遗后世,在学而行之,非以为文也,乃知文人才士不足尚,意谓学期至于孔子而已。于是早晚思古人之修德立行,诵其诗,读其书,唯恐一叛乎道而入于流俗之习,日学夜思,未始敢舍也(《浮沚集》五《上祭酒书》)。尝作《颜子不贰过论》,曰:“过不必失,毫末萌于心,而天地为之应;悟不必久,斯须著于心,而天下归其仁。”程颐亦称之。吕大临与叔时在同门,行己亦师事之。丰稷为司业,一日,驺从哄于堂下,周行己上书规之,稷为巽谢焉,时两贤之(《宋元学案》三十二《周许诸儒学案》)。以少负羸疾,不乐通物,泯然居闲;

窃慕存心养性之说，于周、孔、老、佛无所不求。而未尝有意于进取，以父兄之命，登元祐辛未进士（《浮沚集》五《上宰相书》），求监洛中水南籴场，以便从学。崇宁中，官至太常博士。愿分教乡里，以便养亲，许之。寻教授齐州。大观三年，侍御史毛某劾其师事程氏，卑汙苟贱，无所不为，遂罢归，筑浮沚书院以讲学。宣和中，除秘书省正字。卒于郓（《宋元学案》三十二《周许诸儒学案》）。

周行己未达时，从母有女，为其太孺人所属意，尝有成言而未纳采。迨登科后，其女双瞽，而京师贵人欲以女女之，行己谢曰："吾母所许，吾养志可也。"竟娶之，爱过常人。程颐常语人曰："某未三十时，亦不能如此。然其进锐者，其退速，当慎之。"其后行己尝属意一妓，密告人曰："勿令尹彦明知也。"又曰："知又何妨，此似不害义。"程颐闻之，曰："此安得不害义？父母遗体，以偶贱倡可乎？"谢良佐曰："恭叔不是摆脱不开，只为立不住，便放倒耳。"胡安国亦曰："人须是于一切世味淡薄方好，不要有富贵相。周恭叔才高识明，只缘累太重，若把得定，便长进矣！"（《伊洛渊源录》十四，《宋元学案》三十二《周许诸儒学案》）

周行己之学虽出程氏，而融会释、老，调和洛、蜀，绝无门户之见（《涧泉日记》下，《抱经堂文集》十二《周博士文集跋》）。与曾巩、黄庭坚、晁说之、秦观、李之仪、左誉诸人皆相唱和，其《寄鲁直学士》诗，称"当今文伯眉阳苏，新词的烁垂明珠"。于苏轼亦极倾倒。故耳濡目染，诗文亦皆娴雅有法，尤讲学家所难能也（《四库全书总目提要》一百五十五）。其教授于乡也，谓礼义之所始，在于正容体，齐颜色，顺辞令。学有齐揖，弟子每朝必揖其师（《抱经堂文集》十二《周博士文集跋》）。永嘉诸先生从程颐者，其学多无传，独行己尚有绪言。南渡之后，郑伯熊私淑之，遂以重光（《宋元学案》三十二《周许诸儒学案》）。故叶适谓："昔周恭叔首闻程、吕氏微言，始放新经，黜旧疏，挈其俦伦，退而自求，觇千载之已绝，俨然如醉忽醒，梦方觉也。颇益衰歇，而郑景望出，明见天理，神畅气怡，笃信固守，言与行应，而后知今人之心可即于古人之心矣！故永嘉之学，必兢省以御物欲者，周作于前而郑承于后也。"（《水心文集》十《温州新修学记》）然则行己之功，良不可没也。所著有《易讲义》、《礼记讲义》、《周博士集》十九卷（参附录二）。前两书已佚，至于《周博士集》，《四库全书》从《永乐大典》所载，搜罗排比，共得八卷，题曰《浮沚集》，较之原编，盖十几得五云（《四库全书总目提要》一百五十五）。

二、学术思想

（一）论学

夫学者欲成其大，必有赖于学。周行己论学以为"士之所贵者以学而已，然人皆有可学之性"(《浮沚集》六《劝学文》),而谓"今世之人自以为不若人,尧、舜之后,世之士皆尧、舜之学也;而曰不可及焉,则不学而已矣"(《浮沚集》六《冯先生辩》),先就根本上肯定学之重要及其可能性,而后分论为学之态度及目标,以为士之学必先正其本,而以笃实为尚。究其极致,则在乎明善诚身以知道,而达于圣人之境焉。

1. 崇本务实

周行己以为学有本末,必先正其本而成就其大,则必有大过人者,其言曰:

> 士之学亦必先正其本而成就其大,则必有大过人者。此孔门之学其见于答问之间,虽循循有序,而不相躐。然自洒扫应对以上,要皆所以去其养心之害,而导夫至正之路,必使至于确然自得而后已。夫是故虽愚必明,虽柔必强。(《浮沚集》三《孔门四科两汉孰可比》)

欲正其本,首在笃实,不汲汲于名,而孜孜从事于平常日用之间,斯足以成德达道,而有所树立,曰:

> 学病乎不笃,不病乎无实;病乎无实,不病乎无名。(《浮沚集》四《送强应物序》)

> 昔者颜子之所以从事,不出于视听言动之间;而乡党之记孔子,多在于动容周旋之际。此学者所当致疑以思,致思以达也。(《浮沚集》四《〈礼记讲义〉序》)

> 圣人之学,自洒扫应对,以至入孝出悌,循循有序,故曰:"尧、舜之道,孝悌而已。"后世学者,大言阔论,往往以孝悌为君子易行之事,若不足学,而以道德性命之说增饰高妙,自置其身于尧、舜之上,退而视其闺门之行,有悖德者多矣!若人者其自欺者欤!(《浮沚集》四《送何进孺序》)

不高谈道德性命,此其笃实处也。夫好高骛远乃学者之通病,然本之不立,末于何有?世之人每骋于高渺而忽略实际,视孝悌忠信、家庭伦纪为不足为,而游心于道德性命、虚无奥渺之说,终至游谈无根,荡不知返,而为道大蠹。周行己有感于此,故其教人为学以为当自格物始。《宋元学案》曰:

> 先生教人为学,当自格物始。格物者,穷理之谓也。欲穷理,直须思始得,思之有悟处始可,不然,所学者恐有限。(《宋元学案》三十二《周许诸儒学案》)

所以然者,盖以崇本而务实也。而格物穷理,本程门论学之大端;此亦可见行己论学固守其师说,而不逾程门之矩矱也。

2. 诚身知道

学习之目标，一般而言，一在于知识之获得，亦即所谓博学于文；一在于行为之修养，亦即所谓行己有耻；此今人所谓为学与做人者也。两者之间，周行己以为其重点乃在于学为人，故曰：

> 学也者，学为人者也。（《浮沚集》六《斋揭文》）

> 学学乎内者也，养其德者也。（《浮沚集》六《从弟成己审己直己存己用己字说》）

因谓不学则已，学必知道，曰：

> 中人之性，就下则易，趋上则难，未有不以修为而能为君子善人者也……有学则已，学焉而不知道，君子不为也。昔韩文公之言曰："行成于思毁于随。"有旨哉。又曰："善虽不吾与，吾将强而附；不善虽不吾拒，吾将强而去。"皆父兄之所教于行己，而某之所愿学者也。（《浮沚集》五《上祭酒书》）

唯能明善诚身以知道，然后可谓善学；至博于古今，善于辞章者，盖肤学末技，未足以当之也，故又曰：

> 人学然后知道，知道然后善学。博于古今而不知道，谓之多闻可也，而不可谓之善学；善于辞章而不知道，谓之能文可也，而不可谓之善学。然则如之何斯可谓之学乎？在于明吾之善，以诚吾之身。明，然后知道之为道也；诚，然后知道之为道也……古之圣人皆由乎道，舍是其无适矣！（《浮沚集》四《储端中字序》）

> 昔吾夫子居于洙泗之间，从之游者三千人，而颜子最称高弟，后世学者皆曰吾师。考其志业盖淡如也，箪食瓢饮，不改其乐，夫子称其贤；不迁怒，不贰过，夫子称其好学。乃若言志，不过愿无伐善，无施劳；而喟然之叹，则曰："既竭吾才，如有所立，卓尔！"若与今之所谓学者不相似然，何夫子与之同其行藏，而于为邦之问，告之以王者之事。古人不吾欺也，遐想高风，若有不可及者……夫以孟子之雄才，卓然名世，宜其前无愧于古人，乃其所愿犹吾夫子学；而所以推称颜子，盖尝以为与夫禹、稷、颜回同道。学者论世尚友，不可不知也。（《浮沚集》三《圣贤之学》）

职此之故；于学习之时，必须慎于取予，因设譬曰：

> 种树须种松，松有四时芳。种草须种兰，兰有十里香。众木岂不大，秋至即凋伤。百草岂不好，露下纷萎黄。人生事园圃，用意各有方。不贵

草木多,只贵草木良。(《浮沚集》八《寄题凤翔长孙家集芳亭》)

其务慎所取予,而以囿于风气,随时俯仰为大戒,故曰:

> 士之习尚又或蔽于一时之俗,而激于当世之风,若西汉之尚功名,东汉之尚名节。及方之孔门四科,则不可同日而论。盖尝观其名实班班,为史氏所称道者多矣!然而龌龊廉谨,无能往来,当时以为德行,而不可方之颜、闵。从容平、勃,遨游二帝,当时以为言语,而不可比之宰我、子贡。附会阴阳之说,牵合异同之论,当时以为文学,而不可比之游、夏。发奸摘伏,条秩可观,当时以为政事,而不可比之冉有、季路。又其间卓然为学圣人者如扬雄,盖后之人尝比之孟子,则四科之列优为之也;而观迫于祸患,曾微颜子之乐其贫贱;而著之于书,乃不如子贡之足以知圣人也。又况其余乎?(《浮沚集》三《孔门四科两汉孰可比》)

按西汉之尚功名,东汉之尚名节,每为史家所乐道,盖亦一朝之盛事。行己此论虽若失之过高,然风气所向,群趋竞赴,流弊往往因之而生。是行己之论盖亦有感而发也。周行己又尝言:

> 进道要勇决,取与慎为计。去恶如去沙,沙尽自见底。积善如积土,土多乃成峃。读书要知道,文章实小技。(《浮沚集》八《赠沈彬老》)

此其大旨也。顾其言虽似卑之无甚高论,然世之学者方汲汲于时名,务小遗大,鲜有能幡然憬悟,慨然思有以自树立者,是则行己之说诚补偏救失之药石也。

(二) 论持养

道与心性为理学家所探讨之主要为课题,周行己尝亲炙于程氏,复究心于老、佛之说,时亦不免受其沾溉。观其所作诗云:"君看伊与洛,二川日溶溶。逝者亦如此,流转何时穷?"(《浮沚集》八《玩师求诗归台州》)"日月炊不淹,万物纷迥薄。冬索复春敷,夏茂以秋落。"(《浮沚集》八《寄题方氏赏心亭》)"四时忽代序,靡靡无停息。"(《浮沚集》八《迁居有感示二三子》)言大化之流行,颇有子在川上,逝者如斯之意。其论太极、两仪曰:"道之大用,无一则不立,无两则不成。太极即两以成体,两仪即一以成用。故在太极,不谓之先;为两仪,不谓之后。然则谓之一阴一阳者,不离乎一也;谓之道者,不离乎两也。所以太虚之中,氤氲相荡,升降浮沉,动静屈伸,不离乎二端。散殊而可象者为物,物者阴阳之迹也。"(《浮沚集》二《经解"仁者见之谓之仁,知者见之谓之知,百姓日用而不知,故君子之道鲜矣"》)与程、张理一分殊之说无二致,盖有所承于程门师说者也。然观今传《浮沚集》,对于道与心性,凡所述及,皆三言两语,不成体系。意乃行己原著今已亡佚过半,致无以尽窥其绪论欤!

至于用功持养,亦理学家所极究心,周行己于此则每多论述,稽其所言,要可区为主敬、明礼二端。

1. 主敬

"涵养须用敬,进学在致知"为程颐论修养之宗旨。周行己秉承师训,亦著重于敬字,以为敬者乃君子修身之道,而为善之大端,入德之要,曰:

> 为礼者曰,"毋不敬"。所以戒夫人之不可以不敬也。盖敬者君子修身之道也,所以闲邪而存其诚者也。(《浮沚集》二《经解〈曲礼〉曰"毋不敬,俨若思,安定辞,安民哉"》)

> 如之何斯可以为善矣? 曰修身也,践言也。修身者必敬,践言者必忠。忠与敬者,善之大端,入德之要也。(《浮沚集》二《经解"修身践言,谓之善行,行修言道,礼之质也"》)

盖敬者乃中心诚意之自然表现,所以必须敬者,凡以养其中也,曰:

> 君子之所以必庄必敬者,非所以饰外貌,所以养其中也。盖其心肃者,其貌必庄;其意诚者,其体必敬。(《浮沚集》二《经解"若夫坐如尸,立如齐,礼从宜,使从俗"》)

能敬则能定,能定则能正,此进德之基也,曰:

> 敬斯定,定斯正,正者德之基也。慢斯怠,怠斯邪,邪者德之贼也。古之人相在尔室,不愧屋漏,出门如见大傧,使民如承大祭,何所不用其敬哉!(《浮沚集》二《经解〈曲礼〉曰"毋不敬,俨若思,安定辞,安民哉"》)

按敬者据程颐之见,乃主一无适之谓,以今语言之,即专一精诚,心无旁骛之意。夫应事能专一精诚,心无旁骛,自不为外物所诱,故曰敬斯定。不为外物所诱,自能闲邪去慝,故曰定斯正。循是涵养久之,自然天理明澈,无入而不自得,此所以古人修身进德无所不用其敬也。

2. 明礼

夫敬者虽为修身之道,入德之要,唯偏在于内,固有待于偏在于外之礼以规范之,然后可以明理知分,积善成德。周行己既禀程颐之教,而持主敬之说,又尝师事吕大临,承关学之绪余,于主敬之外,复济之以明礼! 使能内外兼修,以达道成德。

周行己深研礼学,《浮沚集》中论礼之说独多于其他之心性涵养。其意以为礼者中而已矣,曰:

> 礼者中而已矣! 万物之至情,天下之达德也。君子不敢过,小人不敢不及,一定而不可易者也。(《浮沚集》二《经解"夫礼者,所以定亲疏,决嫌

疑,别同异,明是非也"》)

以为礼者正而已矣,曰:

> 礼者正而已矣! 妄说人,非正也;辞费,非正也。(《浮沚集》二《经解
> "礼,不妄说人,不辞费"》)

以为礼者分而已矣! 曰:

> 礼者分而已矣……君子明礼而知分,故居上不骄,为下不乱,与人不
> 争,处己必敬。(《浮沚集》二《经解"礼,不踰节,不侵侮,不好狎"》)

夫礼者乃出于性天之自然,非伪貌饰情,矫属所得。盖尊卑分类,人之所得于天地万物者如此,圣人循此制为冠、昏、丧、祭诸礼,以笃于人伦,行于天下国家,决疑辨异,用能中正合分。而世之治乱,国之存亡举系于此也。其言曰:

> 礼经三百,威仪三千,皆出于性,非伪貌饰情也。鄙夫野人,卒然加
> 敬,逡巡逊却而不敢受;三尺童子,拱而趋市,暴夫悍卒莫敢狎焉。彼非素
> 习于数与邀誉于人而然也,盖其所有于性,感物而出者如此。天尊地卑,
> 礼固立矣,类聚群分,礼固行矣! 人者位于天地之间,立于万世之上,天地
> 与吾同体也,万物与吾同气也,尊卑分类,不设而彰。圣人循此制为冠、
> 昏、丧、祭、朝聘、乡射之礼,以行君臣、父子、兄弟、夫妇、朋友之义。其形
> 而下者见于饮食器服之用,其形而上者极于无声无臭之微。众人勉之,贤
> 人行之,圣人由之,故所以行其身与其国与其天下者,礼治则治,礼乱则
> 乱,礼存则存,礼亡则亡。上自古始,下逮五季,质文不同,罔不由是。
> (《浮沚集》四《〈礼记讲义〉序》)

> 天下之亲疏者于此可以定,天下之嫌疑者于此可以决,天下之同异者
> 于此可以别,天下之是非者于此可以明。苟舍是焉而无以辨,则总总林
> 林,亦何以相与立于天地之间哉? 此所以有礼则治,无礼则乱也。(《浮沚
> 集》二《经解"夫礼者,所以定亲疏,决嫌疑,别同异,明是非也"》)

而后世所以有忠信之薄,情文之繁等礼仪之弊者,非礼之过,乃为礼者之过也。要在学者能知所去取,博而约之,知其言而得其理,则礼之所以为礼,其则不远矣! 曰:

> 世有损益,唯周为备,是以夫子尝曰:"郁郁乎文哉! 吾从周。"逮其弊
> 也,忠信之薄,而情文之繁;林放有礼本之问,而孔子欲先进之从,盖所以
> 矫正反弊也。然岂礼之过哉? 为礼者之过也。秦氏焚灭典籍,三代礼文
> 大坏,汉兴购书,《礼记》四十九篇,杂出诸儒传记,不能悉得圣人之旨。考

其文义,时有牴牾。然而其文繁,其义博,学者观之,如适大都之肆,珠珍器帛,随其所取,如游阿房之宫,千门万户,随其所入。博而约之,亦可弗畔。盖其说也,其粗在应对进退之间,而精在道德性命之要;始于童幼之习,而卒于圣人之归。唯达道者然后能知其言,能知其言然后得其理。然则礼之为礼,其则不远矣!(《浮沚集》四《〈礼记讲义〉序》)

礼之所关系者虽若是其大,然礼之行也则必须以忠信诚敬为质。否则,徒玉帛仪节之尚,是舍本而逐末,非所以为礼也。故又曰:

> 行笃敬则行修矣,言忠信则言道矣!故曰:"义以为质,礼以行之。"又曰:"忠信之人,可以学礼。"此行修言道所以为礼之质也。苟无其资,虽习于《曲礼》威仪之多,君子不谓之知礼。(《浮沚集》二《经解"修身践言,谓之善行,行修言道,礼之质也"》)

主敬而必辅之以明礼,明礼而必归之于忠信笃敬,此可见周行己持论之严密,而无畸轻畸重之弊也。

(三) 论教化

教化与风俗,为我国传统士人所最关心,宋儒讲学风气最盛,其目标即在于风俗教化。欲蔚成良风美俗,舍教化难为功;而兴学立教,其基本乃在于人才之培养,其次则为取才之方式,而最应措意者厥为当道者本身之行为矩范,盖风草之应,不言而化,所系既深且广。故周行己论及教化,以为科举之弊不能不革,学校之法必须修明,而归宿于人君守牧之好仁尚义、布恩施泽,以形成忠义之风、敦厚之俗。是其所论,盖又与治道绾合为一,而相互为用矣!

1. 论科举之弊

有宋开国之初,科举、制举大抵沿袭唐制,得人亦盛。然唐以诗赋帖括取士,未免失于浮华迂疏,所谓束以声病,专于记诵,何足以尽人才?有唐进士浮薄之风即为明鉴。迨庆历年间,范仲淹有见于此,数言兴学校,本行实,欲直追三代,复古劝学,行科举新法,乃执政者以为不便而罢之。其后王安石行新法,识见颇高,立意亦佳,唯王氏新经专尊己说,尽废大义,由是风气大坏,得人亦不如前。其后苟且依违,新、旧法兼收并采,科举之弊日益深。周行己对此乃大致其慨叹曰:

> 夫道之不明,天下学士沦于流俗,以圣人书为发策决科之具。父教其子,兄诏其弟,师传其徒,莫不一出于此。虽有良质美才,生则溺耳目恬习之事,长则师世儒崇尚之言,至头童齿豁,不知反一言以识诸身。(《浮沚集》七《邓子同墓志》)

> 三代而上,士之贤者由乡举里选,度德而定位,量能而授职;故朝无滥
> 进,下无失实。自汉以后,始诏策士,然犹问以当世之务,不全以言。至唐
> 设为科目,文益烦而实益失,法益密而气益衰。魁伟卓荦之士俛首章句,
> 一不中程,盖有终身湮没而不得进者。夫天之降材固将有用于世,而士之
> 学道亦欲兼济于时;而后世取士之科,每不足以得之。废天之才,乏士之
> 用,可胜叹哉!(《浮沚集》七《许少明墓志铭》)

夫既有科举则必有名目,有名目则必有程式,程式有定,人才遂为所拘,既无以考课
士子之真才实行,反使士子疲精劳神于程式规矩,而不重实学。周行己因归结科举
之弊,其症结乃在于士之才与业待法而为轻重厚薄,遂使阘茸者有偶得之幸,而卓
荦者有无遇之叹,其言曰:

> 后世欲有为之君又设为科目,以进退天下之士,笼取识拔之术,无所
> 不至,法益密而进者益靡靡。呜呼!士每贱矣!今之由四方举于礼部者
> 几人,由礼部进于天子者几人,其取之不为不详矣!其得之不为不艰矣!
> 然而士之所以自负者如何哉?上之人所以得人者如何哉?古之法至简,
> 取人至寡,而贤者必进,不肖者必退;今之法至密,取人至多,而贤者不必
> 得,不肖者不必黜……呜呼!其终不可以复古乎?古之以行取之也,故得
> 之;今之以言取之也,故失之……行修而不得进,言工而不见取,曰朝廷之
> 过也,则非也,曰有司也。曰有司之过也,则非也,曰法也。士之才与业待
> 法而为轻重厚薄,是法之过也,则安足以得士哉?(《浮沚集》四《送季尚老
> 下第序》)

既弊在于法,则欲除弊兴利亦唯有自改革科举之法始,周行己以为宜将学校之法与
科举之法合而为一,使人才之培养与朝廷之选用相配合。于学校之间讲求所以养
之之道,而于科举之外设所以取之之法,庶几可以野无遗才而士无滥进,因此又有
修学校之议焉。

2. 论培养之法

科举制度其精神所重在人才之选拔,而非人才之培养。宋初虽有太学、州学等
各级学校之设,然大抵"但为游寓之所,殊无肄习之法"(《宋史》一百五十七《选举
志》引王洙之言),以故"当太平之朝,不能教育……乃于选用之际,患才之难"(《范
文正公集》八《上执政书》)。其症结乃在于"由不务耕而求获也"(同上)。周行己有
见于此,因主张于学校之间讲求养之之道,而于科举之外设所以取之之法,其见与
王安石相若,其说曰:

> 为天下者莫急于得才,学校所以养才也,科举所以取才也。方今内有
> 太学,外有郡县之学,太学养士数千百人,郡县之学多者数百人,少者数十
> 人,不为不盛矣!而科举三岁所取进士、经律、特奏名率千数百人,不为不
> 多矣!然而朝廷议者犹患人才之难,夫岂养之之道有所未至,而取之之法
> 有所未尽乎?将欲学校之间讲所以养之之道,以益今日之所未至;科举之
> 外设所以取之之法,以广今日之所未尽。(《浮沚集》三《学校科举》)

其意盖欲兴学校以培育人才,由学校而选用人才,以期教育与考用相辅相成。主旨
所在乃欲求有获须先事耕耘也。因于《上皇帝书中》,以为经国用之说有六,其四即
为修学校之法。谓前此之法太烦而难守,费广难久,官以为弊,士以为患,非宜行之
道,因建言曰:

> 臣欲广陛下教养之意而核其实,简有司选士之法而省其费,谓宜州置
> 州学教授一员,命官充之,选有学行者,视其资秩为请给人从之数;县置县
> 学教授一员,举人充之,月给职钱五千。学生之入县学者,不试,不给食。
> 学生之入州学者,初岁一试外舍,取文理通者,不限以数。比岁再试内舍,
> 取外舍十之一。三岁再试上舍,取外舍十之一。于是贡于太学,太学总天
> 下所贡之数而大比焉,又取十之一,乃奏名而官之。(《浮沚集》一《上皇帝
> 书》)

除上述每岁考试以定取舍外,并付与学生学习之便,并注重平日行为之考察,如有
犯禁者,取消其与试资格,其法曰:

> 应三舍生愿在学与游学于外者,听其自便……若在外犯公罪徒、私罪
> 杖,虽赎,及在学犯等二等以上罚者,各不得预试。(同上)

此外,并主张改革选试方法,其说曰:

> 臣谓宜革选试之法,使人试五经大义各一条,为第一场;子史时务策
> 各一道,为第二场;词为第三场。如此则才高实学者无不过之叹,而新进
> 寡学者无滥得之幸。(同上)

周行己以为如是其利甚多,曰:

> 今日学校之所养者,必为他日三舍之所选;今日三舍之所选者,必为
> 他日朝廷之所用。学校益广,一利也;考选益精,二利也;士得自便,三利
> 也;所费至省,四利也。(同上)

以上周行己所论人才培养及选用方式,容或未臻缜密,然已能标本兼顾,视诸前此
专务选取而不事培养之制为优越矣!

3. 论德化之道

周行己论治道，着重德治，言教化则归宿于以德化民，以为在上者诚能好仁尚义，则立法制度、树风行化皆能体恤民情而深得民心，不仅可以化民成俗，抑亦有益治理。其言曰：

> 考自载籍之传，其治道之得失，习俗之美恶，流风余烈，百姓犹有存者。故太王好仁，而邠之人贵恕；僖公好俭，而晋之人蓄聚；燕之人敢于急，召公之遗风也；朝鲜之人至于有礼，箕子之教也；长缨鄙好，且变邹俗；紫衣贱服，犹化齐风。故圣人之于仁义深矣！其于教也，勤而不息，缓而不迫，欲民渐习而趋之至于久安而成俗也。故三代御俗有风化，有法制。君仁莫不仁，君义莫不义，污者修，悍者愿，躁者索。农莫不以力尽田，贾莫不以察尽财，工莫不以功尽器，士莫不以道尽学，此风化之至也。分地以建国，度土以居民，正井邑，均赋税，宫室器用各有制，衣服饮食各有度，此法制之行也。风化所以动民之心，法制所以定民之志。法制立而风化行，故廉耻兴而忠厚之俗成。薰为太平，垂祀八百年，而传三十六王。后世虽法制之去，而暴君污吏毒民以苛刻，民有畔心，则思先王之仁而不忍去，欲为乱，则思先王之义而不敢作。盖其所以宥民者深而礼义之风未衰，廉耻之心未尽也。（《浮沚集》三《风俗盛衰》）

欲以德化民，不仅在于君王之以仁风善俗相奖倡，尤有待于守吏之善仰上志，体恤民情，此又周行己之所以谆谆于重守令之说也。曰：

> 后世欲治之主欲所以治天下者，莫不有法制，亦莫不有风化，然一授非其吏，则刑法胜而仁义之道不行，故法制坏而风化不宣于下，国异政，家殊俗。贾谊所谓移风易俗，使天下回心而向道，类非俗吏之所为者此也……得良吏则敦厚之俗胜矣，得健吏则节义之俗胜矣，得贪吏则盗窃之俗盛矣，得酷吏则忮暴之俗盛矣。故盗贼所以未息，刑罚所以未省，庸吏扰之也。欲善俗莫若择吏。（同上）

良风美俗固有益于治道，而风俗之良窳又与治道大有关，盖二者实相表里，而互为因果。周行己之所以于德化、德治三致其意者良有以也。

（四）论治道

按经世致用本为我国圣贤立教之传统目标，关心治道尤为宋儒之一贯精神。自范仲淹倡以天下为己任之说，有宋诸儒于思想上虽不免有内外轻重之歧，而于认识上则莫不以天下之重引为己分内事。析论阐发，条陈擘划，或重理想，或主实务，务期奠国家富强之基,跻天下于太平之域。周行己于此传统之下,对于治道亦颇究心,其所持议,首重德治,以立大本。且谆谆于安不忘危、治不忘乱之理。于有宋强干弱枝之国策所生流弊,尤能洞悉其害,因特重守令,以期厚植国基。深惩时失,而图补偏救弊,苦心曲为,要为吾人所不可忽。

1. 主于德治

为政以德,为我国古圣先贤之传统主张,周行己亦服膺此训,而阐其义理,曰:

> 三代以来,一姓传有天下,受命而王,历数久近皆天也。然而必以有道而兴,无道而亡。是以周过其历,秦不及期;由汉迄唐,罔不由此。书曰:"与治同道,罔不兴;与乱同事,罔不亡。"(《浮沚集》三《王道》)

> 三代之得天下也以仁,其失天下也以不仁。非独三代为然,继三代者莫不然。唐之所以亡,五代之所以乱,盖可知矣。(《浮沚集》六《书李氏书后》)

历稽史事成败,著为言论,视诸空陈理义者,为着实有据矣!所以为政必须以德者,盖唯德可以服人,民心向背胥系乎此。唯有德者可以得民心而保天下,反之则否。是故周行己于其《上皇帝书》中,建言得人心之说有四,其三即为用有德,而析陈其说曰:

> 臣所谓用有德者……所谓贤者有德之谓也,所谓能者有才之谓也。贤者在位则朝廷尊,朝廷任贤则天下服。夫为德非一日之积也,德成而信于人者又非一日之积也。臣愿陛下博选耆艾,参用旧德。盖耆德之人知古今之多,阅世故之久,必能为陛下稽古爱民,必不为陛下妄作生事。而又天下之所素知,人心之所素服,用之于一方则一方之民悦,用之于朝廷则天下之民悦。陛下能用民悦之心,是陛下得民之悦也。臣所谓用有德为得人心之术者此也。(《浮沚集》一《上皇帝书》)

欲推行德治,美意固有待于良法;徒法不能自行,则其关键又在于人才。故为政以法度为先,人才为急。其言曰:

> 起太平偏胜之势……图今日急先之务,在……益广贤路,以收实才;更定法度,以救时弊……人君之职在任一相,一相之职在任群贤。自古未有得才而不治者,亦未有不才而治者也。天下之治乱在于法度之善否,法度之善否在于人才之得失。(《浮沚集》五《上宰相书》)

> 世之治在于得人而已,世之乱在于失人而已。(《浮沚集》四《〈论语〉序》)

夫法者治之端,人者治之原;人才与法度盖有如辅车之相依、心身之共运。为政固不能无法,然有治人而后有治法,周行己此论,视诸世之以人治、法治对举,一若不相容之二术者,为得其中矣!

2. 居安思危

夫天下之事常发于至微,而终为大患。众人固不能察,而主政者则不能不研深知几,以杜渐防微;否则,大祸既形,则难乎为力矣!周行己洞悉此义,因警人安不可忘危,治不可忘乱,于策问之中畅发其论曰:

> 汉文帝时几至刑措,而贾谊有流涕太息之言。唐至贞观,米斗三钱,外户不闭,可谓治平矣!而马周所建言,皆切一时。盖天下未尝无事,惟其安不忘危,所以常安;治不忘乱,所以常治。虽尧、舜之为君,禹、皋陶、益、稷之为臣,不能忘儆戒于无事之时。国家承平百有余年,自三代以来,未有如今日之盛也。然欲不忘儆戒于无事之时,以防危乱于治安之日,将亦有所谓流涕太息,事有切于一时者乎!(《浮沚集》三《贾谊马周所言》)

又于《上宰相书》中再致其意曰:

> 今百度完具,四夷宾服,上下恬熙,内外无患,治安无事矣!然无事者,有事之所虑也。古之圣智之人,安不忘危,治不忘乱,虽虞、舜、成周之盛时,未尝不兢兢业业以相警戒。(《浮沚集》五《上宰相书》)

按宋承五代之弊余而建国,规模造端,为祈补偏救弊,往往有矫枉而过正者。立国初期虽天下承平,唯强干弱枝,重文轻武,而文繁法密,姑息弛刑;容休之规有余,发扬之气不足,盖祸端已兆,行己洞察世务,建为此论,要非无感而发者也。

3. 特重守令

有宋开国,惩于唐末、五代之弊,厉行中央集权之制,吏治、兵权、财赋悉归中央,地方权轻,守令往往不得其人,不任其职。治道乖而法制坏,风俗教化遂不可闻问。周行己有见于此,乃慨乎言之曰:

> 十八路之地,数百州之民,仓廪实而礼节或未治,既富庶而教化或未及;积习之俗未革于忠厚,渐渍之风尚弱于偷薄。将谁责之而可?百里之县未得其令也,千里之郡未得其守也。是以主德不宣,恩泽不流,而民之利害壅于上闻也。则虽吾君吾相相与愿治之勤,窃病下民之未尽知也。岂非为吏者鄙,不足以推君之治而致之民,则所以治者未必治欤?呜呼甚哉!民之无知,习见善则安于为善,习见恶则安于为恶,郡守县令民之师帅,而风化之所瞻也,道民之道可不慎哉!(《浮沚集》三《风俗盛衰》)

因此周行己于《上皇帝书》中，以为欲得人心必须重守令，并请求重守令之选，其言曰：

> 臣所谓重守令者，诚谓天下一家，万民为本。积县为州，积州为国；县不得人则为陛下失一县人之心，州不得人则为陛下失一州人之心，国不得人则为陛下失天下之心。是人心者为州县之根本，州县者为天下之根本。今朝廷之上选贤用能，而州县之任未尝选也，资考应吏部之格者可以得也，朝廷以为不才而黜逐者可以得也。夫朝廷以堂选为重，吏部为轻，而郡守县令以吏部得之，是州县之任轻于朝廷也。朝廷以进用为才，黜责为不才，而郡守县令以黜责得之，是朝廷轻郡守县令之任也。臣愿立守令之法，重州县之任。应今后朝廷之黜责者不得任郡守县令，朝廷之选用者必自郡县守令除。如此则守令知自重而不敢害民，民知上爱我，莫不怀上德。臣所谓重守令为得人心者此也。（《浮沚集》一《上皇帝书》）

又必须慎择良吏以因地制政，论俗尚教，曰：

> 后世欲治之主欲所以治天下者，莫不有法制，亦莫不有风化，然一授非其吏，则刑罚胜而仁义之道不行。故法制坏而风化不宣于下，国异政，家殊俗。贾谊所谓移风易俗，使天下回心而向道，类非俗吏之所为者此也。故有偏举之政，有不胜之俗，得良吏则敦厚之俗胜矣，得健吏则节义之俗胜矣，得贪吏则盗窃之俗盛矣，得酷吏则忮暴之俗胜矣。故盗贼所以未息，刑罚所以未省，庸吏扰之也。欲善俗莫若择吏，然良吏之所施设，则各论俗而尚教，奚必同条而共贯哉？若龚遂为渤海，首率以俭约；文翁为蜀，先化以学校；南阳好商贾，召公富以本业；颍川好争讼分异，黄霸化以笃实。若是皆就民风之失，起不举之教，何必华山之騄耳，然后行远乎？窃惟今日之盛，岂无若是数人者，足以治天下。而郡县簿书朝会为务，而风俗败坏，则因循而不为虑。此所以积习之俗未革为忠厚，渐渍之风尚溺于偷薄，盗贼或未息，刑罚或未省也。为今之说，莫如除汰珪符，妙选铜墨，以是重其任，至其黜陟亦以是，则何患乎不若三代之盛时哉？（《浮沚集》三《风俗盛衰》）

抑尤可贵者，厥为周行己并非徒发虚论，彼其志固期能于庙堂之上展其猷谋，然亦不以一邑一曹之地为不足为而鄙薄之，曰：

> 自度智能不过一邑一曹，得与役属以勤事上，官卑而志同，职小而忠一。左右侍从之臣承命于上，趋走服役之臣效力于下，上下相济，小大不

渝,此事所以成而分所以定也。(《浮沚集》五《权乐清上韩守书》)

按汉世公卿宰相每多出身郎吏守令者,而汉吏治称隆。推原其故,盖以彼辈尝处民间,深悉民之利病疾患,一旦列官于朝,发号制策,用能起民瘼而兴民利。再则地方官员以有所劝,人人莫不兢兢业业,克尽厥守,而上下相济,以成其治。是周行己重守令之说,固感时而发,亦稽古有得之言也。

(五) 论财计

考《尚书·洪范》,农用八政,首重食货。夫食以劝播种、务蚕桑,使民无游惰,而人皆种作于田亩。天下足食,然后可以语荣辱之分,议廉耻之事。故尧命四子,以节授时候;舜命后稷,而播时百谷,皆以此也。货者贸迁有无化居,通功易事,以羡补不足,《易》曰:"日中为市,致天下之民,聚天下之货,交易而退,各得其所。"(《易·系辞下》二)盖自初民已然矣!周行己曰:"农者为政之本。"(《浮沚集》一《代郭守贺嘉禾表》)又引《易·系辞下》曰:"天地之大德曰生,圣人之大宝曰位,何以守位? 曰仁;何以聚人? 曰财。理财正辞,禁民为非曰义。"(《浮沚集》一《上皇帝书》)于民生利用盖甚措心。观其所论,虽未能有通盘之筹划,而指陈时政之失,提议改革之方,要亦有足取者也。

1. 议修钱货之法

宋承唐末、五代扰攘纷争之后,统一天下,生民获得充分之生息,经济复苏,社会繁荣,因之货币流通之需要量极大。宋代货币大抵可分为硬币(铜钱、铁钱、夹锡钱、金、银)、软币(交子、会子、关子、引)两种。初以铜钱为主,至后期交子、会子、关子乃取铜钱而代之。而各种货币之流通则又因地区而异。一方面因交换经济发达,供需相去甚巨,加以销铸、流出海外与蓄藏等原因,乃有钱荒现象。另一方面则因每钱实际价值不及名称价值三分之一,故私铸之风甚盛,致使物价愈重,国用愈困,而刑禁愈烦,盖其弊有不可胜言者。因此周行己于其《上皇帝书》中奏言经国之说者六,首即修钱货之法。而述其弊曰:

> 臣所谓修钱货之法者,其说有三,一曰当十,二曰夹锡,三曰陕西铁钱。夫钱本无用,而物为之用;钱本无重轻,而物为之重轻。此圣智之术,国之利柄也。臣窃计自行当十以来,国之铸者一,民之铸者十;钱之利一倍,物之贵两倍;是国家操一分之柄,失十分之利,以一倍之利,当两倍之物。又况夹锡未有一分之利,而物已三倍之贵。是以比岁以来,物价愈重而国用愈屈……夫盗铸当十,得两倍之利,利之所在,法不能禁也。自行法以来,官铸几何,私铸几何矣! 官铸虽罢,私铸不已也。私铸不已,则物

价益贵，刑禁益烦。(《浮沚集》一《上皇帝书》)

按《宋史·食货志》亦曰："钱有铜、铁二等，而折二、折三、当五、折十，则随时立制。行之久者唯小平钱，夹锡钱最后出，宋之钱法至是而坏。"(《宋史》一百八十《食货志下》二)是宋之货币制度显有未当而滋生流弊也。

为挽救此等流弊，周行己因建言曰：

> 当十必至于当三，然后可平；夹锡必并之，然后可行；陕西铁钱必通之，然后可重。(《浮沚集》一《上皇帝书》)

按所谓当十者，乃一大铜钱抵十小平钱，又称折十。然每钱实际价值不及名称价值三分之一，故铸钱获利甚厚，政府虽可以此为军费，然利之所在，私铸之风颇炽，致恶钱流通市面，物价腾贵。故周行己以为当十必至于当三，然后可平。其法曰：

> 臣之说欲宫出进纳诰敕与度牒、紫衣、师号，见钱公据六等，以收京师五路当十，随其钱数物直平易之……悉以所得当十，桩管逐路或上供京师，随其所用改为当三，通于天下。(同上)

苟如是，则名实相去不甚远，政府有所入，而私铸利微，其风自息，物价亦可平。周行己又言其效益曰：

> 国家无所费，而坐收数百万缗之用，其利一也；公私无所损，而物价可平，其利二也；盗铸不作，而刑禁可息，其利三也。(同上)

所谓灰锡者，"其法以夹锡钱一折铜钱二，每缗用铜八斤，黑锡半之(即四斤)，白锡又半之(即二斤)"(《宋史》一百八十《食货志下》二)。夹锡钱既推行，钱轻不与铜等，而法必欲其重，乃严擅易擅减之令，"凡以金银系帛等物贸易，有弗受夹锡，须要铜钱者，听人告论，以法惩治，市井细民，朝夕鬻饼饵熟食以自给者，或不免于告罚"(同上)。至于铁钱之弊，则以铜钱质轻，且行使路分较广，可运可积，铁钱则质重，且行使路分较狭，不可运不可积，于是贵贱相视不等，弊端遂形。其中消息，周行己盖尝慨乎言之曰：

> 盖钱以无用为用，物以有用为用，是物为实而钱为虚也。故钱与物本无重轻，始以小钱等之，物既定矣，而更以大钱，则大钱轻而物重矣；始以铜钱等之，物既定矣，而更以铁钱，则铁钱轻而物重矣；物非加重，本以小钱、铜钱为等，而大钱、铁钱轻于其所等故也。何则？小钱以一为一，而大钱以三为十故也。铜钱以可运可积为贵，而铁钱不可运不可积为贱故也。以其本无轻重，而相形乃为轻重。(《浮沚集》一《上皇帝书》)

为免相形为轻重之病，周行己乃倡为改善之法，主张各限定其使用之路分，使铜钱与夹锡、铁钱不相混。曰：

> 臣之说欲并夹锡与铁钱通行于河北、陕西、河东三路，而禁使铜钱。
> 其三路所有铜钱许过铜钱路分行用，其京东、京西两路夹锡许过铁钱路分
> 行用。若河北、陕西、河东行使铜钱，京东、京西行使夹锡铁钱，与铜钱之
> 入三路，夹锡铁钱之入余路，各论如私钱法。如此，则铁钱与物复相为等，
> 而轻重自均矣！（同上）

虽若是，然铁钱或犹以脚重，转徙道路，不便于往来，或因拘于三路，而不可通于天下，不便商贾，致有铁钱尚轻，物价犹贵之病。则周行己亦复有说，曰：

> 臣欲各于逐路转运司置交子如川法，约所出之数桩钱，以给使便于往
> 来，其说一也。朝廷岁给逐路籴买之数，悉出见钱公据，许于京师或其余
> 铜钱路分就请，以便商贾，其说二也。（同上）

夫如此，则铜钱与夹锡铁钱不相混而可相通，既免相形为轻重之病，复无碍于商贾往来。前此之弊可因之而革，故周行己言其效益曰：

> 陕西铁钱几废而可以后行，其利一也；铜钱不流于敌国，其利二也；敌
> 人盗铸而无所复用，其利三也。（同上）

按宋代币法极为紊乱，种类既多，使用复多所拘限，其始虽或出于势所不得已，然治丝益棼，遂至坏乱难以收拾。其所造成之弊病，观《宋史·食货志》所载诸家议论盖已可见一斑。考周行己如上所陈之策虽非正本清源之道，然用以救一时之弊，要亦自有其效益也。

2. 议修茶盐、吏役、转输之法

周行己于议修钱货之外，对与财政有关之茶盐、吏役、转输诸法亦各有说，虽析论未详，然采葑采菲，要非无可取者，兹分述如下。

（1）关于茶盐者

考盐笑始于齐管仲，至汉孝武初榷酒酤，逮唐德宗，茶亦有税。历代屡罢屡复，对国家财政虽不无补益，然法令繁密，与民争利，而更张数议，民无所适从。猾民奸吏，复弄法其间，其弊盖有不可胜言者。为消除弊端，周行己以为宜裁并诸法，设为定则，尽除禁令，使民自便，其法曰：

> 臣所谓修茶盐之法者，臣欲并酒法，而总其盐钞算请之数、贾茶搭息
> 之数、榷酤净利之数、坊场买扑之数，通天下五等而三之，为上中下十有五
> 等，岁各出缗若干，一切弛其禁令，使民自便。（《浮沚集》一《上皇帝书》）

苟如是，周行己以为其利有四，曰：

> 国省官吏而岁入有常，一也；户出缗钱至少而得以自便，其利二也；小
> 民各安其业而商贾得通，其利三也；奸盗不作而刑罚可省，其利四也。（同
> 上）

按信如其说，则可使法令趋简，民得其便。唯如何定其等则，行己则未有说，是其说盖犹未密，猾民奸吏尚有可乘，其所谓四利者未必尽可得也。

（2）关于吏役者

考宋行两税制，本已包括庸在内，然宋初又有力役，则是于庸外复取庸，最是扰民。周行己议修吏役，主张以田募吏，以兵代役。其所谓以田募吏之法者：

> 以田募吏之法，水田上等一顷、中等一顷半、下等二顷，陆田上等二
> 顷、中等三顷、下等四顷。州县每案募吏一人，使世其职，身殁，听以子孙
> 家人承代，试而后补。犯枉法自盗贼者还其田，别募。随其业之职务烦
> 简，许保任书手一人至三人，月给雇直三千。犯枉法自盗贼者同罪，余罪
> 轻重有差。（《浮沚集》一《上皇帝书》）

苟如是，周行己以为其利有四，曰：

> 吏得久其职而可以责任，一利也；人知自爱而重犯法，二利也；民不受
> 弊，三利也；雇直可省，四利也。（同上）

其所谓以兵代役之法者：

> 以兵代役之法，应州雇散从，县雇手力，悉易以厢军；厢军不足，以禁
> 军。其教阅更代差出各如本法，即不得下乡干当公事。（同上）

苟如是，周行己以为其利有二，曰：

> 雇役可省，其利一也；兵无冗食，其利二也。（同上）

按冗兵冗吏为宋代财政上之一大负担，所费浩巨，而吏胥奸回，士卒骄悍，国家未蒙其利，反受其害。苟能以田募吏，使知自重，以兵代役，使不游惰，则费省民苏，颇不失为一可行之法也。

（3）关于转输者

宋行中央集权之制，各州置转运使，以处理地方财政，除诸州度支经费外，悉输京毋占留。而领使太烦，转输不一，财散而费广，权分而势轻。周行己乃提出改革之法，曰：

> 臣欲悉减诸司官，每路只置转运使一员，使转输财赋；按察使一员，使
> 察廉吏治。皆以望重品高者为之。许各辟官属，分治其事。（《浮沚集》一
> 《上皇帝书》）

苟如是,周行己以为其利有二,曰:

> 权一而事治,其利一也;官省而费轻,其利二也。(同上)

裁并冗员,事权归一,盖不仅事治费轻而已,奸回敛手,风气所系,尤非浅鲜矣!

第二节　许景衡

一、传略

许景衡,字少伊(《斐然集》二十六《资政殿学士许公墓志铭》),学者称为横塘先生(《宋元学案》三十二《周许诸儒学案》)。其先长沙人,七世祖赞避五季之乱,徙居温之瑞安,遂籍焉。景衡自为儿童时,气质端重,乡丈人异待之(《斐然集》二十六《资政殿学士许公墓志铭》)。程颐讲学,浙东之士从之者自景衡始(《宋元学案》三十二《周许诸儒学案》)。登绍圣元年进士第(《宋史》三百六十三本传、《四库全书总目提要》一百五十六并作元祐九年,考元祐止八年,次年即改元绍圣),在选调,久之,以廉勤守职,不为因循苟且,出入京师,足不一至贵要之门,识者期以远大。大观中,大臣有知其名者,用为敕令所删定官。岁满书成,迁承议郎,丞少府监。久之,乞外任,除大名少尹,未行。改通判福州,州将不事事,景衡悉力佐之,郡赖以治。终更请奉祠馆,得之。明年,宣和二年,以监察御史召,除殿中侍御史(《宋史》三百六十三本传作宣和六年)。寇起东南,诏两浙江东路权免茶盐比较,贼平,有旨仍旧。景衡论奏,以为当视食者之众寡以为岁额高下,以纾民困,三疏得请。燕山之役,童贯为大帅,景衡力论不当用,且列其罪数十条;又疏谭积罪大罚轻,时论韪之。燕山役不已,诛求益甚,景衡上疏,论财不足,当节用,民已困,当厚恤之。请罢不急之务,若营缮诸役,花石纲运,吏员以点检文字,只应准备为名,及伶官、伎艺、待诏之属,因事增置者,与夫无名之功赏、非常之赐予、侥幸之请求,宜一切省绝(《斐然集》二十六《资政殿学士许公墓志铭》)。且极论和买、和籴、盐法之害,不报(《宋史》三百六十三本传)。时王黼、蔡攸方擅政,景衡言尚书省比阙长官,而同知枢密院亦久不除,虽近例以三公通治,然文昌政事之本,枢密总兵之地,各有任属,安可遂虚其位;况近年赏罚僭滥,官吏猥多,奸赃狼藉,财匮民困,军政纵弛,边备不严,陕西诸路地震弥月,京东、淮东积水害稼,此正敷求辅佐、振举纪纲之时,望博考公议,慎选忠贤,以补政府之阙。黼素已恶其多言,至是大怒(《斐然集》二十六《资政殿学士许公墓志铭》)。会知洋州英岩夫以私书抵执政子,道景衡之贤,而误达于黼,以是中伤逐之(《宋史》三百六十三本传)。钦宗即位,以左正言召,中丞陈过庭引亲避嫌,遂改太常少卿,兼太子谕德(《斐然集》二十六《资政殿学士许公墓志铭》、《宋元学案》三十二《周许诸儒学案》)。至不阅月,召试中书舍人,赐三品服。上书论人君心术,及政事缺失甚众,上方信向。会台谏官李光、程瑀以直言忤大臣耿南仲意,被斥,景衡为辨明。时过庭为中书侍郎,景衡复引嫌,南仲并恶之,乃诬其视大臣进退为去就,罢之,与宫祠(《斐然集》二十六《资政殿学士许公墓志铭》)。胡安国争之,不报(《宋元学案》三十二《周许诸儒学案》)。未几钦宗开悟,有旨召还,则京师被围,道梗信绝矣。高宗即位之八日,以给事中召,至则除御史中丞。病暑,未及朝,闻东京留守宗泽为当路所忌,将罢去,景衡即奏言泽不可罢状,事遂寝。时浙西军变,朝议欲招安,景衡言宜遣兵讨之,以为官吏、百姓被涂炭,而作乱者反受爵命,非政刑,凡六论奏,迄如其言。又论方今人才未备,而政事不立,意欲节浮费,轻赋役,慎命令,明赏罚,平寇盗,严武备,汰奸贪,抑亲党,伸公论,以革往事之弊,悉蒙嘉纳。时黄潜厚以宰相兄为户部尚书,景衡极论其不可,潜厚遂罢,而犹以延康殿学士领财计,景衡论之不已。上由是益知景衡可信,拜尚书右丞,既受命,独念天下方多事,欲调和同列以求济,已而叹曰“调和不可为也”,则请间为上端言之(《斐然集》二十六《资政殿学士许公墓志铭》)。黄潜善、汪伯彦以其异已,共排沮之(《宋史》三百六十三本传)。会议改钞法,景衡曰:“国家号令失信于天下,垂三十年,而钞法最甚,尤而效之,奈何?”遂止。有尝为从臣,为敌人草表者,宰相以为有文,欲复使典制命。景衡曰:“是大辱国,此而可用,孰不可用也?”卒止之(《斐然集》二十六《资政殿学士许公墓志铭》)。或言正、二月之交乃太乙正迁之日,宜于禁中设坛望拜。高宗以问,景衡曰:“修德爱民,天自降福,何迎拜太乙之有?”(《宋史》三百六十三本传)黄潜善等恶宗泽,谤之不已。景衡廷辩之曰:“泽忠义之节,居守之状,非特臣能言之。东京宗庙所在,北抗强敌,责任不轻,必欲易之,非左右大臣不可。”谤者默然。故迄景衡之去,泽赖以安(《斐然集》二十六《资政殿学士许公墓志铭》)。时李纲议建都,以关中为上,南阳次之,建康为下。纲既相,遂主南阳之议。景衡为中丞,奏南阳无险阻,且密迩盗贼,漕运不继,不若建康天险可据,请定计巡幸。黄潜善等倾纲使去,南阳之议遂格(《宋史》三百六十三本传)。而宗泽累请还京,景衡独谓三镇未复,不宜居危地,请幸建康益力。会有传信王棽将入洛者,高宗惧,遂下还京之诏。汪、黄实主东幸,而故以渡江之罪议景衡(《宋元学案》三十二《周许诸儒学案》)。罢为资政殿学士,提举杭州洞霄宫。景衡闻还京之举,以为深忧,行至瓜州(《斐然集》二十六《资政殿学士许公墓志铭》),得渴疾,舟至京口而卒(《宋史》三百六十三本传）。时建炎二年五月二十日也。享年五十有七（《斐然集》二十六《资政殿学士许公墓志铭》）。既殁，高宗思之，曰："朕自即位以来，执政忠直，遇事敢言，唯许景衡。"赐谥忠简（《宋史》三百六十三本传）。

许景衡性孝友，幼丧母，既长，事父恭谨。父喜饮酒，好客，景衡手自制曲蘖，临酝酿。居丧毁瘠，蔬食不浣垢，庐于墓者终三年。性不喜饮，它日遇名酒，未尝不恻然思其亲。与兄景亮友弟尤笃，景亮试礼部，病卧逆旅，时景衡为河间尉，闻之，即日弃官往省。兄死，事嫂谨慎，悉推家财予之。姊孀居食贫，析屋分田，割禄以养之。终其身孝悌慈祥，忠厚乐易，恂恂然为君子长者。乡人化其德，缙绅推其贤，而万乘信其忠，其师友渊源盖有所自也。平日与人言如不出诸口，至其行己临事，则毅然有不可回夺之操。方宣和间，穷奢极侈，虚内以事外，邦本将蹶，天下寒心。公卿方导谀以为太平之盛观，景衡居言责，首陈节用固本，以救时病。自中常侍童贯用事，文武将相皆出其门，无敢忤者，景衡乃诵言于上，视之如无有。故虽仕于当时，用亦不显，而四海知其名。及靖康中，黄门大臣异论肆行，呼吸阿好，不次而用之，弹斥不附已者，景衡保正拂邪，从以去国，而名益重。晚受主知，擢长宪台，与闻国政，直言谠议，不畏强御，精忠恳到，以感动天意，祈于有补。不求赫赫之名，天下倚望，卜济否焉。若假以岁时，赞襄弥缝，获尽其心，则息祸乱，佐中兴，必有过人者。乃权邪抑之，天又夺其年，可悲也已（《斐然集》二十六《资政殿学士许公墓志铭》）。

许景衡之学虽源出洛学，而立身刚直，不与人嚣争门户。其文章亦坦白光明，粹然一出于正。虽扼于权幸，屡起屡踬，而终始不挠。至其诗篇，乃吐言清拔，不露忧厉之气，如"玉樽浮蚁一样白，青眼与山相对横"诸句，殊饶风调（《四库全书总目提要》一百五十六）。所著有《横塘集》三十卷（参附录二），自明以后，传本久绝，《四库全书》从《永乐大典》中采掇裒缀，厘为二十卷。《朱子语录》尝称陈少阳事其详见许右丞哀词中，今已不睹是篇，则巨制鸿裁，佚者不少（《四库全书总目提要》一百五十六）。

二、学术思想

（一）论学

许景衡论学，谓学者所以明人伦，德性为本，知识技艺为末，与孟子之说合。此外并提示为学之方，以为学当择善固执，而归结于自信自果。气象巍巍，令人想望。

1. 学以明伦

许景衡颇重视学校教育，以为欲纳英俊，"莫若广学校"（《横塘集》十四《代人谢赐及第启》）。而天子之立学养士，凡以明人伦，善风俗也。其言曰：

> 某以为天子立学养士，所以明人伦，善风俗也。（《横塘集》十八《温州瑞安迁县学碑》）

因此之故，学者为学，当以德行为本，始谓知要善学，故又曰：

> 人不间于父母昆弟之言，与夫见其进未见其止，皆善学者之事也。

（《横塘集》十九《蔡君济墓志铭》）

是故学而不知人伦，犹之未学。反之，虽未尝学，而能于家庭伦纪之间整然自修，亦可谓之学也，故曰：

> 其为人谨饬有常度，家居肃然，不闻人声，其言历历可听，而不及人过差，其教子弟必本于孝悌，是虽未尝学，而识者以为犹学也。（《横塘集》二十《蒋君墓志铭》）

人之德性涵养所以有过差不及之病者，固与其禀赋有关，然其最大之症结乃在于学问之不至也，曰：

> 人材之难，难乎无蔽也。盖和易者常失其所守，而刚峻者或流而狠戾也。是皆学问之不至，岂独禀赋之弗类也？（《横塘集》十八《祭赵彦泽文》）

夫性从偏处克将去，此克将去之工夫即学问之事。常人之性不能无偏轻畸重之失，唯善学者能自明其性之所偏而进退抑扬之，所谓高明柔克，沉潜刚克，凡以期能约之义理之中，使无过不及之患也。由是益可见为学之重要与夫学之重点所在矣！

2. 论为学之道

许景衡提示为学之道，以为学者当择善而固执，而所以择之之方则在于博学而审问，慎思而明辨也，曰：

> 盖择善而固执之者，学者之事也。择者当如何？学问思辨是也。此所谓致曲也。曲能有诚，诚于致曲而已。（《横塘集》十七《答郑国材》）

苟能此道，而自强不辍，真积力久，必能停蓄渊厚，而深造有得矣，曰：

> 我观淮之源，东行已千里……不知渡越几涧谷，清澈尚尔无泥滓……茫茫直与天相似，万艘络绎鼓风蒲……岂知生处极幽深，清浅涓涓一泓尔。吾闻古来养心者，扩而充之亦如此……君看厚地一撮土，本来也是无多子，人间万事当自强，嗟我蹉跎今老矣！（《横塘集》二《渡淮》）

夫景衡所谓择善而固执之者，乃在于特立独行，期乎有以自见于世，而不在乎世之毁誉得失，亦即所谓不患人之不已知，患无以立也。曰：

> 士之特立独行，力学问，为文章，固有以自见于世也……呜呼，士之生

斯世，其名誉之闻于人，盖亦幸而已矣！松柏之始生也，岩石轧之，荆棘缭之，然松柏未尝不生也，卒之阅千岁而不朽。夫士欲有立于当世，亦顾所自为如何耳，奚彼之恤哉？孟子曰："人知之亦嚣嚣，人不知亦嚣嚣。"（《横塘集》十八《送左经臣序》）

> 君子常病夫所以在我者，而不病夫所以在彼者；在我者则未尝不勉也，在彼者则听之而已矣；苟吾所学不悖于圣人，而所行不愧于圣人，则虽死生祸福之变，未尝有所择也。（《横塘集》十八《送俞叔通序》）

夫人之为学固当择善固执，自信自果，然则不可是其所是而非其所非。否则，过犹不及，各趋一节，而入主出奴，反成为学之蔽矣，曰：

> 齐人艺粟，越无粟，齐人食粟，笑越人无以生也。越人艺稻，齐无稻，越人食稻，笑齐人无以生也。越人遇齐人而问之曰："子奚食？"曰："食粟。"越人以为不若吾稻之美也。齐人遇越人而问之曰："子奚食？"曰："食稻。"齐人以为不若吾粟之美也。夫稻与粟，均五谷也，而齐、越之人不知焉，以其蔽于在我者故也。（《横塘集》十八《送左经臣序》）

夫天之生人，性分有别，人固当即其天质之良，用功致力，期有所见，而不随俗俯仰，以徇风气所尚。然若蔽于一曲，矜己所见，以谓不传之秘，出奴入主，不胜纷纷，则何能窥及道之全量哉？许景衡论为学之道，主于择善固执，自信自果，而又诚人以免于私己之蔽，可谓能得其中矣！

（二）论治道

许景衡对于政治方面之见解，大抵与周行己同，亦注重德治与地方行政。尤重视人才之长养拔取，而以示好恶，正风俗，录功劝善，为行政之大端，国家之先务，盖能缩教化与政治而为一者也。

1. 主于德治

许景衡历任多职，于高宗建炎初，更参大政，元丰九先生中，其位最显。虽一进一退，赍志而殁，而勋节显著，更历最广，对于政治上之利病得失知之最审，以为时政之弊，其尤荦荦者盖有十事，曰：

> 臣窃观方今人才未备，而政事不立；法度未修，而宿弊尚存；浮费不节，而国用空虚；赋役烦重，而民力困弊；命令不行，而事多壅滞；赏罚未明，而人无惩劝；贼盗继作，而吏民被害；边境危急，而武备弗严；奸赃未逐，而贪暴滋多；公议未伸，而亲党害政。凡此十事之利病，实系国家之安危。（《横塘集》九《上十事札子》）

国家行政不能无弊,有弊而欲除之,其说虽多,许景衡以为其大要乃在人君修德而已。修德之要则在于仁孝,而以至诚不息为本。其言曰:

> 臣闻尧以天下为忧,不以位为乐也。今中国势弱,二圣播迁,而陛下纂临大宝,适当此时,非止尧之所以为忧也。思所以强本图,思所以御外患,其说虽多,然其大要则在陛下修德而已。《记》曰:"为人君止于仁,为人子止于孝。"《书》曰:"孝乎唯孝友于兄弟。"此皆修德之要也。而以至诚不息为本。故在陛下,一话一言,念必在兹;一号一令,念必在兹;一赏一罚,念必在兹;以至于出入起居,虽斯须之念,未尝不在兹也。孔子曰:"言忠信,行笃敬,虽蛮貊之邦行矣。"夫如是,则中国之安强可冀,而二圣之来归有日矣! 不然,则念不在兹,而诚意怠矣! 是以位为乐也。故在言动则未必慎,在号令则未必信,在赏罚则未必当,盗贼未消,而边鄙未服。如是,则中国之强未可冀,而二圣之来归未有期也。(《横塘集》十一《上修德札子》)

修德既以至诚不息为本,则治天下国家者固当本于正心诚意。其次则尚须多闻,盖学问稽古,正所以补己之阙,取人之长,据古鉴今,使能盛德日新,聪明日广,以应事名物也。曰:

> 臣窃睹三代之王所以治天下国家者,必本于正心诚意,其次莫如多闻。故傅说之告高宗曰:"王人求多闻,时惟建事,事不师古以永世,匪说攸闻。"然则学问稽古者,实帝王之先务也。恭惟陛下绍隆祖宗之业,属兹艰难,所以施于天下国家者尤在圣学。盖至诚以格物,据古以鉴今,使盛德日新,聪明日广,则事至能应,物来敢名,以图天下之治,而成中兴之业,举在于此矣!(《横塘集》十一《乞涓日讲读札子》)

夫为政以德,人君修德尊闻,固为政之首要,然天下之事,经纬万汇,非一人所能尽理,是必有待于贤能者之辅佐,故许景衡汲汲以人才为意,以为当包容长养,兼受而并用之,庶几有济。其言曰:

> 人材难全久矣! 惟圣人以天地为度,包容长养,兼收而并用之,庶几其有济也。(《横塘集》九《论宗泽札子》)

按此言虽因论宗泽之事而发,然亦可见南宋国政之坏,非缘无人,盖虽有其人,而不能终始信用之,则不仅虽有犹无而已;抑又有甚焉者,盖真才实学之士,但见国家仅校末节小疵,便以为罪,而不顾其尽忠报国之大节,因之寒心却步。君子日消,小人日长,其弊盖有不可胜言者矣!

人才之拔取虽为国家之急务，然亦须有其定式，冀使夤缘者无法滥进。而任用之际，尤须度德量能，务期人尽其才，而职得其人。许景衡因就当时之事例畅发其论曰：

> 伏睹近降指挥迪功郎李景云、孙恕、江大一，或以应奉有劳，或以拟进御题试策，各与改合入官，特除监丞、主簿，骤从初等选人入为寺监之属，令下之日，闻者惑焉。今士大夫服勤州县，积累考任，无虑二三十年，仅得为郡守贰，而睥睨寺监丞佐，有终身不可得者。孰谓初等选人，姓名艺能素未有闻，考第荐举犹未应格，而遽得为之哉？且应奉有劳，近例止于改秩，未尝有为职事官者，而拟试御题，乃是在外著撰，就使文字稍工，亦非多士造廷亲奉清问之比也。而改官除职，度越累朝恩例，其夤缘侥幸，迁进之速，皆前此所未有也。乃者卿监尚书郎或出于戚里势家，或系监当资序，皆自宸笔简汰冗滥；且诏继自今非历寺监丞以上不除郎官少监。名器增重，士论悦服。夫省曹监贰选格之严如彼，而寺监丞簿冒进之易如此；则是今日之冒进，又将为他日之当得者矣！澄源正本，实在今日。（《横塘集》十《论罢李景云等除寺监丞簿札子》）

> 臣伏见郭仲荀制置东南，招捉盗贼，画一申请，除东南按抚发运，监司并听节制一项，昨奉圣训已行正外，所有乞体究当职官失职，选官承替，尤为非宜。何则？戎事、民政初不相干，官吏失职，或有骚扰，监司都守职当按劾。今仲荀只缘招捉盗贼，乃欲按治州县，既紊常制，显属侵官。凡今监司巡历所部，或受牒诉，或按刑狱，苟非本职，于法并牒送所属监司施行，盖不敢专也如此。今仲荀乃欲尽总东南之事，以重己权，殊不知侵官违法，亦已甚矣！（《横塘集》九《论郭仲荀画一札子》）

夫非常之时固须非常之人，然则亦必其人素行可观，艺能素有所闻，若不得已而超擢之而后可。否则，冒进之门既开，夤缘侥幸，官常将尽坏矣！此许景衡所以见微知著，而思有以防患于未然也。

上述而外，许景衡尤贵能见及风俗教化与治道之关系，曰：

> 示好恶以正风俗，录往善以劝来者，此为政之大方，而今日之先务也。
> 《横塘集》七《吴执中追复述古殿学士制》）

> 彰善瘅恶，以清风俗，此有国所常行，而今日之先务也。（《横塘集》七《李丙落徽猷阁待制制》）

绾合风俗与治道以为一，探本溯源，见之高卓，盖迥非仅知守簿书程式，仰承上息者所得而比也。

2. 注重地方行政

按许景衡自宣和二年以后即入仕中朝,其对于地方之情形固未尽周悉,所论列亦不及周行己之剀切明白。然则每以各州县所在多阙正官为念,乞慎择其人,破格立赏,并裁汰不可倚仗者,以为生灵之计,则其重视地方之意亦颇不浅也。曰:

> 凡东南诸路监司郡守尚有阙员去处,并乞精加选择,限日赴官。其沿江近要害控扼处,县令、巡检、县尉见阙未曾注差去处,并乞令监司守臣公共选择差辟。及见任人内有不可倚仗者,亦乞令选择,逐急对移,务在尽公,不得偏徇。(《横塘集》十《乞宽恤东南札子》)

> 极边州郡,方当军兴,系是重难去处,今阙正官,亦须破格立赏,然后人肯注拟。(《横塘集》十《乞救援顺安札子》)

> 臣窃见邓州守臣兼帅京西南路,自罢范致虚后,未闻除人。兼访闻京西州县累经残破,所在多阙正官,并是权摄,类非其人。疮痍之民,冤抑无所诉,且日虞抄夺,诚可怜悯。今若谋帅得人,则可以经理一路,选辟官吏,抚循兵民,屏除盗贼,且遏敌骑。况已是防秋之时,岂可复尔稽缓,不为生灵计哉?(《横塘集》十《乞选差邓州守臣札子》)

此外,当时有府州自置通判者,许景衡期期以为不可,谓为大违成宪,有悖祖宗任属之深意。曰:

> 臣窃惟州置通判,虽曰佐贰守臣,然自祖宗以来,选择畀付,目为监郡,使州将有所畏惮,则任属之意深矣!故虽遐方小垒,皆自朝廷命之。伏自近年,帅臣监司偶缘一时申请,例得辟置。陛下独智远览,以为浸失祖宗之意,乃于政和丁酉特降御笔,以戒在服。今才几何时,而冒法触禁者复作矣……若为守臣而得辟置,则是门下私恩之士也,尚能举监郡之职乎……岂有朝廷选除之人皆以为不可用,而已之亲昵党友乃以为才耶?徇私引类,侵紊祖宗成宪,且违专降诏旨,皆近年玩习之弊,不可不惩也。
> (《横塘集》九《奏罢辟张恕等为诸州通判札子》)

按有宋开国之初,惩于唐末五代藩镇之弊,采中央集权之制,命朝臣通判诸府、州、军事,所谓遐方小垒,皆自朝廷命之,重在防弊,而忽于兴利。制法虽有其长,然亦不免于有所短。许景衡为防守臣市恩,援引私人,而重申朝廷选除之意,用心固深,法则未尽可取。然其意在重视地方,防弊止患,以为生民之计,则显然可知矣!

(三) 论财计

理财之道,千头万绪,要不外二端,一为开源,一为节流。许景衡论财计,偏重后者,主张宽恤民命,节省靡费。其观点与有若所谓"百姓足,君孰与不足？百姓不足,君孰与足?"(《论语》十二《颜渊》)之意实遥相契合。所以然者,盖乃有见于宋之立国,本已贫弱,而当时徽宗复惑于群奸豫大丰亨之说,浸淫放逸,至于祸发而不能救,因主张革除往弊以救时失也。

1. 宽恤民命

许景衡以为民力困敝,宜厚恤之。当徽宗朝,寇起东南,诏两浙江东路权免茶盐比较,贼平,有旨仍旧。许景衡论奏,以为当视食者众寡以为岁额之高下,以纾民困,凡三疏得请。其后燕山役不已,诛求益甚,许景衡复上疏论财不足,当节用,民已困,当厚恤之。以民于常赋之外,又以买菜为名,与其他抑配者,不可一二数,监司督责州县促办,百姓破产者相属。因建言为民父母者宜恻然加恤(《斐然集》二十六《资政殿学士许公墓志铭》)。及至宋室南渡,朝用军需胥仰给于东南,东南之民颇受侵剥,许景衡又上疏论请之曰:

> 臣窃见三路及京东西州县,或为盗贼侵扰,或为金人残破,户口减耗,赋入无几。今朝廷经费弥广,军需亦复不赀,当悉仰于东南。但东南之民比绿府库匮乏,横敛频烦,官吏贪残,侵剥尤甚。今来若非尽革旧弊,复加存恤,则必破产流亡;或盗贼群起,意外惊扰,则无复耕桑之民,以应公上所需矣！岂不误朝廷之大计哉？前日赦令,德音宽大,而斯民未被惠泽。选易守臣增置,尚未就绪……臣愚复望睿明,深念国家计用之根本,加惠东南之元元。(《横塘集》十《乞宽恤东南札子》)

夫国者人之积,凡古之贤君莫不知藏富于民,盖民富则国裕,否则,本根既摇,大厦将倾。许景衡深有见于此,故时时以民命为念,奏乞宽恤,以期加惠群黎,而厚植国本焉。

2. 节省靡费

夫国家财用既悉赖于民,则欲宽恤民命,亦唯节省靡费而已。故许景衡以为凡不急之务,不需之费,宜尽蠲除之。如是,则民力既可稍纾,即于教化风俗亦大有助焉。故当徽宗朝,景衡论奏,以为宜宽恤民命,并建言凡不急之务,若营缮诸役,其名不一,吏员猥多,军额冗滥,又无名功费,非常赐予,皆夤缘侥幸,干请无厌,宜节以祖宗之制,而省去之(《斐然集》二十六《资政殿学士许公墓志铭》)。且极论和买、和籴、监法之害(《宋史》三百六十三本传)。此外,于高宗朝,并上疏乞罢后苑工匠

等不急之务,示天下以敦朴,以革当世豪侈之习,而成中兴节俭之化,其言曰:

> 臣闻天下之事有缓急,其治之也有先后。圣人常先其所急,而后其所缓,故治得其序,而治功成矣。今敌势纵横,盗贼间作,陛下宵衣旰食,图刷国耻,节省浮费,以应军需,可谓先其所急者矣!至于工技之末作,掖庭之所需,此其事为至缓,宜在所后。而有司不知大体,及欲以承平靡丽之事,而修复于艰难之时,若贾翊所领后苑作准备造作生活工匠是也。《书》曰:"不作无益害有益,功乃成。"兹事虽小,其于圣朝致治之功,则为害甚大……平日耕桑之民死伤流亡之余,尚能竭力以供租赋者,彼诚知国家之艰难,而上体陛下之忧勤,欲足兵食以安中原也。故虽极劳瘁,而不敢辞。今若闻置官司,破禄食,以营技巧,彼必叹息愤懑,有不平之气矣!伏望圣慈深念赋入之耗减,军需之糜费,凡不急之务,悉诏罢去。掖庭所尚,宜示敦朴,以革近世豪侈之习,以成中兴节俭之化,岂不美哉。(《横塘集》十一《乞罢后苑工匠札子》)

许景衡论财计,意主节流,曾无一言及开源者,或者以为其意嫌狭隘,而乏进取之气度。殊不知当骄逸祸发之余,国家财用匮乏,而民力困敝,正宜与民更始,使之休养生息。方此之时,岂容侈言造作兴革,徒事纷扰,而重增民瘁哉!

(四) 论军事

有宋一代盖与外患相终始,自辽、西夏以迄金、元,屡战屡和,政策不定。而宋初立国,既惩于唐末五代藩镇割据之弊,兼以宋由兵士拥戴,故其建国之后,第一要务即痛抑兵权,兴文偃武。然文治基础不厚,武功亦从而不竞。矫枉过正,宋祚因之而斩,其可悲也夫!许景衡当金兵大举南侵之际,蒿目时艰,既痛当时心怀忠义之名将屡为奸臣所陷;又感于对寇盗之一味招降,姑息养奸,因痛言用兵之道首在慎镇绥之命,而力陈一味招降之不当。剀切激昂,盖深有见于时措之失而发者也。

1. 论慎谋将帅

夫《孙子兵法》有云:兵者国之大事,死生之地,存亡之道,不可不察。故须经之以五事,校之以计,而索其情,其一为道,二为天,三为地,四为将,五为法。又云:校之以计,而索其情,主孰有道,将孰有能,天地孰得,法令孰行,兵众孰强,士卒孰练,赏罚孰明。吾以此知胜负矣!按兵家之强,士卒之练,赏罚之明,其主要关键实系乎将,由是可见将帅所居地位之重要。行军用师,将帅岂可不慎而谋之哉?因之许景衡以为师克在和,而计在于先谋帅,其言曰:

> 闻道除戎戒不虞,何须深考七家书。万全要在先谋帅。(《横塘集》五

《诸友偶赋克已以战喻次韵酬之》）

师克在和,方慎镇绥之寄。(《横塘集》七《陈遘中山路安抚使制》）

夫如是,故守将得人,则凶徒必获,战事将无往而不利也,曰:

若守将得人,则凶徒必获。(《横塘集》七《郭奉世除集英殿修撰制》）

若守将得人,则凶徒自溃。(《横塘集》七《商守拙除直显谟阁制》）

职以此故,东京留守宗泽严守御之备,屡挫金人之锋,号召义旅,掖拔名将如岳飞等,勇冠文武,忠义动天,而屡为权奸汪伯彦、黄潜善等所诼沮,许景衡乃力为回护,故迄景衡之去,泽赖以安。又童贯以中官重领兵柄,燕山之役,以为大帅,既受命,专务狂诞,隳坏军政,许景衡则连章抗言,以为不可用,且列其罪数十条,直言谠议,不畏强梗,盖乃有见于将帅乃一军之灵魂,万全之举,胥赖谋帅,义有所不能不发也。

2. 论招降失计

有宋自太祖立国之后,渐次平定割据各方之政权,太宗继立,天下一统之局遂告实现。惟自仁宗以降,太平日久,玩愒渐生。神宗变法,以王安石之刚愎自是,遂使国家未蒙其利,反受其害。迨徽宗朝,荒乐怠政,花石应奉,骚扰东南,民有至于不堪而群聚为寇者。其后虽次第平定,然国是日非,群奸弄权,民生益困,盗贼屡服屡叛,主事者为图掩过饰非,每每采取怀柔政策,以招降为计。浸假而骄兵悍卒亦每借故生事,以贪图侥幸,遂至寇势益炽而不能治。乃朝廷犹不知翻然改图,执一不变。许景衡有见于此,乃力陈招降之失计,以为姑息长奸,导民为寇,莫此为甚。因主张分头捉杀而痛治之,奸魁释从,以收杀一儆百之效。其言曰:

浙西军前溃散……士民大假惊扰,奔迸四出,即未闻朝廷措置指挥……郭仲荀见领招捉浙东盗贼事,欲望特降睿旨,令其速领兵分头捉杀。或其徒多是胁从,则止诛首恶倡谋之人,其余令便宜措置,以圣恩宽贷,不可一概招降以长奸也。(《横塘集》十《乞捉杀浙西军贼札子》）

招降之弊,臣累曾奏禀,以为导民为寇,莫此为甚。且自今后,官吏唯恐不得士卒之意,而日虞见杀,此岂治世所宜有耶……欲望睿旨选差将卒,便道疾驰,前去捉杀。其间或委是后来胁从之人,则乞令随宜宽置,以圣恩贷罪。(《横塘集》十《再乞捉杀镇江军贼札子》）

杭州军贼初缘本路提刑高士瞳建议招安,仍申朝廷乞更不发兵捉杀……讵贼既拜恩命,却不解甲,复闭城门,而掩击官军,拘杀提刑周格,秀州守臣赵叔近继往招安,复被拘留……是用朝廷招安之恩,为款王师之

计也。凶徒变诈反覆，一至于此，可不痛治之哉。(《横塘集》十《再乞捉杀杭州军贼札子》)

建州兵变，杀伤漕臣及二三命官，见闭城门，抄劫居民。本州奏请招降，自非出于迫胁，当是循袭近例。盖招降之说乃一时之便宜，非止寇之良策也……搢绅横被杀伤，而逆贼反受爵命，赏罚颠倒，莫甚于此。(《横塘集》十《乞不招安建州军贼札子》)

按兵者凶器，非至不得已不用之，故历朝为息武宁民，屈法申恩，以安反侧，事诚有之。然必须审时度势，偶然为之则可，至于循袭成例，一概行之，则其弊害诚有如许景衡所论列者。执变以为常，苟且而误机，实不智之甚也。

第三节　刘安节

一、传略

刘安节，字元承(《刘左史文集》四附许景衡撰墓志)，学者称为大刘先生(《宋元学案》三十二《周许诸儒学案》)。刘氏系出彭城，其家于温也久矣。大父讳莹，积善有阴施，识者知其后必昌大(《刘左史文集》四附许景衡撰墓志)。父讳发，性孝谨，以安节显贵赠封宣义郎(《横塘集》十九《宣义刘公墓志铭》)。安节资禀不凡，方儿时，已有远度。比长，嗜学，有所未达，思之，夜以继日，不得不已。少与从父弟刘安上相友爱，皆以文行为士友所推称。既冠，联荐于乡(《刘左史文集》四附许景衡撰墓志)。同师事程颐(《宋元学案》三十二《周许诸儒学案》)。游太学，秀出诸生间，号二刘。一时贤士大夫皆慕与之友，而宗子名儒，见其文，闻其为人，皆叹服。元符三年擢进士，调越州诸暨县主簿。国子祭酒率其属表留太学，不报。除莱州州学教授，未行，改河东提举学事司管勾文字。久之，同时学校者皆进显于朝廷，安节独奔走小官，未尝为进取谋，议者惜之。改宣德郎，以宰相荐，召对便殿，奏言春宫宜慎择官属，虽左右趋走者必惟其人。又论节俭及君子小人和同之异。上称善，顾问甚悉，即日擢为监察御史(《刘左史文集》四附许景衡撰墓志)。自学禁起，程颐弟子无显者，至是安节与许景衡始见用(《宋元学案》三十二《周许诸儒学案》)。数决大狱，所平反甚众。居数月，摄殿中侍御史，士论翕然称得人。不供职而归省亲于乡。俄除起居郎。明年，除太常少卿，为言者所诬劾，责守饶州。州荐饥，大发廪赈之，又檄旁郡无遏籴。军储不足，他州皆强取诸民，安节曰："岁饥如此，重困之可乎？他用宜有相通者，正应调适其缓急耳。"市人数为在官者扰，多逃散，安节安辑之。未几，饥者充，乏者济，逃者复。凡为民弊害者悉除去，于是与之治赋，裁制贡奉所须，俾属县先期戒民，无仓卒之扰。民既和乐，爱戴之如父母。冬祀贡缣有期会，而民未能尽输，语其属曰："民困甚，虽严督之，亦未必办。吾其以罪去乎。"豪民数十人闻之，曰："可使我公得罪邪？"相与代输之，其得人心如此。治声流闻京师，移知宣州。去饶之日，民遮留之，泣涕不忍别，耆寿以为州自范文正后，唯吾刘公而已。至宣十日，水大至，安节分遣其属具舟拯溺而躬督之，昼夜不少休，所活盖数千人。而流民至者以万数，乃辟佛庙以处之，发廪以活之，一无失所者。其将发廪也，吏以为法令不可，而部使者亦持其议，皆不听。其后御史疏江浙不赈济以闻，诏书切责，独宣不与焉。政和六年春，大疫，命医分治甚力，其得不死者不可计。夏五月己亥，得疾，精爽不昧，与家人语如平时，至乙巳卒，享年四十有九。吏哭于庭，民哭于巷，虽童稚亦知感慕，而士大夫无远近识否皆为之叹息（《刘左史文集》四附许景衡撰墓志）。

刘安节问学，始以致知格物发其材，久之，存心养性，于是有得。其气貌温然，望之知其有容。遇人无贵贱小大一以诚，虽忤己者略不见其怒色恚辞也。其在河东，同僚有交恶者，一日邂逅于座，闻其绪余，不觉自失，相与如初。其静默勿校，宜若易与者，至于有所立，则挺然不可回夺（《刘左史文集》四附许景衡撰墓志）朱熹曰："元承当蔡京用事时，煞做好官。"（《朱子语录》一百三十）。闻人善，如己出，或归以过，未尝辩。遇事不择剧易，人所厌者行之裕然，无迫遽勤瘁之色。敏于从事，区处黑白，唯义之适，不以祸福利害为避就。邹浩以右正言得罪，安节与其所厚者数辈追路劳勉之，时朝廷震怒，痛治送行者，追逮甚急，人皆惴恐，安节独泰然如平时；既而哲宗察其无他，有诏释之，亦自若。其与人游，常引其所长，而阴覆其所不及。诸暨令不事事，州将欲易置他邑，安节既左右之，振其纲条，又称其长者，将遂善遇之。宣州赈济，有诏褒，则归功于监司。其所施置常在于公天下，以为不如是则非所以合内外，通彼我也。其为二州，专以仁义教化，平易近民（《刘左史文集》四附许景衡撰墓志）。其待胥吏，不以刑威而自服，常相戒曰："神可欺，府君不可欺。"（《宋元学案》三十二《周许诸儒学案》）民有讼，委曲训戒之，俾无再犯。间有斗者，将诉于官，则曰："何面目见府公？"辄中辍。以是廷无可治之事，而或踰句不施鞭朴，其为政效见于此（《刘左史文集》四附许景衡撰墓志）。

刘安节讲学常摄其要，使人廓然知圣贤涂辙可望而进。其事亲能承顺其意，教养诸弟涵容周旋，有古人所难者。族居逾百口，上下爱信，虽臧获无间言也。常曰：

"尧、舜之道不过孝弟,天下之理,有一无二,乃若异端则有间矣!"(《刘左史文集》四附许景衡撰墓志)

刘安节文章明白质实,不失为儒者之言,经义尤明白畅达(《四库全书总目提要》一百五十五)。尝辑程颐语录一卷。或有问之于伊川者,曰:"见他未有进处,不道全不进,只他守得定不变,却亦早是好手,如康仲之徒,皆忘却了!"(《上蔡语录》上)所著有《刘左史文集》四卷,非足本也。其中经义论策居其半,余表启诸骈文亦多率尔应酬之作。然若奏疏两篇,及祭林介夫诸作,未尝不足见立节风节及元丰学派也(《温州经籍志》十九)。

二、学术思想

(一) 论道

刘安节论道,以为有道必有物,无物则非道;有物必有道,无道则非物。虽可两分言之,而实一体浑成,并非两者对立,离而不相通者也。其言曰:

> 形而上者谓之道,形而下者谓之器,形一也,而名二者,即形之上下而言之也。世之昧者不知其一,乃以虚空旷荡而言道,故终日言道而不及物;以形名象数而言物,故终日言物而不及道。道与物离而为二,不能相通,则非特不知道,亦不知物矣,盖有道必有物,无物则非道;有物必有道,无道则非物。是物也者论其形,而道也者所以运乎物也。(《刘左史文集》三《行于万物者道》)

按刘安节此说,与后来南宋永嘉诸子若薛季宣、叶适所论,虽尚有间,然相去已不甚远矣!夫道者既所以运乎物,而器者乃就其形而言,故道运行不已,物之形所以生,物生生不已,道之用遂以著。是物虽散而为千万,然莫不俱有此道也。故又曰:

> 盖道生一,一生二,二生三,三生万物,自一以及万,皆道之所生也。一名于道,必生以及物而不能自已,则其散诸物也,天地之所覆载,日月星之所照临,河岳之所融结,动植之所生成,果且有已乎哉?道行不已,物之形所以生,物生不已,道之用所以著。今夫仰观乎天,则天积气也,然其日星之回旋,云汉之卷舒,风雨之散润,寒暑之运行,一往一来,一盈一缩,若有运转而不能自已者,是岂积气之所能为哉?道实行于天下矣!俯察乎地,则地积形也,然其山川之兴云,薮泽之通气,草木之华实,鸟兽之蕃息,一消一息,一化一生,若有机缄而不能自已者,是岂积形之所能为哉?道实行于地矣!中察乎人,则人也者又积形积气之委也,然其耳目之视听,

口鼻之嘘吸,手足之举运,一静一动,一作一止,若有关键而不知其主之者,是又岂积气积形之委所能为哉?道实行于人矣!三才者万物之大者也,而道实周流其中焉。举三才以该万物,则道之为道可睹矣!孔子曰:"立天之道曰阴与阳,立地之道曰柔与刚,立人之道曰仁与义。"道一也,即其所行于天地人而言之,故分而为三焉。号物之数谓之万,以一而分三,以三而分万,则物各有道矣!物各有道,则道亦万也,而不害其为一者,万物之生本于一故也。道非一则不能运万物,万物非各有一,则不能以自运。人知一之为万,而不知万之为一,则并行而不悖于道,岂不昭然矣乎?(同上)

是故欲体认此道,则不能凭空而言,蹈虚以求,必须反求诸身,就实际事物来默思其所以然者,以体会得之。如此始能忘形以合于心,忘心以合于道,而与天地万物同其流矣!故曰:

> 呜呼!道之形于万物也如此,而或者昧之,谓道在天耶,仰而视之,见天而不见道,是直以形求之尔,胡不反求诸身乎?彼其食息视听之所以然者,孰主张是?孰纲维是?是必有尸之者矣!诚能斋心沐形,去智与故,以神求之,则廓然心悟,瞬然目明,向之所见无非物,今之所见无非道矣!见无非道则是道在我也。(同上)

> 道一也,散而为分,不失吾一;合而为一,不遗夫万……盖不合于道,累于形者之过也。人能忘物以合于心,忘心以合于道,则天地万物且将与吾混然为一。(《刘左史文集》三《合而言之道也》)

是刘安节虽教人从实际事物上来体认此道,然亦教人勿拘泥胶着于形迹,始能合于道。其意乃是要人从粗处以悟精处,而必也遗粗斯足以得精,所谓下学上达,义在于此矣!

(二) 论学

刘安节论学以为首须明伦,然此犹不足,必也推之以淑世。盖后来南宋永嘉经世之学旨于此已启其端矣,至其论为学之道,则谓其要莫先致知,而辅之以谦抑虚己,盖犹是程学之矩步也。

1. 学以明伦淑世

学者穷则独善其身,达则兼善天下,独善其身盖有所不得已也,兼善天下则学者志学之始即应黾勉者也。故刘安节以为学者所以明伦修身者,凡以淑世济民也。曰:

夫学,所以学为忠与孝也。(《刘左史文集》四《州郡立学皆置学官》)

有圣王之志者,必求知圣王之学;有圣王之学者,必求知圣王之政。盖君子之学非期于美己而已也,必将施于有政以兼善乎天下焉。(《刘左史文集》三《颜渊问为邦》)

君子之学未尝不以天下为心,以天下为心,则天下亦犹我也,岂独私善其身而不与天下同之哉?穷而在下,则道固不可行也,善己而已矣!达而在上,则道可以有行也,岂得不推所以善己者善天下乎?孟子曰:"达则兼善天下。"此之谓也……至于达而治天下,岂他求哉?亦以尽吾所以善乎己者善之而已。推吾仁以善之,使天下莫不仁也;推吾义以善之,使天下莫不义也;推吾礼以善之,使天下莫不有礼也;推吾智以善之,使天下莫不有智也;推吾信以善之,使天下莫不有信也;以至君君、臣臣、父父、子子、夫夫、妇妇、长幼之序,朋友之信,凡吾昔之所以善其身者,今则无一不与之同天下之善也。(《刘左史文集》三《达则兼善天下》)

若夫达而在上,道可以有行,而不能兼天下而善之,是为苟禄,苟禄不仁;若穷而在下,道不可行,乃不能遵时养晦,独善其身,则是犯分,犯分不义。此二者刘安节以为皆君子所不为也,曰:

若夫穷则独善其身,达则兼善天下,可以独而不独,君子以为犯分;可以兼而不兼,君子以为苟禄。犯分不义,苟禄不仁,二者君子所以不为也。

(同上)

可以独则独,可以兼而兼,审时度势,有守有为,穷而不易其操,达则展其宏猷,夫若是,可以谓善学矣!

2. 论为学之道

(1) 为学之要莫先致知

为学之道多端,就宋儒而言,有主道问学者,有主尊德性者,盖人之秉赋有异,所从入之途亦当有别。刘安节既承程颐之教,以为其要莫先致知,盖偏向道问学一路者也。其为说今已不见于著作之中,唯据许景衡及其族弟刘安上之祭文,犹可略见其意焉。许景衡曰:

公不我鄙,委曲教诲。广大精微,我骇且疑。公指其要,莫先致知。

(《横塘集》十八《祭宣州刘舍人文》)

刘安上曰:

覃思力学,格物致知,会万守约。(《刘给谏文集》四《祭亡兄左史文》)

穷理以致其知,由博返约,反躬以践其实,从外而内,刘安节之说如此。此实不失为一较平实稳妥而少过高蹈虚之法也。

(2)谦抑虚己

按《易·谦·彖》曰:"天道亏盈而益谦,地道变盈而流谦,鬼神害盈而福谦,人道恶盈而好谦,谦尊而光,卑而不可逾,君子之终也。"夫进德修业莫不如此,盖满招损,谦受益,苟能虚己下人,不耻博学,斯足以日进不已,而期尽广大而致精微。故刘安节以为为学应抱持谦抑不足之态度,始不至流于浅薄空虚,其言曰:

> 道者天心也,天岂有量耶?而或者以有我求之,则取道有量矣!有量者必盈,盈者必矜。彼其所以为善者,非曰理然也,我也。以有我而为善,则六尺之躯,其所容几何哉?虽其量有多寡,未有久而不盈者。持其盈以夸于世,曰我善是,是亦足矣!则天下之善虽有大于是者,其亦何由入耶?呜呼!斯亦浅矣!乃若昔之好学者则不然,方其未得之也,孜孜然若不足;及其既得之也,亦孜孜然若有所不足。非固为此谦损以要夫君子之誉也,盖其心之所存者道也。彼其心以谓天之与我者与天为一,天不穷于道,而我独可以穷于道乎?是以愈实而愈虚,愈大而愈不足也。岂若浅中之士,广己造大,以为莫己若者哉……颜子曰:"愿无伐善。"夫有善不伐,不敢有其己也。为善不有其己,则以天下之善皆吾所当为而为之,其心岂可量也哉?此孔子见其进,未见其止也。(《刘左史文集》三《实若虚》)

盖既抱有谦抑不足之态度,则于学必能孜孜以为不足,日进不息,而收资人成己、积微成大之效焉,曰:

> 任己者不足,资人者有余,好大者不足,积微者有余,天下之理也。君子于此有贵于学者,岂以人固有余于己,微固有余于大哉!己者人之类也,资诸人斯足以成己矣!大者微之积也,积于微斯足以成大矣!(《刘左史文集》二《师氏以嫩诏王》)

夫物我本无间,义理实无穷,岂容骄矜自满,以画地自限哉?《易经》六十四卦,唯谦卦六爻皆吉,其中深意,学者进德修业,诚宜反覆其旨,再三思之也。

(三)论治道

刘安节论治道,以为必本于仁义教化,而汲汲以君德、人才为务,其说与周行己、许景衡无相出入。而有所见于法度与治道关系之密切,盖已能由内以及外矣!

1.本于仁义教化

昔者子夏"出见纷华盛丽而说,入闻夫子之道而乐,二者心战,未能自决"(《史记》二十三《礼书》），可见好利之情，凡人所不免，然苟为后义而先利，上下交征为利，则不夺不厌，争乱之祸自此炽矣！故人君行政必本于仁义，以教化众民，使之皆知义之可尊而利之不足尚，凡百所为胥能日由于道，然后可以底于极治之隆。是以刘安节曰：

> 好义、欲利之情，人之所两有也。二情交战于胸中，义尝难持于所守，而利尝易溺于沦胥，此人之情所以轻义而逐利，而争乱之祸自此炽矣！先王以谓人之欲利之情，吾固不能绝其欲也，必将廓义风以怂动之，俾其皆知义之可尊而利之不足尚；而视不义之得，若纳沟中之污，常恐浼我者，则名节奋而争乱息矣！义之与利犹阴之与阳也，阴可使佑阳，而不可使胜阳，阳道常饶，阴道常乏，然后万物生也。利可使和义，而不可使胜义，义必常重，利必常轻，然后天下治也。昔之人君所以成极治之隆者，未有不本诸此。以古考之，营国面朝后市，欲其先义而后利也；市师之莅之次谓之思次，欲其见利而思义也；士之所受之田谓之圭田，欲其以义而受利也。而又择其长以相统正，比其人以相纠受，或是其贤，或黜其不肖，凡此皆所以示民以义之为重，利之为轻。是以天下之人知义若是之重，故不敢弃义而逐利；知利若是之轻，故不敢趋利而犯义。闺门之内，子尽其孝，而无好货不顾父母；朝廷之上，臣致其忠，而无好货不顾其君；乡党之间无利合之友，关市之廛无饰伪之为；出而田野无争畔之夫，远而道路无拾遗之人；举天下之人臣皆趋于羞恶之端，凡以不义而得者有所不为，故无争夺之患，无祸乱之变。中正之俗成，节义之风著，狱自此息，刑自此措，三代之君所以登太平之盛，而后世莫之及者，由此道也。汉武之君不审夫治乱之原存乎义利之间，区区辟地于匈奴，任掊克之吏，头会箕敛，以启天下好利之心。当是时，盗贼并起，直指使者仅能胜之，故史家讥其凋敝；虽其法度文物之盛，而不能谓之治世者，抑有由矣！此董仲舒所以救当时好利之弊，而欲以教化堤防之也。呜呼！义利之心，人兼有之，然好义者常寡，而徇利者常多，故孔子贬无骇以塞利之原，孟子饥宋轻以开义之路，凡以救其弊也。（《刘左史文集》三《义胜利为治世》）

为政既须本于仁义教化，而君师者化人于道，所以秉法度之权，修仁义之教，乃为治之本，其道甚大，故刘安节特重视之，曰：

> 天地能启人以元，而不能与人以形，父母能与人以形，而不能化人以道，则夫统而正之，教而成之，使之日由于道，饥而食，渴而饮，以相与群而

不乱者,得无自而然哉!君师者所以化人于道者也,故荀卿以为治之本,而列诸天地先祖之后,以为礼之三本,善乎其推明之也……法度不立,则力强者乱,兵强者叛,智强者谲,几何而不趋于乱乎?仁义不明,则居迷于所为,行迷于所立,冥然无知,以蹈祸机,几何而不底于悔乎?祸乱并作,顾虽有天地之功、父母之恩,亦将无可奈何,则夫秉法度之权,修仁义之教,以相班治,以相训迪,是乃所以补天地不全之功,成父母不及之恩,君师之法岂不大哉……君师者人之合以道言也,苟非其道,则其所资以为治者已亡其本矣!(《刘左史文集》三《君师治之本》)

按刘安节以阴阳喻义利,以为人之不能无好利之情,犹之天地不能无阴气之和,然必先义后利,阳常胜阴然后可。夫名利之心,人皆有之,苟善加诱导,亦足可激励人心,而必也以礼义规范之,始不致产生流弊。是人之有好利之情,实不可一味抹煞而强抑之,要在能因势善导,如阴之佐阳而不胜阳,夫然后大气融和,万物滋长也。此可见刘安节之说实能顺应人情,而无过高偏执之病也。又按治道之推行固有赖于法度之立,然人之所以相与群居而不乱者,最主要者乃在于有仁义之教,使民化之于道,以蔚成良风美俗。此孔子所谓君子学道则爱人,小人学道则易使;而刘安节虽承认人有好利之情,然为治必本于仁义教化者职此之故也。

2. 人君修德

刘安节以为欲成盛治,有赖于君臣同心,然欲有同心之臣,必先有一德之君,故归结其本则在于人君能修其德,感召众臣以为之助。其言曰:

君子之心主于义,义则周,周则一……小人之心主于利,利则比,比则贰……一,故同心协德;贰,故徇私阿党。同心者治,徇私者乱……故欲有同心之臣,必先有一德之君……夫欲平治天下则必生大有为之君以为之先,有大有为之君必有一德之臣以为之助,类之相感所必至者也。是以尧、舜为之君,斯有禹、皋陶之徒同寅协恭以为之臣,故唐、虞以帝;成汤、文、武为之君,斯有伊尹、周公之徒一心一德以为之臣,故商、周以王。观其一时君臣相与以义图治之盛也,有一新命,必再拜而逊之;有一昌言,必再拜而师之;有事则相戒以不怠,成功则相推而不居……呜呼盛哉!是岂禹、稷、皋陶、益、契、周、召之徒所能至于是欤?盖唐、虞、三代之君实有义以使之尔,方是时也,伯鲧方命而圮族,共工静言而庸违,管、蔡以谗说流言以惑其君者亦有之矣!夫唯其君始察而终信之,是以稷、契、周、召之徒得以同心而共理,以赞其君于帝王之盛。(《刘左史文集》四《君臣同心》)

是故仁君圣主虽以王者之尊,而必资于师氏之官,以嫩语之者,盖所以取诸人以为善,使其在人者有以裕于己,而后在己者有以及乎人也。曰:

> 虽以王者之尊,道隆德备,而必资于师氏之官,以嫩诏之者,岂不以资人而积微者有在是乎!(《刘左史文集》二《师氏以嫩诏王》)

人君修德行道,刘安节以为最要者在于有容能谦以成其大,唯其德愈大,斯其归愈众,曰:

> 域中有四大,而王居一焉。唯大,故能有容,有容则为物之所归也。孔子曰:"唯天为大,唯尧则之。"天下大物也,非王德之大,其能容天下之所归乎……其德愈大,则其归愈众……昔者文王小国之君,修德行道,天下归之,《书》曰"我咸承文王功于不息,丕冒海隅出日,罔不率俾"是也。逮至幽王,暴虐无亲,虽其兄弟之国,犹且叛之,《菀柳》之诗所为作也。文王虽小国之君,而有冒天下之德,幽王富有天下,而行匹夫之行,然则诸侯之从违,断可知矣……于是乎又昭之以谦也,老子曰:"圣人不自大,故能成其大。"(《刘左史文集》三《天子执冒四寸以朝诸侯》)

夫德之流传,速于置邮而传命,况以人君之位高望隆,为天下观瞻所系,诚能善修其德,以感召臣民,则百官兴起,与之同心共治,天下归心,罔不率服,治天下可运诸掌矣!

3. 谨权量,审法度

夫权量法度所以齐一四方,乃为政之纲要,苟权量不谨,法度或废,斯受弊之源,故刘安节以为欲抚邦国,行治道,于权量法度不可不考而正之,曰:

> 周官之制,每于十一岁之久,必使行人之官以巡天下之邦国,达瑞节,同度量,成牢礼,同数器,修法则者,凡以考正诸侯之治故也……夫邦国之地,封疆百里,比之王畿,虽曰壤地褊小,然则所以交四邻,平百物,外之礼宾,内之饬己,与夫制而用之,撙而制之,一皆有赖于数者之法。一法不举,弊之源也,则欲抚于邦国者,可不考而正之哉……诸侯莫不各谨尔度,以承天休,无或乱常以干先王之诛,《书》曰:"惟周王抚万邦,巡侯甸,四征不庭,绥厥兆民。"此其致治之效也……是数法者皆先王所以维持天下之具,而乃废弛如此,宜乎悯乱于后世,而欲行政于四方者,犹以权量法度为心焉。(《刘左史文集》二《达瑞节同度量成牢礼同数器修法则》)

然法之行也,久则或弊,且夫道与时变,法随俗异,则有赖于随时损益,因地制宜,以救其失而成其善也。故刘安节又曰:

人之情也,远则易恣;法之行也,久则或弊。以易恣之人奉或弊之法,苟不有人以稽正之,则礼法乱于僭拟,法度坏于因循,异政殊俗,莫之统一,而先王所恃以维持天下者将不几于废弛乎……道与时变,法随俗易,昔之所成,今见其亏,昔之所得,今见其失;亏者补之,失者救之,此法则之损益有不可已者……大常者,使之同而不可逾,所以存法之善;小变者,与之修而无弊,所以救法之失。一常一变,而邦国之法尽在是矣!孔子曰:"谨权量,审法度,四方之政行焉。"此之谓也。(同上)

夫殷因夏礼,周因殷礼,质文代变,各有损益,唯其中有常有变,其常者若人伦天秩,虽商不能改乎夏,虽周不能改乎商,至于制度文为,所谓其变者,则斟酌损益,与时宜之,盖有所不能忽之者也。

4. 培育吸引人才

国家虽有法度之权,然徒法不能自行,固有赖乎人才,故刘安节以为人才同于法度,为天下之本,其言曰:

臣闻天下之本有三,法度、皇子、人材是也。(《刘左史文集》—《论谨择皇子官属》)

而人才难得,是举才之道不可不讲,其所以讲之之道,刘安节以为有赖于君相以至于侍从之臣各举所知,如是上下相委以广求之,然后由君相察之,见贤焉而后用,以惩妄举之失。夫如是,庶几可免遗才之憾。其言曰:

孔子曰:"犁牛之子骍且角,虽欲勿用,山川其舍诸?"此言才之难也。又曰:"举尔所知,尔所不知,人其舍诸?"此言举才之道也。夫自侍从以至于省台寺监之官,其员众矣!吾君独能尽知之乎?是有赖于吾相也。吾相亦独能尽知之乎?是有赖于侍从之臣也。昔唐太宗谓房、杜曰:"仆射所以助朕广耳目,访求贤才者也。比闻日阅讼数百,岂暇求人哉?"乃敕细事属左右丞,大事关仆射。夫阅讼,事之小者也,一讼或失,在一事尔,而择人一失,其败事岂不多乎?姚崇尝拟郎吏于玄宗,玄宗不主其语,乃曰:"大事吾与办除,郎吏小事尔,顾崇不能,重烦我耶?"夫择人任官,真宰相之任也,以谓百执事之众不足以遍知,亦使侍从省寺之臣荐其才而已。陆贽语于德宗曰:"左右丞、郎中、御史大夫、中丞,达官也,陛下择宰相而不择天下之才,可耶?"柳浑亦曰:"陛下当择臣等以辅圣德,臣等当择京兆尹以弘大化,尹当择令以亲细事。"夫才之难也久矣!诚以一人之明不足以遍知天下之贤,则亦上下相委以广求之之道也。己所不知,人其知之矣!

必欲惩妄举之失,则察之可也……察之见贤然后用,特在吾君吾相而已。

昔前所降诏,许侍从之臣各举尔所知以应任使者,正为时择才之大法也。

(《刘左史文集》四《用人》)

人才难得,固有赖于广求,然最要者乃在于培育人才,盖有耕耘然后有收获,得才之道亦然。故刘安节以为教养裁成之道不可有所亏缺,曰:

夫才之大者为难得也,而文王、宣王之世独取盈焉,岂非教养而然乎?

(同上)

夫谷种虽佳,而所以能秀而实之者,抑亦有赖于培植沃溉,不薄春华爱秋实,则耕耨耘耔之工夫又岂可废?本乎此理,人才之蔚起,教养陶成要为最根本之道,是刘安节此论诚属探本之言也。

(四) 论军事

刘安节以为政有常理,好战、忘战俱非其宜,盖好战之甚,则穷兵黩武,伤财害民;忘战之甚,则苟安忘危,养寇遗患;故兵者不能不备以待不虞之变也。其言曰:

大抵天下之政,自有常理,好战,非也,忘战,亦非也。好战之甚,伤财害民,其弊也常至于忘战;忘战之甚,养寇遗患,其弊也常至于好战。此势之自然所不能已者,是以圣人未尝去兵,亦未尝好战,顾其所以为天下之具,不得不备以待不虞之变尔;后世之学圣人者乃或不然,甚者抗兵相加,暴骨平野,以快一时之愤;否则,弃去武备,以召不测之祸,此皆非得为兵之大势者也。(《刘左史文集》四《兵》)

按刘安节生际北宋末年,是时国家承平,社会繁华,天下之人习安而不知危,能逸而不能劳,骄惰脆弱,苟且偷安。然西北边境,辽与西夏,为患已久,而金人初兴,其势未艾,若此情状,实有识者之所深忧。乃议者或以孔子对卫灵公之问,云军旅之事未之尝学,遂谓儒者之道,专事俎豆之间,苟安忘战。刘安节乃深致其慨,痛斥讳言兵之陋,以为孔子之对乃有为之言,实则孔子未尝不知兵,军旅之事固不容轻废也。其言曰:

昔卫灵公问陈于孔子,孔子对曰:"俎豆之事,则尝闻之矣;军旅之事,未之学也。"夫以孔子之圣,岂容军旅之不知?然而云尔者,所以救灵公好战之弊也。后世学者遂以谓学者之道,专事俎豆之间,岂不妄哉!昔者季氏问于冉有曰:"子之知战,学于夫子耶?性之耶?"冉有曰:"即学于夫子者也。"夫子固未尝言兵,冉有孰从而学之?盖文武之道,非有二也,一理而已。儒者明乎一理之变,以接万事之散殊,平居无事,晏然自若;卒然有变，则亦何异乎揖逊之间，而左右周旋以应之耶！夫武事之于儒，特其政事之一尔，求之仲尼之门，冉有、季路其人也，孰谓仲尼之徒不学之乎？仲尼之徒未尝不知兵，不知兵者不足为仲尼之徒，第不若后世之谲尔！（同上）

军旅之事固不能不讲，然擅启边衅，举兵动师，竭国财而劳民力，若童贯之兴燕山之役，以为私人计者，则诚不足为训。故刘安节以为必先观天下之大势，然后议攻守之术，始足以谓善兵也，曰：

古之善言兵者，必先观天下之大势，而后议攻守之术。不知势而议攻守，一边吏之事而已，何足为君子道哉？（同上）

观乎刘安节所处之时代，及其辨析孔子之未尝不知兵，可知其所论盖亦有为之言。而评述好战、忘战之弊，客观持平，固属的论，至其矫枉而不失其正，态度尤为足取也。

第四节　刘安上

一、传略

刘安上，字元礼（《刘给谏文集》五附薛嘉言撰行状），学者称为小刘先生（《宋元学案》三十二《周许诸儒学案》）。刘氏系出彭城，世为永嘉人。曾祖延贵，祖莹。父去非，以安上贵，累赠正议大夫。安上少端重，有成人风，祖父特所钟爱，曰："异时必大吾门。"与从兄安节同砚席，相友爱，尤专勤嗜学，讲习忘寝食。既长，俱以文行称。逾冠，首乡荐（《刘给谏文集》五附薛嘉言撰行状）。与安节共受业程颐之门（《宋元学案》三十二《周许诸儒学案》）。复同游太学，并为上舍生，选预魁选，声称籍甚，号二刘。一时贤士向慕，争与之交（《刘给谏文集》五附薛嘉言撰行状）。见知于范纯仁（《宋元学案》三十二《周许诸儒学案》）。省闱别试第二人，登绍圣四年进士第丙科，解褐调杭州钱塘尉。操履清峻，谨身律下，每被檄所部，虽庖厨必自办以行，秋毫不以市于民。所憩唯亭传僧寺，否则茇舍露坐，食息自如，见者咨美之。受代留圭，租县廪为后人冒请，暨还，过之，虽久客窭甚，勿问也。虽以名流陆沉下僚，怡然无忤色。究心职事，有捕获功，未尝自列，曰："幸人之死而已，取赏，吾弗忍为。"虽同列以是被迁，不以介意。卒用荐者升处州缙云县令。除登州州学教授，时三舍法初行，择师儒国学尤极其选，遂迁博士，学行德器尤为后进所尊仰。差考试贡士举院，故事，考官各进策问取进止，帝雅重其文，亲笔选用。以车驾幸学，恩循儒林郎，后改宣德郎。大观元年，除提举浙西学事，陛辞，进对风度详雅，论事合旨，既退，帝顾近弼称其蕴籍有大臣体。既而中丞余深荐之，留为监察御史，朝廷有所推鞫，多以属之。持法审而根于诚恕，吏不忍欺，谳议明允，多所平反，因悦服无恨意。十一月，迁殿中侍御史，常曰："偷安患失，尤非言官所宜。"故居处薪刍服用之物取具朝夕。十二月，磨勘转奉议郎。明年，因八宝恩，转承议郎。三月，迁侍御史，赐五品服。沉厚谨密，凡风闻事，皆反复询究，或遣亲人参验，得实，乃始论列，举无不当。一日奏事，帝目送之曰："刘某言事可谓详审矣！"时相蔡京擅政，窃弄威福，凶焰滔天，意所趋向，海内风靡，党与蟠结根据，朝廷无敢撄其锋者，安上独挺然不阿，极言其罪（《刘给谏文集》五附薛嘉言撰行状），面奏京罪状数十。退，复以疏言之，而京自若。乃再疏论之，不报。复与中丞石公弼、谏议大夫张克公廷劾之，京始罢相（《宋元学案》三十二《周许诸儒学案》）。在言路三年，凡所弹射，皆污秽不法、败政乱俗之尤者，其不畏强御如此，平居恂恂若不能言，至辩论人主前，安详不扰，无所畏避，以故眷注愈渥。三年八月，迁谏议大夫（《刘给谏文集》五附薛嘉言撰行状）。又劾给事中蔡嶷以道家吐纳之说，妄自尊大，侍班瞑目，上轻君父，时论伟之（《宋元学案》三十二《周许诸儒学案》）。九月，丁母忧。政和元年冬，服阕，除中书舍人。二年，用元圭恩，转朝奉郎。逾年，除给事中，所献纳论驳，有补时政者甚多。俄请外甚力，九月，除徽猷阁待制，知寿州。四年，以上舍试所差官撰号差互罢，提举亳州明道宫。复以磨勘转朝散郎，封文安县开国男，食邑三百户。五年，除知婺州。七年，磨勘转朝请郎，进封开国子，加食邑二百户。时六尚书降造花罗额数颇众，督程甚严。安上以抑配多，民困，乞蠲减，弗克。则奏以非土贡愿不为例。又部使者往往专事花石，以市恩宠，州县希旨幸赏，或遣使臣檄州计置，督以支钱应副舟车事。安上初不与之辩，但按法移文回报，往往阅时淹久，使臣苦之，逡巡引去，自是无来者，遂免无名之费、调发之扰，民阴受其赐焉。尤不喜笞辱人，少年或坐法，安上察知良家子，资可教，则命其父夏楚于庭，责使就傅。其务教化，厚风俗，盖有古循吏风。治婺州凡三年，镇抚惠养，百姓德之。八年，移知邢州。以祖母年高，丐宫祠。宣和元年六月，得请，提举建州武夷山冲佑观。三年，除知寿春府。四年，磨勘转朝奉大夫，进封开国伯，加食邑二百户。寿其旧治，民怀恩弗忘，比再至，老稚欣迎，扶携远迓者属路。府于淮西为大藩，屯兵万余，密迩京师，每岁上供十二万石，应付畿内军粮，赋亦称是，虽遇凶歉，租赋放免殆尽，而税额不少减。前此官吏复加概量及羡余，以幸苟免，民重困流移者众。安上乃叹曰："奈何剥下以逃责耶？"凡诸司额外泛抛一切不应，以抚绥宽缓为事。漕臣预调专购，奏乞较定一路上供及支移之数课殿最，行赏罚以风属郡。是岁，寿春官吏遂以数劣被劾降官，复以橹发军粮亏欠，再被削秩以去，终不自辨。六年，除知舒州。逾年，请宫祠，从之，提举南京鸿庆宫。靖康元年，覃恩再转朝请郎，加食邑二百户。寻复朝奉大夫、朝散大夫。以疾，乞致仕，转朝请大夫。建炎二年正月，卒于家，享年六十，诏赠通议大夫（《刘给谏文集》五附薛嘉言撰行状）。

刘安上识度粹凝，宗工巨儒见者莫不许以远器。自为尉，以学官荐者十余人，守帅丰稷誉推奖礼，宴集则分韵赋诗，讲论文义，延留弥日，不以僚属待之。大观初，令侍从各荐所知，右丞徐处仁以之应诏，其为当路知遇如此。素坚正静退，未尝苟进取，部使者或欲縻致之门下，寄声知旧，讽使致谒，然薄其为人，终不诣之。尤不喜竿牍，为教官登州，或劝贻书时贵，丐东南便亲者，则谢不顾。暨闲居里闬，当轴皆其知旧，或请致贺，答曰："吾平时不通书，今遽贺之，得无疑我有求耶？"于时俗持禄养交率顾望迎合，以规进取，则深鄙之。为御史，多所弹劾，务存大体，振纲纪，不为讦直取名。凡论列章疏，退辄削稿，虽家人子弟无得见之，故其奏议人少知者。尝语人曰："在言路久，仇怨殆满目矣！然吾职风宪，独安所避顾？在我本无心耳！"出典三郡，凡所设施，不务表暴，示以好恶而人自化。所至有惠政。在婺，市田以给浮桥费，民便之，刻石纪德。其守寿春，属比郡岁饥，流民襁属，为之区处舍止什器，资养毕具，至者如归。屡丐常平赈济，勿许，则倒廪散之，曰："民困且死，奈何坐视不恤？倘获罪，吾当之。"赖以全活者不胜计。其与人言，如恐伤之，待僚属未尝失色，然刚正不可犯，尤嫉赃吏，寿春属令有贪墨闻者，既廉问审实，一夕追逮证佐，尽得奸赃，令窘，急赂当涂致书营救，不答，卒使引疾解印绶去，诸邑为之竦动（《刘给谏文集》五附薛嘉言撰行状）。

始安上先达为侍从，时吴敏、许景衡皆未显，安上识其远到，举以自代，其后二人继登宰辅，时论隐然服其知人。性尤纯孝，以未冠父即弃养，奉事太夫人色养尤笃，自筮仕以至禁从侍版舆，夙兴温清，奉甘毳，供笑乐，始终如一日。及太夫人卒，毁瘠几灭性，卜葬尽礼，庐于墓侧，手莳松槚，蔬食终丧，徘徊不忍去。安上生于里之西洲，太夫人既殁，宦游往来经行其处，必凝望泣下，人以为有终身之忧慕焉。政和八年，知邢州，时祖母徐氏无恙，年逾九十，奉之甚谨。初遇恩，妻张氏当封，以祖母未命，逊避不敢当，奏乞回授徐，帝嘉其意，优诏从之。念诸父早逝，而徐氏年高，邢去亲庭远，遂丐宫祠侍养。宗族内外四百口，悦服其化，闺门雍睦无闲言，温良谦逊，盖有万石君家风焉（《刘给谏文集》五附薛嘉言撰行状）

刘安上为文典重有法，尤工五言，晚更平淡，浑然天成，无斧斤迹（《刘给谏文集》五附薛嘉言撰行状）。其诗酝酿未深，而格意在中、晚唐间，颇见风致。文笔亦修洁自好，无粗犷拉杂之习，盖不唯风节足重，即文章亦不在元祐诸人后（《四库全书总目提要》一百五十五）。其所著，据薛嘉言行状，云有诗五百首，制诰杂文三十卷，惟自陈振孙《直斋书录解题》已云五卷，盖兵毁之余，后人掇拾，已非原本矣！今集本仅诗六十四首，文二百六十篇，盖所存者止十之一二。然如弹蔡京诸疏，谠论忠言，犹见梗概。其他诗文亦各体具备。又卷二载《苏辙追复端明殿学士赠宣奉大夫制》，有云："处讦谟之地，非尧、舜不陈；居退食之私，以孔、孟自乐。"其推美甚至，亦无洛、蜀门户之见，与彼纷争诟诋者区以别矣（《温州经籍志》十九）。

二、学术思想

（一）论学

按今传《刘给谏文集》五卷，仅刘安上原著之十之一二，且集中杂著较多，论学语少，兹述其论学之见，盖亦仅能窥及豹之一斑，唯吉光片羽，弥足贵也。

1. 学贵自得

按孟子曰："君子深造之以道，欲其自得之也。自得之则居之安，居之安则资之深，资之深则取之左右逢其原，故君子欲其自得之也。"（《孟子》四《离娄下》）刘安上亦以为言，谓学贵自得，若学而不至于自得，则不足与言不惑不变，又岂能信道笃而居之不疑乎？其言曰：

> 学不至于自得者未足与言不惑，智不至于不惑未足与言不变。惑者不明，变者不守。若然者，其于道也，而能一朝居之乎？孟子曰"居之安"，凡欲其自得之也。盖所贵乎得者，非贵乎得于人也，自得而已矣！苟惟得人之得，而不得其得，则其所得亦将因人而变矣！（《刘给谏文集》五《居之安》）

盖学问之道，必潜心积虑，时时优游厌饫于其中，然后始能默识心通，可以有得。非肤取貌受，妄求躁进者所得而与。是故苟不志于学则已，若有志于学，则必至于自得而后止，否则望风逐流，不足以谓学矣！

2. 学重切问

夫学不能无疑，疑必须问，问贵乎切，斯足以辨惑释疑而明理。故刘安上以为善学者贵在于切问，其言曰：

> 道无问，问无应，古之人有目击而道存者，不必语而默会，此上智忘言

之士也。若夫善学者则不然，问不切则理不明，则无以释疑而辨惑。故学者必贵于问，问者必贵乎切，切问以其要而扣焉者也。（《刘给谏文集》五《请问其目》）

为阐明此理，因举颜渊问仁得克己复礼之说，而请问其目为言曰：

> 昔者颜子学于夫子，平居燕闲，所以观圣人视听言动、睟然之容与夫泠然之音，其著心入目，得之于言意之表者固非一日也。然克己复礼之说尚且不自以为晚达而请问其目，于此见颜子之善问而知切问之为大也……呜呼！学道者将以探圣人户室而造其阃奥者也，有如门焉，问则得其入，不问则不得其入，然而善学者亦由其门而求之而已！（同上）

按博学、审问、慎思、明辨、笃行，此五者乃为学之要，中庸亦既明言之矣！此五者自有其序，亦皆不容偏废，然刘安上于此特谆谆于切问者，盖因颜渊之事有感而发，抑亦有见于当时学者之师心自用，笃于自是而馁于问人，而未能有得乎道之全，因特以为言者欤！

（二）论治道

刘安上论治道，颇注重人之因素，于朝则主张奖掖人才，以为国用；于野则谓当通达民隐，使能各得其所，充分表示出其以人为本之色彩。

1. 奖掖人才

刘安上以为天下未尝无才，苟能善加奖掖裁成，才将不可胜用，而收治国安民之效。因举周之盛时，人才之盛，收效之宏以为言曰：

> 天下未尝无材也，作而成之，材之不可胜数矣！周之盛时，求贤用士，处之以宜，文武敢事之材出焉。诗曰："济济多士，文王以宁。"此其效也。（《刘给谏文集》四《策问》）

为广收人才之用，固须博访周咨，应事审用，而最要者刘安上以为乃在于论辩之必有其方，荐延之必有其道，奖励之必有其术也，曰：

> 承平日久，四方之士，云蒸而雨至，荣路既广，竞进者众，贤否未明，真伪难别，论辨之必有其方也。或沉于下僚，或隐于退远，无以吸引之，卒困于无闻，荐延之必有其道也。人材不同，遇事乃见，概求其全，则贤或有遗，拘以常格，则用或不尽，奖励之必有其术也。（同上）

夫论辩有其方，则贤否明，真伪别；荐延有其道，可以野无遗贤；奖励有其术，可以人尽其才。思周虑密，信为取才用士之准则。惜乎刘安上著述之存于今者十仅一二，吾人无以毕见其所谓论辩、荐延、奖励之道为何如。唯就其所论小人对君子嫉媚排

挤之情形,在上位者苟能明而远之,则求贤举能,以得多士之用,其或庶几矣!其论小人对君子之倾轧曰:

> 天下君子少而小人多,贤者寡而愚者众,夫惟多少众寡之势若不相敌,此贤人君子多至于危殆也。且以小人之心固尝忌君子矣,君子者介然自守,不与小人合,小人又加怨焉。挟忌怨之心,则无时而不谤,小人者必为诡辞饰说,自欺其心,以入于人。然则苟非至明深智,了然昭彻其贤人君子,不为致疑者几希甚矣!小人为难察也,君子立人之朝,小人未尝不欲挤之而去;君子盖寡过也,无可诬之行,虽善毁者不得入,无可乘之衅,虽善谗者不见信,故小人者必伺其有疑似之隙而投之。君子有引贤授能者,则进朋党之说矣;有造功兴事者,则进擅权之说矣;有理财厚民者,则进聚敛之说矣!(《刘给谏文集》五《可谓明也已矣可谓远也已矣》)

夫举直错诸枉,能使枉者直。亲贤臣,远小人,朝政所以兴隆。盖论辩既明,举朝之上无非贤人君子,因任授官,循名责实,则必能多士蔚起,竞为国效,又何患乎无人才也哉!

2. 通达民隐

夫仁者发政施仁,欲使庶民皆得其所,是必洞察民隐,庶使下情上达,而无壅隔之患,否则其祸将有不可测者。是故刘安上以为天下之祸本于下情之不通,而王政之施常在于通达民隐,而使民不穷,其言曰:

> 天下之祸本于下情之不通,而王政之施常患幽隐之不达。古之所谓至治者无他焉,为人上者,恻怛之诚及于无告,而无告之民皆得洞见肺腑而无疑。夫使四海之内皆无隐衷,而无有不告者,亦可以见先王仁政之周也。(《刘给谏文集》五《以肺石达穷民》)

而所谓通达民隐,使民不穷者,非能使民无鳏寡孤独废疾之患也;而在虽有是患,然皆能得其所以保之养之之道,使之各得其所,而优游以卒岁也。曰:

> 昔尧之有天下也,不虐无告,不废困穷,夫困穷无告之民,尧皆弗虐而弗废之,故舜之绍述,是以发政而不穷其民焉。然舜亦岂俾斯民之不穷哉?要使穷者各得其所,是乃所以不穷之也。文王号一代发政施仁之圣王,而文王亦不能使夫鳏者之有妇,寡者之有夫,孤者之有父,独者之有子也。仁政施而四者皆优游以卒岁,此文王所以无愧于尧、舜也。(同上)

盖民之于君,敬爱拥戴,比如天父;则君王于民,亦当如天之覆育下民,父母之鞠爱

子女。悦怿抚绥,使之无隐不达,斯足以谓善治也。曰:

> 盖尝谓有天下者犹之一身一家也,痒疴疾痛之切其身,爱其身者必求
> 所以悦之怿之。仁人之于天下,视民之无告者,必求所以抚之绥之。且常
> 人之情,厄穷则呼天,疾痛则呼父母,君之于民,覆之如天,爱之如父母,使
> 无辜者则必闻,而诉之者必见恤,四海之内无隐不达,则圣人仁民之心于
> 此见矣!(同上)

夫治道之行固在于仁义之施,法度之修,然若民情不通,则虽心日劳而实不应,是奚
异于南辕而北其辙哉!

(三) 论财计与军事

按刘安上尝出典三郡,又属国家多事之秋,边衅屡启,其于财计、军政理宜有所
论列;唯今存《刘给谏文集》中所载者,语颇简略,盖集仅原作十之一二,致无法窥其
全豹。虽然,语则略矣,其意要亦有足采者也。

刘安上谓治财如治水,当行其所无事,洞究源流,储衍兵食,使国裕民饶,而绝
滞冤之叹,曰:

> 治财犹治水也,行其所无事而已矣……洞究源流,储衍兵食,国裕而
> 民亦裕,田里绝滞冤之叹者,是岂非以治水之道治财乎?(《刘给谏文集》
> 二《都水使者吴价为徽猷阁待制河北路都转运使制》)

夫国家储财有如水库蓄洪,必也平日积储,以备随时之需,而免匮乏之虞,唯积储逾
量,亦宜随时适度宣泄,以免壅积之患。盖过与不及,皆非其宜,此治水之道可通之
于治财者也。即平日吾人论理财,或曰开源,或曰节流,亦以水为喻,是刘安上谓治
财犹治水,可谓适切善譬矣!

其论军事则以为兵者凶器,承平之时自不宜过分讲究,然亦不可久安忘战。至
治军怀人之道,则以纪律严、威惠著为尚。其言曰:

> 国家承平,中外绥靖,虽不贵佳兵,岂以久安忘武事哉?(《刘给谏文
> 集》二《翰林学士俞㮚为兵部尚书制》)

> 惟纪律严,则可以护诸将;惟威惠著,则可以怀远人。(《刘给谏文集》
> 二《资政殿学士知大名府梁子美为资政殿学士知太原府制》)

而最要者,不论其为制比伍,抑或起徒役,皆应有一定之限度,不可罗掘殆尽,滥用
民力。曰:

> 经略之内,孰非王土?食土之宅,孰非王民?六尺以上,其贱者皆可
> 籍而任,数口之家,其壮者皆可致而使。然先王虽有广土,其制比伍,则内

不过六乡；虽有余众，其起徒役，则家不过一人。故家有羡卒，人有余力。盖师旅者，先王所以平祸乱，不可去也；力政者，先王所以治城郭宫室，不可弛也。然驱民以死地，莫大于师旅；使民以劳苦，莫甚于力政。民之所不欲在斯二者，又何可家起二人以重困之乎？何则？人情莫不欲安佚也，而上劳之如此，则亦必节其力而不敢尽焉……冒矢石，击刺攻伐于行伍之中，而事父母、养老疾于家者，其事不缺也，有其余以为羡故也。荷畚插、度筑削于鼙鼓之间，而稼穑植艺，戴茅蒲、被袯襫于田野者，其职不废也，有其余以为羡故也。夫然后故从事于力役者，出死断首而不辞，推锋争先而不避也。从事于力政者，子弟而不待率，鼓之而不能胜也。（《刘给谏文集》五《以其余为羡》）

夫先王之法，所以不焚林而猎、竭泽而渔者，盖欲使庶物繁衍，群生遂长也。故王者治民，兴戍征役，皆宜适当其可而止，使虽有余不敢尽。否则，穷兵黩武，横征暴敛，民怨滋而衅心启，祸将有不可测也。

第五节　戴述

戴述，字明仲，永嘉人也。为童子，日诵书数千言，为文挥笔立成。从人受学，未几，已尽其能，辄弃去。肆业乡校，较其艺，常为诸生先，因去游京师。试广文馆，时赵丞相挺之主文柄，得其所试业，异之，意其为老儒先生，擢异等，而述未冠也，由是知名京师。以为太学士皆科举口耳之学（《浮沚集》七《戴明仲墓志铭》），述为刘安上妹婿，遂同游于程门，求为己之学（《宋元学案》三十二《周许诸儒学案》）。寻居父丧，寝食如礼，庐墓终丧。中元符三年进士第，调婺州东阳县主簿，吏哀私钱完公舍以待，比至，得状，悉以俸钱偿之。州徙之监银冶，不乐其职，辞弗获，因慨然赋《归去来诗》十首以自见，投檄而去。邑人争挽之，徐譬之曰："仕宦顾当择地。"乃奉亲屏居里中，优游累年，阖门读书，若无仕进意。会州置学官，选为临江军军学教授。部使者交荐其能，以母忧解职，居庐哀毁，得疾以卒，时大观四年三月癸卯，年止三十有七（《浮沚集》七《戴明仲墓志铭》）。

戴述资秉刚明，少而有立，从程颐学，知圣人之道近在吾身，退而隐于心，合于圣人之言，若有自得。方且沉涵充扩，日进未已，优游乡党，期以有为于世，而不幸早卒。性孝友直谅，挺然不可屈折，世儒或訾其太高。博学精识，议论古今甚至。

尝自许欲有为于世,盖于其小者不屑就也。乐人之善,而不惑于老释阴阳之说。既不克尽其才以死,有志之士莫不为之流涕太息(《浮沚集》七《戴明仲墓志铭》)。弟迅,字几仲,私淑洛学于述,时人称大小戴,门人合其文为《二戴集》(《宋元学案》三十二《周许诸儒学案》),今已不传(参附录二)。

第六节　沈躬行

沈躬行,字彬老,永嘉人也(《宋元学案》三十二《周许诸儒学案》)。甫冠,游太学(同治《温州府志》二十一)。不喜举业,而好古学,讲明礼经丧葬之制。初从塘奥先生林石游(《宋元学案》三十二《周许诸儒学案》),已而从程颐,兼师同门吕大临,并师龚源(《浮沚集》七《沈子正墓志铭》)。得性命微旨,经世大意(《水心文集》十七《沈仲一墓志铭》)。本诚居敬,尊绍绝学(《水心文集》十五《沈元诚墓志铭》)。其学以《中庸》《大学》为本,笃信而力行之,卓然以圣贤为依归(《宋元学案》三十二《周许诸儒学案》)。方禁春秋学,石经甫刻即废,躬行赂守者,自摹藏于家云(《水心文集》十七《沈仲一墓志铭》)。

第七节　赵霄

赵霄,字彦昭,其先盖会稽人,五代之乱始徙永嘉(《宋元学案》三十二《周许诸儒学案》作瑞安人)。自曾祖至父皆隐德不仕。其少时已不群,方十岁,赋《猛虎行》,甚工,乡里大人先生莫不奇之,以为必自立。少孤,季父豫析资产,与兄异财,稍长,悉举以属其兄,独游京师(《浮沚集》七《赵彦昭墓志铭》),入大学,与许景衡等为洛学(《宋元学案》三十二《周许诸儒学案》)。登崇宁二年进士第,主颍昌府长葛簿。属天子益修学法,州置学官,选为济州州学教授。导学者以笃行力学,不专务科举(《浮沚集》七《赵彦昭墓志铭》),东方士俗为之丕变,时称为赵颜子(《宋元学案》三十二《周许诸儒学案》)。士有成才,考满,朝廷以为能,迁辟雍正,兼摄司业,官至承直郎。以疾卒于大观三年四月六日,年四十八。其为人博学知古今,性嫉恶,喜论天下事(《浮沚集》七《赵彦昭墓志铭》)。

第八节　张辉

张辉,字子充,学者称为草堂先生,永嘉人也(《宋元学案》三十二《周许诸儒学案》)。自六经、诸子书、历代史记,下至百家之说,皆通习之,辨析精微,论议亹亹(万历《温州府志》十一)。学醇行懿,才质茂美(《浮沚集》七《祭张子充文》)。性笃孝,居丧哀毁不自胜,筑霜露堂于墓侧,栖止其中,有甘露降于庭,学者请识之,曰:"是自炫也。"与许景衡等日从事于治气养心之术,学者从之益多(《宋元学案》三十二《周许诸儒学案》)。元丰九先生中最早有闻,而每举不利(《浮沚集》七《赵彦昭墓志铭》)。初举八行,不就。政和二年,上舍擢第,累仕为洪州教授,以荐为国子学录(《宋元学案》三十二《周许诸儒学案》)。尝摭古人行事,断以己意,曰《草堂语录》(万历《温州府志》十一),今已亡佚(参附录二)。

第九节　蒋元中

蒋元中,永嘉人(《宋元学案》三十二《周许诸儒学案》)。梁校书郎湛之后(同治《温州府志》二十一)。力学多闻,见道超卓。私淑程颐,与许景衡等人为洛学。尝作《经不可使易知论》,太学诸生盛传诵之,至刻之石。而张九成亦时时为学者诵之(《宋元学案》三十二《周许诸儒学案》)。

第四章　郑氏兄弟之学术思想

第一节　郑伯熊

一、传略

郑伯熊，字景望，永嘉人也（《水心文集》十二《〈归愚翁文集〉序》）。时人称为大郑公（《宋元学案》三十二《周许诸儒学案》）。绍兴十五年，成进士第，授台州黄岩尉（《逊学斋文钞》十二《大郑公行年小纪》）。绍兴二十年，至黄岩，从高士徐庭筠学，庭筠曰："富贵易得，名节难守，愿安时处顺，主张世道。"伯熊敬受其言（《宋史》四百五十九《徐中行传》）。再调婺州司户参军（《逊学斋文钞》十二《大郑公行年小纪》）。隆兴元年三月，除秘书省正字。八月，监南岳庙（《南宋馆阁录》八）。乾道二年冬，召为国子丞（《逊学斋文钞》十二《大郑公行年小纪》）。三年六月，除著作佐郎。四年六月，为吏部员外郎（《南宋馆阁录》七）。六年，出为福建路提举常平茶盐公事。魏王恺判宁国府，八年，召为王府司马（《逊学斋文钞》十二《大郑公行年小纪》）。魏王既开府，南面坐，受属吏进谒；幕府进札子，亦坐而可否之。伯熊遂以札子开说谦德未光，嫌疑之际，或骇视听。又判罢吏羊绾再役，伯熊引吏人年满归农，不得再应募条法以进。不听，遂自劾去。改江西提刑（《宋元学案》三十二《周许诸儒学案》）。未行，乞祠以归。淳熙二年，起知婺州。三年秋，召赴阙，寻除国子司业（《逊学斋文钞》十二《大郑公行年小纪》）。四年七月，兼国史院编修官。九月，迁宗正少卿，仍兼国史院编修官（《南宋馆阁录》八）。五年，除直龙图阁，知宁国府。七年，秩满，归永嘉，寻除知建宁府。八年，以疾卒于建宁，年五十四（《逊学斋文钞》十二《大郑公行年小纪》）。

郑伯熊性恂恂然，少而德成，经为人师，深厚悃愊，无一指不本于仁义，无一言不关于廊庙（《水心文集》十二《〈归愚翁文集〉序》）。明见天理，神畅气怡，笃信固守，言与行应（《水心文集》十《温州新修学记》）。行己以吕申公、范淳夫为法，论事以贾谊、陆贽为准,而惓惓斯世,若有隐忧(《龙川文集》十四《〈郑景望杂著〉序》),于古人经制治法讨论尤精(《宋史》四百三十四《陈傅良传》)。徇道寂寞,视退如进(《水心文集》十二《〈归愚翁文集〉序》),三入朝二十余年,其卒也,位不过九卿(《止斋文集》四十七《张忠甫墓志铭》)。德量渊澄,性质玉粹,其形于文也,浑然天成;其进于道也,怡然理顺。与之游,如在春风之中;登其门,如入泰山之阿。是非至明,而涵容不显其迹;进退至切,而从容不见其他。至于莅官则有不恶而严之风,忧世则有哀而不伤之意(《攻媿集》八十三《祭郑龙图》)。夫道学者每薄词章,伯熊通经笃行,为世儒宗,而其诗句乃绰然有晋、唐名胜之风,胸中所养亦可知矣(《省斋文稿》十八《跋郑景望诗卷》)。

方秦桧擅国,禁人为赵鼎、胡寅之学,而永嘉乃其寓里,后进为所愚者尤多,故绍兴末,伊洛之学几息,九先生之绪言且将衰歇,吴表臣、沈大廉,其晨星也。郑伯熊与其弟伯英并起,私淑同郡周行己,推性命微眇,酌今古要会,师友警策,唯以统纪之不接为忧,首雕程氏书于闽中,由是永嘉之学宗郑氏。乾、淳之间,永嘉学者连袂成帷,然无不以伯熊兄弟为渠率。陈傅良、陈亮、叶适等皆尝从问业焉(《宋元学案》三十二《周许诸儒学案》)。其于永嘉之学,承先启后,成功至伟,故叶适曰:"永嘉之学,必兢省以御物欲者,周作于前而郑承于后也。"(《水心文集》十《温州新修学记》)其所著有《郑景望集》三十卷、《郑景望杂著》、《六经口义拾遗》、《懋语》、《记闻》,惜皆不传,今所存者唯《郑敷文书说》一卷而已(参附录二)。

二、学术思想

按郑伯熊著作之存于今者仅《敷文书说》一卷而已,是书虽为科举而作,然尚不泊于俗学,偶或不免疏于考证,而大端醇正,于经世立教之义颇多阐发,有足采者(《四库全书总目提要》十一)。吉光片羽,弥觉其贵,或亦可借以略窥其思想之一斑焉。

(一)论持养

夫"书者政事之纪也"(《荀子》一《劝学》),郑伯熊《敷文书说》之撰固在于阐述书之精义,以发明古先圣王为治大法,其论君王之省己修德,意虽主于有国者之崇德致治,然亦所以寓其经营世教之志,是其所陈为德之方,要亦足为吾人修养之资焉。按之伯熊之说,修德之要重在能谦,其言曰:

> 凡卦之体,吉凶悔吝,错居六位,有吉而无凶,有利而无悔,唯谦为然。

故为天道之所益,鬼神之所福,人道之所好;可以涉大川,可以服万民,可

以用侵伐,可以保终吉。圣人极口赞之,以示天下后世,其意切矣。(《郑敷文书说·有其善丧厥善》)

以为唯谦始可以不矜不伐,以至公无我之心应万物、尽性命,而臻于与天德合一之境。曰:

> 不矜不伐,至公无我之心也。举天下之善,安而行无所累于心,故无骄矜之气,天德也。禹之所优,而颜子之所愿也。盖万善本吾性之所固有,学至于圣贤,于性无所加益,而缺一焉则不足以为尽性。知此则任重道远,唯日不足矣,尚何敢矜之有?进此而安焉,则达乎天德矣!(《郑敷文书说·汝惟不矜》)

既有不矜不伐之心,则凡事皆能反求诸己,而不遽责于人,可以免于迁怒、贰过之病,而循勉向上矣!故又曰:

> 爱人不亲反其仁,治人不治反其智,礼人不答反其敬,行有不得者皆反求诸己……自反而仁矣,自反而智且敬矣,而人未遽吾听焉,不遽责夫人也,曰是吾仁智且敬有所未尽,而姑勉焉尔。(《郑敷文书说·满招损谦受益》)

夫如是,必能勇于自修,取人为善,使其在人者有以裕于己,涵养日进,盛德日新,而达乎天德,曰:

> 骄心害善,虽圣人亦畏之……故曰:"德日新,万邦惟怀;志自满,九族乃离。"又曰:"能自得师者王,谓人莫己若者亡。好问则裕,自用则小。"夫骄盈自满之心,其端甚微,积而至于耻闻过失,好胜人,骋辩给,炫聪明,厉威严,恣强愎,则甘受佞辞而邪谄日亲,恶闻忠谏而正直日疏。贤人君子高举远引,而人君之势日孤,窜斥杀戮肆行而不忌,天下之心日离,甚则骨肉怨叛,而趋于亡矣!可不畏哉!夫将顺其懿,则小善可以成德;正救其慝,则小恶不能以害善。(《郑敷文书说·仲虺之诰》)

夫谦受益,满招损,《尚书》已有明训,郑伯熊所以于此谆谆有所不能已于言者,盖以进德修道,莫不本于此心之谦抑诚悫。观乎此,则学者用功宜知所自励矣!

(二) 论治道

郑伯熊之论治道,主于德治,以为君天下者,其德不可不备,必也时时以省己修德为务,唯崇德始可以致治。其言曰:

> 古者服以象德,谓服是服者宜有是德以称之。公卿大夫士以下,礼章不同,必惟德之称,则其义一也。然则君天下者,其德可不备乎?(《郑敷

文书说・作服汝明》）

> 帝王之政，莫先于畏天，平居炭炭然省己修德，唯恐天威之来。盖欲销之于冥冥之中，不待其已形而后惧也。（《郑敷文书说・俶扰天纪》）

欲省己修德，则行有不得者，皆应反求诸己，不可遽责于人。曰：

> 爱人不亲反其仁，治人不治反其智，礼人不答反其敬，行有不得者皆反求诸己，此帝王之家法也。自反而仁矣，自反而智且敬矣，而人未遽吾听焉，不遽责夫人也，曰是吾仁智且敬有所未尽而姑勉焉尔，此帝王之心术也。（《郑敷文书说・满招损谦受益》）

其次则应博采臣民之言，以自修省，曰：

> 先王克谨天戒于未然之前，采臣民之言，以省己修德，不待天戒已形而后惧也。（《郑敷文书说・俶扰天纪》）

而最要者乃在于人君必须有谦抑不自满之心，而后可以受天下之善，而来天下之贤，以成德出治，其言曰：

> 伊尹将告归，戒太甲者无自广以狭人，匹夫匹妇不获自尽，民主罔与成厥功。傅说戒高宗曰："有其善，丧厥善；矜其能，丧厥功。"盖未免于戒也。若夫禹治水，汤胜夏，武克商，拯民于昏垫涂炭之中，其功德大矣。益之戒犹曰："满招损，谦受益，时乃天道。"仲虺之戒犹曰："志自满，九族乃离。"召公之戒犹曰："不矜细行，终累大德。"三代之臣所以告戒其君，皆勤勤于是。不谋而同，何也？盖谦则虚，虚则能受天下之善，而来天下之贤。夫以天下之善归于己，而贤又乐告以善道，则内以成德，外以出治，岂不有余裕哉！满则实，实则忠嘉之言不能入，而贤者望其颜色以去之。以一人之智虑自用于天下，小臣谀，大臣欺，祸乱之形已成，而无有告之者，俄焉覆亡而不自知，此必然之势也。故以禹、汤、武王之圣，其于运独智以驭四海若有余力，而其臣犹不忘此戒。而尧、舜之盛称其德者，亦不过曰允恭克逊，舍己从人，取人为善。则知所谓谦者，帝德王功之所由终也。其在《周易》曰谦谦、曰劳谦者，自牧之至也。曰撝谦、曰鸣谦者，发于声音笑貌，无所歉也。凡卦之体，吉凶悔吝，错居六位，有吉而无凶，有利而无悔，唯谦为然。故为天道之所益，鬼神之所福，人道之所好；可以涉大川，可以服万民，可以用侵伐，可以保终吉。圣人极口赞之，以示天下后世，其意切矣！三代而下，时君世主，其德之优劣，世之盛衰治乱，往往其原皆出于此。其间能因事省警，常惧此心之或怠者，其可不谓究物理、达治道者哉！

（《郑敷文书说·有其善丧厥善》）

> 骄心害德，虽圣人亦畏之，故以舜命征有苗，而益以为病，其言曰："满招损，谦受益，时乃天道，况于人乎？"汤胜夏而还，未至国都，而惭德形焉，此其贤臣所以独幸而喜。夫以将天明威而下顺乎民，黜伏罪人而上应乎天，福善祸淫之道得以不替，涂炭水火之民得以更生，自舜、禹以下厥功茂矣；顾不以为善而以为惧，不以为满而以为不足，是心也，崇德之原，致治之本也。（《郑敷文书说·仲虺之诰》）

尤可贵者厥为郑伯熊颇能发挥《尚书》天视自我民视，天听自我民听，暨《礼记·礼运》天下为公之义，以为人君之职专在敬民，而神器之去留，则完全听之于民，而不敢私据为已有，其言曰：

> 人君心术不可不谨也……故祖己谓当先格此心，于是推天命之常理，降年修短惟在乎人为，而天时应之耳。人君之职专在敬民，一举一动，无非继天为民者，一念之差，则举动失而天意为之变矣！（《郑敷文书说·惟先格王正厥事》）

> 盖尝谓唐、虞之世，其民爱之、敬之、畏之，不敢少肆于上，而神器之去留一听于民，而不敢为己私有也……大道之行，天下为公，选贤与能，不私其子，故尧不以天下私丹朱而传之舜，舜不以天下私商均而传之禹。朱、均之不肖固矣，使朱、均贤如皋、夔、益、稷之徒，尧、舜亦不能舍圣而授之贤也。何者？天下者至公之器也，传之贤者，至公也；天下有圣人焉，舍圣而授贤，则亦非公也，私也。尧、舜不特不以天下私其子，亦不敢与诸皋、夔、益、稷之徒，故禹之让于皋陶，诚切恳到，至于数四，非伪也；而舜命不易，循至公之理而已。（《郑敷文书说·因民弗忍距于河》）

按民本思想，自《尚书》《礼记·礼运》以后，孟子亦于战国之世畅发其论，秦、汉而下，帝权集中，此说盖已罕有闻者。郑伯熊生当强干弱枝，厉行中央集权政策之宋代，而有此论，空谷足音，益觉其可贵矣！

（三）论军事

昔者子路问夫子以行三军，夫子以为必也临事而惧，好谋而成。夫不惧必败，不谋无成，盖凡事莫不皆然，而况兵者危事，涉凶履险，而轻脱寡谋，岂能有济？是故郑伯熊以为凡用兵之道，必也怀危惧之心，始能克敌致果，其言曰：

> 兵者圣人之所畏，虽以至仁伐至不仁，锋刃既接，胜负之形不可必胜；则出民涂炭之中，不胜则天下贸贸然，将复何恃以归乎？危之，故胜

> 之……大赉孥戮,驱诱之术,无遗力焉,非得已也,其心危也。(《郑敷文书
> 说·〈书·序〉伊尹相汤伐桀升自陑遂与桀战于鸣条之野》)

其次则在于贵谋贱功,先德后力,即孟子所谓顺天应人,仁者可以无敌也,曰:

> 古者先德而后力,贵谋而贱功,故出师必受成于学,而折馘执俘,反必
> 以告,其意深矣!(《郑敷文书说·〈书·序〉皋陶矢厥谟禹成厥功》)

> 夫帝王之兵无阙而后动,其省躬也至矣,其含容隐忍而俟之也久矣,
> 其教诏诲谕也勤矣!然谓吾兵为无阙,谓吾省躬而无愧,谓吾容之教之为
> 无遗力,遽然自以为是,则非所谓纯亦不已,谦尊而光,乐天而无竞,任物
> 而无我者……唐、虞之君臣,其自牧之道盖如此,征苗之后所以班师而不
> 疑也。(《郑敷文书说·满招损谦受益》)

乃后世不明此义,争城野战,竞以武力为尚,致兵骄将悍,横厉跋扈,遂为不除之
患,曰:

> 古者先德而后力,贵谋而贱功……惟此义不明,然后有廉颇之事,而
> 被坚执锐,野战略地者欲以居文墨议论之上,此后世之通患也。(《郑敷文
> 书说·〈书·序〉皋陶矢厥谋禹成厥功》)

甚者为争取天下,至不惜以武力相竞,敲骨剥髓,离散民人,而莫之或恤。时变若
是,郑伯熊乃深致其慨曰:

> 夫揖逊与贤,而继以世及,又继以兵取,时变愈下,视古愧焉。(《郑敷
> 文书说·〈书·序〉伊尹相汤伐桀升自陑遂与桀战于鸣条之野》)

夫兵事之设凡以为民,所以平外患而弭内乱,安邦宁民,胥赖于此。而乃穷兵黩武,
残民以逞,呜呼!岂设兵之道固若是乎?

(四)论刑狱

夫民之秉彝,好是懿德,在有教化之责者善而导之,使能自明其德,以期达乎九
族亲睦,黎民雍和之境。唯虽处尧、舜圣明之世,亦不免有如驩兜、共工等四罪之
人;盖小人之无所忌惮,而自逆于理,苟不加裁抑,要非圣人匡直辅翼,使民远罪迁
善之意,是刑狱之设盖有所不得已也。故郑伯熊曰:

> 圣人之心,涵养发生,真与天地同德,而物或自逆于理,以干天诛,则
> 夫轻重取舍之间亦自有决然不易之理。其宥过非私恩,其刑亦非私怒,罪
> 疑唯轻非姑息,功疑而重非过予,如天地四时之运,寒凉肃杀,常居其半,
> 而涵育发生之心未始不流行乎其间。此所以好生之德洽于民心,而自不
> 犯于有司,非既抵冒而复纵舍之也。夫既不能止民之恶而无所忌,则不唯

> 彼见暴者无以自伸之为冤,而奸民之犯于有司将日以益众,亦非圣人匡直
> 辅翼,使民迁善远罪之意也。(《郑敷文书说》,标题阙)

是故圣王之于民也,教之化之,使之日迁于善;其有不可化者,亦姑唯教化之,其犹
未格者,亦姑唯俟之;然俟之既久,而终不吾化,此冥顽不灵之人,则亦唯刑之而已
矣!曰:

> 圣人之于人,虽不可化,亦曰姑唯教之化之;未格,亦曰姑唯俟之;俟
> 之久矣,而终不吾化,则所谓不移之愚,而怙终之刑所不得而宥也。(《郑
> 敷文书说·四罪而天下服》)

盖虽不免于刑诛,然死者一二而生者不可胜算,所谓一家哭何如一路哭者,刑施而
民悦,使民有所戒,而不敢为非,则虽至于不得已而用刑,要亦可以无憾也,曰:

> 舜之诛四凶,禹之戮防风,岂唯刑施而民悦哉!由是迁善远罪,心化
> 于冥冥之中者盖多矣!死者一二而生者不可胜算,圣人之心亦可以无憾
> 矣!(《郑敷文书说·满招损谦受益》)

刑狱之设既出于有所不得已,则施用之际,不能不谨而恤之,务使德刑相胜,以克残
去杀,故又曰:

> 立政以用人为本,以恤狱为先,故一篇之书,言宅俊即及庶狱,始言庶
> 言;次言庶狱、庶事,而不及庶言;末止言庶狱,而不言庶事,而曰勿误,其
> 意深矣!终篇又命司寇苏公敬狱。盖国祚之长短,全在德刑之相胜,周家
> 卜世之永,仁胜杀也。(《郑敷文书说·立政》)
>
> 舜之典轻矣,犹曰唯刑之恤哉,盖轻典亦忧其或用也。穆王之赎刑已
> 详矣,犹曰朕言多惧者,虽赎而犹恐其或误也。呜呼!有国者何可不识此
> 心哉!典狱者何可不识此心哉!(《郑敷文书说》,标题阙)

而用法之际尤应原情议事,以期勿纵勿枉。苟能如是,则亦无厌乎法之详也,曰:

> 圣人爱天下之心,虽无刑可也。力行吾德以善天下之俗,俗善矣,而
> 不敢必吾之德能使天下人皆稷、契,家皆皋、夔也。此五刑、五流犹以并告
> 皋陶钦……苟刑入于宥,则以轻重远近对处,盖原情而用法也……盖罪一
> 也,而情各有三焉,一而三之,不厌其详,所以求其失情之□□也,如得其
> 情,则无厌乎愈详矣!穆王五刑之属三千,而疑赦之罚亦三千,非密也,宽
> 也。其宽者何也?使凡有罪者皆得以入于罚也。由是言之,以情议罪者,
> 无厌乎法之详也。(《郑敷文书说·而难任人》)

孔子曰:"听讼,吾犹人也,必也使无讼乎!"(《论语》十二《颜渊》)盖刑狱之设乃出于

有所不得已，则刑期无刑，此有国、典狱者所应黾勉以达者也。至于不得已而必用之，则主其事者固当如曾子所云："如得其情，则哀矜而勿喜。"（《论语》十九《子张》）凡此皆郑伯熊论刑狱之所主张而不失其仁者之心者也。盖伯熊生当南宋之初，文理繁密，权奸弄法，苛征杂敛，民不能堪，所谓上失其道，民散久矣，故有此之论也。至于今世，触刑犯法者，或有出于情之所可悯者，固当原而宥之。其有饱暖思逸，屡诫终怙者，则吾宁取伯熊"刑施民悦""死者一二而生者不可胜算"之说焉。

第二节　郑伯英

郑伯英，字景元，郑伯熊之弟也，永嘉人（《水心文集》十二《〈归愚翁文集〉序》），时人称为小郑公（《宋元学案》三十二《周许诸儒学案》）。举隆兴元年进士第四人，伯熊喜而哭曰："子一日先我矣。"（《水心文集》十二《〈归愚翁文集〉序》、二十一《郑景元墓志铭》）然自度性刚，不能俯仰于时（《宋元学案》三十二《周许诸儒学案》）；且以母老，不忍行，食岳庙九年。终母丧，授宁海县丞、福建提刑司干官，犹不行。于是年老矣，遂卒于绍熙三年四月戊午，年六十三（《水心文集》二十一《郑景元墓志铭》）。

故事，进士第四人与上三人踵蹑以进，累日月皆至卿相，伯英耻自言，故甘为选人（《水心文集》二十一《郑景元墓志铭》）。当事者知其才大气刚，中心畏之，幸其自重不出，无能害己为幸，卒不征用（《水心文集》十二《〈归愚翁文集〉序》）。官三十年不调，晚而朝议将以司干处之（《宋元学案》三十二《周许诸儒学案》），伯英笑曰："此冗官尔，法当废省，可身践之乎？"卒以疾辞。思其职不利其禄，其志可知也（《水心文集》二十一《郑景元墓志铭》）。

郑伯英性俊健果决，视其兄又别为一格。每慷慨论事，自谓一日得志，必欲尽洗绍圣以来弊政，复还承平之旧，非随时默默苟为禄仕者也（《水心文集》十二《〈归愚翁文集〉序》）。性喜贤，虽闾巷一介之善，甚或辈行绝数等，未尝不委曲外比，售其声名。家产无十金，僮僦单特，宾从昼夜集，劵肺烹蛤蚬蔬橡杂陈之。急难窘助，扁舟径往，夜半扣门，摄衣偕出矣（《水心文集》二十一《郑景元墓志铭》）。方其家居，得朋友，通共有无，并坐接席，不知岁月迁改，自谓如华胥至乐，故其讲习见闻尤精。而片辞半简，必独出肺腑，不规仿众作。方秦桧以愚擅国，人不知学，更五六年，闭塞经史，灭绝理义，天下以佞谀鄙浅成俗，圣贤之道既隐，民彝并丧。伯英与其兄伯熊既私淑同郡周行己,瑰杰特起,以古人源流,前辈出处,终始执守,慨然力行,为后生率。永嘉儒者踵接,皆兄事之(《水心文集》十二《〈归愚翁文集〉序》)。信道笃而自信深,于永嘉学术之复振与有功焉。所著有《归愚翁文集》二十六卷,惜已不传(参附录二),则于其学术思想亦姑唯从阙焉。

第五章　薛季宣之学术思想

一、传略

薛季宣,字士龙(《吕东莱文集》十《薛常州墓志铭》),学者称为艮斋先生(《宋元学案》五十二《艮斋学案》)。其先世家河东,后徙福之长溪廉村,至唐补阙令之后,又徙永嘉,遂籍焉(《止斋文集》五十一《右奉议郎新权发遣常州借紫薛公行状》)。父徽言,起居舍人,从胡安国学,以丞相赵鼎荐,仕于朝,及秦桧相定和议,徽言引议固争,反复数刻,中寒疾以卒,夫人胡氏亦继卒(《浪语集》三十三《先大夫行状》)。季宣六岁而孤,抚于伯父敷文阁待制薛弼,从之宦游四方,及见渡江诸老,闻中兴经理大略,已能识之。喜从老校退卒语,得赵、张、岳、韩诸人事,甚悉,有当世志(《吕东莱文集》十《薛常州墓志铭》、《止斋文集》五十一《右奉议郎新权发遣常州借紫薛公行状》)。年十七,起从妻父荆南安抚孙汝翼辟书写机宜文字(《吕东莱文集》十《薛常州墓志铭》)。孙氏藏书多,季宣讲说绅绎,绝不治科举业(《止斋文集》五十一《右奉议郎新权发遣常州借紫薛公行状》)。有隐君子袁溉道洁,荆州与之善,虚郡斋迎致之。溉少学于程颐,闻蜀薛曳名,求得之,溉翻六经诸史以观曳,曳笑曰:"子学已博,然寡要。夫经所以载道,而言所以明道,何以多为?"溉敬受之,曳因以所学授之。其相授受严约盖有如此者。溉之学自六经百氏,下至博奕小数方术兵书无所不通(《浪语集》三十二《袁先生传》),湖、湘间皆高仰之。季宣师事焉,由是益务自敛制充养(《止斋文集》五十一《右奉议郎新权发遣常州借紫薛公行状》),于古封建、井田、乡遂、《司马法》之制,靡不研究讲画,皆可行于时(《宋史》四百三十四本传)。溉语季宣伊洛轶书多在蜀,时季宣同郡萧振方制置四川,乃往为其属,溉期至蜀授以书,会偏裨有诬其所部将者,季宣请正阶级法,议不合,谢去(《吕东莱文集》十《薛常州墓志铭》),尽其禄直买蜀书以归(《止斋文集》五十一《右奉议郎新权发遣常州借紫薛公行状》)。为鄂州武昌令,率众以诚,邑大治,民赖以宽,有所废置,皆争趣和(《吕东莱文集》十《薛常州墓志铭》)。时刘锜镇鄂渚,季宣白锜,以武昌形势直淮、蔡,而兵寡势弱,宜早为备,锜不听。及兵交,稍稍资季宣计划。未几,汪澈宣谕荆、襄,而金兵悉众趋江,诏成闵还师入援,季宣说澈以闵既得蔡,有破竹之势,宜守便宜勿遣,而令其乘胜下颍昌,道陈、汝,趋汴都,金内顾且惊溃,可不战而屈其兵。澈不听(《宋史》四百三十四本传),闵昼夜驰,不顿舍,后骑能属者三之一,而陈、蔡新附诸城亦接踵复陷矣(《吕东莱文集》十《薛常州墓志铭》)。时江、淮仕者大抵无固志,闻金兵且至,纷纷遣其孥,系马庭木以待。季宣独留家不遣,与民期曰:"吾家即汝家,一旦有急,吾与若偕死。"民亦自奋(《宋史》四百三十四本传)。县故多盗,季宣患之,念除盗上策,莫如联保甲,疆陲有事,唯素整者可不乱。乃访求河北、陕右弓箭手、保甲法,及淮西刘纲保伍要策,讨论甚具。会有伍民之令,乃出其法行之。五家为保,二保为甲,六甲为队,因地形为便,合为总,不以乡为限,总首、副总首领之。官族、士族、富族皆附保蔽其身,俾输财佐治戎器。诸总必有圃以习射,民暇则习,无早暮之节。尽禁蒲博杂戏,而许以武事角胜负。五日更至庭,阅其尤者赏之。不幸死者,予棺,复其家三年。诸乡皆置楼,盗发,伐鼓举烽,以相号召,瞬息遍百里(《吕东莱文集》十《薛常州墓志铭》)。三分其众,更壁县下,二总首帅轻舟守安乐口、白鹿矶,且乞师于汪澈,得甲三百,楼船十艘,气势张甚。渡江来归者数千家,江西时以无恐。诸公由是翕然称慕,交章继荐,季宣并辞不受。从吏部铨,调婺州司理参军。居五年,以枢密使王炎荐(《止斋文集》五十一《右奉议郎新权发遣常州借紫薛公行状》),召对,首言治体有本末,愿遴三公之选,责以进人才,张纪纲,延端直之士,与之讲学问,求治道(《浪语集》十六《召对札子一》)。又论冗官冗兵,言中都官员多职寡,牧伯之任,分为五六;唯大军胜战,将兵而下,废为录役(《浪语集》十六《召对札子二》)。复言虚税,因道远方民瘼甚悉(《浪语集》十六《召对札子三》)。当是时,上志在中原,王炎方数进见,语合,骤登用,荐季宣甚力(《止斋文集》五十一《右奉议郎新权发遣常州借紫薛公行状》)。季宣未至,为书谢炎,其略曰,主上天资英特,群臣亡将顺缉熙之具,幸得遭时,不能格心正始,以建中兴之业,徒侥幸功利,夸言以眩听。今俗皆曰《中庸》《大学》,陈编厌闻。然物不两大,心无兼虑,天地之道,忽略根本,而奔走军旅之间,舛先后之序而却施之,虽复中夏,犹无益也(《浪语集》十七《与王枢密札子》)。比至,王炎再见,纵谈边关事,因谓为今之计,莫若以仁义纪纲为本,至于用兵,请俟十年之后(《浪语集》十七《又与王枢密札子》)。改宣义郎,差知平江府常熟县。退,待次具区濆上。明年,复召审察,季宣固辞,徘徊逾年乃就道,至则除大理寺主簿。乾道七年,会江湖大旱,流民北渡,边吏复奏淮北民多款塞者。宰相虞允文白遣季宣行淮西,收以实边。季宣于十二月至淮西,持节劳来,为之表废田,相原隰,复合肥三十六圩,立三十二庄于黄州故治东北,以户授屋,以丁授田,颁牛及田器、谷种各有差,廪其家;凡为户六百八十有五,分处合肥、黄州间,并边归正者,振业之,合三千八百余户。至明年夏反命,计道里往来,与察边郡、检麦田之属,专于田事者仅数月,垦筑冶铸斫削,皆受成之。赋役省而功坚,度可支数十年,位置向背,经纬条达,民生所须,不外索而足,淮人谓耳目所未睹。乃曰:"吾非为今日利也,治合肥之圩,边有警,因以断栅江,保巢湖、黄州,地直蔡衡,诸庄益辑,则西道有屏蔽矣!"其措意可谓深远也(《吕东莱文集》十《薛常州墓志铭》)。光州守宋端友,招集北归者止五户,而杂旧户为一百七十,奏以幸赏,甚者贼杀归人,掠其善马。季宣按得其实而劾之。时端友为环列附托难撼。季宣奏上,孝宗怒,属大理治,端友以忧死(《止斋文集》五十一《右奉议郎新权发遣常州借紫薛公行状》)。自是虞允文始不乐季宣,故为多端縻之,以缓其归。或曰:"见上盍少自绌,毋与当路者忤。"曰:"上遣我视边,固欲得利害之实。"卒极陈之(《吕东莱文集》十《薛常州墓志铭》)。且奏言谓,臣根本其敝,不计而谩为,而后外以卤莽报;不思而出令,而后外以难行寝。号为责实,未免徇名,则趣办者皆徇名之人。志在大功,反规近利;则迎合皆规利之辈。诞谩者赏而不诛,谀说者用而不察,言既上壅,人多自营,宵旰十年,竟亦何补? 臣谓内治不修,无以整外。唯望责宰辅以坐论其原,收贤材以博图其绪,兼听虚受以通壅阙(《浪语集》十六《上殿札子二》)。又曰,左右之人为欺囊橐,迩为援则远坚,大为间则小肆。彼其伺候辞色,占揣意乡,开阖将迎,莫状其巧。托正以行邪,假廉以济贪,伪直以售佞;荐退人物,曾非诵言;游扬中伤,乃自不意。因请兼听无我,收骨鲠,弃软熟(《浪语集》十六《上殿札子三》)。上欣然开纳。复进曰,外事无足道,咎根不除,抑臣深忧。左右近侍,阴挤正士,而阳浮称道。陛下诚圣明,倘因貌言,万一垂听,臣恐石显、王凤、郑注之智中也(《吕东莱文集》十《薛常州墓志铭》)。又曰,近或以好名弃士,臣伏思念,好名特为臣子学问之累,人主为社稷计,唯恐士不好名,诚人人好名畏义,何向不立(《浪语集》十六《上殿札子三》)。上悦,连言极是。隆兴以来,经理两淮受遣者且数十辈,发御府金绘,听施置自便,阅十年,鲜有当上意者。及季宣使事有绪,恨得之晚,道迁两官,除大理正,侧席迟其至,顾问绅绎,奏请论荐,皆报可(《吕东莱文集》十《薛常州墓志铭》)。有自边来观者,则曰:"薛某凡可以为国,知无不为,而又注意倾洽以听,罢行如响。"故讳缺失者相目矣(《止斋文集》五十一《右奉议郎新权发遣常州借紫薛公行状》)。居七日,出守湖州,入辞,语益恳到,上慰勉遣焉。季宣既数摩切左右,而湖多权贵人田宅,与相加尤数,季宣平心问理,如何不为变,益害之,合力撼摇,上记其忠,独保持之。始至,书狱多入死,讯其由,则弃市者民间或窃祠之,名伤神,恶少遂轻相仇杀不顾。乃殴屏绝,死狱大减。条境内淫祠,次第除撤,会去郡而辍。土俗小民强悍,甚者数十人为朋,私为约无得输主户租,前为政者或纵臾之,乃叹曰:"郡国幸无事,而鼠辈顽顽已尔,缓急之际,将何若?"取其首恶,黥窜远方,民始知有奴主之分(《吕东莱文集》十《薛常州墓志铭》)。湖旧为宋学开山胡瑗设教地。季宣既至,加意寻访,谓胡瑗所以教人之道,有体有用,得古之道,推崇有加(《浪语集》二十三《与朱编修书》《又与朱编修书》)。初,陈亨伯割诸道留州钱输大农,号经制,翁彦国复附以总制,嗜进者竞衰敛,以应赏格。已而遂定其多数为岁额,州用日削;而供亿稍饩较军兴前五六倍,吏执法摘扶无遗,犹不能给。至是,户部令提点刑狱司以历付场务,一钱以上,皆分隶经总制如式。诸郡被符,博手无策,相顾莫敢先。季宣独言于朝,争之强,台谏亦交疏助之,乃寝其令(《吕东莱文集》十《薛常州墓志铭》)。在湖七月(《止斋文集》五十一《右奉议郎新权发遣常州借紫薛公行状》),凡可以纾民力者,知无不言,如论和籴、贾钱,请更平直,徙汰军宽州,添差隶郡者,止今见员,后勿遣。函封相继,多格于有司。则以病谒祠,朝廷惜之,却其请,至八九,知不可夺,改知常州,未上,以乾道九年(按此据陈状推,吕铭作七年,显误)九月戊申卒于家,年止四十(《吕东莱文集》十《薛常州墓志铭》)。

　　薛季宣莅事唯谨,宅心唯平。其燕私,坐必危然,立必嶷然,视听不侧欹,虽所狎受,言不以戏。自著抄书及造次讯报,字画不以行草,几箧笔研衾枕屏帐皆有铭,毫厘靡密,若苦节然,要其中坦坦如也。故其寡欲信于家,行推于乡,正直闻世,而居无以逾众人。自六经而外,历代史、天官、地理、兵、刑、农末,至于隐书小说,靡不搜研采获,不以百氏故废。尤邃于古封建、井田、乡遂、司马之制,务通于时(《止斋文集》五十一《右奉议郎新权发遣常州借紫薛公行状》)。博揽精思几二十年,百氏群籍、山经地志、断章阙简,研索不遗。过故墟废垅,环步移日,以验其迹,参绎融洽,左右逢源。凡疆里、卒乘、封国、行河久远,务明其离合变移(《吕东莱文集》十《薛常州墓志铭》)。凡夫礼乐兵农,莫不该通委曲,真可施之实用(《宋元学案》五十二《艮斋学案》)。学博能约,不求闻达,人有一长,荐称必备。居官不出位,遇大事义所当为,断为之。尝掇拾管、乐事为传。语不及功利,平生所推尊,濂溪、伊洛数先生而已。告学者则曰毋为徒诵语录(《止斋文集》五十一《右奉议郎新权发遣常州借紫薛公行状》),每以口耳之习为学者之戒。凡有得于残篇断简,必参验订审,不至于理融不已也。好学夙成,高明缜密,于书无不读,必略短以取长;于事无不悟,必通今而据古(孙师旦《〈浪语集〉后序》)。持论明晰,考古详核,不必依傍儒先,而立说精确,卓然自成一家。于诗则颇工七言,极踔厉纵横之致(《四库全书总目提要》一百六十)。其学有根有叶,有源有流,本末精粗,内外如一。不变今,不泥古,措之事业无非实学实理(孙师旦《〈浪语集〉后序》)。其历官所至调辑兵民,兴除利弊,皆灼有成绩。在讲学之家可称有体有用矣(《四库全书总目提要》一百六十)。其所著有《古文周易》《书古文训》《诗性情说》《春秋经解》《指要》《周礼释疑》《中庸解》《大学解》《论语少学》《直解》《通鉴约说》《汉兵制》《九州图志》《武昌土俗编》《浪语集》(参附录二)。尝患《五代史》缺略,修之未就。若《阴符》、《握奇》、《山海经》、《古文道德经》、焦延寿《易林》、刘恕《十国纪年》、庄绰《摽蓍谱》、林勋《本政书》、姚宽《汉书正异》之属,皆校雠为之叙云(《止斋文集》五十一《右奉议郎新权发遣常州借紫薛公行状》)。

二、学术思想

(一) 论道

薛季宣言道,以为道不远物而存于器,若舍器言道,则非但不能知器,亦且不能知道,是道未可遽以体用论。第能下学上达,察于人伦事物,习于心无适莫,则将天理自见,道可即器明矣,其言曰:

> 夫道之不可迩,未遽以体用论。见之时措,体用疑若可识;卒之何者为体,何者为用? 即以徒善徒法为体用之别,体用固如是邪? 上形下形,曰道曰器,道无形坿,舍器将安适哉? 且道非器可名,然不远物,则常存乎形器之内。昧者离器于道,以为非道遗之,非但不能知器,亦不能知道矣! 下学上达,唯天知之,知天而后可以得天之和;决非学异端、远形器者之求之见。礼仪威仪待夫人而后行耳,苟不至德,谁能知味? 日用自知之谓,其切当矣乎! 曾子曰且三省其身,吾曹安可辄废检察? 且"不识不知,顺帝之则"者,古人事业;学不至此,恐至道之不凝。此事自得,则当深知,殆未可以言言之也。同父天资之高,检举之至,信如所见,必能自隐诸心。如曰未然,则凡平日上论古人,下观当世,举而措之于事者,无非小知谍闻之累,未可认以为实。第于事物之上,习于心无适莫,则将天理自见。持之以久,会当知之。《洪范》"无党无偏",《大学》"不得其正",真万病之针石,独无意于斯乎? (《浪语集》二十三《答陈同父书》)

道既不远于物,而常存乎形器之内,是道者实不能出于人伦庶物之外,则凡政教典章,人伦日用,自洒扫应对以至于开物成务,孝悌忠信以至仁义礼乐,莫不有斯道在。故薛季宣曰:

> 天地之大，万物之夥，未有离乎道者也。泯中和而不离，开物成务之道也。（《浪语集》二十九《中庸解》）

> 舜之受命，所谓天地合其德者，原其宗本，不过充事亲之孝，因天材而笃之尔。（《浪语集》二十九《大学解》）

苟或不明此义，昧于诚明、明诚之分，离道揆法守以为二途，则终不能免于沦入虚无或凝滞于物之病，而于道终无所见也。故又曰：

> 自《大学》之不明，其道散在天下，得其小者往往自名一家，高者沦入虚无，下者凝滞于物，狂猖异俗，要非中庸。先王大经，遂皆指为无用，滔滔皆是，未易夺也。故须拔萃豪杰，超然远见，道揆法守，浑为一途；蒙养本根，源泉时出，使人心悦诚服，得之观感而化，乃可为耳。此事甚大，既非一日之积，又非尽智穷力所到，故圣人难言之。后世昧于诚明、明诚之分，遂谓有不学而能者。彼天之道，何与于人之道？致曲未尽，何以能有诚哉？孟子"必有事焉而勿正，心勿忘、勿助长也"之说，虽非圣人优之柔之，使自求之之意，学者于此从事，思过半矣；颜氏之子，其过与怒，宁与人异？不可及处，正在不以怒迁，不以过贰一节。法守之事，此吾圣人所以异于二本者。空无之学，不可谓无所见，迄无所用，不知所谓不二者尔；未明道揆通于法守，要终为无用。洒扫应对进退，虽为威仪之一，古人以谓道无本末者，其视任心而作，居然有闲。然云"文、武之道，具在方策"，"其人存，其政举"，"苟非其人，道不虚行"，要须自得之也。学不至于"不识不知，顺帝之则"，竟亦何用。有如未办澡心藏密，莫若去故去智。古人言"读书百遍，其义自见"，未易以浅近夺；信能反复涵泳，会当有得；得之小大，则系乎精诚所至。时文称于一经之内，有一言之悟，则六经之义灿然矣！不可以人废言也。（《浪语集》二十三《与沈应先书》）

> 古人以为洒扫应对进退之于圣人，道无本末之辨，《中庸》"曲能有诚"之论，岂外是邪？学者眩于诚明、明诚之文，遂有殊途之见。且诚之者人之道，安有不由此，而能至于天下之道哉？今之异端言道而不及物，躬行君子又多昧于一贯、一行之叹，圣人既知之矣，可与学者未可适道，所以旷百世而莫之明也。信言果行，夫子谓之小人之事；以为礼仪威仪待人而行；道不虚行，存乎德行；不知何者为等，又将何者为躐邪？必以小学、大学为之等差，则吾属异于而下，孟氏之欲自得之也。（《浪语集》二十五《抵沈叔晦》）

世称老子为能得道，薛季宣则以为老子矫枉过中，失圣人意，于道实无所得，盖以其

以无为道也,曰:

> 走尝读《老子》,以为于阃辟为有窥,第以矫枉过中,失圣人意。欲为训注,辨其然否,穷竟其辞,乃知其于道无得。夫道者道也,非可一途指也;彼以无为道,有故非道也与? 故圣人之经皆隐不论,孔子亦所罕道,唯尝以一贯语子贡、子舆。《易》《中庸》最为幽渺之书,其旨良以见道,不过示之中制,俾人默以会通。至《老子》则不然,为书务以言尽,如所谓"道可道,非常道",以似是矣。复不能守之,欲以多言范围自己,既而去道弥廓,费辞愈多,而言不知所从,于是有"吾不知为谁之子,象帝之先"之说。其弊数数而见,不可以毛举,大旨皆依仿道要为名拟之。晚益失守所知,流于刑名数术,而粃糠仁义,绝灭礼乐,靡不为。四者虽非道体之全,学者尤所当务,盖去此则非道。而老子斥之,晚进学焉,故其善者为私己,不善则涣漫诵诡,而不自齿于世途。反道背德,抑又背老氏而驰迹,其源流弊生有自。(《浪语集》三十《叙古文老子》)

按老子以无为道,其学流于刑名数术,而粃糠仁义,绝灭礼乐,故薛季宣以为彼无所得于道。而谓孔子罕言道,至老子则欲以多言范围自己,既而去道弥廓,费辞愈多,而言不知所从,故其弊数数而见。考孔、老所言之道,同名异实,本自有别,谅薛季宣亦当知之,而所以有此之言者,盖乃鉴于空言讲说,撼玄究虚,无补于世道人心,而有以致之也。此可见薛季宣对于当时一般理学末流之枵腹空谈道理性天,盖有所不满,彼亦尝论之曰:

> 儒者喜言《中庸》《大学》,未为过当,然而陈言长语,谁不云然,朝夕纷纭,亦可厌也。夫物不两大,心无兼虑,天地之道,万世不易之理也。有子以贤贤易色,仇士良不欲人主观书与见儒生,二事不同,其机一也。(《浪语集》十七《与王枢密札子》)

> 昨蒙诲以世之安乐法门,缩头闭息,坐壁角里头,为我辈耻。适与忠父相反,请得言之。吾曹学固将行,道不可枉,或出或处,当道中庸。使兄未上而辞,人不以为不遇故去,必谓不能作此等邑,有薄淮阳之诮。孰若临治之后,惠泽有加于民,徐决去留,无骇俗听,进退之际,岂不绰然哉? 崖异惊人,未若履常而弗畔于道。(《浪语集》二十四《与刘复之三》)

按宋儒之学以道德仁义浇化人心,而期己立立人,己达达人,颇注重当身实行,自是三代以后,讲求诚正治平正道。然其说杂释、老,其得在能使思想益臻精密,修养之法益趋完备,然不能无过高支离之弊。其后心性之辨愈精,事功之味相对而愈淡,于其一新天下之法，以返之唐、虞、三代之原意，则不免稍稍疏焉。至其末流，"则于学问文章、经济事功之外，别见有所谓道耳。以道名学，而外轻经济事功，内轻学问文章，则守陋自是，枵腹空谈性天"（《文史通义》外篇《家书五》）。夫道德本所当重，然过重道德，反使所以重道德之本意泯没不明，重小节而忽大略，求无过而不计有功，而国事已日非矣！此薛季宣所以不能无所感慨，以为堕于空无，与夺于喜功之心，其事虽有不同，而其机则一也，曰：

> 前史丞相居可为之地，而堕于空无之累；张魏公以畏相之重，而夺于喜功之心，非徒事无所成，害于今日多矣……有子以贤贤易色，仇士良不欲人主观书与见儒生，二事不同，其机一也。（《浪语集》十七《与王枢密札子》）

因此之故，薛季宣乃推阐其意，以为圣人之道，莫不以人为本，而知天知人，不过内外之合而已。要在乎据中庸之道以折中于物，此其所以大而无方也，曰：

> 圣人之道不掠美以为能，不瞀世以为明，善者从之，非者去之。要在乎据中庸之道以折中于物，而不以己见为必得，此其所以大而无方也。（《浪语集》二十七《晏子春秋辨》）

> 君子用其中，必本于修身，本诸身，征诸庶物，匹夫匹妇皆可与知之。上无太高，下无太溃，百姓心悦诚服，知所征信则敬而从之，所以适道也。天地鬼神，先圣后圣，其道一而已矣，莫不以人为本。知天知人，不过内外之合而已。民有所征而能信，无思不服，不可得而远近，吾修道之教也。（《浪语集》二十九《中庸解》）

因谓龟龙之说无非鸟兽之文，《河图》《洛书》乃川师所上地理山经之类，圣人所据以辨物众而施地政者也。而深斥夫旧说之荒谬无稽，似是而非，使圣人之道流于怪妄，惑世害人，诚为不浅。其说曰：

> 说者或谓《河图》《洛书》，本皆无有，圣人为此说者，以神道设教也。是非惟不知圣人，直不达不言而化之义，乌足与较是非理道哉？或者又以为当伏羲之时，河尝出龙、马负图；自神农至于周公，洛水皆出龟书。此则似是而非，无所考征。就龟龙之说，成无验之文，自汉儒启之，百世宗之，征引释经，如出一口。而圣人之道隐，巫史之说行，末世暗君众夫、乱臣贼子据之，假符命，惑非彝，为天下患害者比比而是。圣人优深虑远，肯为此妖伪残贼哉？盖亦有其说已，传注求其事而弗得，于是乎托涣漫以驾其迁诬，虽知惑世害人，不暇恤也。且圣人之作《易》，仲尼固已于《大传》详之；

《大传》无文，其可凿以胸臆，就如其说，垂象为象降自天乎？走尝窃痛之，为反覆以思之者更岁，推之久，究之至，而后乃得之。《传》不云乎，伏羲氏之作《易》也，仰以观于天文，俯以观于地理，观鸟兽之文，近取诸身，远取诸物，始画八卦。《图》《书》之说从可知矣！夫《易》之有卦，所以悬法也。画卦之法原于象数，则象数者《易》之根株也。《河图》之数四十有五，乾元用九之数也；《洛书》之数五十有五，大衍五十之数也；究其终始之数，则九实尸之。故地有九州，天有九野，《传》称河、洛皆九曲，岂取数于是乎！《春秋命历序》："《河图》，帝王之阶，图载江河山川州界之分野。"谶纬之说虽无足深信，其有近正不可弃也。信斯言也，则《河图》《洛书》乃《山海经》之类；在夏为《禹贡》，周为职方氏所学，今诸路《闰年图经》，汉司空《舆地图》《地理志》之比也。按《山海经》所言皆地之物产，鸟兽虫鱼草木之属，其古史职方之意欤！仲尼所言几不外是，其曰"河、洛之所出"，川师上之之名也。走不能远引，请以官仪为征，凡今古官书之所为名称者，必以某官司某郡国自谓，而后具其职官。如春秋它国之事，汉官府上书，其传于人，书于史，亦第称某所行某事，言某事，而于其职事皆略，闻者皆断然不惑者，以官司郡县必有主之者，非能自尔也。然则《图》《书》为川师上，何独至古而惑之者哉？或曰："是则然矣，《图》与《书》奚辨？"曰："《图》《书》者，详略之云也。"河之原远，中国不得而已之，可得而闻者，其形之曲直、原委之趋向也。洛原在九州之内，经从之地与其所利名物，人得而详之，史缺其所不知，古道然也。是故以《书》言洛，河则第写于《图》，理当然耳。昔者周天子之立也，《河图》与《大训》并列，时九鼎亦宝于周室，皆务以辨物众而施地政，所谓据九鼎按图籍者也。仲尼作于周末，病礼乐之废坏，职方之职不举，所为发叹。凰图者非有它也，龟龙之说果何稽乎？第观垂象之文，其义可以自见。（《浪语集》二十七《〈河图〉〈洛书〉辨》）

　　旧说天以龟书为赐，非敢知也。在《易》《河图》《洛书》皆地之理，龟龙之说无非鸟兽之文，易象则然，非畀禹之意也。《书》言天锡天命多矣，宁谆谆而命之乎？如以龟书为天之畀禹九畴，则古今受畀者寡矣！欲神圣人而流入于怪，非君子之道也。（《书古文训》八）

　　案《易》，天垂象，圣人则之；河出《图》，洛出《书》，圣人则之。又曰伏羲氏之王天下，仰则观象于天，俯则观法于地，观鸟兽之文与地之宜，近取诸身，远取诸物，始作八卦。则《河图》川师所上图书，写洪河以形势经从

物产者也。(《书古文训》十三)

按薛季宣尝自谓"某窃尝喜《易》。读之将数百过"(《浪语集》二十五《复张人杰学谕书》),"为反覆以思之者更岁,推之久,究之至"(《浪语集》二十七《河图洛书辨》)。发为此谕,祛疑解蔽,虽未必为能得其本意,然较旧说为平实占得地步,则不待辩可知。此亦可见薛季宣论道必本诸人事,而其学之终归于实用,即此可以征之。然季宣之学并非徒事外求,一唯事物是尚者也。彼其意以为道具足于人心,所谓道心、天心非有二致,但能充其达德,不失其心之正,则天道斯得矣!是其功亦重在于内者也。其言曰:

> 天命,上天之载也;性,人受天地之中以生者也;道,日用也;教,成物者也;天命即性也,率性即道也,修道即教也。性、命、道、教皆非自外作者,在乎不失其正而已。于所不见不闻之地,有毫厘之差别,则失性命之正,失性命之正,则去道远矣!(《浪语集》二十九《中庸解》)

> 知、仁、勇三者天下之达德也,而好学力行,知耻者近之。三者之心,人皆有之,充其所为则达德可致,身修而可以为政矣!修道之谓教,而于天下国家何有?(同上)

> 道心、人心,非有二心也;道心本也,人心自外观人者也。人心本正,千万人所同然者;自外观之,则人各有心,或险于山川矣!精微也,唯精得所谓微者,人心虽危,诚则明。所谓道心,则千万人之心本一心耳,宁有二道哉?所谓允执厥中,中所以立道也。(《书古文训》二)

> 天道在上而不可见,唯人之所向畏,因其天材之笃,虽未可必,得之多矣!君子言天道,而一本诸人事。心天君也,一正心而天道至矣!(《书古文训》八)

综上所述,吾人可见薛季宣所论之道乃合内外之道,其本在于尽已之性,其极则在推之于尽人之性、尽物之性。征诸其对于湖学推崇赞誉之至,其意盖欲综合经义、治事之全,而将性命之学与典章制度之学融为一体者也。特以其于心性之辨未如当时理学诸家辨之之精,而为挽救时弊,于事功之意未免持之稍坚,致为朱熹等人所不喜,而斥之为功利之学。夷考其实,若朱熹等人又何尝不重视实际问题?其讲求福国淑民之意视薛季宣亦何有多让?但熹等多说穷理,季宣则兼重事功,于此微有不同而已。全祖望谓:"观艮斋以参前倚衡言持敬,则大本未尝不整然。"(《宋元学案》五十二《艮斋学案》)则其所守为何如,盖可不待辨而明矣!按朱熹与陆九渊论学亦各有所偏主,唯熹不尝云乎:"义理,天下之公,而人之所见有未能尽同者;正当虚心平气相与熟讲而徐究之,以归于是,乃是吾党之责。"(《朱子大全》五十四《答诸葛诚之》)又曰:"子静所说专是尊德性事,而熹平日所论却是问学上多了些,所以为彼学者多持守可观,而看得义理全不子细,又别说一种杜撰道理,遮盖不肯放下。而熹自觉虽于义理上不敢乱说,却于紧要为已为人上多不得力,今当反身用力,去短集长,庶几不堕一边耳。"(《朱子大全》五十四《答项平父》)所谓去短集长,吾人于薛季宣与朱熹学之有异处,亦当作如是观,斯可免于偏激之病,而祛除门户之见也。

(二) 论学

薛季宣之学,自六经而外、历代史、天官、地理、兵刑、农末至于隐书小说,靡不搜研采获。涉猎既博,又务自敛制充养;沉潜涵泳,信能有得。观其所论,首明为学之重要,曰:"性本然者也,教当然者也;本然者未尝不著,由当然以即本然,则本然之性见矣!故虽圣人,未有不由学而至者。"(《浪语集》二十九《中庸解》)"九德之端,人皆有之。然非学以成之,则皆归于所蔽,而不可与入德。"(《书古文训》二)次则以为学以诚身明德为本,而贵自得。而尤重实学实行,以期经世明民。至于为学之道则在于博而能约,积小成大,以为循是久之,则必能有得也。

1. 学以诚身明德为本

薛季宣之学虽讲求实用,然并非徒知应物,而未有其本者。彼其意以为学贵知本,所谓本者乃在于诚身明德。学而不能知本,抑又何贵于学哉? 其言曰:

> 天道本然者也,人道当然者也,至诚则无它事矣! 此舜所以从欲而治,孔子纵心所欲而不逾矩也。学、问、思、辨、行,所以诚之者也。学之贵博,问之贵审,思之贵慎,辨之贵明,行之贵笃,知此五者可以无失矣! 审于问,笃于行,其功常十倍于人,未有未至者。致曲能有诚也,学者所贵以诚身也。不诚乎身,则何贵于学? 诚者天之道也,至明至强,固有之也,柔愚逐物害之也,至诚则本然者见矣! 故学而未至于启蒙发蔀,如蒲卢之变,皆不足以言学也。(《浪语集》二十九《中庸解》)

> 天生烝民,有物有则,民之秉彝,好是懿德,能明是德,则近人矣! 能明是德,则知止矣! 有止故不妄,不妄故能安,能安故能动。明德本也,应物末也,故学贵知本。知本则知缓急后先之序,而无过举之患矣! 不诚,未有能动者也。能安而静,物莫之挠动,而应物者盖无难矣! (《浪语集》二十九《大学解》)

是故薛季宣以为知有良知、小知之分,良知知德者,重在内省;小知小小知见也,徒事外求。域于小知,则良知无自发,良知发现,则所知必至。意诚心正,则天下国家无不自正，是以苟欲尽人，则必先尽己。否则，本末易置，良亦难矣！曰：

> 有良知，有小知，良知知德者也，小知小小知见也。域于小知，良知无
> 自发也，能致其知，则知之至者见矣……不明明德则物无以尽，不能尽物
> 则知之至者无自而发。格至也，物至则良知见也，良知发见，则所知必至。
> 意无有不诚，心无有不正，家国天下无不自正。所施者寡，所被者博矣！
> 《洪范》曰："皇建其有极，敛时五福，用敷锡厥庶民。惟时厥庶民于汝极，
> 锡汝保极。"所谓格物也。"而康而色，曰予攸好德，汝则锡之福，时人斯其
> 惟皇之极。汝弗能使有好于而家，时人斯其辜，汝虽锡之福，其作汝用
> 咎。"以知德修身为本也。"凡厥庶民，极之敷言，是训是行，以近天子之
> 光。曰天子作民父母，以为天下王。"天子庶人之一是也。尧自克明俊德，
> 至于黎民于变；仲尼由三十而立，至于所欲不逾矩；大学之道无它，在乎格
> 物而已。不知尽己，而欲尽人之道，难矣哉！（《浪语集》二十九《大学解》）

欲应物而本之于明明德，欲尽人则先在于尽己，由内而外，本末粲然。此可见薛季
宣论学虽持实用之说，然实能把握根源，非舍本逐末，骛名争利者比，此其学之终不
可以功利视之也。

2. 学贵自得

自得之学，居安资深，取之左右无不逢其源，孟子盖已畅发其论矣！薛季宣亦
以为学者要在能优柔使之自得，则虽欲罢而自有所不能也，曰：

> 自大学之不明，其道散在天下，得其小者往往自名一家，高者沦入虚
> 无，下者凝滞于物，狂狷异俗，要非中庸。先王大经，遂皆指为无用，滔滔
> 皆是，未易夺也。故须拔萃豪杰，超然远见，道揆法守，浑为一途；蒙养本
> 根，源泉时出，使人心悦诚服，得之观感而化，乃为可耳。此事甚大，既非
> 一日之积，又非尽智穷力所到，故圣人难言之。后世昧于诚明、明诚之分，
> 遂谓有不学而能者。彼天之道何与于人之道？致曲未尽，何以能有诚哉？
> 孟子"必有事焉而勿正，心勿忘，勿助长也"之说，虽非圣人优之柔之使自
> 求之意，学者于此从事，思过半矣！颜氏之子，其过与怒宁与人异？不可
> 及处正在不以怒迁，不以过贰一节。法守之事，此吾圣人所以异于贰本
> 者。空无之学，不可谓无所见，迄无所用，不知所谓不贰者尔！未明道
> 揆通于法守之务，要终为无用。洒扫进退虽为威仪之一，古人以谓道无
> 本末，其视任心而作，居然有间。然云文、武之道，具在方册，其人存，其
> 政举，苟非其人，道不虚行，要须自得之也。（《浪语集》二十三《答沈应

先书》)

　　学者要在优柔使之自得,博约之至,欲罢不能矣。(《浪语集》二十四
《答君举书三》)

　　教育国子领于典乐者,乐以和行也;舜之命夔,先教而后乐者,教乐之
本也。夫道不可强有,必自得之。乐以和行,欲其自得之也。(《书古文
训》一)

此外,薛季宣又自述其问学于袁溉之轶事,以明学当自求,乃有所得之意,曰:

　　尝闻先生言,盖尝以所学纂一文字、凡四类,曰理、曰义、曰事,其一今
忘之矣。走从问义、理之辨,先生曰:"学者当自求之,他人之言,善非吾
有。"走请终身诵服斯语。(《浪语集》三十二《袁先生传》)

阐述致曲明诚之要,强调学之必要,而归结于蒙养本根,优柔厌饫,使之默识心通,
而有以自得之。信如此道,则能欲罢不能,而日进不已矣!

　　3. 学期经世明民

　　薛季宣论学虽主诚身明德,然则一方面忧于国事之日非,民生之益瘁,再方面
则深感于理学末流之空言无补实际,乃慨然奋志,以为学当期经世明民,以蕲有补
事功,而拯斯民于涂炭。其言曰:

　　道不止于修身,固将以明民也。(《书古文训》二)

　　某窃念天下一家,孰非身事? 游谈靡靡,徒丽心目,事功无补,亦何堪
用? (《浪语集》二十一《再上汤相》)

　　仲尼出处周旋,某谓尽可师法,他人过与不及,以为贤则有之,曰可通
行,非中庸之道也。居身过厚,高目斯人,不一援手拔毛,此遁世绝俗之
士,意非执事所与。今百姓病矣,唯明于医国者为能再生之。圣人于鲁
定、卫灵未尝不切切于遇,纳约自牖,要非一日之积。必若伊尹之学,恐不
可以望人于秦、汉之后也。(《浪语集》二十三《与朱编修书》)

　　读书无求于世任,大非吾事也。(《浪语集》二十四《与刘复之二》)

　　毋以时学而小之,得失付之于天,务为深醇盛大,以求经学之正,讲明
时务本末利害,必周知之。无为空言,无戾于行,则前辈之事,何远之有?
学无今古,适睹时学益人之大耳。(《浪语集》二十五《答象先佺书》)

因此之故,薛季宣特重实行,而不能无恶于清谈脱俗之论。因以察人伦,明庶物,与
友明共相勉,曰:

　　(孔门)求仁之问不一而止,夫子之答,不过曰如是而为仁,曰可谓仁

之方,于仁卒未尝言于义,非独不言,然亦莫之问也。(《浪语集》二十八《策问》)

灭学以来,言行判为两途,旧矣!其矫情之过者,语道乃不及事,论以天何言哉之意,其为不知等尔!某虽不敏,于此窃有所好,而清谈脱俗之论,诚未能无恶焉。前此对人未尝言之,间因当路纵谈,不免加以针砭,非得已也……察人伦而明庶物,几吾曹共勉之尔!(《浪语集》二十五《抵杨敬仲》)

基于此说,故薛季宣平日"于古封建、井田、乡遂、《司马法》之制,靡不研究讲画"(《宋史》四百三十四本传),"于田赋、兵制、地形、水利甚下功夫"(《吕东莱文集》七《与朱侍讲》)。凡若此者,盖皆求有补事功,以遂其天下一家,孰非身事之意愿也。

按薛季宣学期经世明民,有补事功之说,为其论学之特点,其为朱熹所非而斥之为功利者亦在于此。考朱熹以为浙学"舍六经、《论》、《孟》而尊史迁,舍穷理尽性而谈世变,舍冶心修身而喜事功,大为学者心术之害"(《朱子年谱》三上)。谓薛季宣"其学有用……然似亦有好高之病,至谓义理不必深穷,如此则几何而不流于异端也邪?"(《朱子文集》三十三《答吕伯恭》)又张栻论薛季宣,亦谓"事功固有所当为,若曰喜事功,则喜字上煞有病"(《南轩集》三十五《寄吕伯恭》)。考薛季宣之学固尊史,然并不废经,其于《易》《书》《诗》《周礼》《春秋》皆有说,即《论语》《学》《庸》亦各有解(参附录二);固综世变而言事功,然亦不废穷理尽性,治心修身之工夫。朱熹所言盖总论浙学,若陈亮之义利双行,王霸并重,诚不免有病,至薛季宣则不可一概视之也。而所谓义理不必深穷之说,吕祖谦固尝为之辨曰:"其比义理不必深穷之说,亦尝叩之,云初无是言也。"(《吕东莱文集》七《与朱侍讲》)按朱熹与薛季宣既从未谋面,且《浪语集》中有《与朱编修书》二通,亦无是言,恐朱熹于此或未免于道听之过也。至若张栻所云"事功固所当为,若曰喜事功,则喜字上煞有病",是矣!惟薛季宣固尝谓"于此窃有所好",然其所好者乃"察人伦而明庶物"(《浪语集》二十五《抵杨敬仲》),则亦又何病之有哉?全祖望谓"观艮斋以参前倚衡言持敬,则大本未尝不整然"(《宋元学案》五十二《艮斋学案》)。陈傅良撰行状云:"公之学,莅事唯谨,宅心唯平。其燕私,坐必危然,立必嶷然,视听不侧欹,虽所狎受,言不以戏。自著抄书及造次讯报,字画不以行草,几簏笔研衾枕屏帐皆有铭,毫厘靡密,若苦节然,要其中坦坦如也。"(《止斋文集》五十一《右奉议郎新权发遣常州借紫薛公行状》)操持谨密若此,是岂舍本而逐末者邪?后学末流,荡而忘返,或不免于激过于偏之病,自不能以为季宣咎也。

4. 论为学之道

按薛季宣尝师事袁溉，溉者尝问学于蜀薛叟，叟之语溉曰："子学已博，然寡要。夫经所以载道，而言所以明道，何以多为？"（《浪语集》三十二《袁先生传》）其师弟子授受相与之际，严约有如是者。薛季宣既承袁溉之教，益务自敛制充养，因以为博学必自能约取始，其言曰：

> 某闻之，务博学者必自约……约文以礼，颜氏所以立于仲尼之门。执事方以教人，敬请从事于此。（《浪语集》二十五《答叶适书》）

其次则当能致疑，盖善学则不能无疑，唯疑，始能审问而明辨之也，曰：

> 读书欲有所疑，此伊洛先生语也。吾人于学，未能了了于不疑之际，夫不疑者盖无所自见，不然则蛙之在井，圣言天远，宁俄而可料哉？惟善学者不能无疑，疑者问辩之所由生也。（《浪语集》二十四《答何商霖书一》）

而最要者乃在于能明其先后次第，勤学不倦，以蒙养本根。盖学非从本根来，则不能有见。故小学之功不可废，唯积小成大，始能奠其深基，而不致流于异端，而为空寂之归也，曰：

> 好学不倦，不耻下问……古人之学固非俄倾而可效，大抵文章之焕，事业之伟，无非由此出者。才者时乎出入，要非根本中来，不有见焉，非基德之具也。（《浪语集》二十三《答定远于宰书》）

> 古人以小学训习童蒙，皆大学之具也，大学之道但神而明之尔！小学之废久矣！为大学者失其养心之地，流于异教，不过空寂之归。开物成务之功，宜无望于贤者。但令良心不泯，天理岂外于人邪？反而求之，莫若存其大者，积小以成大，是又不可忽也。惟能于其忿懥恐惧好乐忧患复六情之未发，心不失正，良知良能，其何远之有乎？（《浪语集》二十三《答石应之书》）

夫圣人之学不外人伦日用，所谓极高明而道中庸，未有不本之于日用之常者，此好高骛远、炫虚耀博者所以终归于空寂，虽似大而实无当者也。

（三）论持养

据薛季宣高弟陈傅良云："公之学，莅事唯谨，宅心唯平。其燕私，坐必危然，立必巍然，视听不侧欹，虽其狎受，言不以戏。自著抄书及造次讯报，字画不以行草，几箧笔研衾枕屏帐皆有铭，毫厘靡密，若苦节然，要其中坦坦如也。故其寡欲信于家，行推于乡，正直闻世，而居无以逾众人。"（《止斋文集》五十一《右奉议郎新权发遣常州借紫薛公行状》)操持谨密若是,则其平日持养工夫之深,盖从可知矣! 稽其所论,要以明诚、致敬、持谦为修养之大端焉。

1. 明诚

"不诚则无物",此《中庸》之明训,薛季宣亦以为言曰:

> 至诚与天地同流,不诚无物矣! 不诚无物,则不明于善,交人之际将何以有行乎? 道之不行,不诚故尔!(《浪语集》二十九《中庸解》)

> 天生烝民,有物有则,诚自成,道自道,夫岂外物邪? 物则之尽,在诚而已,不诚无物,故以诚为物之终始也。诚者物之终始,岂徒诚身而已哉? 尽己尽物,则中和致,而天地位,万物育。无物不一,无适非中,皆吾性之成德,安有内外之分乎?(同上)

> 巧言足恭,而以欺世盗名,不诚无物也,不诚未有能动者。(《书古文训》一)

> 允诚也,成允克诚也。舜谓洚水为儆于己,为己未诚,故非诚己不足以成平水之功。视鲧之方命圮族而绩用不成,则成允成功唯禹之独贤也。(《书古文训》二)

是故人不可以不诚,唯所以诚之之道为何? 亦在能自反而已矣! 盖天理具足于人心,能反求诸身,则天理发见,无有不诚矣! 曰:

> 天道本然者也,人道当然者也,至诚则无它事矣……至诚则本然者见矣!(《浪语集》二十九《中庸解》)

> 圣人传心之要,岂有他哉? 亦唯吾之故有是归是体而已……道不远物,万物岂异于人? 必欲周知其情,没齿将恐不能,莫若反求诸己,即圣人毋不敬之语行之,自诚而明,将以尽其性,合德于太极。(《浪语集》三十一《俨若思斋记》)

> 天依人而行,待人而成,天之聪明明畏,人皆有之,反身诚之,则人之聪明明畏一皆应乎天矣!(《书古文训》二)

反身而诚,每事由中,动容周旋无不中礼,则能不以物迁,而无情欲之害,斯可以成己而成物矣,故曰:

> 诚者物之终始,岂徒诚身而已哉? 尽己尽物,则中和致,而天地位,万物育。无物不一,无适不中。(《浪语集》二十九《中庸解》)

> 喜怒哀乐之未发谓之中,每事由中之出,则无情欲之害。(《书古文训》十一)

> 唯以物迁，是以去仁而不省，圣人戒慎乎所不睹，恐惧乎所不闻，动容
> 周旋中礼，不违于终食之闻，物何自迁？是以仁浃乎四体，夫如是乃尽人
> 之道。（《浪语集》三十一《克斋后记》）

> 君子备诸己而后求诸物，修诸身而后加诸民，心正意诚，而后家可齐，
> 国可治，天下可平。（《书古文训》五）

按朱熹云："诚虽所以成己，然既有以自成，则自然及物，而道亦行于彼矣！"（《中庸
章句》）夫明诚固所以成己，成己终将成物，然欲成物未有不自成己始者，此可见薛
季宣之思想虽重实用，终归本于反身自诚以穷理尽性也。

2. 致敬

君子之道以修身为本，修身之法舍诚而外，在于能致敬，故薛季宣以为凡古圣
人所以能修其身，以穷神至命者，盖以致敬为先也，其言曰：

> 君子之道本诸身，加乎天下，莫不以修身为本也，修身本乎诚身。

（《浪语集》二十九《中庸解》）

> 卓彼先圣，穷神至命，其道奚先？孰先致敬。敬以诚身，胡为不仁？

（《浪语集》三十二《暗室箴》）

士之所患在于敬恭之不立，苟能敬之以恭，以之修道教人，则可以无失，祸败亦无从
而至矣！曰：

> 某又尝闻之，子夏曰："君子敬而无失，与人恭而有礼，四海之内皆兄
> 弟也。"士患敬恭之不立，不容奚病焉？修道教人，执事其从容于是矣！

（《浪语集》二十五《答叶适书》）

> 夫道求则得之，不求则不得也。安于逸乐则傲慢生，而放僻邪侈之心
> 作，其于道也适反，而伤生覆灭之祸至。故君子敬以作所，自警以无逸之
> 意，无逸则敬，敬则安，安则久，久则远，为道在己，祸败何从而生乎？（《书
> 古文训》十一）

岂惟可以无失而已，果能钦之敬之，用志不分，则可以臻乎精义入神之境矣！曰：

> 《帝典》以聪明文思称尧，《洪范》思睿作圣，《书》不他道，曰钦曰敬而
> 已，无小无大，是为得之。第能用心不分，则精义入神矣！（《浪语集》二十
> 三《答石应之书》）

夫涵养须用敬，进学在致知，主敬之说乃程颐思想之大端，考薛季宣受业于袁溉，
溉则尝问学于二程，其师承授受，明白显然。薛季宣论持养而持致敬之说，殆程
颐主敬说之影响，此又可见薛季宣虽以经制言事功，犹未离于理学之正途，故

今人钱穆先生云："大概薛季宣还没有对洛学树叛帜。"(《宋明理学概述》页162)

3. 持谦

孔子曰："若圣与仁，则吾岂敢？抑为之不厌，诲人不倦，则可谓云尔已矣！"公西华曰："正惟弟子不能学也。"(《论语》八《泰伯》)夫公西华之所叹以为不能及者，盖不仅于学不厌而教不倦而已，抑又在于孔子之能谦也。是谦之为教，在孔门实修德之一大端，观《论语》所载，师弟子问答之间，以谦为美，以骄泰为戒者，盖比比然也。薛季宣论持养亦颇重谦道，以谓谦抑自损乃慎独之始，日新之道无有越于此者。其言曰：

> 《易》曰："无有师保，如临父母。"严之至也。不欺其内，好之如色；恶
> 于欺也，如恶恶臭。自牧如此，非出勉强，而后可以为谦。谦，慎独之始
> 也。(《浪语集》二十九《中庸解》)

> 夫损，德之修也。凡吾胸中疵咎之积，唯加损之为贵。日新之道，所
> 谓洗心者，不过如斯焉尔！(《浪语集》二十四《答君举书一》)

盖能虚受谦持，不矜不伐，无有偏颇，好恶自得其正，所为可以日就，而人将助之。所谓自助人助者，唯谦可以得之，曰：

> 某闻之，君子虽极高明，道实中庸，虚受谦持，无有偏颇，好恶自无不
> 得其正之患。(《浪语集》二十五《与潘文叔》)

> 矜伐，人情所同，众之所不容也。不矜不伐，则所为日就而人将助之
> 也，何功能之敢议邪？(《书古文训》二)

谦虚自持，所谓为而不有，生而不恃者，天道如此，唯人体而得之，则有以与天道合矣！曰：

> 天道亏盈而益谦，满之损，谦之益，皆自然之理，而人有以得之也。恃
> 强大者多致倾覆，然谨畏者虽弱必强，天道如此。(《书古文训》二)

按天道亏盈益谦，人道恶盈好谦，此《易》之明训。夫天人既皆以谦德为归，其德行本同，故人之法天，亦所以明诚，是持谦亦诚身修德之要道也。

(四) 论治道

薛季宣言道而必兼器，其学之重实用盖无可讳言，朱熹所谓永嘉功利之学，要以季宣为渠率。然吾人试观其立朝大节，难进易退，孜孜然唯以进贤退不肖为务。奉使淮西，首正奸欺之罪，而以忠实报上；出守苕霅，抗论经总制非法，不忍重为民困，卒以不合而归。有猷有守，岂好大喜功，迎合规利者流可望其项背哉？盖其学

主于通经服古,以期施于世用,意欲综合经义、治事之全,而将性命之学与典章制度之学融为一体也。其论治道,探本溯源,主于德治,阐明君臣一体之意,而汲汲于进人才,得民心,盖蔼然儒者之言。观其历官所至,调辑民兵,兴除利弊,亦皆卓有成绩。是其在政治上之表现可谓有理论兼能实践者也。

1. 主于德治

善人为邦百年,可以胜残去杀。虽有王者,必世而后仁。孔子亦尝自谓苟有用我,期月而已可也,然而必待三年有成。为政以德似若不及急于功利者之竿影立见,如响斯应。然则化民惇俗,兴仁成效,断非积久所能致之。急功近利之人昧乎此义,或可暴起于一时,终无能长治而久安。故薛季宣以为为政之道,当修身以教,实德至则民归趋,治道斯举;至若急于近功,则欲速反不达矣!其言曰:

> 敬以宽民,修身而治之也。修道以教,宽之不急也。内求诸己,而不求于物,是以德至而民依,急于近功则不达。(《书古文训》九)

> 周公宽而教之,优而柔之,不奢以威,而勤于教,怀柔其德性,盖久而后服之也。民迁善而遂诚服,迄致刑措之美,圣人移风易俗,宁求一切之近功乎?孔子谓必世而后仁,又曰五诰可以观仁,至矣!(《书古文训》十一)

欲兴成教化,使民风淳厚,以收德治之效,薛季宣以为最要者乃在于在上位者之能自修其身,以进其德,用为众民之表率,曰:

> 民以君为表,表正则百事正。故德无大小,皆足以及物;怨不在大,皆足以覆宗。(《书古文训》五)

> 君仁莫不仁,君义莫不义,一人元良,而万邦咸若。(同上)

> 修诸身所以表诸民也。(《书古文训》十三)

> 为政莫善于知天,知天莫尚于知人,知人莫大于尊亲,尊亲莫过于修身,知修身则可以仁民矣!(《浪语集》二十九《中庸解》)

> 政有本末,修身为本。身修德建,民可得而用矣!(《浪语集》二十九《大学解》)

> 身不行道,道不行于妻子,修道以教,为民典法,使民观感而化,明刑钦恤之本也。(《书古文训》一)

人主修身,其道多端,其首要在笃于人伦。盖于家庭伦纪之间能处之有道,并以之顺应人情,讲礼制度,使之父子有亲,宗族有义,则身修家齐,化民成俗,治道兴而天下可治矣!其言曰:

四岳举舜，不及他事，第言父母兄弟之不肖，舜能处之允若，身修家齐而后天下可治也。(《书古文训》一)

人情疏远而亲近，怀居而重迁，先王制别官之居，合族之礼，父子有亲，宗族有义，而治道兴矣！(《书古文训》六)

君子之道无他，仁义而已矣！知事亲为人事之本，尊贤为适道之宜，由是而立焉，则礼可以义起矣！(《浪语集》二十九《中庸解》)

其次则在于能敬、能让、能公、能宽、能勤，曰：

尧自克明俊德，以致时和之治，发政之事见于典者，不过允恭克让，敬天知人而已。(《书古文训》一)

周官之戒，首之以钦，终之以敬治，修身治官，以佐佑乃辟，而安兆民万邦，其要无他，敬之而已。(《书古文训》十二)

众之所服莫若公，所恶莫若私，公而无私，则民怀其德矣！(同上)

为人上者易以虐下，司权柄者易以惨刻，惟忘势而循法，自无依势倚法之过，而于作威刻削何有？宽则容物，有制则不慢，所以为从容之德，可以和物之性矣！(同上)

人主之逸莫逸于勤劳，逸乐本以适情，用以杀身多矣！丧邦覆族皆由此道。(《书古文训》十一)

盖凡为德者莫不孜孜用以自修，使其德日新，以为民则，所谓风动草偃，德化之效，浃肌沦髓，不言而喻，治道之本，举在于是矣！

2. 君臣同心

薛季宣以为立君之道凡以为民，而臣者所以佐君为治，君臣之职分虽有不同，而所以敷政布教，辅世长民之意则无二致。君王固有赖于分政之臣，而臣下亦须君王之专任无间，庶可使凡百政务顺利推行。是则君臣实为一体，而同其休戚者也。其言曰：

天子永享万国，实有赖于分政之臣。(《书古文训》十四)

皋陶序陈谟，禹序其成功，虽有是臣，必是君乃克申之。(《书古文训》十六)

君相实同休戚，安有以忠信周身而不终者，安有君道不终，而其相克终者。(《书古文训》五)

君土，相火，一心也；元首股肱，一体也。中有毫厘之间，非心体之道也。(《浪语集》十七《与虞丞相札子》)

> 舜称臣邻之说,语君臣之相依也,言治己之道犹仰臣邻之辅,故谓臣
> 为己之股肱、耳目。左右有民,教养之也;宣力四方,维持之也;是岂一人
> 所及,必假臣邻之辅,分职而治,君臣一体而后可也。(《书古文训》二)

君臣既属同体,而休戚与共,则理宜同心一德,和衷同济,相勖以德,以敷张政教,然
后治道始克有成,曰:

> 君臣交修,而后道化行也。(《书古文训》九)

> 天下切务,不过数节,自非君臣同德,将何由济?(《浪语集》十七《与
> 王枢密札子》)

> 后非臣罔辅,臣非君罔克,君臣同德,所以为有虞之治也。(《书古文
> 训》二)

> 为官择人,侍御必正,所以一己之德,贤人非荣宠禄,盖上欲行其正君
> 之德,下欲施其正人之德。君臣相成以德,所甚难、所当慎者,唯和而后能
> 一,善不同而同于治矣!(《书古文训》五)

是故为人君者当修己正德,以接纳谠言,选贤任能,使官得其人,人当其职。又应专
任无间,凡事务期远大,不汲汲乎其小者,以侵百官之职事。曰:

> 夫君明则臣良,而事罔不治。不务乎其大者,汲汲乎其小者,以侵百
> 官之职,则百官避罪苟免而百事堕废。本以求于治,适以致乱。不明于为
> 君之道,非所谓慎乃宪也。(《书古文训》二)

> 人君克知治道之美,系乎官人之任……人君谋其耳目所及之地,大欲
> 训成己德,则官人之事无非德之选……人主无他职,官以德选,而臣以德
> 事其上。左右前后,官无差等,无非有德之士,君之见道进德,岂有穷邪?
> 官非其人,小人在侧,而求进于君道,无是理矣!(《书古文训》十二)

> 人君之道不可忽也……又当专任无间,乃为善尔……一话一言,终惟
> 成德之彦是听是行,则吾所保之民可得而治矣!(同上)

为人臣者则当进尽忠言,以格君心之非;不敢惰其臣节,尽心职事,以辅成君王之
治,曰:

> 大抵勉君以容受谠言,要为忠爱之至,导之拒谏,宁为体国之心?
> (《浪语集》十六《朝辞札子三》)

> 大臣格君心之非,唯务引之当道。(《浪语集》十七《都堂审察札子》)

> 内外之治,必假臣邻之辅,不能正君之过,亦何取焉?面从而有后言,
> 非君臣一体之意,辅导之事,宁若是邪?(《书古文训》二)

> 人君之道必待相以成德，命纳诲以朝夕，不欲造次之违仁也……诤臣
>
> 所以告君，人君赖其辅佐，亦由此矣！(《书古文训》六)

苟能如是，则上感天心，下得民心，治道兴成，国祚永长，可以长享永垂无疆之休
矣！曰：

> 国家上当同君臣之心，明忠邪之辨，众贤登进，百度自举，感神格天，
>
> 何求不获？(《浪语集》十七《又与王枢密札子》)
>
> 君率德以敬天，臣率职以事君，君臣交修，以明明德于天下，无思不
>
> 服。(《书古文训》四)
>
> 君臣同德，无有顾疑，庸能格上帝之心，致其诚一，天降之祚，国以永
>
> 长。(《浪语集》十五《补汉封什邡侯雍齿册文》)

夫君之与臣既有如元首股肱之互为一体，而同其休戚，且其所负之职任又皆在于敷
政布教，以为民兴利除弊，岂容离心离德，互相猜贰？是开衷纳诚，君臣同心，使上
下咸熙，百度俱举，允为治道之要目矣！

3. 进用人才

夫治具之张，要以人才为本，举贤退不肖，既有益于治，亦风俗教化所关，其系
非浅，故薛季宣以为为政之道，得人为本。凡古圣王莫不以举贤为急务，舍此则无
以为治。其言曰：

> 为政之道，得人为本。(《浪语集》二十九《中庸解》)
>
> 为治之根本，要在仆臣之正，众贤之多。(《浪语集》二十一《与王枢使
>
> 公明》)
>
> 察言进贤而天下治，稽众无我，所以知言而得人也，穷民赖以收恤，穷
>
> 士用之得所。(《书古文训》二)
>
> 观舜、禹君臣之论，反覆于官人之际，未尝不以修身为本，举贤为急，
>
> 教化礼乐必由此而著见。(同上)

人才固不易得，然亦未尝或乏，所患者在求之非道，用之非术耳！苟能尊贤尚德，心
诚求之，则人才不可胜用矣！曰：

> 守邦之术，得贤为固。伯王之主，不异代而求贤。天下之材未尝乏
>
> 也，患居上者求之非其道，用之非其术耳！苟唯贤之为好，则将有取于贤，
>
> 其所从来不必问也。得贤之用，必也各当，其所生之岁月不足稽也。如是
>
> 则小大毕举，而无不可用之材，人效所长而治道成矣！(《浪语集》二十《拟
>
> 上宰执书》)

举贤之教，必使四海之内，贤人皆得而举。且以天下之大，贤人之众，人君为能举之，则人才不可胜用。(《书古文训》二)

所以求之之道为何？乃在于自明其德，唯贤是尚。收骨鲠，弃软熟，不为左右所欺，凡忠实之士莫不亲而信之。又当兼听无我，逊志虚受，一本公诚之心，察贤而礼待之。夫如是，则能群贤毕集，人才登进矣！其言曰：

为政之道，知人为本；身不明道，无以知人。(《浪语集》二十九《中庸解》)

为国之道，在知善恶；择善之道，仁身为本。仁身而后能择，然后知人；知人嘉善则可以保民矣！善人之道无它，贤贤而已。(《浪语集》二十九《大学解》)

人主萃天下之责，而以一身临之，爵禄利势足以动人，小人而不为欺，何以有傀窃富贵之望？而罪之根本则在于左右之囊橐，致使人主无从而察之也。夫左右之为欺，甚于天下，彼其伺候词色之工，窥见意向之密，掉阖迎逢，殆难以状其巧也。故有托正以行其邪，假廉以济其贪，伪直以售其佞。荐退人才，不于有所升黜之时，而游扬中伤于平居无事之日；一旦升黜之际，虽人主自以为出于独断，而喜怒气焰已归于囊橐者之门矣！然则左右之为欺，人主又何从而察之，亦曰收骨鲠，弃软熟而已……骨鲠之士，唯其胸中耿耿，不能与世推移，急危存亡之秋，乃可望以伏节死义。平时软熟，自为身谋，而欲望以急难，非所闻也……故欲绝天下之欺，唯在于收骨鲠，收骨鲠，在于兼听，兼听莫难于无我。入者先主，纵有他说，不能复入，何以鉴择其是否乎？骨鲠之言，非无我则诚难于受之也。忠言逆耳利于行，良药苦口利于病。此汉初之谋臣所以事英略大度之主，而使屈群策之用者，其言如此。(《浪语集》十六《上殿札子三》)

唯望奋然与宰辅大臣讲求其原，收天下贤士大夫，博图其绪，内以正国，外以保边。加之兼听广览。逊志虚受，谋策毕进，耳目自广；则凡壅蔽聪明，孤负任使者，随且彰露，而豪杰魁奇之士亦得以展其所长，为陛下用矣！(《浪语集》十六《上殿札子二》)

天下皆知陛下治道所以久而未进者，良由三公之才多不胜任……陛下论相之际，臣请无取沽激，无取诞谩，无取才华，无取闇茸，唯忠实可任者相而任之无疑。(《浪语集》十六《召对札子一》)

进贤之法莫若礼貌，去恶之要莫先克己。见贤而不能举，举而不能先,吾命之出者未至尔！见不善而不能退,退而不能远,是谁之过欤？唯能公其心者可与论进贤退不肖之实,以百姓之心为心。忠信君子,所以仁灾必逮夫身者,骄泰害之者也。得失之要在我而已,果能忠信,则身修而能公其好恶,贤不肖之进退在此而不在彼也。(《浪语集》二十九《大学解》)

至于用之之道尤应加讲求,夫知人在明,然不可以察察为明,故用人不可求备,唯务因才而器使之,然后可以收人才之用。其言曰:

尧自克明俊德以致时和之治,发政之事见于典者,不过允恭克让,敬天知人而已。敬天而群品咸遂,知人而不用其明,尧之安安所以为聪明也。(《书古文训》一)

进退人物,自当有以耸服天下,人才盖有定论,唯无求备乃可。人非大圣,谁能无入而不自得？唯在处之各得其当,一世之士信足了一世用。有如长短易置,小大倒施,无适而宜,夫何才术之见？若用人者皆如韩滉之于故人之子,刘晏以处请求之士,岂唯人人自尽,故虽牛溲、马勃皆入医师之剂矣！(《浪语集》十八《淮西与梁右相书一》)

无求备于一人,此周之所以收八士之才。某以为从古才难,何但今日,略其所短,谁无一长？绝利一源,则虽聋瞽之人,视听犹十倍之。盖以驱羊而使,尧、舜曾不若一小童。韩滉掌监铁时,有故人子上见,滉命之饮,察其才,无所堪,然而终席身不动摇,未尝旁睨而语。使典门禁,危坐府门,而卒吏无敢擅出入者。用人如此,世宁有弃物邪？今诚贤杰英录,它日随才之用,将无适而不宜。古之良医所以收治□之效者,以其蓄药良备,且知所以为方,起死之功,初非一日之积。盖如牛溲、马勃皆素有之,鸡苏、豨苓有时而帝。事之阙用,乃见其窘。然则药笼中物,储蓄可不素邪？(《浪语集》二十二《与汪枢使明远》)

九德内备于已,用以观人之行,随其短长而用,此官人之道也。(《书古文训》二)

其次则应专任无间,不侵犯其职事,使能尽展其才。否则,人才虽至,亦终唯去之而已耳。曰:

臣愿陛下审之于未用之先,不可不专任之于既用之后。(《浪语集》十六《召对札子一》)

庶言,命令所出;庶狱,人命所系;庶慎,纠禁之事;其任不为不重,而

文王一皆司牧之听,因其违命、用命而加黜陟焉。是用为训而已,有司之事则不敢问。(《书古文训》十二)

立政必以三宅,三宅必知厥心,固当顺而用之,责以大治,用相我保民之道,和治狱讼纠禁之事,又当专任无间,乃为善尔。(同上)

周公归政成王,授以立政之法,由克宅心而终有敬德,不侵有司之事,大臣得以自尽,人才赖以作成。故曰尊德任人,王者立政之本也。(同上)

夫如是,求之既有其道,用之亦得其术,则人才蔚起,官得其人,人任其职。祸乱固无所自来,而教化兴起,人有所劝,莫不率德承化,庶几可以近者悦而远者来矣!曰:

官得其人,人任其职,危乱无自来也。(同上)

以天下之大,贤人之众,人君为能奉之,则人才不可胜用。有功有德皆受车服之赐,则人人将为士君子之行,莫不谦逊以承上德矣!(《书古文训》二)

所宝唯贤,则远人格而迩人安。(《书古文训》八)

综观以上薛季宣所论,自人才之重要,与夫求才之道,用才之术,以至于举才任贤之效,如笋剥壳,层层推阐,理路清晰,陈义明确,信能奉而行之,治道何患不成,抑又何才难之叹矣哉!

4. 重视民心

夫国者人之积,人者心之器,书所谓"得民者昌,失民者亡"。盖民心之得失乃兴亡之所系。薛季宣深有见于此,以为政之所贵在得民心。为政苟能深得民心,则民将爱之戴之若父母,否则,众叛亲离,国将随之而亡矣!曰:

天下之贵,在乎得民。众叛亲离,是一夫之敌耳!便安逸而欲与人角力,则匹夫匹妇尽能胜已。后非民无以守四方,所谓民惟邦本,本固邦宁也。一人三失,失民而身从而国从之矣!(《书古文训》四)

国以民为本,民以心为本,君子之得其民,得其心也。民之好恶,其心未尝不公,君子以民为心,公其好恶,则民爱之戴之将父母若矣!(《浪语集》二十九《大学解》)

得人之心,拂人之情,所以有兴亡也。(《书古文训》五)

欲得民心,首须体察民情,曰:

庶民之情,不可不察。(《书古文训》八)

人情既察,而备知其好恶,所谓民之所好好之,民之所恶恶之,则可以得民矣!而民

之秉彝,好是懿德,故为政治民者当怀敬慎之心,日新其德,而以仁抚之,不可以为民之可虐,而使之非道也。其言曰:

> 皇天无亲,唯德是予,人之所欲,天必从之。天听自我民听,天视自我民视,是故在得民,得民在得心也,唯有德者有以得民之心。(《浪语集》二十九《大学解》)

> 纯不已则日新,骄而盈则自满,日新而民怀,自满而亲离。(《书古文训》五)

> 百姓待君以治,君借百姓以有国。可爱非君,抚我则后也;可畏非民,虐我则仇也;知此则民非谓君可爱,而君非谓民可畏乎? 为人上者可不敬慎矣哉! 修其可愿,所谓敬也,君之所愿在所以得民,民之所愿在执德之君,动协于中,则所愿咸得矣! 此敬修可愿也。四海困穷,天禄永终,虐用其民,所以得罪于天也。(《书古文训》二)

> 民无常怀,怀于有仁,是故抚之则后,虐之则仇,大为淫威,乃民卒世之仇也。孟子说贼仁者谓之贼,贼义者谓之残,残贼之人谓之一夫,寡助之至,亲戚叛之也。(《书古文训》七)

> 民可近不可下,故近之则情通,下之则势辽,所谓可爱非君,可畏非民也。(《书古文训》四)

> 民可近不可下,勿以小民易虐而使之非道。将求其治,亦无果于殄戮,顺之则其功可就。然非王居至善之意,德刑于四海,民亦何所放效? 修身而天下法,所以安其民。敬德之修,是乃王之自贻哲命也。(《书古文训》十)

重视民心,顺导民情,而归之于敬修慎德,仁以抚之,是犹主于德治之意也。治道之本在于有德。观此,则薛季宣之意盖尤为显然易知矣!

5. 注重外官

按宋行中央集权之制,意既有偏,对于地方政府难免有忽,故才志之士亦每不乐于居守令之职,于是胥吏遂乘之弄法擅权,而为受病之一大根源。薛季宣尝历仕州县,阅历既多,体验深切,其中利病得失知之甚稔。因申明守令之重要,以为守令于民最亲,唯守令之贤为可以祛民困而丰国本,其言曰:

> 尝谓于民为亲,莫如守令。(《浪语集》二十二《与汪枢使明远》)

> 民之困悴,殆嗷嗷无告矣! 朝廷虽时时捐减其数,是皆虚无积累之名,以为实惠及民,但自欺耳! 疲弊之极,救之良难,如无守令之贤,则将

何事不有民困，若此谓其本之丰可乎？（《浪语集》十七《与四川宣抚王枢密札子》）

是故唯重外官为可以见亲民之实，亦唯重外官为可以均内外，而无畸轻畸重之病，曰：

> 四岳不言咨而言询，尊礼大臣，有事谋焉者也。四门之辟，所以明四目而达聪也，此询四岳所得而行之也……群牧首咨，见当时之重外官也，外官之重，以亲民也。人情详近而略远，外官之重，所以均内外也。（《书古文训》一）

借古讽今，进言时弊，可谓深切著明矣！是以为守令者当身体己责之重，善尽抚民之任。而其所以为之之道，则在于通寮寀之情，接纳士夫，省文书，张纪纲，临以无我，断以严明，急民事而立威信，以期听讼详审，断狱平允，催科必信，给纳以时，用能纾戢吏仁民而纾民困也。曰：

> 为政之急要在戢吏仁民，即吾寮寀情通，吏人隐欺自少；士夫日亲，利病可以毕闻；但当务省文书，张设纪纲，临之以无我，断之以严明，处人乡巷骨肉之间，察之教化所在，率斯道也，于从政何有哉？尝闻抚字催科，本无异道，近时文俗之吏，不知政有本末，以哀敛为急，及民事则缓之；不知威信服人，赋可不劳而集；财计陷失不在民而在吏。出纳之谨，动有防制，纵工于窃，必不能侵吾岁计矣！民事莫难差役，于今多致纷纭，第令乡案以身任之，稽其程式，欺罔必罚，将不敢欺。其次婚田一当坚守成法，它讼剖决唯须勤以莅之，宁失不平，勿成吏手，上官曲直，无足多校，知所轻重，则事济矣！县固繁剧，能出此数事邪？曰乡人宋质夫御史敦朴建县令旌别之法，谓治状见于实迹者不出数端：听讼详审，则妄诉自息；断狱平允，则冤滥自明；催科必信，可革追呼之扰；给纳必以时，可除邀阻之弊。此格言也，可为县宰韦弦。（《浪语集》二十四《与刘复之一》）

其次则凡有见于民之疾苦者，当奏闻于上，庶使下情上达，或可稍息民之仔肩。否则，矇瞶但取充位，抑又何假于守令哉？其言曰：

> 某闻口言之道，不以人之无言而废其所当言，亦不以身讷于言，而默其所难言，在人之为言无所苟而已。矧兹民之休戚利病结于下而弗达于上。有真儒当道宣王化以风风俗，言之者无罪，而又能救其灾。若居守令之职，以身讷于言而默其所难言，废其所当言而从人之无言，使民之疾苦不得一闻于上，而求息肩于下，是亦何假于令，为之令者不亦名教之罪人

乎?(《浪语集》二十三《与赵漕书》)

职以此故,薛季宣每仕必备言当地民生之疾苦,奏言于上,凡可以纾民困者,知无不言,言无不尽,且持之强而争之力,函封相继,多格于有司,卒以不合而归,而终不悔。此见薛季宣之不唯笔之于书,尤贵能付诸实行,识见态度之所以为高卓足式也。

(五)论财计

宋代财政之所以紊乱,薛季宣以为其症结在于主政者持书生之论,末理财之说,遂一切假诸文俗之吏,掊克哀敛,务尽遗利,终使民生殄悴,其言曰:

> 近年之在政者,持书生之论,末理财之说。(《浪语集》十八《湖州与梁右相书》)

> 尝闻抚字催科,本无异道,近时文俗之吏,不知政有本末,动以哀敛为急,及民事则缓之。不知威信服人,赋不可劳而集。财计陷失不在民而在吏。(《浪语集》二十四《与刘复之一》)

此真批隙导窾,一针见血之言,盖非唯有宋一代如此,历朝财计之失莫不由此,唯在宋朝因受心性学之影响,其弊尤甚,沈固仲谓道学之徒,"凡治财赋者则目为聚敛"(《癸辛杂识》续集下)是也。夫义利之辨诚不可不严,然孔子适卫,有富之之言。冉有为季氏聚敛,孔子谓小子可鸣鼓而攻,唯其对哀公之问,犹有合辙之论。乃后世小儒规规,忽略民瘼,清高自尚,视理财其若浼,而官司催科,吏卒追呼,剥及骨髓,真孔子、冉有之罪人也。

此外,宋世财用之弊所以尤甚于他朝者,抑又有故,厥为冗官、冗兵二事有以致之。非唯伤财,亦且害政,国家之所以积贫弱者,大抵在是。故薛季宣乃痛切言之曰:

> 窃怪近世治不及古,自朝廷至于郡县,皇皇财用弊弊焉,常患其不给,百姓胺肌及髓,而日以益甚。虽有卓荦之士,遇有为之主,得时得位,其所施设,终无以救其万分。详求其故,则冗官、冗兵二事实有以因之也。九卿之设,古六官之任也,自汉政归台阁,则有尚书六部,唐明皇始置内诸司使,百官用皆失职,至今官中都者遂为养资之地。设官虽多,有职盖寡,公移回复,只为文具,百度为之癏废,人士得以循默。闲者虽省员阙,而其尹寺仍存置吏之员,滞事之患无异于前。(口奏:天下之事每每不举者,患在血脉不得流通,财殚而人困,而冗官、冗兵害政伤财之本也⋯⋯)诸路帅臣,古州牧之官也,国朝以来,置转运副使、判官,有提点刑狱,有提举常平

茶盐,又有总领市舶、坑冶、茶马诸司;屯驻之军,又别置都统制。大抵牧伯之任分为五六,而州之知通,县之令佐,不相统临,权均势敌,一彼一此,各行其意,民无适从,为害滋甚。臣之所谓冗官者此也。厢军之置,即唐方镇之兵是也;周世宗及我太祖皇帝增置禁旅,则今之禁卫与诸州禁兵是也;神宗皇帝立将兵之法,今之帅藩系养禁军是也;太上皇帝收诸将麾下,作三衙御前诸军,今之大军是也;四者之外,复有弓手、士军、役兵。今唯大军可供战伐之用,将兵而下废为皂隶之役。官吏占破无几则窜名广破,卖工私役者众,适足以为污吏之资。游手之多,无法之久,干阑狂啸之事因之而生。比虽少加简阅,绳以军政,人情玩习,犹无益也。臣之所谓冗兵者此也。惟今法度之弊,臣所知者莫此为大。且天施地产之物,其出有限,所养者众,适用者寡,则人才安能不混,兵刃安得不刓,财赋安得不匮,而国欲安得强乎?(《浪语集》十六《召对札子二》)

而当时在财政上朘削人民最甚,最为人民所患苦之苛政,薛季宣以为凡有三焉。一为催科之弊:

臣少长田里,尝睹乡民患苦催科之政……催科之弊未易单举,以其害甚且博者,仰为陛下言之,凡二事,一曰科折不均,二曰丁绢催扰。县官租入有常,科折在所不免,使有均一简易之法,民知适从,人吏不得为奸,夫复何患?比年州县科折,一切付之乡胥,令长利于速办,而有赢余听其抛折虚数,轻重在手,不立堤防,给散人户凭由,不言科折之数,由是出等上户多缘计弊而免,其数并于贫下,实出强倍之征。其尤甚者,正赋既入于官,官司不为销落,抑令重纳科折,而以棰楚临之,逼以威刑,何所申诉?及额之后,官亦无所稽考,虚数之入,吏窃有之,民困不均,此其大者。丁绢之赋,古口算之法也,凡有丁则有赋,为绢不过数尺,催科有法,民亦何患?然而丈尺既少,不免并合输官,掌钞不过一人,又多揽纳之户,乡司不为销落,未免时复追催。掌钞或不在家,或为揽者盗用,无钞呈验,小民惮于出官,绢既不多,不免计会重纳。一岁如此,或至再三。或到官者,令长多不之恤,禁系瘐死有矣!而其诛求科罚之费,甚于倍蓰之征,岁岁相仍,无有宁日。人规避免丁籍,壮岁或不裹头。困苦细民,此尤甚且博者。二事革之有法,可使民安田里,而无追须横纳之赋。不然,比屋受弊,利在狡胥而已。(《浪语集》十六《知湖州朝辞札子一》)

二为经总制钱:

> 经总制钱……凡曾历州县者皆知如此分隶可求增羡，然而前此版曹诸公无或然者，知其不可而为耳……顾念郡邑穷匮，生民休戚，上关国家大计，故不为耳，非不能也。设有可行之道，又何待乎今日而后行也……前此郡县不尽分隶固为非法，然而上供支遣，无非取于额外，是岂尽如条制，然而上下恬安之者，顾不得已耳！可复于非法之外又为非法之取求，应经总制分隶之法。其为废法不已甚乎？（《浪语集》十八《湖州与曾参政书》）

> 某近复以经总制钱分隶申请……此事不只一州利害，实系国命民财。版曹主之既坚，以某独先诸郡有请，见遣狱级，追逮都吏，见问之法。前此郡县分隶固不如法，然皆取于租额之外，民无所措手足，必使尽如经总制分隶之法，其为废天下法不已甚乎？（《浪语集》十八《湖州与王枢密书》）

按经制、总制使，本宋时官名，先是，于宣和中，陈亨伯以发运使经制东南七路财赋，因建议如卖酒粥糟、商税、牙税与夫头子钱、楼店钱皆少增其数，谓之经制钱。其后翁彦国为总制使，仿其法，又收赢焉，谓之总制钱。嗜进者竞哀敛以应赏格，已而遂定其多数为岁额，于是州用日削，吏轨法摘扶无遗，犹不能给。是经总制钱乃为一种附加税，税上加税，重复课征，蠹民已甚。乃乾道中，户部会提点刑狱司以历付场务一钱以上，皆分隶经总制如式。诸郡被符，缚手无策，相顾莫敢言，薛季宣时仕湖州，乃独言于朝，而有如上之论，且争之甚强，台谏亦交疏助之，乃寝其令。然前此之经总制钱犹征敛如故，并未能尽革之也。

三为赋役之弊：

> 古者用民之力，岁毋过三日。而庶人在官与夫邻鄷之长，无非民也；居则治沟井，出则奉征战，亦无非民也。赢秦而降，大革先王之典，唯民役于公上，未之有改，而民不以为病。近世以衙前押纲运，主场□而民始困于为吏：保正职催科，承文引，而民始困于差徭。熙、丰以来，更法以求其弊者屡矣！而弊日滋甚。盖尝赋钱免役矣，则有役不免，而钱之出也如故，且州县有吏豪之病。又尝官顾者户长矣，则有顾直上供，而民之徭也自若，重之以里胥走弄之奸。法之扰民，无甚于此。是故小民惮于充役，而田业归于官户之兼并，于是有限田之制，混差之法。且官亦役也，而役钱不免；仕足贵也，而贱役仍在。（《浪语集》二十八《策问三》）

按以上三病，或为国家于财用不足之时，临时增附课征，然而终于成为定税，无有已时。或为奸吏弄法，以哀敛为急，遂使民困益深。稽其原因则在于冗官冗兵，盖宋朝一面想竭力抑制武人，然兵骄卒悍，军队虽有而不能用，军队愈不能用，则愈感军队之少而日增其额。一面想致力提高文治，对文臣极优待之能事，遂使文臣气焰日炽，太阿倒持，朘吸国家精血。而其最大症结则又在于牵挛补缀，文理繁密。薛季宣目睹时弊，感慨既深，以为欲革除积习，非改弦更张，裁汰冗滥不可，乃大声疾呼曰：

> 夫事简则易知，易知则易从。职任专，军政修，则上皆任事之臣，下皆可用之兵，滥吹者无所容，而政犹有未行，古无是道。陛下必欲仍今日之文弊，以图天下治理，非臣所知。必欲政修而事举，财丰而兵振，则非更弦易调不可也。夫事为之有道，则人不惊而必办；咈于人情，则取众怒而无所成。顾陛下处之何如，毋惮其难而重改作也。伏愿高听远览，询诸二三大臣，详议而力行之。光武并省郡县百官职员，而汉道中兴；周世宗汰斥老弱，增壮禁卒，而王室始振；皆后事之师也。与其张无职之官而紊政，养无用之兵而虚骄蠹国，人情不恤，固当图之，况为之有道，将不至此乎！

（《浪语集》十六《召对札子二》）

信能从根本上改革文弊，则冗官可省，冗兵可去，积弊既除，财用自用宽饶。唯此弊盖非一日之积，非大有为之君若臣，岂易图之？薛季宣亦深知其然，因主张先节用以敦本，庶几可以戢止哀敛之风，以藏富于民，则财用自无匮乏之忧，曰：

> 比年理财诸公设为奉上之说，侵渔至于竭泽，郡县习以相高，至民事则缓之，殆失所谓奉上理财之意。为国深计，可为忧之，所赖名臣，力变浇俗。尝论下苟信服，财且不劳而办，居上而能节用，此理财之本也。即哀敛以充溪壑之用，亦何庸穷尽哉！（《浪语集》二十二《与汪枢使明远》）

> 《易》称何以聚人？曰财。财者国用所出，其可缓乎？虽然，为国务民之义而已。财者利之所在，人之所必争也；人必争而我夺之，则利心生而礼义消失！务民之义则天下一家，而财不可胜用。藏之于下，犹在君也。以财发身，用之者也；不知所以用之，身为财之役矣！故君子先正其本，为上有节，为天下敦本，财用之出，庸有穷乎？是故务民之义在乎修身以仁民，民化于仁，则爱之如父母，畏之如雷霆，上下情通，财皆可得而用；率斯道也，其有不终于义者乎？一家仁而一国兴仁，非他道也，务民之义不以利为先尔！货悖而入亦悖而出，此事势之必然者也。谋大者尚皆不暇谋小。况君子而可争利于民乎？聚敛之臣不知义之所在，害加于盗，以争利之民也。民争于利而至于乱，则不可救药矣！言利而析秋毫，必非养其大者之人也。所见之小，恶知利义之和哉？唯知利者义之和，而后可与共论

生财之道。(《浪语集》二十九《大学解》)

节用而爱民,先义而后利,意醒理豁,盖蔼然儒者之言也。观此薛季宣所论,夫岂可谓其所从事者乃功利之学也哉?

(六) 论军事

有宋立国之初,惩于唐末、五代藩镇割据之弊,乃痛抑军权,然而矫枉过正,其后治丝益棼,非但不能去兵,且兵额日增,士卒骄惰。武功遂因之而不振,国家财用亦为此而衰竭,终至于积贫积弱而不可疗。薛季宣既主学期经世,而有补实用,目睹当时兵弊,不能无所感慨,乃致力于古乡遂、《司马法》及历代兵形制度之研究,用期补偏救弊,以挽时失。方其为令于鄂州武昌之时,筹谋讲画,盖已小试得效,其后虽不得一展其长,然议论时建,要皆明白中肯,深切时病,能把握其根本,而为吾人所不可忽者也。

1. 以仁义纪纲为本

夫人之五脏六腑受病已深,而欲与人斗而求胜之者,此势所不能而理所必无者也。推之于国亦莫不然,故薛季宣以为未有内政不修而能外攘敌者,其言曰:

> 吴人有言,同舟遇风,一物不牢,俱受其败……无天保之治内,则采薇断不能以治外;无政事之内修,则夷狄断不能以外攘。(《浪语集》十六《上殿札子二》)

唯安内而后可以攘外,故欲以胜人,则莫如自治,曰:

> 古求欲以胜人,以为莫如自治。(《浪语集》十九《上宣谕论北事》)

> 某闻之兵法,勿恃敌之可胜,恃吾之不可胜。是故先为不可胜,上策自治,此不可胜之略也。(《浪语集》二十一《上汤相论边事》)

> 尝论为邦之道,自治为急,敌之强弱非所当问。(《浪语集》二十一《再上汤相》)

盖外侮虽深亦不如内讧之亟,故欲自治,首须除治盗贼,消弭内患,使不至于内讧,则虽外侮之至,终将有以待之。否则,内讧、外侮交作,虽有智者亦无以为谋也,故曰:

> 窃尝论天下之忧,莫深于外侮,而患或起于内讧。何谓外侮?戎狄是也。何谓内讧?贼盗是也。内讧不作,国家无间,外侮虽甚,犹可为也。外侮之来,内讧复起,虽有智者,不能为谋。故为国之深谋,在于常虞戎狄之患,除治盗贼,使不至于内讧而已。国无内患,专意于敌,外侮虽至,则吾有以待之。(《浪语集》二十《上张魏公书》)

是故薛季宣方为令武昌时,值金人内犯,江淮人心惶乱。薛季宣既与民约以守死不去,即首以县故多盗为患,因施行伍民之法,以防治盗贼,而后设为守御之具,以待敌之来。归者益众,而地方卒赖以无恐者,盖以其施设之得宜也。然则除治盗贼,使不为内讧,此犹消极之策也,最要者乃在于建立纪纲,修明仁义,以爱抚众民。信能如此,则又何患乎内患之不除,外侮之不御哉? 故又曰:

> 料敌之法,力均校德,德均校义。以纣之恶,不德不义,虽有天下之众,人各有心;周财有三千人,皆无贰志;力之不等,德、义固不侔矣! 度德量力,固兵家之至计。(《书古文训》七)

> 夫战,孔子所慎,陈法严然后武猛可用。汤、武仁义,所以为无敌于天下也。(同上)

> 朝廷待敌之计,莫若爱抚边民,使其民愿为我民氓,安有不济?(《浪语集》二十《论民力》)

因此薛季宣对于兵家奉为宗祖之孙、吴二氏皆有不满之意,盖以彼等但知尚诈力,而不能仁义也,曰:

> 今之兵家一本诸孙、吴氏,孙武力足以破荆入郢,而不能禁夫概王之乱;吴起威加诸侯、百越,而不能消失职者之变;诈力之尚,仁义之略,速亡胎祸,迄用自焚。(《浪语集》二十八《拟策一道》)

是故薛季宣深以当时之纪纲不振,仁义未孚为忧,因建言当道,唯望以仁义纪纲为本,至于用兵则姑俟之,迨人才既富,彝伦既叙,必将有以成其恢复中原,天下一统之功也。曰:

> 某尝谓以中原为不可复者,不明乎古之道,以为便可复者,不明乎今之势。纪纲未振,人才未富,孑然孤立,人主未相倾信,而能勋业成就,古未之有。国力如是,其能济乎?(《浪语集》二十二《与汪枢使明远》)

> 唯望以仁义纪纲为本,备边之计,幸勿为浮议摇动,至于用兵,则请留待十年之后,必以机会而举。人才既富,彝伦既叙,虏之世世淫暴,必将有颉利之功矣!(《浪语集》十七《又与王枢密札子》)

夫仁义纪纲所以得民心而出治道,四海归心而治道兴成,内患自然无从而生,外侮亦不敢轻至,即或至之,吾亦有以待之,可以战无不克,攻无不胜,此孟子所以谓仁者可以无敌于天下也。

2. 爱惜民力

夫有国者虽不能去兵,然兵凶战危,所以用民之命,非不得已不用之。即或用之，亦当有所节制，不能轻发滥征，所以见其忠厚之至，而民亦乐为之效也。故薛季宣曰：

> 战，危事也，所以用民之命，不敢轻也。（《书古文训》四）

> 孙武固谓兴师十万，日费千金，内外骚动，怠于道路，不得操事者七十万家。周之赋兵，于此可见虽不得已，犹不至于尽发者，先王忠厚之至，不欲穷民之力也。（《浪语集》二十八《拟策一道》）

而春秋、战国之际，诸侯穷兵黩武，终致祸败乱亡接踵而至者，盖以其滥用民力而不之惜也，曰：

> 仲尼于《鲁春秋》，何以书"作丘甲""用田赋"，皆变周也。周法：甸出七十五人，为三甲士，则丘何一甲之有？成公之作丘甲，则是甸赋百人，赋以丘乘为差；哀公初以田赋，则是井地之内，民力无遗蕴矣。丘之赋，五家而出一；田之赋，一家而出一；地不加大，民不加多，恣其变更，而何强大之能益？故论《春秋》之法，虽齐之内政犹无所逃其罪，而况竭民之力哉……当周之衰，周礼盖不行于天下矣！诸侯略能循周之法，虽甚无道，犹足以为强。率意妄为，未有不底于乱亡者……以诈力相为雄长，一变先王之法制，愚谓未有不底于乱亡者，战国之兵是也……循周之故，效如彼；更周之制，害如此。周之礼法为天下之纪纲者，顾不大乎！虽然，纪纲之于周，犹为法度而已，如其仁义，此周之所以得民。（同上）

爱惜民力，固可以见先王忠厚之至，亦所以为仁义抚民之实，由此言之，益可见仁义纪纲之为用兵之本，所不可以不素讲于兵刃既接之前者也。

3. 寓兵于农，文武合途

按《周礼》、乡遂、《司马法》，其乡大夫"各掌其乡之政教禁令""以岁时登其夫家之众寡，辨其可任者，国中自七尺以及六十，野自六尺以及六十有五，皆征之"（《周礼》十二）。其遂人"各掌其政令刑禁，以岁时稽其人民，而授之田野，简其兵器，教之稼穑"（《周礼》十五）。兵民之政盖兼茬之。寓兵于农，为时之大政。文事、武备未始判为二途；民不失业，而得民之用。故薛季宣亟称之，曰：

> 寓兵于农，古之大政也。周家之制则《周官》《司马法》具存……乡有州党族闾比伍，遂有遂县鄙酇里邻，王之六军偏取而足。（《浪语集》二十八《拟策一道》）

> 先王寓兵于农，而居之以丘井；折衡樽俎，而舞之以行缀；经国有涂轨之制，画野有乡遂之法；文事、武备未始判为二途。（《浪语集》三十《八阵

图赞》）

夫寓兵于农非徒于农隙之时教战而已，盖射御之法，自升降步武，揖逊威仪，一本诸躬，必先正己，而后物正，礼乐之兴，于此赖焉。故虽兵间，亦有文德之事。文事修而不忘武备，文武同途，此所以内政修举，外夷率归，而可以服天下也。故又曰：

> 大人正己而物正，射法于是乎取，故正己而后发，失诸正鹄，则反求诸己。至于升降步武，揖逊威仪，一本诸躬，用能不争，古之观德者以是，厥有旨哉？孔子曰："吾何执？执御乎？执射乎？吾执御矣！"是则射御之旨，艺宁足以周之！古者寓兵于农，非徒教战而已，射御之法使人知之，知正己以成身，则天下无事矣！（《浪语集》三十一《正己堂记》）

> 先王耀德不观兵，故虽兵间，亦有文德之事也。诞敷文德，躬自治而薄责于人也。舞干羽而格有苗，内治修而有苗适至耳，征有苗而有苗逆命，舞干两阶而有苗格。虽舜、禹不能服人以力，舜、禹之德尤不欲以力服人也。有苗之役，其虞、夏之盛德乎……以干盾而舞于朝廷之上，文事修而不忘武备，盖治古之道，圣人之所以服天下也。（《书古文训》二）

论军事而归结于修己成身，以德服人，此又与本诸仁义教化之旨契若符节，薛季宣议论之融贯通彻有如此者也。

4. 慎择将帅，鼓作士气

治民之道在于为民善择良守令以教养之，统兵之理亦然，此古之所以贵得良将帅也。是故薛季宣以为命将之际尤宜详审，唯将得其人，则可以得士之心也，士气自奋，上下辑睦，同心共德，战伐无不利矣！曰：

> 方今用人之际，命将尤宜详审，御营殿帅果虏之所畏邪？汉王闻魏将之名，即知魏之可取。今日诸将知复何如？李横、傅选之徒，于岳军粗有声誉，废居散地，舆论惜之。处选浙西，固无所事；弃横于蜀，将焉用之？二公徒不事贵臣，岂皆果不忠者？处之襄、邓，未必遂无可观。将士得各遂其所安，战气亦十倍矣！（《浪语集》十九《上宣谕论北事》）

> 将非武勇廉俭，亦无以得其士心。（《浪语集》二十一《上汤相论边事》）

> 二人同心，其利断金，况三军心德之同乎。（《书古文训》七）

将帅固当慎择于未命之先，尤应专任于既命之后，使能进退自如，迅赴戎机，而免掣肘之忧。因此薛季宣特举当时之实例，以见其所系之大，得失之效，曰：

> 《兵法》："将能而君不御者胜。"故古之命将，筑坛推毂，而必付以阃外

之寄。今诸道将帅已有制置、招讨之除,而进取之计尚每听中旨,金字牌旁午于邮传,而一进一退,殆莫知适从矣!如成帅之录用过界剽劫之徒,使之结连北地,今蔡州之捷少见其效矣!若使之且当此一面,破蔡之后必有可观。又乃转徙于淮西,成帅亦迫于君命,不暇后顾,舍蔡而援淮,是弃投机之会,而为连鸡之栖也。成帅方自襄、汉而往,戚侯复自淮西以归,虽未知庙算所处,然如此而望恢复之功,不亦难乎?(《浪语集》十九《上宣谕论淮西事宜五》)

此外,又当使之兼莅兵民,庶几可以收拾民心,调拨利便,其言曰:

> 良以置帅之法,兵民兼莅……今藩臣不典兵马,则有警无以自救,官军既难调拨,而人心亦复不同。凡尘之惊,势同呼吸,必待行府之令,则蹈后时之悔矣!(《浪语集》十七《与四川宣抚王枢密札子》)

兵民兼莅,庶使文武同途,德威并济,或可稍复于《周官》《司马法》之旧矣!

5. 讲究兵法形势

开合翕张,因地制宜,战之成败实利赖焉,故兵法形势为古兵家之所必讲。薛季宣深明其重要性,以为兵法形势乃奇正节制之所存,不可不究。而深以时人之忽视,甚或嘲讥,遂使前人阵图因之亡佚为叹,曰:

> 近世习知浪战,事不师古,兵之形势,岂徒不讲,争怪笑而非短之,前人阵图遂皆亡佚……古人节制之师盖曰"先为不可胜,以待敌之可胜",阵法奇正节制之所存也。(《浪语集》三十《叙握奇经》)

因建言当道,谓守边急务在于因形势而列屯营,宿兵聚粮,分戍险厄。乃条陈近边形便,以备采择焉。其言曰:

> 窃论当今之急莫若因形势而列屯营,宿兵聚粮,分戍险厄,来不与战,去则据险而要之,重镇诸屯首尾相救。自处闲暇,不犒命于敌人,非唯足以自坊,而制人之术在其中矣!敢以近边形便,闻见所及者,疏其要略,条于左方……(《浪语集》二十一《上汤相论边事》)

考薛季宣平日于山经地志,研索不遗,每过故墟废陇,则环步移日,以验其迹,凡疆里、卒乘、封国、行河久远,无不务明其离合变移之故(《吕东莱文集》十《薛常州墓志铭》)。又尝求先正幕府所绘被边形势于张栻(《浪语集》二十三《与张左司》),闻阵法于袁溉(《浪语集》三十《叙握奇经》),并为《八阵图》作赞(《浪语集》三十),且校定《风后握奇经》《阴符经》《遁甲龙图》诸书(参附录二)。凡若此者,皆所以务明阵法形势也。

6. 培养地方自卫武力

薛季宣为挽救宋室军政大权皆集揽于中央之时失，于民政方面有注重外官之论，于军事方面则有培养地方自卫武力之议。其法曰：

> 伏自国家渡江以来，专以大军为重，大军一去，无复坚城。夫民岂不念其室家，盖无法以自保矣！其观江汉、淮南之俗，其民敦实雄健，涉历世故，颇知用武。若朝廷不惜少少赋入，蠲其田租，略以陕西弓箭手法维之，使之人自为战，制其勋赏，一同正军，亦严边之一术也。比年议者稍知措置保甲及山水寨，初无豫定之法可以必行，缓急无以相维，散者不可复集。考汉晁错之策似可施用于今，如蒙朝廷熟虑而急图之，使其坞壁粗立，平时可保妻子，而不废农桑之业，缓急足以自卫，国家既收其用，全生之赐亦大矣！（《浪语集》二十一《上汤相论边事》）

> 长江之险，以人为固，今我兵力单弱，进战则无守御之备，万一事出意表，可为寒心。尝论沿江之民，习于舟楫之利，如能蠲其徭役，使水手自为团结，立之部伍，假以舟船，以时肄习，而无害其农功；使之稍识旗鼓，专保乡社，守之勿懈，则数万之众可以不费粮饷而集，异时兼正兵而用，亦守江之一助也。然此非廉干之吏，少假事权，久任责成，不能办也。不然，徒为文具，扰而无益，行之不如其已。（同上）

夫"维桑与梓，必恭敬止"，爱乡保土之心，人谁无之？信如薛季宣之议，一乡之内，人习战伍，缓急既可以相维，朝廷亦可不费粮饷，而收保土卫疆之效，又何乐而不为哉！

第六章　陈傅良之学术思想

一、传略

陈傅良，字君举（《止斋文集》五十二附蔡幼学撰行状），学者称为止斋先生（《宋元学案》五十三《止斋学案》）。其先自闽徙温州瑞安县帆游乡湗村里，至傅良已八世矣！曾祖靖、祖邦，皆有隐德。父彬，深于易学，教授乡里，以笃行称，因傅良贵，累赠朝请大夫。傅良天分高胜，其于学问，心悟神解，而苦志自勉，精力绝人，隆师亲友，有不可解于心者（《攻媿集》九十五《宝谟阁待制赠通议大夫陈公神道碑》），初患科举程文之弊，思出其说为文章，自成一家。人争传诵，由是其文擅当世（《宋史》四百三十四本传）。兴化刘朔复之以南省第一人来为司户参军，摄教官，得其程文，以为绝出，年甚少而名已高。开门授徒于仙岩僧舍，士子莫不归敬（《攻媿集》九十五《宝谟阁待制赠通议大夫陈公神道碑》）。当是时，永嘉郑伯熊、薛季宣皆以学行闻。伯熊于古人经制治法讨论尤精（《宋史》四百三十四本传），季宣则考订千载，自井田、王制、《司马法》、《八阵图》之属，莫不该通委曲，真可施之实用（《攻媿集》九十五《宝谟阁待制赠通议大夫陈公神道碑》）。傅良皆师事之，而得季宣之学为多（《宋史》四百三十四本传）。傅良既得其传，而又解剥于《周官》、左史，变通当世之治具条画，本末粲如也（《宋元学案》五十三《止斋学案》）。尝从薛季宣于晋陵，相与考论三代、秦、汉以还兴亡否泰之故，与礼乐刑政损益同异之际，经年而后别去。乾道六年，还过都城，识张栻、吕祖谦，数请问，扣以为学大指，互相发明（《止斋文集》五十二附蔡幼学撰行状）。祖谦为言本朝文献相承，所以垂世立国者，而敬德集义，于张栻尽心焉，然后学之内外本末备矣！傅良犹不已，年经月纬，询世旧，翻吏牍，搜断简，采异闻，一事一物，必稽于极而后止。千载之上，珠贯丝组之，若目见而身折旋其间（《水心文集》十六《宝谟阁待制中书舍人陈公墓志铭》）。乾道八年，与蔡幼学、徐谊、薛叔似、鲍绣、刘春、胡时等同登进士第。彼等皆傅良乡郡人，非其友则其徒，一时称盛事焉（《攻媿集》九十五《宝谟阁待制赠通议大夫陈公神道碑》）。授迪功郎泰州州学教授，未赴。参知政事龚茂良为孝宗称荐其才，特除太学录。及车驾幸太学,改承奉郎。居岁余,力求外补,出判福州。丞相梁克家领帅事,委政于傅良,傅良为之擘画,凡一路若郡所当兴废及讼狱之曲直,一裁以义,无所回屈。强御者不得售其私,乃阴结言官论罢之。居二年,主管台州崇道观。又二年,差知桂阳军。又三年,乃之官。投闲既久,日覃思于六经,将有所述以开后学。一室萧然,与士友终日讲论,澹如也。治桂阳,首为教条,戒其吏以徙善远罪,谕其民以孝悌姻睦,人感其德意,不严而化(《止斋文集》五十二附蔡幼学撰行状)。属岁小旱,力讲荒政,惠及一方(《攻媿集》九十五《宝谟阁待制赠通议大夫陈公神道碑》)。或言知名士废不用者凡三十三人,傅良为首,执政病之(《水心文集》十六《宝谟阁待制中书舍人陈公墓志铭》)。及光宗立,稍迁提举湖南常平茶盐转运判官,湖湘民无子孙者,率以异姓为后,吏利其赀,辄没入之。傅良曰:"使人绝祀,非政也。"复之几二千家。改提点浙西刑狱,以奏事赴阙,留为吏部员外郎(《止斋文集》五十二附蔡幼学撰行状)。去朝十四年,至是而归,鬓须无黑者,都人聚观嗟叹,号老陈郎中(《水心文集》十六《宝谟阁待制中书舍人陈公墓志铭》)。论对,奏言太祖垂裕后人,专以爱惜民力为本,乃熙宁以后,用事者取太祖约束,一切纷更之,横征杂敛,遂使民力困穷,因建言天子宜以救民穷为己任;且言天下之力竭于养兵,以为宜中外一体,以宽民力,上从容嘉纳。遂迁秘书少监。进《周礼说》,以格君心、正朝纲、均国势为目,目各四篇。兼实录院检讨官,选兼皇子嘉王府赞读。以为王者之学,经世为重,祖宗成宪尤当先知。乃纂次建隆以来行事之要,为嘉王讲诵大指,每至立国规模,必历叙累朝因革利害附见其下,本末粲然,如示诸掌。绍熙三年十二月,擢起居舍人。四年正月,兼权中书舍人。先是,上少不豫,群臣奏请或弗时决。傅良言一国之势譬如一身,少有壅底,便生疾恙,若今日迁延某事,或明日阻节某人,人心益玩,主势益轻,设有奸险乘时为利,则中外之情不接,威福之柄下移。又言人主不自强则谗间迎合之计得以乘之。君子日疏,小人日亲,其极至于天变不告,边警不闻,祸且不测矣!是岁十二月,迁起居郎。上以疾不朝重华宫,自大臣而下,交进更谏。傅良自以受知最深,每入对,必以父子天性及古今祸福安危之际,委曲开陈,期以感悟上心。其后论谏益切,度上意终不回,因乞致仕,宰辅留之,不可。授秘阁修撰,复兼嘉王府赞读,辞不拜(《止斋文集》五十二附蔡幼学撰行状)。宁宗即位,除中书舍人,命兼侍讲,兼直学士院,同国史院修撰(《攻媿集》九十五《宝谟阁待制赠通议大夫陈公神道碑》)。时方博延名德之士,进诸朝廷,知潭州朱熹召为焕章阁待制,侍经筵,与傅良同日造朝,班行相庆。会有诏朱熹与在外宫观,傅良连疏言朱熹三朝故老,难进易退,内批之下,举朝失色,臣不敢书行。熹于是进宝文阁待制。傅良既蒙帝知遇，谓可以行素蕴矣！而同进者以上眷之厚，始多忌之，知阁门事韩侂胄浸窃威福，倚言路以排斥忠正（《止斋文集》五十二附蔡幼学撰行状）。御史中丞谢深甫论其学术不正，言不顾行，罢为提举江州太平兴国宫。居三年，察官交疏，削秩罢祠，时庆元二年也（《水心文集》十六《宝谟阁待制中书舍人陈公墓志铭》）。傅良屏居杜门，一意韬晦，榜所居之室曰止斋，日徜徉其间。宾至则相与讲论经史，亹亹不倦，故旧之在朝者，或因人问其起居，惶恐逊谢而已。嘉泰二年，诏复原官，提举江州太平兴国宫。三年，起知泉州。以疾力辞，许之。授集英殿修撰。疾益侵，请谢事，授宝谟阁待制。以其年十有一月丙子卒于家，享年六十有七（《止斋文集》五十二附蔡幼学撰行状）。

　　陈傅良性刚毅洞达，宽博乐易。其为学先于致知，充以涵养，默识自得，不可企及，而笃于躬行，周于人情事物，兼博约，贯精粗，不倚于一偏。与同志论学，必以课业为先，盖其所自用功处也（《止斋文集》五十二附蔡幼学撰行状）。其学淹贯六经，包括百氏，而于历代经制大法，与夫当世制度沿革得失之故，稽验钩索，委曲该洽（《止斋文集》明正德本王瓒序）。经义敷畅厥旨，尤长于《春秋》《周礼》（《四朝闻见录》甲《止斋陈氏》）。事兄恭谨，终老不懈。自奉清约，闺门肃然。其接人委曲周尽，人人得其欢心。汲引后进，如恐不及，小善曲艺，奖予无倦。士多不远数千里乐从之游，傅良随其所长，诱掖磨琢，以成其材。在湘中奉诏荐湖、广之士，若吴猎、宋文仲、杨烁、蒋砺等皆一时之选（《止斋文集》五十二附蔡幼学撰行状）。在朝则荐朱熹、叶适、吴仁杰、王明清修史。苟知其贤，不复以私嫌为忌，其他成就延誉，使就声名者不知凡几也（《攻媿集》九十五《宝谟阁待制赠通议大夫陈公神道碑》）。凡执政所访人物，傅良为言某人有德，某人有材，宜兼收而器使之，毋有所偏废。执政以其言多所引用，而傅良未尝以语人也（《止斋文集》五十二附蔡幼学撰行状）。

　　陈傅良立朝刚直，不畏强御，遇事辄发。当光宗朝，傅良以中书舍人兼知制诰，而屡封还词头，如请还黄裳给事中，则引唐吕元膺、绍兴程瑀以为比。论张子仁之建节，则请先处分留正之去留，吴挺之除代。而其甚难者莫如陈源与率逢原二者。源之贯盈，幸不及诛，忽除内侍省押班，琐闼摄事者缴章五上，人皆传诵，大臣力请，触雷霆之怒，几不自全，一为书行。公议沸腾，党与凶焰，不可向迩，而傅良独当之。逢原粗暴，恃有奥援，所至凶横，其在池阳，几至军变，为总领郑湜所发，按其偏裨，上命枢臣镌戒。方待罪间，自副统制升都统，傅良又论之。源供职自如，而词命不行，终不得俸，逢原先被宣札，已自书衔。而傅良于二者执奏再三，终不奉诏，以至乞身而去。既去未几，而光宗内禅，子仁讫不得节钺，源亦罢去，逢原以病废。唯此三事,无敢撄其锋者,傅良执义以争,来则缴奏,旁观者为之寒心,而傅良则神色始终,不为稍动也(《攻媿集》九十五《宝谟阁待制赠通议大夫陈公神道碑》)。

陈傅良以早有重名,媢嫉者众,往往为谤语所中伤。故当孝宗有为之时,宁宗颠沛之始,而不得少安于朝,退而家食者前后且二十年。而傅良处之若无事,屏居杜门,一意韬晦。卒之日,室无余赀,田不过二顷。其葬也,资友朋之赙以集事,然后诱沮之者始皆愧服(《止斋文集》五十二附蔡幼学撰行状)。

陈傅良风度高远,动辄过人,诗律之精深,字画之遒媚,登览高致,吟讽低昂,亲之则使人意消,王谢韵度尚可想也(《攻媿集》九十五《宝谟阁待制赠通议大夫陈公神道碑》)。其文初则工巧奇丽,后则平淡优游,委蛇宛转,无一毫少作之态(《荆溪林下偶谈》四《陈止斋》)。据叶绍翁《四朝闻见录》称朱熹晚注毛诗,尽去序文,以彤管为淫奔之具,以城阙为偷期之所。傅良得其说而病之,谓以千七百年女史之彤管与三代之学校,以为淫奔之具,偷期之所,私窃有所未安。独藏其说,不与熹辩。熹微知其然,尝移书求其诗说,傅良答以公近与陆九渊互辩无极,又与陈亮争论王霸矣!且某未尝注诗,所以说诗者,不过与门人为举子讲义,今皆毁弃之矣!盖不欲滋朱之辨也云云。则傅良虽与讲学者游,而不涉植党之私,曲相附和,亦不涉争名之见,显立异同,在宋儒之中,可称笃实(《四库全书总目提要》一百五十九)。其所著有《书抄》、《毛诗解诂》二十卷、《周礼说》三卷、《周官制度精华》二十卷、《高士送终礼》、《春秋后传》十二卷、《补遗》一卷、《左氏章指》三十卷、《论孟古义》一卷、《经筵孟子讲义》二篇、《建隆编》一卷、《读书谱》一卷、《皇朝大事记》、《制诰集》五卷、《西汉史钞》十七卷、《皇朝百官公卿拜罢谱》、《皇朝财赋兵防秩官志稿》、《历代兵制》八卷、《汉兵制》一卷、《长乐志》四十卷、《止斋文集》五十二卷、《城南集》、《待遇集》、《止斋论祖》五卷、《止斋奥论》八卷(参附录二)。

二、学术思想

(一) 论学

陈傅良之论学也,以孔、孟为归,以仁义教化为本。其为学先于致知,充以涵养,默识自得,而笃于躬行。以为六艺之学,兢业为本。欲免于俗学,唯在去私欲,盖私欲既去,则能见己而自信自兴。至于徇偏逐末,务夸毗者,则已浸失为学之本旨矣!

1. 圣人之学不外仁义教化

陈傅良以为圣人之学不外仁义教化,仁义之本在于君父,盖有父在则长幼嫡庶亲疏之分定,所谓亲亲仁也;有君在则上下尊卑贵贱之分定,所谓敬长义也。故人之所以能相群而不乱者,以有君父为之制也。其言曰:

> 人所以相群而不乱者,以其有君父也。有君在则上下尊卑贵贱之分定,有父在则长幼嫡庶亲疏之分定,定则不乱矣!苟无君父,则凡有血气者皆有争心,苟有争心,不夺不厌,是人心与禽兽无择也。(《止斋文集》二十八《经筵孟子讲义》)

三纲五常之所以得立,而孔子之道之所以尊信万世者,皆在于此也。故又曰:

> 夫孔子之道所以尊信于万世者,非儒者能强为之也,以三纲五常不可一日殄灭故也。三纲五常不明而殄灭,则天地不位,万物不育矣!自古及今,天地无不位之理,万物无不育之理,则三纲五常无绝灭之理。三纲五常无绝灭之理,则孔子之道无不足尊信之理……夫人之所以老者相供养,幼者相抚字,敌己者相往来,以其本诸仁义之心也。无君则不义,无父则不仁矣!此心苟亡,则私欲横流,弱者之肉强者之食尔。(同上)

圣人之学,所谓讲学术,明教化者,即在阐明此义,以教天下,以启迪人心而归于正也。曰:

> 圣贤之生斯世,必以天下为己任。当尧之时,洪水为天下害;商之末,夷狄禽兽为天下害;周之衰,乱臣贼子为天下害;战国之际,邪说诐行为天下害。洪水夷狄之害,则生人不得安其居,不得安其居,则不得适其性矣!乱臣贼子之害,则生人不得定其分,不得定其分,则不得适其性矣!邪说诐行之害,则生人不得修其学,不得修其学,则亦不得适其性矣!是皆人心之所由纷乱而昏蔽也。圣贤者天民之先觉,将使之启迪人心而归于正者也。(同上)

孔子之著《春秋》,孟子之龈龈以辨者,即在于宣扬仁义,诛惩利心,所以拔本塞源而救其弊也。曰:

> 《春秋》严义利之辨,苟以为利,一以取书之。(《春秋后传》二)
>
> 《春秋》诛利心,是故连称、管至父实弑齐襄,无知与闻故者也,而无知受之,则无知为逆首。公子弃疾实弑楚灵,比与闻故者也,而比受之,则比为逆首。苟以为利,则万乘之国,弑其君者必千乘之国;千乘之国,弑其君者必百乘之家。此孟子所以深探其本,而遏乱原也。(《春秋后传》三)

故凡人之为学当以圣贤为法,或为人臣,或为布衣,立功、立言,一是皆以天下为己任。曰:

禹、周公得君以行其道，则见之立功；孔、孟不得君以行其道，则见之
立言；凡以尽圣贤之责而已。且夫禹、周公人臣也，孔、孟布衣也；夫为人
臣，为布衣，不敢不以天下为已任。（《止斋文集》二十八《经筵孟子讲义》）

盖圣人之学即不外仁义教化，则学者宜把握根本，阐明仁义，发扬教化，使人心归之
于正，斯为善学；否则即为舍本逐末矣！

2. 学以就业为本

按《宋元学案》谓永嘉诸子，陈傅良最称醇恪，《四库全书总目提要》亦称其笃
实。盖其于人情事物，不倚于一偏，默识自得，而笃于躬行。故其与人论学则主于
就业，盖其所自用功处也。尝曰：

六经之义，就业为本，诗可以言，礼可以立。玩味服行，自觉粗厉。此
某近所窥见，且以勉同志尔。（《止斋文集》三十七《与吕子约一》）

六经之教与天地并，区区特从管窥，见得就业一节，足了一生受用。
（《止斋文集》三十七《与沈叔晦》）

年来笃信六艺之学，就业为本。彼此纷纷，自为党与，□若人之已甚，
亦恐吾人躬未自厚而责人不薄，有以致此。（《止斋文集》三十八《答刘公
度一》）

因此之故，陈傅良对于当时学者务于夸毗而失本指之作风，颇不以为然。据《四朝
闻见录》甲集陈止斋条载，朱熹晚注毛诗，尽去序文，以彤管为淫奔之具，以城阙为
偷期之所，傅良得其说而病之，窃有所未安，独藏其说，不与熹辨。熹微知其然，尝
移书求其诗说，陈傅良则复之曰：

念长者前有长乐之争，后有临川之辨，又如永康往还，动数千言，更相
切磋，未见其益。学者转务夸毗，浸失本指，盖刻画太精，颇伤易简，矜持
已甚，反涉吝骄。（《止斋文集》三十八《与朱元晦二》）

又其评朱熹、陈亮王霸之辩云：

以不肖妄论，功到成处便是有德，事到济处便是有理，此老兄之说也。
如此则三代圣贤枉作工夫。功有适成，何必有德？事有偶济，何必有理？
此朱丈之说也。如此则汉祖、唐宗贤于盗贼不远。以三代圣贤枉作工夫，
则是人力可以独运；以汉祖、唐宗贤于盗贼不远，则是天命可以苟得。谓
人力可以独运，其弊上无兢畏之君；谓天命可以苟得，其弊下有觊觎之臣。
二君子立论，不免于为骄君乱臣之地，窃所未安也。（《止斋文集》三十六
《答陈同父一》）

按议者或谓陈傅良意在调停,故持论两平,其实非也。夫陈亮之说,以利害为是非,朱熹之说,以是非为利害。前者着眼于结果,后者着眼于动机。而傅良则以为天理未尝不偶见于纾夺杀伐之中。汉祖、唐宗虽恣睢骄纵,以逞其私欲,然亦未始无一毫为民之心。此既非抑陈,亦非左朱,要在折衷性命事功,固永嘉学旨所,然亦由此可见陈傅良之论学不流于一偏也。陈傅良对于当时之一般学风既有所非难,故每指陈其偏失,而深致其感慨曰:

> 经生徇偏,何者为全?文士逐末,其本安在?拘挛并缘,必有受病之处;充塞中节,岂无进德之序?(《止斋文集》三十八《答刘公度一》)

> 自三经之学行,士以师心自贤,不能降以相从,而风俗日坏,其流弊何可胜道。(《止斋文集》四十二《跋苏魏公百咏诗稿后》)

夫切磋琢磨,往还论辩,使意更豁而理愈精,固有益于学,然过犹不及,若刻画太精,矜持已甚,以夸毗为能事,则是偏执忘本,而失其为学之本意矣!陈傅良之论,中立不倚,而其必以就业为本之说,要诚学者之良药石也。

3. 笃于自信

陈傅良以为学者有志于学,诚能笃于自信,去私欲而免于俗学,则载在方册者自不可胜用矣!故曰:

> 夫履之之难,则自信之难也。士诚自信,以为与古人无间,古人能是,吾亦宜能是。古人能是,吾独不能是者,非其质然也,私欲害之,俗学汨之也。欲免于俗学,唯去私欲者能之;私欲去则见己,见己则自信。苟自信矣,凡书云云载在方册者不可胜用矣!(《止斋文集》三十八《答宁远王县尉》)

按圣人之学固仰之弥高,钻之弥深,唯舜何人也?予何人也?有为者亦若是,此有志于学者,所不可不自勉者。诚能笃于自信,孜孜矻矻,黾勉以求,自能深造有得。要在于学者能有此识,能有此自信也。故陈傅良又曰:

> 患莫大于无识,学莫强于自兴。(《止斋文集》附录《朱罂子臧名说》)

按陈傅良以为古人能是,吾独不能者,非其质然也,私欲害之,俗学汨之也。其学说肯定为学效益,指示为学南针,深切著明,饶有见地。时下教育问题百弊丛生。似若此者岂非陈傅良所谓私欲害之,俗学汨之者乎?是则陈傅良之见,即在今日,犹有其绝大之参考价值也。

(二)论持养

陈傅良之论学以为圣人之学不外仁义教化,而主以就业为本,其为学也,"先于致知,充以涵养,默识自得,而笃于躬行,周于人情事物,兼博约,贯精粗,不倚于一偏"(《止斋文集》五十二附蔡幼学撰行状)。观此,则其为学之方向暨其持养工夫果为何如,盖亦从可知矣！彼其意以为虚己寡欲乃进德修业之指南。曰:

> 某汩汩无新功,有愧□益,前见在诸病以不得药为请,今方悟虚己寡欲乃是指南。(《止斋文集》三十八《答刘公度二》)

按有宋一代祚逾三百载,而国势始终不振者,其因固不一,而党争之烈,要为其中大端。历次党争之中,固多属君子与小人之相攻,然亦不乏君子与君子相攻者。自来邪正相反,贤不肖异途,君子与小人相攻自属理势之常;唯君子之间各执己见,不肯虚心应物,舍己从人,而以私念小怨,自分党与,相攻不已,遂为群奸所乘,致使国家元气大伤,实有识者之所叹惋。陈傅良有见终此,乃深致其慨曰:

> 眉山与金陵,奈何不相容? 大雅如关、洛,亦复互诋攻。朋分文字间,祸起师友中。四郊忽戎马,尘满夷门中。往事已覆辙,后事如飘蓬。(《止斋文集》二《夷门歌送德修还阙》)

因此之故,陈傅良与友人论学,每以自相推尊,躬未自厚而责人不薄为戒。其言曰:

> 彼此纷纷,自为党与,□若人之已甚,亦恐吾人躬未厚而责人不薄,有以致此。□□以来事者,君子遗恨,如左右应洞然察之耳。(《止斋文集》三十八《答刘公度一》)

> 晦庵门人真有学者,而不相亮者,□云特未并合耳！ 虽然吾党亦有患,自相推尊患太过,与人无交际患不及,二者皆孔门所戒也……克己非攻之所谓,在《易》休复,以下仁也。人患不肯下耳！譬之钟声,扰扰者无闻,初非有物间之者,扰定则闻之矣！(《止斋文集》三十八《答赵南纪节推》)

至其自处,亦轻易不肯与人辩,盖其意以为议论不合,往往自为党与,转成意气,非唯无益于学,将有所失于少容也矣！

此外陈傅良论学又有笃于自信之说,彼以为欲人之能自信,则唯有去私欲而已,其言曰:

> 夫履之之难,则自信之难也。士诚自信,以为与古人无间,古人能是,吾亦宜能是。古人能是,吾独不能是者,非其质然也,私欲害之,俗学汩之也。欲免于俗学,唯去私欲者能之;私欲去则见己,见己则自信。苟自信矣,凡书云云载在方册者不可胜用矣！(《止斋文集》三十八《答宁远王县尉》)

夫能虚己则不致于刚愎自是,而能多方取资请益,诚若是,则日新又新,其德养必能日有进境。能寡欲则外物无从而入,用能择善固执,以理义自持。此陈傅良之所以谓虚己寡欲乃进德修业之指南也。

再则,陈傅良论学既主以兢业为本,则持敬要亦为其所以涵养之大端,盖其之"从郑、薛也,以克己兢畏为主,敬德集义,于张公尽心焉"(《水心文集》十六《宝谟阁待制中书舍人陈公墓志铭》)。尝谓学者苟无所得于身心,而徒剽窃见闻,则去持敬之义远矣!故曰:

> 靠册子过日,去持敬之义远矣!(《止斋文集》三十七《与刘清之寺薄一》)

据楼钥撰神道碑云:"薛寺正士龙季宣见公,问所安,公曰:'毋不敬。'"若此者,皆足见陈傅良之论涵养,盖乃深有取于持敬之方也。

(三) 论夷夏之防

按陈傅良博极群书,"六经之说流行于万里之外,而其学尤深于《春秋》"(《攻媿集》五十一《止斋〈春秋后传〉〈左氏章指〉序》),"究极圣人制作之本意,左氏翼经之深旨"(《攻媿集》九十五《宝谟阁待制赠通议大夫陈公神道碑》)。著有《春秋后传》《左氏章指》二书,尝自谓为身后之著,曰:"某病躯日衰弱,渐渐了得《春秋》一书,及未启手足之前,更加删润,则自有《春秋》来,未有此书可藉手,见古人无作。"(《止斋文集》三十八《答张端士二》)于《春秋》大义沉潜既深,又生当金人冯陵中夏,宋室南播之后,蒿目时艰,感受尤切,故于民族大义持之甚严,而谆谆于华夷之辨,以为《春秋》为夷夏而作也。尝曰:

> 《春秋》固为夷夏作也。盖闻在汉,或申复仇之义,或庶几止戈之武。(《止斋文集》十三《朝散大夫权刑部尚书京镗兼侍讲》)

> 《春秋》为夷夏而作也,荆败蔡师于莘,是猾夏之始也。吴败顿胡、沉、蔡、陈、许之师于鸡父,则诸夏之不亡者寡矣!是故书荆自此始,而《春秋》以吴终焉。圣人之所甚惧也。(《春秋后传》三)

> 国君而曰逃,贱之也。何贱乎郑伯?以其背夏盟也。厥貉之会,麇子逃归不书;厉之役,郑伯逃归不书,盖逃楚也。必若郑文公逃齐,陈哀公逃晋而后书。所以示夷夏之辨严矣。(《春秋后传》五)

是故对于春秋之时,诸夏不能团结自救,或虽救之而不力,致屡诎之于夷狄,陈傅良乃大致其深慨也曰:

> 以齐、晋之伯也,而狄伐邢,邢迁于夷仪,狄围卫,卫迁于帝丘,虽夷狄

之暴横,而桓、文亦受其咎矣!(《春秋后传》五)

　　狄伐邢于是三岁,桓公足以攘狄而宿师于聂北,玩寇以待其弊,邢溃
而后迁之,桓公见义不勇矣!(同上)

　　中国败夷狄不书,唯晋特书之,特书之者,皆病晋也,故晋侯贬称人。
晋帅天下诸侯以攘戎狄,存中国也。前年狄侵齐,去年狄侵卫,卫为之迁
帝丘,而晋不能救。于是伐,盖仅而后胜之也。晋侯称人,以是为盟主病
矣!(同上)

　　灭不言围,此其言围何? 以病晋也。韩起合九国之大夫于厥慭以谋
救蔡,而蔡卒灭于楚。言围,所以病晋也。(《春秋后传》十)

诸夏之不能自相救也已切切不以为可,乃或有诸夏自相攻而乞师于夷狄者,或有诸
夏反为夷狄所救者,或有夷狄反能倡义行道而诸夏反不能者。世变若此,宜其感慨
也益深矣! 故又曰:

　　乞师不书,乞诸狄夷然后书……志中国之诎于夷狄也。(《春秋后传》
五)

　　吴救陈,诸侯几于亡矣! 春秋之所甚惧也。(《春秋后传》十二)

　　楚方倡义于天下,而晋孜孜于群狄,致往会焉,晋卑甚矣!(《春秋后
传》七)

　　中国败夷狄皆不书,唯晋特书之,特书晋者,病晋也。楚方聘鲁平宋,
合诸侯之大夫于蜀,讨陈夏征舒,观兵于雒矣! 而晋区区争地于群狄,是
故宣、成之春秋,晋有事于秦楚或略不书,而甚详于灭狄,以是为晋衰也。
晋之衰,诸夏之忧也。(《春秋后传》八)

陈傅良于民族大义虽持之甚严,而于华夷之辨论之甚切,然其观念并不狭隘,盖《春
秋》之于夷狄而能用华夏之道者,皆以华夏视之。陈傅良于此则颇能阐其义蕴
焉,曰:

　　于是楚子为陈夏氏故伐陈……遂入陈杀夏征舒。则曷为不书入而后
杀,予以讨贼之义也……于是称楚子。楚强甚矣! 终庄王一篇,虽围灭无
贬辞,固进楚也。(《春秋后传》七)

而其论耶律适理之致仕也,亦曰:

　　有能厌毡裘之习;蹈不可来归我,可谓壮士矣!(《止斋文集》十三《耶
律适理致仕》)

至于华夏而用夷狄之道,则亦本《春秋》大义而夷狄之,故其于秦之代晋也,则断

之曰：

> 吾闻用夏变夷矣！未闻变于夷者也，于是狄秦。夏之变于夷，秦人为
> 之也。（《春秋后传》六）

其于郑之伐许也，则断之曰：

> 狄郑也。其狄之何？楚之伯，郑人为之也。由齐桓公以来，争郑于
> 楚。桓公卒，郑始朝楚，诸夏之变于夷，郑为乱阶也……是故狄秦而后狄
> 郑，微秦、郑，中国无左衽矣！（《春秋后传》八）

其于晋之伐鲜虞也，则断之曰：

> 狄晋也。晋主诸夏之盟，《春秋》之狄秦，以晋故也；狄郑，亦以晋故
> 也。则其狄晋何？晋之君卿无中国之志也。楚虔，弑君之贼也，而执齐庆
> 封，放陈招，杀蔡侯般，假讨贼之名以盟诸夏。而晋连年有事于狄鲜虞。
> 吴入郢，楚入吴，晋犹围鲜虞也。详于狄事而不详于楚，则晋无中国之志
> 也。于是狄晋。是故自成、襄之《春秋》，晋虽或兢于楚，略之不书也。而
> 败狄于交刚，于大卤，灭赤狄潞氏，灭赤狄甲氏，及留吁，则详志之，而灭肥
> 不书，灭鼓不书，莫重于狄晋。（《春秋后传》十）

于华夷之辨既持之如是之严，故极力主张恢复，以为恢复者所以雪耻复仇，伸正义，
以得人心也，其言曰：

> （陛下）以恢复为己任，可谓对天地而不惭，质鬼神而无慊者。然而迁
> 延稽故，至今二纪。比者贤士大夫类曰时不可为，而以恢复为讳。虽臣至
> 愚，窃所未喻。且隆兴用事之臣虽以朴忠，竟无成功，天下不与其才，而与
> 其心；乾道用事之臣虽以大言，亦无成功，天下不与其心，而与其名。孔子
> 曰："必也正名乎！"今顾以恢复为讳，果何名欤？论说定则习俗成，习俗成
> 则人心不起，人心不起则赏罚不足以惩劝，是王业往往遂已也。孟子以禹
> 抑洪水，周公兼夷狄，孔子诛乱臣贼子，凡以正人心也。圣贤事业，以人心
> 为本。靖康之祸，诸夏陆沉而人不耻，君父播迁而人不怨，天地易位，三光
> 五岳之气分裂而人不惧，是尚为有人心乎！驯至于今，晏如平时，不念国
> 辱，私相恩仇，但为身谋，患在得丧。自非陛下有以再造彝伦，一新士气，
> 臣恐此义浸微浸灭，或有后忧也。（《止斋文集》十九《赴桂阳军拟奏事札
> 子第一》）

> 今敌国之为患大矣！播迁我祖宗，丘墟我陵庙，膻腥我中原，左衽我
> 生灵，自开辟以来，夷狄乱华，未有甚于此者也。高宗崎岖百战，抚定江

左,将以讨贼,而沮于议和。孝宗忧勤十闰,经营富强,将以雪耻,而屈于孝养。二圣人之责至今犹未塞也。陛下以仁圣之资,嗣有神器,岂得一日而忘此耶?(《止斋文集》二十八《经筵孟子讲义》)

　　吾辈为汉民,将十余世,而使吾君忍耻事仇垂六十年,而学校乡党,晏然无进,志其大者则率其徒为清谈,次摘章句,小则学为诗文自娱。当此时,吾党与士友不变其说,谓之诐荡,此某所为惧……幽人贞吉,勿事奔竞之谓。若曰时事不得讲,人才不得评,则非古人之意。平生读书亦以为理义如此足矣!(《止斋文集》三十六《答丁子齐三》)

有慷慨处,有激越处,有沉痛处,有叹惋处。危讽婉谏,不一而足。夫以当时之形势,恢复之不易,陈傅良亦岂不知之?然犹哓哓于恢复而不止者,凡以国家不可不复,民族大义不可不伸张也。

(四) 论治道

　　按陈傅良尝从郑伯熊、薛季宣、张栻、吕祖谦诸人游,而尽得其学,其之"从郑、薛也,以克己敬畏为主。敬德集义,于张公尽心焉。至古人经制,三代治法,又与薛公反复论之。而吕公为言本朝文献相承,所以垂世立国者。然后学之本末内外备矣"(《水心文集》十六《宝谟阁待制中书舍人陈公墓志铭》)。而从游薛氏最久,得季宣之学为多,于古治道政法,研索最力,造诣最深,以之综理当世之务,可以兴滞补敝。"中兴以来,言理性之学者宗永嘉,惟薛氏后出,加以考订千载,自井田、王制、《司马法》、《八阵图》之属,该通委曲,真可施之实用……惟公游最久,造诣最深,以之研精经史,贯穿百氏,以斯文为己任,综理当世之务,考核旧闻,于治道可以兴滞补敝,复古至道,条书本末粲如也。"(《攻愧集》九十五《宝谟阁待制赠通议大夫陈公神道碑》)"陈君举尤号精密。民病某政,国厌某法,铢称镒数,各到根穴,而后知古人之治,可措于今人之治矣!"(《水心文集》十《温州新修学记》)盖自乾道八年登进士第以来,历孝、光、宁三朝,更仕中外,凡逾三十载,而出处进退,饶有大臣之风。以其学养之粹,历练之深,对于治道宜深有体焉。

1. 人君修德

　　陈傅良服膺薛季宣之教,其学虽主于经世致用,然要以义理为本,以文章制度为用。就《周礼》以考王道之经制,缘《诗》《书》以求文、武之行事,盖有体有用,非重外轻内者可比。故其论政亦主于德治,而谆谆于君德之讲修。以为人主之德当与天同,兢兢业业,一日二日以应万几,而为群臣百官之倡,然后可以深默垂拱,无为而治也。其言曰:

人主之德当与天同,今夫生成万物,皆六子之职也,而天不与其劳,此之谓无为。若夫一昼夜之运,周天三百六十五度四分度之一者,则必天德也。假如天德不健,而一昼夜三百六十五度之间或差顷刻,则其始也以早为晏,其积也以春为秋,由是而六子之功废,六子之功废,则万物不遂矣!平治天下皆群臣之职也,而君不与其劳,此之谓无为。若夫兢兢业业,一日二日应万几之烦者,则必君德也。假如君德不强,而一日二日万几之际或废一二;则其始也宜速者迟,其积也宜行者罢,由是而群臣之官旷,群臣之官旷,则天下不理矣!(《止斋文集》二十二《内引札子》)

如其不然,而徒惑于无为之名,厌省览而惮改作,近声色而乐厌饮,则谗间迎合之计中,将以无为而反多事,弊盖不可胜言矣!故又曰:

天德不健而六子之功废,则万物不遂,君德不强而群臣之官旷,则天下不理,谓之无为,无迺反多事乎?夫将以无为,反以多事,其故何也?人主不自强而谗间迎合之计中也。是故因其厌省览也,则有以好名之说中伤忠说;因其惮改作也,则有以生事之说沮坏劳绩;允若此,则谗间也。因其近声色也,则有以勿问外人之说固结宫禁;因其乐厌饮也,则有以勿亲小事之说窃弄威福;允若此,皆迎合也。甚者讳忌灾异,虽水旱螟蝗之变而不以告,禁止张皇,虽盗贼夷狄之警而不以闻。且夫谗间之计中,则君子日疏,迎合之计中,则小人日亲,而其极至于天变不告,边警不闻,如是而天下不多事者,未之有也。由是言之,不察于实而眩于无为之名,特奸臣持禄保妻子者之利,非有国家者之福也。(同上)

欲杜谗间之祸,陈傅良以为莫如修德尚志,人主诚能刻刻以拯民穷为念,就实际事物上理会,以仁心发为仁政之实,则尧、舜可期,三王可至也。其言曰:

不尚一事则将并进人之言而无适从,不先定一志则将泛泛然日复一日而无用力之地。且夫人主天下之利势也,富贵尊荣之所自出也。倘陛下将听并进之言而无适从,泛泛然日复一日而无用力之地,臣恐有乘间而入陛下之心者矣!陛下此心方如止水,方如明鉴,可以为尧、舜,可以为三王。或万有一先入者得陛下之心而用之,臣恐陛下圣明,虽锐意于学,无他嗜好,而此心已有所偏□也。此臣私忧过计,欲劝陛下且以拯民穷为所尚,此志先定,则陛下始有用力之地。自退朝之后,以此意引见臣下,以此意省阅章奏,至于游戏翰墨,至于燕私,此忧此念,造次不忘,臣切以为是亦陛下养心之法。不杂不息,充而大之,尧、舜、三王之治可由是而致也。

何者？以拯民穷为所尚即是仁心，仁心即是尧、舜、三王之心，孟子尝言

之，臣尝发明之，陛下尝深信之矣！（《止斋文集》二十六《请对札子》）

其次应培养宏大之器度，使贤者在位，能者在职，而无媢嫉之心，无违之俾不通之举，始足以凡百在位望清光而佐下风也。其言曰：

> 陛下亦知其所以失者乎？其器度不宏，其所养未厚焉耳！夫惟容小
> 所以见大，纳污所以成深，人主固当有远过天下之量也。倘亦以不推逊为
> 讳，不弥缝为非，不几于示天下狭耶？正使不然，而以圣德宏深，责备臣子
> 稍稍矜露，亦恐凡百在位俱不足以望清光，佐下风矣！陛下将谁与共理
> 乎？（《止斋文集》二十九《壬辰廷对》）

至于家庭父子伦纪之间尤应着重，盖君王乃天下观瞻所系，所以成风俗，兴教化，所关甚大。故当光宗过宫之礼有阙，陈傅良则"请对直前，几无虚月，剀切痛愤，指陈利害，无所不用其至"（《攻媿集》九十五《宝谟阁待制赠通议大夫陈公神道碑》），"每入对，必以父子天性及古今祸福安危之际，委曲开陈，期以感悟上心"（《止斋文集》五十二附蔡幼学撰行状），以为"古今父子、君臣之际，人之大伦，天地之正义，以成孝敬，长恩爱"（《止斋文集》二十一《封事》），其礼尤不可阙。且郑重其词曰：

> 自古帝王盖有处世故之难，遭人伦之变者矣！要以宗庙社稷付托为
> 至隆，天下苍生关系为至重，莫不先定其心，期于克济，是故父母未顺，舜
> 有南风之歌；兄弟不咸，周有棠棣之燕。是皆转祸为福，身致泰和，不闻以
> 此自累方寸。（《止斋文集》二十一《直前札子》）

> 臣闻父子天性也，孝慈之道不待教而能者也，自士庶人皆然，而况于
> 人主乎？然考之载籍，则有尊为人主，而隙开于父母之间，至于祸败，反不
> 若士庶人之家者何也？贱者群居，其势易亲，贵者异宫，其势易疏故也。
> 夫惟其势易疏，则离间之言易入；离间一入，则父之情不欲自疏于其子，子
> 之情不欲自明于父，由是愈难于言，而父子之隙开矣！父子之隙开，而
> 祸败至……论至于此，可为寒心。（《止斋文集》二十四《入奏札子》）

> 臣闻天伦骨肉，自然恩爱，偶有嫌隙，至相猜疑，考之载籍，间或如此。
> 然而秉彝之性，不可解剥，同气相求，终易感动。是以方其怀疑，若将终身
> 而不合，及至感悟，则又俄顷而如初，往往喜极至于流涕……陛下父子圣
> 明，同德舜、禹，适至今日，尤非本心，苟反求于一念之初，则何待于多言之
> 切……昔者虞舜欲见其父于生前，日号泣于旻天，讫于克谐，万世诵圣；汉
> 武欲见其子于死后，作归来、望思之台，天下闻而悲之。而事已无及，徒成

永恨。二君之心,大抵略同,迟速之间,得失相反。臣恐陛下今日之不为
虞舜,而他日之将为汉武也。(《止斋文集》二十五《直前札子》)

甚者以为"举朝谏之而不听,百官解体矣!四参常朝,宰执而下,无一人立班者,是
失举朝之心也。举国非之而不恤,军民皆怨讟矣!或诈为诏书,敢于指斥,是失举
国之心也"(《止斋文集》二十五《奏事札子》)。隐讽显谏,危论婉说,不一而足。至
于不从,则乞致仕,不仅足见其高风亮节,大义凛然,而陈善闲邪,系心国是,恳挚忠
悃,尤有不可及者。

2. 重视民心

夫水能载舟,亦能覆舟,民心之于国家亦然,故陈傅良以为人主之所以得天下
者以得人心,所以失天下者以失人心,民心之可爱可畏如是,是以有国治民者于此
尤应加意。其言曰:

> 臣闻人主之所以得天下者以得人心也,所以失天下者以失人心也,非
> 独父子之私也。苟得人心,虽其父子不得以天下私诸人;苟失人心,虽其
> 父子不能以天下私其子。(《止斋文集》二十五《奏事札子》)

为阐明此义,陈傅良并举夏、秦两朝为例,以明人心所系之重大,曰:

> 昔者禹荐益于天,将以天下逊也,而讴歌朝觐讼狱者皆不之益而之
> 启,故禹卒不与贤而与子,故曰苟得人心,虽其父不能以天下私诸人也。
> 秦人自以为万世有天下,死而号曰始皇帝,其次曰二世,欲一至万也。然
> 身死才数月耳,天下四面而攻之,宗庙灭绝矣!故曰苟失人心,虽其父不
> 能以天下私其子,胡亥是也。(同上)

按陈傅良此说虽为争过宫而发,然其义则确然无疑,是以孔子论政,足食、足兵,而
必继之以民信,三者并列,且曰"自古皆有死,民无信不立",其意可深思矣!故陈傅
良平日即以为民心虽隐而难见,然其祸深可畏,盖民心之摇有惨于敌国之变者也。
故又曰:

> 天下之事有可畏之势者易图,而无可畏之形者难见也。易图者亦易
> 应,难见者必难支,故明智之君不畏夫方张之敌国,而深畏夫未见其隙之
> 民心,盖民心之摇惨于敌国之变,其变之迟者其祸大,而患在于内者必不
> 可以复为也。古者有畏民之君,是以无可畏之民,后之人君狃于民之不足
> 畏,而民之大可畏者始见于天下。嗟夫!民而至于见其可畏,其亦无及
> 也。夫秦之先盖七国也,自孝公至于庄、襄,亟耕力战。蚕食诸侯之境,历
> 七世而并于始皇之手,吁亦艰矣!始皇唯知天下之难合,而其患在六国

也,故危其社稷,裂其土地而守置之,以绝内争之衅。中国不足虑,而所以
为吾忧者犹有四夷也,于是郡桂林,城碛石,颈系百粤,而却匈奴于千里之
外。始皇之心,自以天下举无可虑,足以安意肆志,拱视于崤、函之上,而
海内晏然者万叶矣!而不知夫天下大可畏者伏于大泽之卒,隐于巨鹿之
盗,而其睥睨觊觎者已满于山之西、江之东也。一呼而起,氓隶云合,虽邯
郸百万之师建瓴而下,而全关之地已税驾于灞上之刘季矣!呜呼!秦以
七世而亡六国,而六国之民以几月而亡秦,以秦之强不能当民之弱,天下
真可畏者果安在乎?人君不得已而用其民以从事于敌国,可不惧哉?
(《止斋文集》附录《民论》)

剀明痛切,史有其征。此陈傅良之所以于平日呕呕以救民穷,宽民力为请者也。而
有国治民者可不深惩其祸变之巨,敬慎厥守,以期近悦远来,天下归心乎?

3. 爱惜人才

夫治理国家要以得人才为根本,盖天下之大,政事之繁,非君王一人所能尽理,
故须登崇俊良,使贤者在位,能者在职,庶使野无遗贤,而治具毕张也。故陈傅
良曰:

人主无职事,以爱惜人才为职事。(《止斋文集》二十四《内引札子》)

然爱惜人才并非徒贵之以爵位,荣之以恩宠之谓,而须养其声望,全其操履,使其贤
其能信于天下,斯为善也,故曰:

夫爱惜人才,徒贵之以爵位,不若养其声望之为美,徒荣之以恩宠,不
若全其操履之为大,凡立乎人之朝,爵位隆而声望污,恩宠盛而操履阙,此
公论所甚不与也。公论不与,将为庸人,则是贵之者适所以贱之,荣之者
适所以辱之也。(同上)

为说明此义,陈傅良特举范仲淹、欧阳修、司马光、吕公著等当朝人物之行止去就以
为喻曰:

恭惟祖宗承五代之后,士风极衰,而一旦作兴之,至过汉、唐而无愧三
代,无他道也,养其声望,全其操履而已。在仁宗时,范仲淹、欧阳修、余
靖、伊洙之徒尝以论大臣除授不当去国矣!已而仲淹、修等之贤果信于天
下,为时名臣。向使当时不明诸臣去就之谊,而苟留两存之,则虽仲淹、修
不能暴白于世,而况不如仲淹、修者乎?在神宗时,司马光、吕公著、苏轼、
辙之徒亦尝以争新法去国矣!已而光、公著等之贤果信于天下,为时名
臣。向使当时不明诸臣去就之谊,而苟留两存之,则虽光、公著等不能暴

白于世，而况不如光、公著者乎？由是观之，爱惜人才必如是而后可，不然。将沦胥而为庸人，夫庸人者一世所弃，何乡而立？有臣如此，国家何赖焉？则亦非上之人之利也。（同上）

爱惜人才尤有赖于人主之器度恢宏，持养深厚，不以私心妄臆，而横加媢嫉摧沮之也。故又曰：

> 陛下不乐忤意之臣，此臣之所未谕者一也……陛下有轻视儒生之名，此臣之所未谕者二也……陛下乃以近名责臣下，此臣之所未谕者三也……陛下乃以合党疑外庭，此臣之所未谕者四也……陛下有混一夷夏之志，而不能容一二龃龉之臣，将以垂宗社无穷之休，而不能少屈须臾之听，省闼台掖，虚位几月，臣窃怪此……腐儒空谈，只乱人心，岂惟人主厌此，虽稍知务书生固自厌此。陛下不与共事，其谁念之哉？然而腐儒端不可用，而不可有轻视儒生之名，何也？非所以招徕其类也，非所以令众庶见也。脱有真儒，亦其侪辈，或以取轻为媿，而一动归去来之心，陛下安能有之？燕昭之礼郭隗，其虚声犹足以致士，焉有圣人抚御，天涵地育，而一旦有弃士之名哉？……以臣泛观人才，无虑数等，盖亦有介直而不隐，疏易而寡虑，其温言以掠美，非愤悱以归过者，要其存心至拳拳也，至不自为计也。若以好名概视之，无乃非所以全爱之乎？且陛下亦知其所以失者乎？其器度不宏，其所养未厚焉耳！夫惟容小所以见大，纳污所以成深，人主固当有远过天下之量也。倘亦以不推逊为讳，不弥缝为嫌，不几于示天下狭耶？正使不然，而以圣德宏深，责备臣子稍稍矜露，亦恐凡百在位俱不足以望清光，佐下风矣……正患人臣不同心耳，而陛下方以为党。此人臣私议，与国何利？而可倡于君上哉？（《止斋文集》二十九《壬辰廷对》）

> 用人之道，百王一法，不宜以洞见是非，易此弗守。（同上）

至于计日书劳，循次而进，尤非处才之道，故曰：

> 计日非所以处贤才也，书劳非所以待法从也。（《止斋文集》十四《朝请大夫中书舍人楼钥磨勘转朝散大夫》）

> 计日非所以待贤能也，循次非所以优法从也。（《止斋文集》十四《林大中磨勘转官》）

夫欲国家兴治固有赖乎人才，然所贵乎人才者，不在于人才之多，而在于能因才而器使之也。而欲使人才能尽效其贤能，则有待于人主之善处之。夫使之以礼，孔子盖尝言之；博访审察，孟子亦既云然矣！观陈傅良所论，虽若犹有所未尽，而其针砭时弊，不可谓非切中肯棨之论矣！

4. 防微杜渐

天下事常发于至微，而终为大患，始以为不足虑，而终至于不可为。盖因循苟且，积久患生，其为祸也必有所不测，故陈傅良于此意尤兢兢，其言曰：

> 夫怨不在明，患生所忽，方其因循，但日细故，浸以悠久，遂成后忧，则尤不可不虑。何者？一国之势譬如一身，血气标本，贵在贯通，少有壅底，便生疾恙，若乃咫尺君门，杳如万里，今日迁延某事，明日阻节某人，日复一日，莫以为怪，人心益玩，主势益轻，脱有奸险，□时为利，则中外之情不接，威福之柄可移。虽是擅传指挥，将亦无从觉察，或放散仪卫，或革退臣僚，或门谍宫闱，或激怒军旅。万一有此，臣恐陛下孤立，而外廷无以效区区矣！（《止斋文集》二十一《直前札子》）

因之陈傅良以为为政者当于暇豫之时，探幽索隐，早为之谋，以防微杜渐，期免事起仓促，而穷于应付也，故曰：

> 自古事变不于暇豫图之，则俄而至于仓卒，不与忠爱臣子共之，则或不得已付之一切之人；仓卒不如暇豫，一切之人孰与忠爱，利害甚相辽绝也。（《止斋文集》十九《赴桂阳军拟奏事札子第四》）

按陈傅良生当南宋偏安之局已形之后，目睹财计军事凡百政务皆隳败不理，致民困日甚，民怨日滋，而光宗优柔，过宫之礼既阙，复惑于无为之说而厌多事，凡此盖皆国之隐忧，而为大乱之根源，因发为此论，足见其洞明事务，与夫忧国之切矣！

5. 杜幸察奸

国家设官理民，凡有官守者固当勤心职事，以无负所托。然内外百官，盖难免有夤缘侥幸之徒滥竽其中，则朝廷黜陟，宜名实相副，以明赏罚，示劝惩，不容奸险之辈得售其计。故陈傅良以为劝惩宜有次第，功罪不应混为一区，其言曰：

> 臣之愚见，以为朝廷劝惩，宜有次第，不应功罪混为一区。（《止斋文集》二十四《缴奏率逢原除都统制第二状》）

> 法制之设，所以公天下而共守之，有不可逾者。（《止斋文集》二十七《缴奏谢渊请给合支本色状》）

职此之故，陈傅良屡次封还词头，不肯奉诏草制，所以然者，盖为"杜侥幸之门"（同上）。唯恐"大启幸门""滥恩浸广"，使奸谀乘间而入，遂致社稷危覆，忠良凋残也。因此陈傅良又借数责盗兰之美而不香以寓其理曰：

汝之盗兰而不香,亦何异人之盗儒而实亡? 吾试言汝以证夫人,阳短石显,盗吾公也;阴附王凤,盗吾直也;钓名布被,盗吾俭也;伏死谏墀,盗吾忠也;托经以媚妇,盗吾学也;口圣贤而行市人,盗吾诚也。是皆君子近之而不知谇,人主俯之而不觉其奸。此社稷所以危覆,忠良所以凋残也。(《止斋文集》附录《责盗兰说》)

因此陈傅良屡以"轸矜民力,吝惜名器"(《止斋文集》二十四《缴奏册宝官吏推恩状》)为请,以为上苟无所畏,则下亦无所要,可以杜幸察奸,兴利除弊矣! 曰:

古之天下无冗官,亦无穷人,无幸法,亦无怨吏。夫若是其甚简也,敷奏宾兴又若彼其众也;法若是其严也,黜陟用废又若彼其果也。以甚简之官待人才之众,以甚严之法行赏罚之果,而人无滞叹,吏无不满之心,何也? 上之人无愧,则下之人无憾也! 用者必公,则未获者不敢议也;显者必贤,则继者不敢觊也;内之者非所昵,则所外者不敢浮也;远之者非所怨,则所迩者不敢偷也;是举天下之官皆可以用人……使古之官视今之官,则今冗也;以古之法视今之法,则今幸也。以其甚冗,犹苦其不足;以其甚幸,犹苦其不平。无他,下有所要,上有所畏也。用者未必公,人不恬于退也;显者未必贤,人固不肖于小也;内之者或所昵,人斯兢于求也;远之者或所怨,人斯难于去也。夫如是,则尽今之官应今之人,废今之法娱今之吏,天下日愈嗷嗷也!(《止斋文集》附录《守令策》)

按全祖望谓陈傅良之学从薛季宣出,而又有所不同(《宋元学案》五十三《止斋学案》)。盖陈傅良之最大成就,乃在考校制度,以之兴滞补弊,此论古今设官立法之异以较其得失,即其一例也。夫古来治绩之败坏盖皆缘于忠奸之不分,赏罚之未明。主政者苟能一本公心,严于劝惩,则谗险不入,奸回却步,政法焉有不治之理。是陈傅良之见确能深窥治理,而有兴滞补弊之效矣!

6. 注重外权

陈傅良针对当时中央集权之弊,以为外权太轻,虽贤士大夫欲有所设施而不得骋,则改革政治,以救民穷,势有所不能行也。因主张稍重外权,使有自由措置之余地,并使其能久任其职,然后可责以事功,曰:

臣切谓今天下亦多故矣! 臣未暇缕数,独念民力之困,于此为极,而莫与陛下救之者耳! 贤士大夫不为不多,曾莫与陛下救斯民者何也? 势不行也。何谓势不行? 欲救民穷,必为帅为漕为总领而后可,而三数官者,虽贤士大夫不乐为之故也。既曰贤士大夫,而不乐为帅漕总领,何也?

外权太轻,虽欲有所设施而不得骋故也。是故不为法令所束缚,则为浮言
之所动摇,不为时政之所讳恶,则为宦游于其处而不得志者之所中伤。有
是四患,虽贤者亦忍事苟岁月耳! 而况其余人乎?……如前四患,则是事
权太轻,虽贤者犹不乐为之……夫可与救斯民者必帅也漕也统领也,而人
不乐为之至此,奈何惮改乎? 臣窃以为今日之势莫若稍稍重外,重外之术
必使帅漕总领皆可驯致于从官,可驯致于从官,而后可久任;可久任,而
后可责以事功。如此则帅漕总领始晓然知朝廷委寄不轻矣! 则夫前四患
者次第自去,而有为陛下出力救斯民者矣!(《止斋文集》二十六《请对札
子第二》)

按宋采中央集权之政策,文繁法密,禁防纤悉,地方权轻,而不能有所施为,永嘉诸
子,自周行己、许景衡以来,已屡发重外之议。陈傅良此论,固永嘉学术一贯传统之
发挥,亦其对于制度讨论有得之言也。

(五) 论财计

有宋一代享国不为不永,然始终三百余年间,贫困殊甚,推究其因,要非一端,
盖内则牵于繁文,外则挠于强敌,而冗官耗于上,冗兵耗于下,若岁币、若军费、若政
费、若糜费等皆耗巨资,且有增无已,势不得已,则征敛于民;而赋役无力,转运使之
设,使民无余财,地方空竭,遂使民生日困,国力衰削,谋国者处乎其间,又多伐异而
党同,易动而轻变。王安石虽谋振救而终无成,陵夷至于靖康变起,心脏受病,而四
肢便如瘫痪,不可复起,形势若此,危亡可虞,有识者莫不引为深忧。陈傅良目睹时
艰,感深痛切,乃大声疾呼,以期能振衰起疲,因主张节省赋敛,改革役法,以宽减民
力,使财散于民,而厚植国基焉。

1. 省赋敛、宽民力

陈傅良以为"古者财散于民"(《止斋文集》三十八《代胡少钦监酒上婺守韩无咎
书》),而当时"征榷之入累数十百倍于古"(同上),非圣朝所以惠民之意,因亟亟以
宽民力为请,其言曰:

《书》曰:"天明畏自我民明畏。"方今之患,何但夷狄,盖天命之永不永
在民力之宽不宽耳,岂不甚可畏哉! 岂不甚可畏哉! 陛下知畏,则宜以救
民穷为己任。陛下以救民穷为己任,则大臣不敢苟目前之安。大臣不敢
苟目前之安,则群臣陈力,何乡不济?(《止斋文集》二十《吏部员外郎初对
札子第二》)

为说明赋敛之累增不已,而民力因之而困敝之情形,陈傅良乃历数有宋开国以来,

财政变革之大略曰：

> 恭惟艺祖受命，平定海内，凡所以创业垂统，莫非可传之法。而深仁
> 厚泽，垂裕后人，则专以爱惜民力为本，臣案故牍，自建隆至景德，四十五
> 年，南征北伐，未尝无事，而金银钱帛粮草杂物七千一百四十八万，计在州
> 郡不会，古所谓富藏天下，何以尚此？当是时，诸道上供，随所输送，初无
> 定额，留州钱物，虽曰系省，而非取之也。盖至大中祥符元年，三司始奏立
> 诸道上供税额。（《止斋文集》二十《吏部员外郎初对札子第一》）

> 臣闻熙宁以来，用事者始取艺祖之约束，一切纷更之，驯至于今，而民
> 力之困极矣。盖自祥符，奏立诸路上供岁额，熙宁新法增额一倍，崇宁重
> 修上供格，颁之天下，率一路之增至十数信，迄今为额。是特上供耳，而其
> 他杂敛皆起，熙宁则以平常宽剩、禁军阙额之类，令□封椿，迄今为额。至
> 于元丰，则以坊场、盐酒、香矾、铜锡、斗秤、披剃之类，凡十数色合而为无
> 额上供，迄今为额。至于宣和，则以赡军籴本与凡应奉司无名之敛合而为
> 经制，迄今为额。至于绍兴，则又以税契七分，得产勘合，添酒五文、茶盐
> 袋息之类，凡二十余色合而为总制，迄今为额。最后又以系省不系省，有
> 额无额，上供赡军等钱均拨为月椿大军，迄今为额。而折帛、和买之类不
> 与焉，夫取之之悉如此。而茶□尽归于都茶场，不在州县；盐钞尽归于榷
> 货务，不在州县；秋苗斛斗十八九归于纲运，不在州县；州县无以供则豪夺
> 于民，于是取之斛面，取之折变，取之科敷，取之抑配，取之赃罚，无所不
> 至，而民困极矣！（《止斋文集》二十《吏部员外郎初对札子第二》）

似此横征暴敛，可谓取之尽镏铢矣！然而民心日离，天心不享，夷狄之祸遂起，乃渡
江之臣不知易图改谋，反征敛益甚，陈傅良有见于此，遂慷慨陈辞曰：

> 三榷之入，尽归京师，至经制悉矣！故夷狄之祸起。且夷狄安能一旦
> 入中国哉？民心离则天心不享，则其祸必及于此。而渡江之臣不唯尽循
> 宣和横敛之旧，又益以总制、月椿、令项起发。王朴有言，以此失之，以此
> 兴之，可乎？今天下之民皆不便其长吏，徒以陛下时出德音，有所罢省蠲
> 阁振业之，而民心不解。夫恩泽有限，不能胜无厌之求，可为寒心。（《止
> 斋文集》十九《赴桂阳军拟奏事札子第二》）

赋敛既如是之甚，然则国家犹困于财者何也？陈傅良以为其因在于昔者以妄费，今
则以养官与兵故也，而养兵之费又甚于养官，曰：

> 臣闻熙、丰、崇、观以来，用事者纷更祖宗之旧，以致夷狄之祸，今天下

皆追咎之矣! 至于重敛,不唯奉行不以为过,又从而附益之者何也? 昔者以妄费,今以养官与兵故也。方今经费,兵居十八,官居十二。(《止斋文集》十九《赴桂阳军拟奏事札子第三》)

国家经费既十有其八用之于养兵,则治病疗疾,陈傅良以为宜自抚摩冗兵始,使之稍使不仰食县官,以省月椿,则经总制之名可次第改正,民病庶几可以稍苏,曰:

> 所谓韩家军者,今为京国人矣! 刘家军者,今为建康、池阳人矣! 岳家军者,今为鄂渚、江陵人矣! 向之数经行阵,以功得官,往往拣汰冗食于庙祠添差之类。比所招刺,例多下等,久不离营,儿女滋息,稍食鲜薄,类苦饥露。当此劳辱,最易抚摩……诚有为国家任是责者,稍使不仰食于县官。以省月椿,则经总制之名亦可以次第改正。(同上)

抚摩冗兵或可稍纾民痛,然此犹治标者也,欲根治其本,陈傅良以为应改革制度,使中外一体,事权统一,以期彼此相谋,有无相济,前后相守,然后宽民力始可得而议,曰:

> 每欲省赋,朝廷以为可,则版曹以为不可;版曹以为可,则总领所以为不可;总领所以为可矣,奈何都统司不可也。陛下亦熟念之欤? 则以都统司谓之御前军马,虽朝廷不得知;总领所谓之大军钱粮,虽版曹不得与故也。于是乎中外之势分,而职掌不同,事权不一,施行不专矣! 职掌不同则彼此不能以相谋,事权不一则有无不能以相济,施行不专则前后不能以相守。故虽欲宽民力,其道无繇……诚在今日,稍仍旧贯,使都统司之兵与向者在制置司时无异,总领所之财与向者在转运司无异,则中外为一体;中外一体,则宽民力可得而议矣!《止斋文集》二十《吏部员外郎初对札子第三》)

按宋代财政,千头万绪,议论之者不知凡几,然治丝益棼,始终未能得一根本彻底之解决。观陈傅良所论,若抚摩冗兵,虽未能提出一具体可行之办法,至言及制度,则诚能深切问题之症结,吾谓陈傅良之最大成就乃在考校制度,以之兴滞补弊,此又其一例也。

2. 改良役法

宋代疵政,役法为一大端,盖不仅一征再征,甚至三征乃至五征,故李心传尝感慨言之曰:"余尝谓唐之庸钱,杨炎已均入二税,而后世差役复不免焉,是力役之征,既取其二也。本朝王安石令民输钱以免役,而绍兴以后,所谓耆户长、保正雇钱复不能给焉,是取其三也。合丁钱而论之,力役之征,盖取其四也。而一有边事,则免夫之令,又不得免焉,是取其五也……民安得不困乎?"(《两朝纲目备要》八)取之既如斯之重,而又以保甲法乱役法,其弊害愈大,而为人民所深苦,于是逃亡、溺子,大乖人伦而悖人道。故陈傅良乃沉痛言之曰:

> 今之困民力,诚非一事,而役害最大,中人之家破荡相继。(《止斋文集》二十一《转对论役法札子》)

> 民极困于保正长,则以保甲催科之故也。民不能堪,虽叔伯兄弟相讼以避役久矣!(《止斋文集》四十《〈义役规约〉序》)

其中致弊之由,陈傅良以为一乃奸吏虐民,再则为以保甲法乱役法故也,曰:

> 所谓免役钱者,本以恤民,使出钱雇役而逸其力也。自罢募户长而取其钱,今隶总制;罢募壮丁而取其钱,今隶总制;罢募耆长而取其钱,今隶总制;而又以三分弓手雇钱,一分宽剩钱,尽隶总制。而又以罢□□虞候重禄钱,罢诸州曹官当直散从官雇钱,罢学事司人重雇钱,宣和籴本之类,尽隶总制。至于官户不减半役钱,在京吏禄,在京官员雇人钱之类,又令项起发,则免役钱之在州县者日益少,而役人无禄者众矣!夫使人出钱募役而逸其力,未非为良法也。而反取其钱以赡他用,既取其钱以赡他用,则必且白著,而役法不得不坏,何谓役法坏?今天下州县之胥皆浮浪之人,而乡村催科专责之保正长是也,以州县浮浪之人行遣公事,蠹民诚甚……乡村保正长任催科之责,破家荡产者往往而是……且夫保正长催科非役法也,以保甲法乱役法而行之也。(《止斋文集》二十一《转对论役法札子》)

按保甲之行,但以稽察盗贼,初与免役无涉,其后既以催科之任责之保正长,于是两者相乱,或有以疾疫死亡或饥饿流移者,丁籍既灭,然州县按籍而催,往往尚仍故旧,官吏急于逃责,多取之于现存之人,或抑令保正长合力补偿,而奸吏复上下其手,力役之弊至此极矣!陈傅良以为其弊虽深,然苟有心改革,要非无计可施,曰:

> 方今仁圣在上,宰辅极天下之选,而贤俊满朝矣!谓为无人能斟酌损益,以通其变,臣亦未喻。(同上)

其中奸吏虐民一项固当自改革吏治入手,然非短期可奏其效,故陈傅良云:"以州县浮浪之人行遣公事,蠹民诚甚,然未易改,臣不暇论。"(同上)至于以保甲法乱役法一项则较易改革,因于其《转对论役法札子》中详较役法与保甲法之异,而谓诚能不使两者相混,虽不足以尽宽民力,要亦为一大惠政也,曰:

> 陛下加悯元元,甚于赤子,诚不以臣不肖,妄论成宪,下臣此章,令侍

从台谏而下推究其所自来而杂议之,要不以保甲法乱役法,虽未足以尽宽民力,实大惠矣!(同上)

唯役法之弊既深且久,欲彻底改革要非一朝一夕之事,为救急治标之计,陈傅良以为当时各地方所兴起之义役制度,颇值采行以为复古之渐,曰:

今天下……民极困于保正长,则以保甲催科之故也。民不能堪,虽叔伯兄弟相讼以避役久矣!叔伯兄弟相讼以避役,非其愿相仇也,势使然也。虽势使然,而非其愿,相仇之心之泯,于是义役兴焉。义役非古也,而有古人之意何也?古者官以义帅民,使之相亲睦;今也民以义奉官,而私相亲睦;其政则殊,其俗不可谓不美也。假如自一县一州转而推行之,至于天下尽然,则其俗尽美。假如上之人有变通养兵之道,而雇役钱可还以予民,则其政尤美,故夫义役者未必非复古之渐也。(《止斋文集》四十《〈义役规约〉序》)

欲改革役政,以除役害,最善者莫如陈傅良所谓"上之人有变通养兵之道,而雇役钱可还以予民"。然一时既无法可致,则以乡族群结义役,集合众人之力量,共同担负非泛之科忧,敦乡睦族,守望相助,盖有现代地方自治之精神在,要为一不得已中之善策也。

(六) 论军事

南宋之世,国家财力萃于养兵,然终未能得兵之用,陈傅良生当其时,目睹主弱兵骄之害,除平日于奏札书启之中屡屡言之之外,且著为《历代兵制》一书,上溯成周乡遂之法,及春秋、秦、汉、唐以来历代兵制之得失,而于宋代言之尤详,以追言致弊之本。其中所陈,既切时务,且足垂世鉴。彼其意以为兵者不可去,曰:"光武久在兵间,厌武事,且知天下疲耗,思欲息肩,文书调度,一切务从简要,由是内省营卫之士,外罢徼候之职。又自西都之季,都试或以为患……光武惩之,遂罢不讲,自是汉兵法始大变坏。善乎应劭论之曰:'天生五材,谁能去兵?'自郡国罢材官骑士之后,官无警备,实启寇心。""汉之祸,光武之销兵为之也。"(《历代兵制》二)夫兵既不可去,则设兵之道不可不讲,其所以讲之之道为何?观陈傅良所论,要有下列数端焉。

1. 本于政教人心

陈傅良既本于民族之大义,极力主张恢复,惟欲恢复必至于用兵,然恢复之于用兵只是一事,要以明教化,修政事,得人心为先。盖教化既行,政事既明,人心既结,则能招徕人才,鼓作士气,用兵岂有不胜者哉?其言曰:

　　臣窃谓士大夫以恢复为讳,但曰时不可为者,必有以借口矣! 其说以官与兵俱冗,而方困于财,有此三患,何乡而可……臣诚愚,揆之往古,国家之患,何世无之? 上有悉心委意之君,下有至公血诚之臣,虽多患,必且盛强;君臣玩安,虚延岁月,虽无患,亦且衰弱;臣故曰以人心为本。诚使中外人心并意一向,以佐下风,治是三者,有一弗治,且害大计,则九重不怡;九重不怡,则朝野震叠,如是则恢复之形见矣! 臣之所谓恢复,非论边事以希戎功之谓,而结民心以祈天命之谓也。往者渡江诸臣僇力讨贼,大义明矣! 竟无所成,陛下亦尝究其所失欤? 不鉴前辙,而以重敛济师,以王、蔡之遗法,图寇、邓之高勋,一战之余,民力已屈。纵微秦桧,其势不得不出于和。后之议臣,不务反此,乍和乍战,莫知攸济。臣请略陈祖宗立国深仁厚泽之意,与熙、丰、崇、观以来,用事者之纷更,动危邦本,以致夷狄之祸,讫于渡江理财本末。陛下详览而审择焉,则兴衰之分决定矣! 是恢复果在此而不在彼也。(《止斋文集》十九《赴桂阳军拟奏事札子第二》)

盖政教不修,则百度隳废,民心日离,在当时则理财之失蠹民最甚,故陈傅良特就此而言之,是以国家之兴亡,军事之成败,并不专在于兵力之众寡,形势之利钝,而往往在于其君臣是否能同心协力,推行教化,修明政事,以得人心也,故又曰:

　　明智之君不畏夫方张之敌国,而深畏夫未见其隙之民心,盖民心之摇,惨于敌国之变……呜呼! 秦以七世而亡六国,而六国之民以几月而亡秦,以秦之强不能当民之弱,天下真可畏者果安在乎? 人君不得已而用其民以从事于敌国,可不惧哉?(《止斋文集》附录《民论》)

　　秦人之俗,尚武虣,弃礼义,虽能卒制强盛,而楚之衅具矣! ……养成戎心,困以苛政,彼干赏蹈利,而无礼义之习,何有于秦哉? ……此秦之所以亡也。(《历代兵制》二)

　　齐、梁、陈兴亡相及,兵无改制,盖晋末兵祸,不在敌国,而日寻于臣子。(《历代兵制》四)

盖民习礼义,政事修明,民心归向,则士奋于朝,农安于野,谷粟充盈,财用不匮,将帅辑睦,士卒乐战,行军用兵可以无往而不利,是政教民心不可不素讲于旌旗未建,钟鼓未伐之先也。

　　2. 节用民力

　　陈傅良探讨古来历代兵制之得失,以为先王立制之美,在于能更劳均佚,不欲穷民之力,故其力常完,其言曰:

> 周制……大司马递而征之，十年而役一遍，凡三家可任者率十有一人，则终身无过一再给公上事，盖先王忠厚之至，更劳均佚，不欲穷民之力也。（《历代兵制》一）

及至春秋，既大变邱乘之制，民遂无余力。逮乎战国，大抵胜甲以上皆籍为兵，且益尚骑射，先王之良法美意，至是荡然无存，而后世诈力之兵用矣！故曰：

> 春秋诸侯见于传者虽未尽信，变更王制，略可考也。鲁自禽父三军，《诗》称"公徒三万"，举成数也。成公元年，谋伐齐，作邱甲，邱各一甲。明年，战于鞌，四卿于是乎舆尸以出……（昭公）八年，搜于红，自根牟至于商卫，革车千乘，故郳人告吴曰："鲁赋八百乘，郳六百乘。"盖竭作也。哀公十二年，用田赋，始以夫田为赋，大变邱乘之制，民无余力矣！（同上）

> 战国相并，诸侯斥地益广，而邱乘之法坏……大抵战国之制，胜甲以上者皆籍为兵。（同上）

罗掘既尽，残民以逞，后世若南北朝之武库空虚，甚而遭到败亡之祸者，其因皆在于未能宽民力也，其言曰：

> 元嘉之政，最为可称，置宣武场，校猎讲武；然而亟用其民，猜防智将，杀檀道济，而使王元谟等北伐，再举再败，邑里萧条，武库空虚。（《历代兵制》四）

> 案刘曜河上之役，戎卒二十八万五千，自以为畏威而来者居三之二，其调民可见。石虎五丁取三，四丁取二，凡士五人出车一乘，牛二头，米十五斛，绢十四，不办者腰斩；又括民马四万余匹，敢匿者斩；百姓穷窘，鬻妻子以供军须，犹不能给。盖合邺中旧兵常五十余万，州郡造甲者称是，船夫十有七万不与焉。西魏之兴，边兵略尽，然有戍卒三十余万，石氏殆不能过。燕欲经营秦、晋，精核隐漏，户留一丁，余悉发为兵使，步卒满一百五十万……秦师之入，拒兵四十余万，视魏人为多焉。后燕略有齐、岱，步兵二十七万，车一万七千乘，铁骑五万三千。率是以观，诸边之兵，大抵空国而作，败亡之祸，特不相远。（《历代兵制》五）

> 比及魏氏，山东杂夷，始徙代北，江淮诸蛮，满伊阙之南矣！寻任崔浩关掌军国，伐夏之役，爰有前驱，后继之目。其讨柔然，分道并出，各列什伍，将帅粗有纪号；然而征卒南侵，士马亡失过半，初未有以宽民力也。（同上）

因推言汉代兵制之美，在于能宽用民力，使民有常兵而无常征之劳，国有常备而无聚食之费，虽事变之起，烽火连年，而邦本不摇也。其言曰：

> 汉制虽曰因秦，然多近古，盖民有常兵而无常征之劳，国有常备而无聚食之费……是以终汉之世，上无叛将，下无骄兵。诸侯七国，变生仓卒，备御奏具。南征北攘，连兵数年，而邦本不摇，诚有以也。（《历代兵制》二）

至宇文泰创为府兵之制，逮乎隋、唐，其制益善，民力日裕，隋之一统天下，唐之武功彪著，陈傅良以为皆缘于此也。曰：

> 宇文泰相魏，辅以苏绰经济之略，于军尤详，六军百府始仿周典，稍还兵农不分之旧。泰始藉民之才力者为府兵，身租庸调一切蠲之，以农隙讲阅战陈，马畜粮备，六家供之，合为百府……至是而广州、山南、北山皆劲兵矣！克齐之后，并相各置六府，而东北别为七总管，自隶户有还，奴房有免，隐丁有诛，府兵有复，丁以十二取，役以一月代，粮畜以家备，民力日以裕矣！（《历代兵制》五）

> 隋之兵威视南北之国为尤强，是以征伐四克，而成一统之业，皆府兵之政也。（同上）

> 案魏、周、齐之世，已行租调之法，而府兵之制由是而始基，加以宇文泰之贤，专意法古。当时兵制增损尤详，然亦未易遽成也，故其制虽始于周、齐，而其效则渐见于隋，彰灼于唐。（同上）

于是追言宋代致弊之原，以为太祖之时，兵虽少而至精，逮乎咸平以后，兵额日增，终至兵多而猥，而疲兵坐食，浮费数倍，遂致财用大促，曰：

> 祖宗赏罚虽明，诚必及物，故天下用命，兵虽少而精也。逮咸平，西北边境之役，兵增至六十万。皇祐之初，兵已一百四十一万。故翰林学士孙朱号善论本朝兵者，其言古者兵足而已，今内外之兵百余万，而别为三四，又离为六七。别而为三者，禁兵也，厢兵也，蕃兵也；离而为六七者，谓之兵而不知战者也，给漕挽者兵也，服工役者兵也，缮河防者兵也，供寝庙者兵也，养国马者兵也，疲老而坐食者兵也。前世之兵未有猥多如今日者也，前世之制未有烦于今日者也。盖尝率计天下之户口千有余万，自皇祐一岁之入一倍二千六百余万，而耗于兵者常什八，而留州以供军者又数百万也。总户口岁入之数，而以百万之兵计之，无虑十户而资一厢兵，十万而给一散卒矣！其卫士之给，又浮费数信，何得不大促也。（《历代兵制》八）

感慨既深,言之痛切,惜乎宋世此弊已成,积重难返,民力既困,国用日促,军威自亦不振,迁延苟且,宋室竟用不起矣!

3. 兵民合一

陈傅良溯言古制之美,又以为其善在于能使兵民合一,以藏用不示,使民习于教而无斗狠,上借其力,而下安于义,故戎不生心,世用底定,其言曰:

> 古人寓兵于农,藏用不示,是以民习于教而无斗狠,上借其力,下安于义。(《历代兵制》一)

> 古者君臣周旋礼乐,以服习勤苦,可不谓先事之惧,安而能危者哉?是故三代而上,士大夫皆可独将,而兵民为一;戎不生心,世用底定。(《止斋文集》三十九《选德殿记》)

其后兵农既分而不可合,彼此不能相入,于是相疾相恨,海内骚然,社稷之主以兵废兴,于是兵骄将悍,贻患无穷,曰:

> 古者君臣周旋礼乐,以服习勤苦……其后王道浸缺,而文武兵农遂分而不可合,一夫荷戈,海内骚然,社稷之主以兵废兴,盖自秦、汉下迄五季,数千百载间,大抵亡具。(同上)

> 至于利鹿、南凉,率意改作,耕战之民始判然离矣!崛起一方,遗患万世。利鹿孤自以为抗衡中夏,建都立邑,难以避患,于是处晋民于城都,劝课农桑以供咨储,帅国民以战射,弱则乘之,强则避之。盖居者专耕,强者专战,自此始矣!厥后高欢入魏,每令军士,其语鲜卑曰:"汉民是汝奴,夫为汝耕,妇为汝织,输汝素帛,令汝温饱,何为陵之?"其语华人则曰:"鲜卑是汝作客,得汝一斛栗,一匹绢,为汝击贼,令汝安宁,汝何为疾之?"夫惟兵农之不相入,则其患至于相令且相疾也。先王之法,其为虑患详矣哉!(《历代兵制》五)

唯汉之车骑材官、唐之府卫,稍近古制,略还兵民不分之旧,故社稷利赖,享国最久,其成效盖昭然可睹矣!

> 其后王道浸缺,而文武兵农遂分而不可合……而汉之车骑材官、唐之府卫,一一近古则享国最久,其效可睹矣!(《止斋文集》三十九《选德殿记》)

> 唐制之美曰府兵之制,居无事则耕于野,其番上者宿卫京师而已;若四方有事,则命将以出,事解辄罢,兵散于府,将归于朝,故士不失业,而将无握兵之重,所以防微杜渐,绝祸乱之萌也。自井田不复,兵制之善莫不

出于此,惜乎后人之不能遵也。(《历代兵制》六)

按宋承五代之弊余,兵农判为二途,且兵额日增,民之作兵者多,而兵之仰民者不少,民既因此重困,而天下屯聚之兵,骄豪多怨,陵压百姓。弊深而祸形,宜乎陈傅良之慨乎其言之,而津津乐道兵民合一之美也。

4. 文武同途

《周礼》保氏"养国子以道,乃教之六艺,一曰五礼,二曰六乐,三曰五射,四曰五驭,五曰六书,六曰九数。乃教之六仪,一曰祭祀之容,二曰宾客之容,三曰朝廷之容,四曰丧纪之容,五曰军旅之容,六曰车马之容"(《周礼》十四《地官保氏》)。盖文武兼习,用能入则佐治,出则独将,内外一体,和衷共济。延及后世,文武既异其途,将相争长,于是遂有畸内畸外,轻重不同之弊。陈傅良上溯古制,以为文武本非异趋,后世内外轻重之病盖皆缘于文武二途故也,其言曰:

> 《礼》,君世子生三日,射人以弧矢六,射天地四方,其早计若此。至于择士以祭,必于射也进退天下之才,与祭者由是得为诸侯卿大夫。若属有宾客之事,燕劳之宠,莫不用射。诗人又于其献酬歌咢之余,中度不中度,罚爵与否,有所戚休刺美,以是为王公大人风化黎庶者之本也。由此观之,古者君臣周旋礼乐,以服勤苦,可不谓先事知惧,安而能危者哉!是故三代而上,士大夫皆可独将,而兵民为一,戎不生心,世用底定。比其季也,徒以为威仪观美而实不称,驰骋弋猎而政不举,则国人为之隐忧,而变风作。其后王道浸缺,而文武兵农遂分而不可合,一夫荷戈,海内骚动,社稷之主,以兵废兴。(《止斋文集》三十九《选德殿记》)

> 三代而上,兵权散主,有扈之师,六军咸在;牧野之战,三卿同出……自后兵多常聚,帅多世守,文武异途,将相争长。吴起与田文论功,而廉颇之贤,耻居蔺相如之下。兵之所在,权实归之,是以在外则外重,在内则内重。(《历代兵制》二)

> 世多谓书生不知兵,谓书生不知兵,犹言孙武不善属文耳!今观武书十三篇,盖与《考工记》《谷梁子》相上下。(《止斋文集》四十一《跋〈徐荐伯诗集〉》)

凡此所论,皆足以说明文武并非异途,而宜兼习而并晓之,虽或朝廷于命官之际,因职称之便,而有文臣武将之别,然彼此交流,和衷共济,社稷利赖,可以免夫相疾相害,牵肘跋扈之病矣!

第七章　叶适之学术思想

一、传略

叶适，字正则(《南宋馆阁续录》八)，学者称水心先生(《宋元学案》五十四《水心学案上》)。曾祖公济，游太学无成，赍衰(《水心文集》十五《致仕朝请郎叶公圹志》)，自处州龙泉徙于温之瑞安(《水心文集》二十五《母杜氏墓志》)。祖某，生平不详。父光祖，字显之，再徙永嘉。性拓荦，志愿大，困于无地，不自振立(《水心文集》十五《致仕朝请郎叶公圹志》)，教童子以自给(《水心文集》二十五《母杜氏圹志》)。岁既晚，专屏静处，不预人事。嘉泰三年卒，年八十五。积封至朝请郎(《水心文集》十五《致仕朝请郎叶公圹志》)。适生十岁，能属文，藻思英发(光绪《永嘉县志》十四)。自为童孺时，从刘夙宾之、刘朔复之二先生学(《水心文集》十六《著作正字二刘公墓志铭》)。年十五六，学为时文(《水心文集》二十九《题周简之文集》)。年二十五，在京逾年，将归，上书西府，言天下形势，谓当今天下之患有三，曰朝廷之上陋儒生之论，轻仁义之学，相与摈贤者而不使自守以高世，以为宜酌古今之变，权利害之实，以先定国是，然后推行各急政要务，而所以行之者，则在于诚、赏、罚而已(《水心文集》二十七《上西府书》)。淳熙三年，年二十七，教授于乐清(《水心文集》十四《丁少詹墓志铭》)。淳熙五年，擢进士第二人，授平江节度推官(《宋史》四百三十四本传)。闰六月，丁母忧。服除，改武昌军节度判官。少保史浩荐于朝，召之，不至。改浙西提刑司干办公事，士多从之游。参知政事龚茂良复荐之，召为太学正，迁博士，因轮对，奏曰："人臣之义，当为陛下建明者一大事而已，二陵之仇未报，故疆之半未复，而言者以为当乘其机，当待其时；然机自我发，何彼之乘？时自我为，何彼之待？非真难真不可也。正以我自为难自为不可耳！于是力屈气索，甘为退伏者，于此二十六年。积今之所谓难者阴沮之，所谓不可者默制之也。盖其难有四，其不可有五：置不共戴天之仇，而广兼爱之义，自为虚弱，此国是之难一也。国之所是既然，士大夫之论亦然，为奇谋秘书者止于乘机待时，忠义决策者止于亲征迁都，深沉远虑者止于固本自治，此议论之难二也。环视诸臣，迭进迭退，其知此事本而可以反复议论者谁乎？抱此志意而可以策励期望者谁乎？此人才之难三也。论者徒见五代之致乱，而不思靖康之得祸，今循守旧模，而欲驱一世之人以报君仇，则形势乖阻，诚无展足之地；若顺时增损，则更张动摇，关系至重，此法度之难四也。又有甚不可者，兵以多而至于弱，财以多而至于乏，不信官而信吏，不任人而任法，不用贤能而用资格，此五者举天下以为不可，岂非今日之实患欤？沿习牵制，非一时矣！讲利害，明虚实，断是非，决废置，在陛下所为耳！"读未竟，帝蹙额曰："朕比苦目疾，此志已泯，谁克任此？唯与卿言之耳！"及再读，帝惨然久之（《宋史》四百三十四本传）。淳熙十五年，为宣教郎太常博士（《道命录》六），七月，兼实录院检讨官（《南宋馆阁续录》九）。尝荐陈傅良等三十四人于丞相，后皆召用，时称得人。八月，朱熹除兵部郎官，未就职，为侍郎林栗所劾。适上书争曰："栗劾熹罪无一实者，特发其私意，而遂忘其欺矣！至于其中谓之道学一语，利害所系不独熹，盖自昔小人残害忠良，率有指名，或以为好名，或以为立异，或以为植党，近创为道学之目，郑丙倡之，陈贾和之，居要津者密相付授，见士大夫有稍慕洁修者，辄以道学归之。以为善为玷阙，以好学为己愆，相与指目，使不得进。于是贤士惴慄，中材解体，销声灭影，秽德垢行，以避此名。栗为侍从，无以达陛下之德意志虑，而更袭用郑丙、陈贾密相付授之说，以道学为大罪，文致语言，逐去一熹，自此善良受祸，何所不有？伏望摧折横暴，以扶善类。"疏入不报（《宋史》四百三十四本传、《宋元学案》九十七《庆元党禁》）。十六年五月，除秘书郎，仍兼实录院检讨官（《南宋馆阁续录》九）。是月，又为湖北参议官（《南宋馆阁续录》八）。光宗嗣位，出知蕲州，入为尚书左选郎。是时，帝以疾不朝重华宫者七月，事无巨细，皆废不行。适见上，力言父子亲爱，出于自然，浮疑私畏，似是而非，岂有事实？若因是而定省废于上，号令愆于下，人情离阻，其能久乎？既而帝两诣重华宫，都人欢悦。适复奏曰："自今宜于过宫之日，令宰执侍从先诣起居，异时两宫圣意有难言者，自可因此传致，则责任有归，不可复使近习小人增损语言，以生疑惑。"不报。而事复浸异，中外汹汹。及孝宗不豫，群臣至号泣攀裾以请，帝竟不往。适责宰相留正曰："上有疾明甚，父子相见，当俟疾瘳。公不播告，使臣下轻议君父，可乎？"未几，孝宗崩，光宗不能执丧，军士籍籍有语，变且不测。适又告正曰："上疾而不执丧，将何辞以谢天下？今嘉王长，若预建参决，则疑谤释矣！"宰相用其言，同入奏，立嘉王为皇太子，帝许之，俄得御批，有历事岁久，念欲退闲之语。正惧而去，人心愈摇。知枢密院赵汝愚忧危不知所出，适告知阁门事蔡必胜曰："国事至此，子为近臣，庸坐视乎？"蔡许诺，与宣赞舍人傅昌朝、知内侍省关礼、知阁门事韩侂胄三人定计，侂胄太皇太后甥也，会慈福宫提点张宗尹过侂胄，侂胄觇其意，以告必胜，适得之，亟白汝愚。汝愚请必胜议事，遂遣侂胄，因张宗尹、关礼，以内禅议奏太皇太后，且请垂帘，许之，计遂定。翌日，禫祭，太皇太后临朝，嘉王即皇帝位，亲行祭礼，百官班贺，中外晏然。凡表奏皆汝愚与适裁定，临朝取以授仪曹郎，人始知其预议焉。迁国子司业。汝愚既相，赏功，将及适，适曰："国危效忠，职也，适何功之有？"而侂胄恃功，以迁秩不满，望怨汝愚，适以告汝愚曰："侂胄所望不过节钺，宜与之。"汝愚不从，适叹曰："祸自此始矣！"遂力求补外，除太府卿，总领淮东车马钱粮。及汝愚贬衡阳，而适亦为御史胡纮所劾，降两官，罢，主管冲佑观。差知衢州，辞，起为湖南转运判官（《宋史》四百三十四本传）。嘉泰三年四月，差知泉州。九月，赴召（乾隆《泉州府志》二十六）入对，言于宁宗曰："陛下初嗣大宝，臣尝申绎卷阿之义为献。天启明，销磨党偏，人才庶几复合，然治国以和为体，处事以平为极，臣欲人臣忘己体国，息心既往，图报方来可也。"帝嘉纳之。初，韩侂胄用事，患人不附，以时小人在言路者创为伪学之禁，举海内知名士贬窜殆尽。其后侂胄亦悔，故适奏及之，且荐楼钥、丘崇、黄度三人，悉与郡，自是禁纲渐解矣。除权兵部侍郎（《宋史》四百三十四本传）。十一月，以父忧去（《水心文集》十五《致仕朝请郎叶公圹志》）。开禧二年，服除，召入，时有劝侂胄立盖世功以固位者，侂胄然之，将启兵端。适因奏曰："甘弱而幸安者衰，改弱而就强者兴。陛下申命大臣，先虑预算，思报积耻，规恢祖业，盖欲改弱以就强矣！窃谓必先审知强弱之势而定其论，论定然后修实政，行实德，弱可变而为强，非有难也。今欲改弱以就强，为问罪骤兴之举，此至大至重事也；故必备成而后动，守定而后战。今或谓金已衰弱，姑开先衅，不惧后艰，求宣和之所不能，为绍兴之所不敢，此至险至危事也。且所谓实政者，当经营濒淮沿汉诸郡，各为处所，牢实自守，敌兵至，则阻于坚城，彼此策应，而后进取之计可言。至于四处御前大军，练之使足以制敌，小大之臣，试之使足以立事，皆实政也。所谓实德者，当今赋税虽重，而国愈贫，如和买、折帛之类，民间至有用田租一半以上输纳者，况欲规恢，宜有恩泽。乞诏有司审度何名之赋害民最甚，何等横费裁节宜先，减所入之额，定所出之费。既修实政于上，又修实德于下，此其所以能屡战而不屈，必胜而无败也。"（《宋史》四百三十四本传）盖其意在修边而不急于开边，整兵而不急于用兵，其要尤在于节用减赋，以宽民力，时以为迂缓，不用（《宋元学案》五十四《水心学案上》），除权工部侍郎。侂胄欲借其草诏以动中外，改权吏部侍郎，兼直学士院，以疾力辞兼职。会诏诸将四路出师，适又告侂胄宜先防江，不听。未几，诸军皆败。侂胄惧，以丘崇为江淮宣抚使，除适宝谟阁待制（《宋史》四百三十四本传），六月二十二日，知建康府，兼沿江制置使（《景定建康志》

十四)。适谓三国孙氏尝以江北守江,自南唐以来始失之,建炎、绍兴未暇寻绎。乃请于朝,请节制江北诸州。及金兵大入,一日,有二骑举旗若将渡淮者,淮民仓皇争斫舟缆,覆溺者众,建康震动,适谓人心一摇,不可复制,惟劫砦南人所长,乃募市井悍少并帐下愿行者,得二百人,使采石将徐纬统以往,夜过半,遇金人,蔽茅苇中射之,应弦而倒,矢尽,挥刀以前,金人皆错愕不进。黎明,知我军寡,来追,则已在舟中矣!复命石跋、定山之人却敌营,得其俘馘以归。金解合州围,退屯瓜步,城中始安。又遣石斌贤渡宣化,夏侯成等分道而往,所向皆捷,金自滁州遁去,时羽檄旁午,而适治事如平时,军须皆从官给,民以不扰。淮民渡江有舟,次止有寺,给钱饷米,其来如归。兵退,进宝文阁待制(《宋史》四百三十四本传)。三年二月,兼江淮制置使(《宋史》三十八《宁宗本纪》)。措置屯田,遂上堡坞之议。初,淮民被兵惊散,日不自保,适遂于墟落数十里内依山水险要为堡坞,使复业以守,春夏散耕,秋冬入堡,凡四十七处。又度沿江地创三大堡,石跋则屏蔽采石,定山则屏蔽靖安,瓜步则屏蔽东阳、下蜀,西护溧阳,东连仪真,缓急应援,首尾联络,东西三百里,南北三四十里。每堡以二千家为率,教之习射,无事则戍。以五百人一将,有警则增募新兵,及抽调诸州禁军二千人,并堡坞内居民通为四千五百人,共相守戍。而制司于每岁防秋,别募死士千人,以为劫砦焚粮之用。因言堡坞之成有四利,大要谓敌在北岸,共长江之险,而我有堡坞以为声援,则敌不敢窥江,而士气自倍,战舰亦可策动,和、滁、真、六合等城,或有退遁,我以堡坞全力助其袭逐,或邀其前,或尾其后,制胜必矣!此所谓用力寡而收功博也。三堡就,流民渐归(《宋史》四百三十四本传)。时中朝方急于求和,适以为不必,但请力修堡坞以自固,乃徐为进取之渐。而韩侂胄诛,朝事又一变,中丞许及之、雷孝友本韩党也,至是畏罪,乃反劾适附会侂胄起兵端,并以此追削辛弃疾诸人官(《宋元学案》五十四《水心学案上》)。十二月,落适宝文阁待制(《宋史》三十八《宁宗本纪》)。适前此封事,其在庙堂,竟莫能明其本末,盖大臣亦借此以去君子(《宋元学案》五十四《水心学案上》)。自后奉祠凡十三年(《宋史》四百三十四本传),适杜门家居,绝不自辩也。尝叹息曰:"女真崛起暴强,据吾太平之土壤,已五六十年矣!使其复为,天祚盛极将亡,他人必出而有之,不可畏哉!"盖其先见如此(《宋元学案》五十四《水心学案上》)。嘉定十六年正月二十六日卒,享年七十有五(《桐江集》三《读笔窗〈荆溪集〉跋》)。赠光禄大夫,谥忠定(《宋史》四百三十四本传)。

　　叶适志意慷慨,雅以经济自负(《宋史》四百三十四本传)。于书无所不窥,而才气卓越,心思行道于当时,而见之功业。观其议论谋猷,本于民彝物则之常,欲以正人心，明天理，至于求贤审官，训兵理财，一切施诸政事之间，可以隆国体，济时艰（《水心文集》明正统本王直序）。其学为有用之学，而非无本而然，探源于经训，沿流于史籍，而切磨于师友（《水心文集》乾隆利本朱椿序）。崇尚礼学（《黄氏日钞》六十八），而务稽合乎孔子之本统。盖自汉、唐诸儒皆推宗孟轲氏，谓其能嗣孔子。至宋朝，关、洛骤兴，始称子思得之曾子，孟轲本之子思，是为孔门之要传。其后张、吕、朱氏二、三巨公益加探讨，名人秀士鲜不从风而靡。适后出，异识超旷，不假梯级，谓洙泗所讲，前世帝王之典籍赖以存，开物成务之伦纪赖以著。《易》《彖》《象》仲尼亲笔也，《十翼》则讹矣！《诗》《书》义理所聚也，《中庸》《大学》则后矣！曾子不在四科之目，曰参也鲁。以孟轲能嗣孔子，未为过也；舍孔子而宗孟轲，其于本统离矣！其言议与程、朱诸人亦不能绝无异同。而根柢六经，折衷诸子，剖析秦、汉，讫于五季，以《皇朝文鉴》终焉。其致道德之要，如渴饮饥食之切于日用也；指治摘乱之几，如刺腧中肓之速于起疾也。推迹世道之升降，品目人才之短长，皆若绳准而铢称之。前圣之绪业可续，后儒之浮论尽废。其切理会心，冰消日朗，无异亲造孔室之闳深，继有百官之美富。至于忧时虑国，不舍食息，思为康济。常追恨唐初务广地，而兆夷狄内侵之祸；中世废府兵，而县官受养兵之患。宋朝承平，未遑悛定，矧以旧虏垂亡，边方数警，笔墨将绝，遂为后总，盖用心至苦也（《习学记言》孙之宏序）。凡所论议，大抵备史法之醇疵，集时政之得失，所关于世道者甚大。究物理之显微，著文理之盛衰，所关于世数者尤切（《习学记言》汪纲序）。虽或不免于惊世骇俗，然确能有所见，足与其雄辩之才相副。而议论史事，往往为宋事而发，于治乱通变之原言之最悉，其识尤未易及（《四库全书总目提要》一百一十七）。要之，其意欲废后儒之浮论，所言不无过高，以言乎疵则有之，若云其概无所闻，则亦堕于浮论矣（《宋元学案》五十四《水心学案上》黄宗羲案语）。

　　叶适平生静重寡言，有雅量，喜愠不形于色，然能断大事（《荆溪林下偶谈》三《水心能断大事》）。为人正直刚明，严于善恶之辨。其论林栗一书，有功斯道甚大。时栗倡为道学之说，欲窜逐朱熹，善人君子皆惴惧，适独上书天子，论栗奸邪，请加摧折，以抚善类。国家之本，莫大于是（《水心文集》明正统本王直序）。按栗时为法从，适非言官，又所学与朱熹不相下，非平昔相党友者，一旦不忍其诬，出位抗言，廷斥不少恕，可谓壮矣哉（《黄氏日钞》六十八）。

　　叶适之文，本诸圣哲而参之史（《水心文集》赵汝谠序），于欧阳修四六暗诵如流，而所作亦甚似之；顾其简淡朴素，无一毫妩媚之态，行于自然，无用事用句之癖，尤世俗所难识（《荆溪林下偶谈》二《四六与古文同一关键》）。其于文字不苟作，虽削绳刻墨尚露,要是究见根柢,用意至到(《涧泉日记》下)。不为无益之语,篇篇法言,句句状语(《荆溪林下偶谈》二《水心文不为无益之语》)。尝自谓譬之人家餂客,虽或金银器照座,然不免出于假借。惟自家罗列,仅甕缶瓦杯,然却是自家物色(《荆溪林下偶谈》三《水心文不蹈袭》)。其命意如此,故能脱化町畦,独运杼轴。韩愈所谓文必己出者,殆于无忝(《四库全书总目提要》一百六十)。其精诣处,或且为有韩、柳所不及者(《四朝闻见录》甲《宏词》)。其于诗也,早已精严,晚尤高远,古调好为七言八句,语不多而味甚长,其间与少陵争衡者非一,而义理尤过之(《荆溪林下偶谈》四《水心诗》)。其所著有《周易述释》一卷、《春秋通说》十三卷、《名臣事纂》九卷、《叶学士唐史钞》十卷、《荀扬问答》、《习学记言序目》五十卷、《水心文集》二十八卷、《拾遗》一卷、《别集》十六卷、《制科进卷》九卷、《外稿》六卷、《贤良进卷》八卷、《水心文粹》、《策场标准集》、《播芳集》(参附录二)。

二、学术思想

(一) 论道

道不远物而常存乎形器之内,此薛季宣论道之旨,已为永嘉经制学术立其理论之粗胚。惟季宣似尚非有意为此,迨叶适乃本季宣之说,阐意益密,始正式为永嘉经制之学赋予思想理论之基础。今人吕振羽谓"叶适思想的若干基本论旨,《艮斋学案》所收艮斋《浪语集》及其他部分,已大都有了发端"(《论叶适思想》),盖实录也。而叶适思想之所以足与朱、陆成鼎足之势者即在于此。其论曰:

> 《周官》言道则兼艺,贵自国子弟,贱及民庶,皆教之。其言儒以道得民,至德以为道本,最为切要,而未尝言其所以为道者。虽《书》尧、舜时亦已言道,及孔子言道尤著明,然终不的言道是何物。岂古人所谓道者,上下皆通知之,但患所行不至耶!老聃本周史官,而其书尽遗万事而特言道,凡其形貌朕兆,眇忽微妙,无不悉具。余尝疑其非聃所著,或隐者之词也。而《易传》及子思、孟子亦争言道,皆定为某物。故后世之于道始有异说,而益以庄、列、西方之学,愈乖离矣!今且当以儒以道得民,至德以为道本二言为证,庶学者无畔涣之患,而不失古人之统也。(《习学记言》七《周礼》)

按此条为《宋元学案》所引,全祖望案云:"此永嘉以经制言学之大旨。"(《宋元学案》五十四《水心学案上》)是永嘉经制之学,至叶适始显其宗旨,与以思想理论之根据也。又黄宗羲曰:"其意欲废后儒之浮论。"(同上)此亦其征也。考叶适之意,盖以

为道存在于器数之中,舍器数即无所谓道也,故又曰:

> 书有刚柔比偶,乐有声器,礼有威仪,物有规矩,事有度数,而性命道
> 德,未有超然遗物而独立者也。(《水心别集》七《大学》)

> "形而上者谓之道",按"一阴一阳之谓道",兼阴说虽差,犹可言也;若
> 夫形上则无下,而道愈隐矣!(《习学记言》四《易》)

是故唯有即器始足以明道,就人伦事务上加以表现,始能发现、把握此道,此圣贤经
世之业也,故曰:

> 物之所在,道则在焉。物有止,道无止也。非知道者不能该物,非知
> 物者不能至道。道虽广大,理备事足,而终归之于物,不使散流,此圣贤经
> 世之业,非习为文词者所能知也。(《习学记言》四十七《皇朝文鉴一》)

> 上古圣人之治天下至矣! 其道在器数,其通变在于事物;其纪纲、伦
> 类、律度、曲折莫不有义,在于宗庙、朝廷、州闾、乡井之间;其教民周旋、登
> 降、会通、应感之节,而诵说其所以然之意,使之自得于心而有余于身,以
> 行之于君臣、父子、夫妇、昆弟,在于学官。其波顺风靡,而天下之人无不
> 根于性命,闲于道德,而习于死生之变……无验于事者,其言不合;无考于
> 器者,其道不化,论高而实违,是又不可也。(《水心别集》五《进卷总义》)

> 道不可见,而在唐、虞、三代之世者,上之治谓之皇极,下之教谓之大
> 学,行之天下谓之中庸,此道之合而可名者也。其散在事务,而无不合于
> 此。缘其名以考其实,即其事以达其义,岂有一不当哉!(《水心别集》七
> 《进卷总述》)

古之圣贤所以致辨于事务之详,而于道德众理特指其名,而辄缺其义者,盖恐人之
舍器言道,而使大道因之而泯也,故曰:

> 古之圣贤,其析言于事务,甚辨而详。至于道德之本,众理之会,则特
> 指其名而辄缺其义,微开其端而不究其极……故皇极无不有也,而其难在
> 于建;建极非难也,而其难在于识其所以建……夫极非有物,而所以建是
> 极者则有物也。君子必将即其所以建者而言之,自有适无,而后皇极乃可
> 得而论也。(《水心别集》七《皇极》)

乃自子思而后,诸儒竞相以辞明道,诡诡不已,徒饰其说以自好,难以言行道之功,
自为叶适所不满,尝曰:

> 唐、虞、三代,内外无不合,故心不劳而道自存,推之父子而合,推之君
> 臣而合,推之兄弟、朋友、夫妇而合,上合天明,下合地性。今之为道者,务

出内以治外也,然而于君臣、父子、兄弟、朋友、夫妇常患其不合也。守其心以自信,或不合焉,则道何以成?于是三者或不能知其所当施之意,而徒饰其说以自好,则何以为行道之功?故夫昔以不知道为患,而今以能明道为忧也。(《水心别集》七《进卷总述》)

孔氏未尝以辞明道,内之所安则为仁,外之所能则为学,至于内外不得而异称者,于道其庶几乎!子思之流始以辞明道,辞之所之,道亦之焉,非其辞也,则道不可以明。孟子不止于辞,而辨胜矣!荀卿本起稷下,凡有所言,皆欲挫辩士之锋,破滑稽之的。其指决割,其言奋呼,怒目裂眦,极口切齿;先王大道,至此散度……雄为孔氏之学,其书将经纬大道,奈何俯首效之?且未有求其小,而能得其大也?惜乎其未讲矣!(《习学记言》四十四《荀子》)

因此叶适乃本其怀疑精神与思辨功夫,对曾子以次诸儒,凡程朱所指以为道统者,皆加以驳难。其辨曾子并未独传孔子之道曰:

孔子殁,或言传之曾子,曾子传子思,子思传孟子。按孔子自言德行颜渊而下十人,无曾子,曰"参也鲁"。若孔子晚岁独进曾子,或曾子于孔子后殁,德加尊,行加修,独任孔子之道,然无明据。又按曾子之学,以身为本,容色辞气之外不暇问,于大道多所遗略,未可谓至。(《习学记言》四十九《皇朝文鉴三》)

余尝疑孔子既以一贯语曾子,直唯而止,无所问质,若素知之者。以其告孟敬子者考之,乃有粗细之异,贵贱之别,未知于一贯之指果合否?曾子又自转为忠恕,忠以尽己,恕以尽人,虽曰内外合一,而自古圣人经纬天地之妙用,固不止于是。疑此语未经孔子是正,恐亦不可便以为准也。(《习学记言》十三《论语》)

"曾子有疾,孟敬之问之。"近世以曾子为亲传孔子之道,死复传之于人,在此一章。按曾子末后语不及正于孔子,以为曾子自传其所得之道则可,以为得孔子之道而传之则不可也。自尧、舜、禹、汤、文、武、周公、孔子,所传皆一道,孔子以教其徒,而所受各不同;以为虽不同,而皆受之于孔子,则可以为尧、舜、禹、汤、文、武、周公、孔子之所以一者,而曾子独受而传之人,大不可也。孔子尝告曾子"吾道一以贯之",曾子既唯之,而自以为忠恕,按孔子告颜子"一日克己复礼,天下归仁焉"。盖己不必是,人不必非,克己以尽物可也。若动容貌而远暴慢,正颜色而近信,出辞气而远鄙倍，则专以己为是，以人为非，而克与未克，归与不归，皆不可知，但以己形物而已。且其言谓"君子所贵乎道者三"，而"笾豆之事则有司存"，尊其所贵，忽其所贱，又与一贯之指不合，故曰"非得孔子之道而传之"也。（同上）

世谓孔子语曾子一贯，曾子唯之，不复重问，以为心悟神领，不在口耳。呜呼！岂有是哉！一贯之指因子贡而粗明，因曾子而大迷。（同上）

其辨子思《中庸》未必为孔子遗言曰：

按伯鱼答陈亢无异闻，孔子尝言"中庸之德民鲜能"。而子思作《中庸》，若以《中庸》为孔子遗言，是颜、闵犹足是告，而独闭其家，非是。若子思所自作，则高者极高，深者极深，宜非上世所传也。然则言孔子传曾子，曾子传子思，必有谬误。（《习学记言》四十九《皇朝文鉴三》）

以上皆与程、朱异趋，唯于孟子，则承认孟子为能上接道统之传，曰：

孟子亟称尧、舜、禹、汤、伊尹、文王、周公，所愿则孔子，圣贤统绪既得之矣！养气知言，外明内实，文献礼乐，各审所从矣……后世以孟子能传孔子，殆或庶几！（同上）

然亦尝谓孟子论学有偏，其言曰：

后世以孟子能传孔子，殆或庶几！然开德广，语治骤，处己过，涉世疏，学者趋新逐奇，忽亡本统，使道不完而有迹。（同上）

按孟子言性言命言仁言天，此古人所未及，故曰开德广。齐、滕小大异，而言行王道皆若建瓴，以为汤、文王皆然，故曰语治骤。自谓庶人不见诸侯，然以彭更言考之，后车数十乘，从者数百人，而曰庶人可乎？故曰处己过。孔子复汶阳田，使兹无还对；罢齐享，与梁丘据语。孟子不与王驩言行事，惮烦若是乎？故曰涉世疏。学者不足以知其统，而务袭孟子之迹，则以道为新说奇论矣！（同上）

以心为官，出孔子后；以性为善，独自孟子始。然后学者尽废古人入德之条目，而专以心性为宗主，虚患多，实力少，测知广，凝聚狭，而尧、舜以来内外交成之道废矣！（《习学记言》十四《孟子》）

此外叶适又谓《大学》未可信，《十翼》非尽孔子作，并因之批评周、张、二程曰：

按经传诸书往往因事该理，多前后断绝，或彼此不相顾，而《大学》自心意及身，发明功用，至于国家天下，贯穿通彻，本末全具。故程氏指为学者趋诣简捷之地，近世讲习尤详，其间极有当论。《尧典》克明俊德，而此篇以为自明其德，其修身、齐家、治国、平天下之条目，略依仿而云也。然此篇以致知格物为《大学》之要，在诚意正心之先，最合审辩……诚意必先致知，则知者心意之师，非害也。若是，则物宜何从？以为物欲而害道，宜格而绝之耶？以为物备而助道，宜格而通之耶？然则物之是非固未可定，而虽为《大学》之书者亦不能明也。程氏言"格物者，穷理也"，按此篇心未正当正，意未诚当诚，知未至当致，而君臣、父子之道各有所止，是亦入德之门尔，未至于能穷理也。若穷尽物理，矩获不踰，天下国家之道已自无复遗蕴，安得意未诚、心未正、知未至者而能先知……疑程氏之言亦非也。若以为未能穷理，则未正之心、未诚之意、未致之知安能求之？又非也。然所以若是者，正谓为《大学》之书者自不能明，故疑误后学尔，以此知趋诣简捷之地，未求而徒易惑也。(《习学记言》八《礼记》)

此论《大学》之未足深信也。其论《十翼》云：

《文言》，《上》《下》《系》，《说卦》诸篇，所著之人或在孔子前，或在孔子后，或与孔子同时，习《易》者会为一书，后世不深考，以为皆孔子作也。故《彖》《象》掩郁未振，而《十翼》讲诵独多。魏、晋以后，遂与老庄并行，号为孔、老。佛学后出，其变为禅，喜其说者以为与孔子不异，亦挽《十翼》以自况，故又为儒、释。本朝承平时，禅说尤炽，儒、释共驾，异端会同。其间豪杰之士有欲修明吾说以胜之者，而周、张、二程出焉。自谓出入于佛、老甚久矣，而曰吾道固有之矣！故无极太极，动静男女，太和参两，形气聚散，氤氲感通，有直内，无方外，不足以入尧、舜之道，皆本于《十翼》，以为此吾所有之道，非彼之道也。及其启教后学，于子思、孟子之新说奇论皆特发明之。大抵欲抑浮屠之锋锐，而示吾所有之道若此。然不悟《十翼》非孔子作，则道之本统晦矣！(《习学记言》四十九《皇朝文鉴三》)

按南宋浙东儒者对所谓道学特持异见者，在永康为陈亮，在永嘉则为叶适。考陈亮之反道学，在于程、朱诸儒之以天理、人欲强分三代与汉、唐，于道统之中抹煞汉、唐诸儒之地位，是其所据者以事功为立场，所争者在态度，故全祖望谓其"专言事功而无所承，其学更粗莽"(《宋元学案》五十六《龙川学案》)。至叶适之反道学，则就程、朱诸儒所据以立说之《易传》《学》《庸》《孟子》以批驳之，以为其义理不足信，是其所据者以义理为立场，所争者在思想，虽其"言砭古人多过情""要亦有卓然不经人道者，未可以方隅之见弃之也"(《宋元学案》五十四《水心学案上》)。

复按全祖望云："乾、淳诸老既殁，学术之会总为朱、陆二派，而水心断断其间，遂称鼎足。"(同上)考叶适之于陆九渊,固尝谓陆子静"号称径要简洁,诸生或立语,已感动悟入矣"(《水心文集》十七《胡崇礼墓志铭》),然而又云:"陆氏兄弟……徇末以病本,而自谓知本,不明乎德,而欲议德,误后生深矣!"(《习学记言》八《礼记》)此外则不复述及。按叶适谓《周官》言道则兼艺,道与艺相即而不离。陆九渊则谓:"主于道则欲消,而艺亦可进;主于艺则欲炽而道亡,艺亦不进。"(《象山全集》三十五《语录》)彼此相反对,故近人何格恩以为盖乃"道不同不相为谋"也(《叶适在中国哲学史上之位置》)。至叶适之于朱熹,除前所述其对朱熹所排定道统有所不满,而大肆抨击外,彼此论学有近似处,亦有截然不同处。其相近者如彼此立教,多为中人立法。又如叶适以为孟子庶几可以上承道统之传,然论学有偏;朱熹亦尝谓"《论语》一书,当时门人弟子记圣人言行,动容周旋,揖逊进退,至为纤悉,如《乡党》一篇可见。当时此等礼数皆在,至孟子时则渐已放弃"(《朱子语类》十五),"如其礼乐以俟君子意思,孟子都无,便是气粗处"(《朱子语类》七十三),"孟子终是粗"(《朱子语类》九十五),又谓孟子论性"说的粗疏,只是说成之者性,不曾从原头推说来"(《朱子语类》一百一十六)。又如叶适谓道器一体,朱熹亦曰:"器亦道也,道亦器也。道未尝离乎器,道亦是器之理。理只在器上,理与器未尝相离,所以一阴一阳之谓道。"(《朱子语类》七十五)惟朱熹又云:"未有天地之失,毕竟也只是先有此理,便有此天地。若无此理,便亦无天地,无人无物,都无该载了。"(《朱子语类》四)"理与气本无先后之可言,但推上去时,却如理在先,气在后相似。"(《朱子语类》一)是就朱熹之论理系统而言,乃道在先而器在后,而叶适则以为道非先天地而生者,谓"若夫形上则无下,而道愈隐矣!"(《习学记言》四《易》)盖道非仅形而上者,乃该形之上下而言也。此其所以为异处也。其截然不同者为朱熹之思想以性命道德为中心,近托程氏,远溯子思、孟子,假借《易传》《学》《庸》,致力于太极无极、理气心性等问题之探讨,经济事功虽所不废,唯不过借以发扬其中心思想耳!叶适之思想则以经制事功为中心,假借《周礼》《尚书》,归宿于经世致用,而不愿冥惑于性命之理。论点既殊,则彼此为说自不免南北异辙。是故"以朱学批评浙学,则浙学为舍本逐末;以浙学批评朱学,则朱学为避实趋虚"(周予同《朱熹》页91)。要之,二家各有其相当之立场,余意以为兼采其说以相互足成则可,若各据方隅而互相攻驳,则难免失于一偏,非吾人为学所宜有之态度也。

(二) 论学

叶适以为"士在天地间,无他职业,一徇于道,一由于学而已"(《水心文集》十一《台州州学三老先生祠堂记》)。而欲徇道则非学无以为功,曰:"《书》:'惟学逊志,务时敏,厥修乃来。允怀于兹,道积于厥躬。'言学修而后道积也。《诗》:'日就月将,学有缉熙于光明。佛时仔肩,示我显德行。'言学明而后德显也。皆以学致道,而不以道致学。"(《水心文集》二十七《答吴明辅书》)为学之重要盖从可知矣!稽其所论,要亦本于先儒之说,以明德修身为本,然最主要者厥在发挥其经世之旨,绾合学术与政道而为一,所谓以经制言学者是也。至其所论为学之道,若师友讲习、内外兼修、古今并策、致疑以思,要皆有足采者焉。

1. 以明德修身为本

儒家论学以明德修身为本,叶适亦取是说,以为"苟非忠信,奚以学为"(《水心文集》二十六《省斋铭》)谓孔氏"终身之力,治此分寸"(《水心文集》二十八《祭赵几道文》)。是故学者必自善,而后聪明有开,义理有辨,德行有新。而学者所求要不外乎仁义礼智信也。其言曰:

> 学者必自善也,自善则聪明有开也,义理有辨也,德行有新也,推之乎万世所共由不异矣!(《水心文集》二十九《题薛常州〈论语小学〉后》)

> 夫人之一身,自仁义礼智信之外,无余理行于世。故自六十四卦之外无余义。学者溯源而后循流,则庶几得之;若沿流以求源,则不胜其失也。故余谆谆焉以卦象定入德之条目,而略于爻;又以卦名通世故之义,而略于卦者,惧沿流不足以求源也。(《习学记言》三《易》)

既以明德修身为本,是苟能达于此者,莫不孜孜与朋友相讲习而悦乐之,世之毁誉,时之得失,盖所不计也,曰:

> 孔子曰:"学而时习之,不亦说乎! 有朋自远方来,不亦乐乎! 人不知而不愠,不亦君子乎!"夫学常进则得其养,同于人则不偏于己,重于己则不尤于人,舍是,吾未见其不蔽也。(《习学记言》四十四《荀子》)

> 方周衰不复取士,冻饿甚者几不活矣! 孔、孟不以其不取而不教也,孔、孟之徒不以其不取而不学也,道在焉故也。(《水心文集》十一《信州重修学记》)

按叶适论学之大旨实在于以经制言学,然欲经世明民未有不自修身始者也,叶适尝有言曰:

> 夫学不自身始,而曰推之天下,可乎? 虽曰推之天下,而不足以反其身,可乎? 然则妄相融会者零落而不存,外为驰骛者粗鄙而不近矣!(《水心文集》十《温州新修学记》)

于是可见叶适言学盖乃本诸《大学》,虽极于治国平天下而一是皆以修身为本也。

是其所论,终始本末,粲然大备,而无倚轻倚重之病也。

2. 主于经世致用

按浙东学术与当时一般理学之最大歧异处厥为注重史学,因此其学较偏向于实际。于是讲明因果,评说世变,考索制度,议论时势,其目的无非在于有补治道,以救时失。若永康学派之陈亮一生以经济自负,固无庸多言。即金华学派之吕祖谦,性理气息虽颇浓厚,唯亦尝曰:"前既教以三德三行,以立其根本,根本既立,固是纲举而目张。然又须教以国政,使之通达治体……故国政之有中者则教之以为法,不幸而国政之或失,则教之以为戒,又教之以如何整救,如何措画,使之洞晓国家之本末原委……盖人生天地间,岂可不尽知天地间事?"(《吕东莱文集》十六《周礼说》)又曰:"百工治器,必贵于有用。器而不可用,工弗为也;学而无所用,学将何为也邪?"(《吕东莱文集》二十《杂说》)经世之意亦颇不浅。永嘉学派若薛季宣、陈傅良等人之学亦偏在于考索制度,讲明时务。叶适秉承此种学风,故其论学亦讲求实际,以期有补世用,尝曰:

> 学实而已,实善其身,实仪其家,移以事君,实致其义,古今共之,不可改也。(《水心文集》十三《郭府君墓志铭》)

> 读书不知接统绪,虽多无益也;为文不能关教事,虽工无益也;笃行而不合于大义,虽高无益也;立志而不存于忧世,虽仁无益也。(《水心文集》二十九《赠薛子长》)

彼以为《周礼》言道则兼艺,因主张究极古今伦贯,物变终始,以折衷义理,契合学之本统,曰:

> 时诸儒以观心空寂名学,徒默视危拱,不能有论诘,猥曰道已存矣!君固未信,质于余,余为言学之本统,古今伦贯,物变终始,所当究极。(《水心文集》二十五《宋厩父墓志铭》)

> 夫欲折衷天下之义理,必尽考详天下之事物而后不谬。(《水心文集》二十九《题姚令威〈西溪集〉》)

因此叶适对于董仲舒"正其谊不谋其利,明其道不计其功"一语,以为初看极好,细看则未免有疏阔之病,其言曰:

> 正谊不谋利,明道不计功,此语初看极好,细看全疏阔。古人以利与人而不自居其功,故道义光明。后世儒者行仲舒之论,既无功利,则道义者乃无用之虚语尔!然举者不能胜,行者不能至,而反以为诟于天下矣!(《习学记言》二十三《汉书》)

而对于当时一般理学家之远于事务,高谈心性,显有不满之意,曰:

> 古人多识前言往行,谓之畜德。近世以心通性达为学,而见闻几废,为其不能畜德也。(《水心文集》二十九《题周子实所录》)

> 修其身而后推之于天下,古之帝王莫不然,此学之所谓大也。智足于其身而不及修,不能治天下国家,而能顺天下国家之所以治,此学之所谓小也。学无小大之异也,书有刚柔比偶,乐有声器,礼有威仪,物有规矩,事有度数,而性命道德未有超然遗物而独立者也。学而不至,至而不合,合而不能遗忘,故君子小之。虽然,不可废也。古之人以小养大,今之人以大遗小。以小养大,未有不大者也;以大遗小者,未有能大者也。(《水心别集》七《大学》)

抑惟其然,故其论经、论史、论文皆用以说治道,明世势,充分表现注重实用之精神与时代色彩,而与一般理学家之借以发挥其心性哲理思想者大异其趋焉。

其论诸经也,于《易》以为“《易》非道也,所以用是道也”(《水心别集》五《易》),“圣人之所以为《易》者,明天下而已矣!”(《水心别集》六《扬雄太玄》)“皆因是象,用是德,修身应事,致治消患之正条目也”(《习学记言》三《易》)。于《书》以为:“孔子序《书》,录上古之帝王,于其兴事造业,布政出令,以经理天下之际,始于受禅,终于征伐,已略尽矣!”(《水心别集》五《书》)“天有常道,地有常事,人有常心,于《书》见之。”(《习学记言》五《书》)于《诗》以为“最先立教,而文、武、周公用之尤详。以其治考之,人和之感,至于与天同德者,盖已教之《诗》”(《水心文集》十二《黄文叔〈诗说〉序》)。“学者于周之治,有以考见其次第,虽远而不能忘者,徒以其诗也。”“后世言周之治最详者,以其诗见之。”“古之为诗也,求以治之。”(《水心别集》五《诗》)至其论《周礼》之作也则谓在“章明一代之典……古今事理之粹精特聚见于此”(《习学记言》七《周礼》),“周之道莫聚于此书……文、武、周、召之实政在是”(《水心文集》十二《黄文叔〈周礼〉序》),“其于建国、设官、井田、兵法、兴利防患,器械工巧之术咸在。凡成、康之盛,所以能补上世之未备,而后世之为不可复者,其先后可见,其本末可言也”(《水心别集》五《周礼》)。其论《春秋》之所为作也,则在“因诸侯之史,录世变,述霸政,续《书》《诗》之绝绪,使东周有所系而未失。盖世之治,道之行,而事之合乎道;世之乱,道之废,而事之悖乎道;皆其理之固然。书其悖谬,以示后世,皆森然具之”(《习学记言》九《春秋》),“所以治夫仁义礼乐,是非赏罚之所不能治者也”(《水心别集》五《春秋》)。是六经者皆本于人伦事物而有关于治教者也。

是故自叶适而言,后世治道之所以不彰,乃在于经义之不明,经义苟明,则治道之立可以庶几矣！故曰：

> 战国吞灭，秦、汉崛兴，天下荡然，不复尧、舜、三代之旧……自是以来，句断章解，补缉坏烂，历世数十而不能以相一。盖至于今，百有余年之间，豪杰之士相因而起，始能推明其说，务合尧、舜、三代之旧，以无失于孔氏之遗意。盖自伏羲至于孔子，而道始存于经；自孔子至于今，而其经始明。有能施之于治，殆庶几乎！会之以心，验之以物，其行之以诚，其财之以义，其聚为仁，其敬为礼，本末并举，幽显一致，卓乎其不可易也。（《水心别集》五《进卷总义》）

> 天地以顺动，故日月不过，四时不忒；圣王以顺动，故刑罚清而民服。岂可如魏相粗解耶？然犹足以致汉之治；若能细解，则治当不止此矣！（《习学记言》二十三《汉书》）

惟六经"所以载治，而非所以为治"（《水心别集》五《进卷总义》）。用之以修身应变，酌古御今则可，若必一一求合于经，则时移势异，其必有扞格而不可通者也，故曰：

> 先王之治不见于后世，德薄功浅而俗化陋，儒者为之感愤太息，思有以易之，而未能自信于必行，则皆求之于经。于《易》，所以见其载道之用者也；于《书》，所以见帝王之处天下之心者也；于《诗》，所以见天下之处其君之心者也；而《春秋》，所以禁其为此而反之于道，以明其必不可违天下大义而独任其私者也。夫苟为得道之用，而又知其君臣上下相与施报之心，以折之于是非与夺之际。是亦足以易后世之治而无难矣！然而犹未能自信者，以其说之未具也……夫其说之未具也，是诚若不可行焉，吾如待其具而行之，何哉？工人为之器也，得规矩以通之天下之器，其可方可圆可弧可椭者，皆规矩之类也。故法存于心，形巧于物，器成而天下利，未有尽待其法而尽用其巧者也。有贱工焉，执三代之器而用今之材，闭户而摹之，出户而示诸人，人不能识也，则强之而莫之售，是其材非不美也。今夫《周礼》之书，尝一用之矣！非唯不足以治，而乃至于乱。孔子之于经也，微见先王之意而不尽其所以为之之说，其告门人弟子与当时之人所以问之政事者详矣！若曰修身以应变，酌古以御今，然后其继周者百世可知也。奈何取其说之具者而徒加之后世哉？且又有甚不可者非特此也，古之治天下，必辨其内外大小之序，而后施其繁简详略之宜。三代之时，自汉、淮以南皆弃而不有，方天下为五千里，而王之自治者千里而已；其外大小之国千余，皆得以自治。其正朔所颁，礼乐征伐自天子出，朝会贡赋，贤

能之士入于王都,此其特大者也。而其生杀废置犹不能为小者,天子皆不预焉。而天子之自治,亦断然如一国,不能如秦、汉之数郡;又有贤圣而为之臣,皆久于其官而不去。其为地狭,为民寡,而治之者众。始之以勤,终之以无倦,行之以诚,故其米盐靡密无所不尽,而官内之隐可以悉布之书而无愧,盖其自治者至,则诸侯之效上也捷,辅相之尊,通行于四海而教率之。而天子又为之巡狩其国,以一道德,同风俗,而正其律度量衡。故观之象曰:"先王以省方观民设教。"言下观其化也。今也包夷貊之外以为域,破天下之诸侯为州县,事虽毫发,一自上出,法严令具,不得摇手。而无圣贤为之臣,其臣不能久于其官而遽去,而又有苟简诈伪之心焉。乃欲其米盐靡密无所不尽,以求合于《周礼》之书;而又易其文者,将以复井田之旧。其论所以高而难行,人情不安亦至于乱也。夫因今之地,用今之民,以周公为之,其必有以处此矣!然则读是书者,深思而徐考之可也。

(《水心别集》五《周礼》)

《周礼》一经如此,其他诸经亦莫不然,其例证甚多,此不具引。夫引经义以说治道,此永嘉学之特征,叶适尤然。而执经不泥,意在观古以立制,态度至可取也。

其论史也,以为"订之理义亦必以史而后不为空言"(《习学记言》十四《孟子》)。曰:"经理也,史事也……专于经则理虚而无证,专于史则事碍而不通。"(《水心文集》十二《徐德操〈春秋解〉序》)其意盖欲冶经史理事于一炉。于性理学兴盛之时代,积极提倡史学之地位,至难能而可贵也。考叶适中岁尝历任史职,磨砺既精,晚著《习学记言序目》五十卷,于《春秋》《左传》《国语》《战国策》,下逮《史记》《前》《后汉书》《三国志》《晋书》《南》《北史》《隋书》《唐书》诸史莫不有说。综其所论,或以正心术,或以明因果,或以说世变,或以品人才,或以斥诬妄,或以论时事,或以考虚实,或以讲制度。其中"论唐史诸条,往往为宋事而发,于治乱通变之源,言之最悉,其识尤未易及"(《四库全书总目提要》一百十七)。凡此莫不与其注重实际,针砭时失之宗旨相发明,而充分表现永嘉学术之精神焉。

推究叶适之意,要以为史书应具有裨补社会,指导人生之作用,故其对于《春秋》《左传》之能范世立教极为推崇,其言曰:

孔子以诸侯之史,时比岁次,加以日月,以存世教,故最为详密。左氏因而作传,罗络诸国,备极妙巧。(《习学记言》十九《史记》)

由此可知永嘉学者所主,视史为尤重矣!所为异者厥为其对于《史记》,甚表不满,其意以为史法之变自司马迁始,盖迁书于诸子百家、奸邪刺客之流,莫不备载,是足以蠹风俗而惰治道也。其言曰：

> 至迁窥见本末，勇不自制，于时无大人先哲为道古人所以然者，史法遂大变，不复古人之旧。然则岂特天下空尽而为秦，而斯文至是亦荡然殊制，可叹已。（同上）

> 战国之人，尚诈无义，贼天地君臣之大经，苟以奉一时之欲；而楚、汉之兴，其事迹又皆已浅近苟且而不足信。使圣人处此，固绝而不书，虽书之且不使尽见，何者？天下之事，惟其有一人述之，是以不可磨灭。若夫豪商大贾、奸人刺客之流，优笑之贱，日者之微，莫不奋笔墨之巧以示其能，使后世之士溺于见闻而不能化，荡然末流而不能反，又况残民害政之术尽出于其中哉！嗟夫！其意深矣远矣！此述作之所以为难，非圣人不得尽其义者也。战国之时，著书甚众，更秦皆不复行。苟使六经之学得不泯绝于世，则诸子异说亦可以已矣！自迁发其端，而刘向始尽求而叙之，异端之学遂以大肆于后，与圣人之道相乱。呜呼！天下之人所以纷纷焉至今不能成德就业而求至于圣贤者，岂非迁之罪耶！读其词之辨丽奇伟，而纵横谈说，慷慨节侠，攘臂于征伐之间者，皆蠹坏豪杰之大半矣！夫至言大道不足以辨丽奇伟，而辨丽奇伟必出于小道异端，然则迁之得失，尽见于此矣！其叙秦始皇、汉武帝巡狩、封禅，穷奢极欲，与其尽变先王之政以开货利之门者，本以示讥耳！然后世皆即其术而用之，与夫战国、秦、楚之事，皆天下之人所资取以为不肖者。然则述作之大义，夫岂易哉？后世病史之难，以为不幸无迁、固之才，是类出迁、固下矣！（《水心别集》六《史记》）

斯言于迁、固诚未免贬之太过，而其意要在欲澄清学术，净化人心，造就人才，裨补治道，故以为史籍之修，不可不慎；而史家之识见尤为重要。故又曰：

> 魏徵作杨玄感、李密赞，并论隋文、炀帝之所以兴亡，略用贾谊过秦语意，全不知史家体统。徵文识如此，安能经纬事功？（《习学记言》三十七《隋书》）

> 唐以义兵自名，后世亦从而义之，余固论其非矣！如李密、窦建德之流，其势力才能不足以合一，而卒以败亡；然其是非善恶实与唐无以相绝。而新史乃谓触唐明德，折北不支。又言伪辨易穷，卒以诛死，高祖圣矣哉！按司马迁以汉人述史，自陈胜、项籍、魏豹、田儋兄弟皆极其称誉，盖废兴常理，成败偶然。陈寿为晋，论诸葛亮，则声价尤重矣！今新史以异代之

书，所排毁如此，不知何等见识？且于后学有三大害：直以胜负成败为德之有无，一也；据下而言，无复语上，二也；近前虚诳，今事何望，三也。世道益衰，无足怪矣！（《习学记言》四十《唐书》）

按黄宗羲谓叶适"所言不无过高，以言乎疵则有之，若云其概无所闻，则亦堕于浮论矣！"（《宋元学案》五十四《水心学案上》）考司马迁、魏徵、宋祁在史家中，其上焉者也，而叶适论之如此，或不免于陈义过高，然其意在经世立教之深由此益可见矣！

其论文也，亦注重文学之教化功用，以为"为文不能关教事，虽工无益也"（《水心文集》二十九《赠薛子长》），谓"凡随事逐物……虽刻稄损华，然往往在义理之外矣！岂所谓文也？"（《水心文集》十二《周南仲文集序》）又谓文学作品足以反映治道之兴废，更进而影响政治教化，盖二者乃交感互发，迭为因果者也，曰：

> 按上世以道为治，而文出于其中。战国至秦，道统放灭，自无可诵；后世可论唯汉、唐。然既不知以道为治，当时见于文者，往往讹杂乖戾，各恣私情，极其所到，便为雄长。类次者复不能归一，以为文正当尔。华忘实，巧伤正，荡然不反，于义理愈害，而治道愈远矣！（《习学记言》四十七《皇朝文鉴一》）

> 人主之职，以道出治，形而为文，尧、舜、禹、汤是也。若所好者文，由文合道，则必深明统纪，洞见本末，使浅知狭好者无所行于其间，然后有助于治。（同上）

文学与政教既有如此密切之关系，故叶适对于王安石之以经义取士，断题析字，破碎害道，于理道材品一无所涉，与夫伊洛诸儒之以为作文害道，而直斥之为玩物丧志，且比之俳优之说，皆不以为然。其评王安石以经义取士之弊曰：

> 汉以经义造士，唐以词赋取人，方其假物喻理，声谐字协，巧者趋之，经义之朴，阁笔而不能措。王安石深恶之，以为市井小人皆可以得之也。然及其废赋而用经，流弊至今，断题析字，破碎害道，反甚于赋。故今日之经义即昔日之赋，而今日之赋皆迟钝拙涩不能为经义者然后为之。盖不以德而以言，无往而能获也。（同上）

其论程氏鄙薄文艺，以为文皆是从道中流出，然文固不振，亦未必有当于理，有合于道，曰：

> 程氏箴（按即言动视听四箴），其辞缓，其理散，举杂而病不切，虽欲以此自警且教学者，然己未必可克，礼未必可复，仁未必可致，非孔、颜之所讲学也。（《习学记言》四十九《皇朝文鉴三》）

因谓文字之沦坏乃始于王安石及程氏兄弟,其言曰:

> 及王氏用事,以周、孔自比,掩绝前作。程氏兄弟发明道学,从者十八
> 九,文字遂复沦坏。则所谓熙宁、元祐,其辞达,亦岂的论哉?(《习学记
> 言》四十七《皇朝文鉴一》)

不唯此也,对欧阳修文学止于润身之说,叶适亦加以指斥,盖以其徒欲华泽其身,而
不责以圣贤事业也,曰:

> 因张舜民与石司理书载欧阳氏语"文学止于润身,政事可以及物"。
> 修犹为此言,始悟人之穷力苦心于学问文词者,徒欲藻饰华润其身而已,
> 圣贤之事业非所以责之也。(《习学记言》五十《皇朝文鉴四》)

夫叶适既持为文必关教事之说,故其创作态度极为严谨,不轻易苟作,作则必本诸
圣哲而参之史,不为无益之言,兹录韩淲、吴子良、赵汝说三人之评如次,以见其为
文之态度:

> 叶正则文字不苟作,所惜削绳刻墨尚露尔,要是究见根柢,用意至到。
> (《涧泉日记》下)

> 自古文字,如韩、欧、苏,犹间有无益之言,如说酒说妇人,或谐谑之
> 类,唯水心篇篇法言,句句庄语。(《荆溪林下偶谈》二《水心文不为无益之
> 语》)

> 盖周典、孔籍之奥不传,左册、马书之妙不续,诗迄韦、张,降景、宋,华
> 与质始判,正与奇始分,道失其统绪久矣!世遂以文为可玩之物,争慕趋
> 之,骋驰以其力,雕镂以其巧,彰施以其色,畅达以其才,无不自托于文,而
> 道益离矣!岂能言易知言难欤?或者反之,则曰:"我亦有道焉尔,文奚为
> 哉?"夫子不云乎:"言之不文,行之不远。"六艺非万世之文乎?以词为经,
> 以藻为纬,文人之文也;以事为经,以法为纬,史氏之文也;以理为经,以言
> 为纬,圣哲之文也。本之圣哲而参之史,先生之文也。(《水心文集》赵汝
> 说序)

按上引三文之作者,若赵汝说、吴子良乃叶适之弟子或再传弟子,推尊或有太过,究
亦未可竟以阿好视之也。盖叶适之意乃欲冶经、史、文学为一炉,以成人才而起治
道也。故又曰:

> 孔子没,统纪之学废。汉以来,经、史、文词裂而为三,它小道杂出,不
> 可胜数,殚聪明于微浅,自谓巧智,不足以成德而人材坏矣!王通、二司
> 马,缉遗绪,综世变,使君臣德合以起治道,其粗细广略不同,而问学统纪

之辨不可杂也……所以存世次,观兴坏,本经训,原事实,删理芜蔓,显发精隐,扶树正义,搜举坠逸。不以华为辨,不以意为觉,无偏驳之说,无新特之论。反而约之,知其能费而隐也;时而措之,知其能曲而当也。呜呼!此岂非学者之所当尽其心欤?(《水心文集》十二《〈纪年备遗〉序》)

论经、论史、论文既皆主于有关政治教化,则其对于为学之蕲向主张为何如,盖可不言而喻矣!

3. 论为学之道

夷考叶适之师友渊源,其早年尝受学于刘愈(见《水心文集》十七《刘子怡墓志铭》)及刘夙、朔兄弟(见《水心文集》十六《著作正字二刘公墓志铭》),文章学业,气节志操,颇得启发之益。又其论永嘉之学,首推周行己,以上接程、吕(《水心文集》十《温州新修学记》)。然南渡以来,郑伯熊、伯英兄弟实为渠率(《水心文集》十二《〈归愚翁文集〉序》)。郑伯熊少慕吕申公、范淳夫之为人,行己一以为法,论事则以贾谊、陆贽为准(《龙川文集》十四《〈郑景望杂著〉序》)。适登门虽晚,敬仰实深(《水心文集》二十八《祭郑景望龙图文》)。其弟伯英,才大气刚,论事愤发,与叶适亦颇投契,谊在师友之间(《水心文集》二十八《祭郑景元文》)。郑伯熊治学之精神在"必兢省以御物欲"(《水心文集》十《温州新修学记》),"于古人经制治法,讨论尤精"(《宋史》四百三十四《陈傅良传》)。叶适之以经制言学,言慎独,言兢省,言复礼,注重反省之工夫,盖有得于郑氏之教也。此外,叶适又尝从游于吕祖谦,而与陈傅良、陈亮交往密切,沾溉润液,受益良多。考吕祖谦中年掌史职,编修国史,于史学理会甚深,其学"稽诸中原文献之所传,博诸四方师友之所讲,参贯融液,无所偏滞"(《吕东莱文集》附《吕祖俭撰圹记》)。适既承其教,对于吕氏亦极推崇,故叶适之博学工文,精于论史,盖有所受之吕氏也。叶适于薛季宣,虽《浪语集》中有《答叶适书》,然适似未亲承其教益。唯薛氏门人陈傅良,叶适尝从游四十年(《水心文集》十六《宝谟阁待制中书舍人陈公墓志铭》)。薛季宣之学"主礼乐制度,以求见之事功"(《宋元学案》五十二《艮斋学案》)。陈傅良则好考订,"尤长于《春秋》《周礼》"(《四朝闻见录》甲《止斋陈氏》)。叶适之重考证,尚礼学,精究财赋本末,谈论兵田制度,盖有所承于二氏也。至叶适与陈亮则交谊夙契,方王淮为相,亮尝上书荐适等,盛称其文学(《龙川文集》十九《与王丞相淮书》)。亮深于《春秋》,推重王通,又首倡功利,与朱熹辩论王霸,往复数四,其学之宗旨在"功到成处便是有德,事到济处便是有理"(《止斋文集》三十六《答陈同父一》)。叶适对之颇推崇,其早年之谈兵议政,以经济自负,怀疑道统,攻击程、朱,盖亦未始非有受于亮之影响也。

综上所述,吾人可见叶适之学盖能融会诸家,并取其长,而深有得于师友之教。受益既深,体会自切,故其论为学之道颇注重师友讲习之功,曰:

> 兑以说先民,而尤贵于朋友讲习之用,故谓学时习而说,乃古道也。理本无形,因润泽浃洽而后见,其始若可越,其久乃不可测,其大乃至于无能名,皆自说来也。(《习学记言》三《易》)

> 夫师之不忘,以道;令之不忘,以政。三代远矣,令有政而不由学;孔、孟远矣,师有道而不知统也。学非一日之积也,道岂一世而成哉?理无形也,因润泽浃洽而后著,此兑之所以贵讲习也。其始若可越,其久乃不可测,其大至于无能名,皆由悦来也。(《水心文集》十一《长溪修学记》)

永嘉之学,若周行己、郑伯熊,必兢省以御物欲;而薛季宣、陈傅良,则必弥纶以通世变。前者重德养,为成己之工夫;后者重事功,为成物之工夫。叶适云:“夫学不自身始,而曰推之天下,可乎?虽曰推之天下,而不足以反其身,可乎?”(《水心文集》十《温州新修学记》)盖其意以为二者不容偏废,思欲合而一之。故其论为学,以为当内外兼修,曰:

> 按《洪范》耳目之官不思而为聪明,自外入以成其内也;思曰睿,自内出以成其外也。故聪入作哲,明入作谋,睿出作圣,貌言亦自内出而成于外。古人未有不内外交相成而至于圣贤。(《习学记言》十四《孟子》)

> 傅说固已言学之要,孔子讲之尤详。道无内外,学则内外交相明。今在《书》《论语》者,其指可以考索而获也。荀卿累数千百余言,比物引类,条端数十,为辞甚苦,然终不能使人知学是何物。但杂举泛称,从此则背彼,外得则内失。其言学数有终,义则不可须臾离,全是于陋儒专门上立见识。又隆《礼》而贬《诗》《书》,此最为入道之害,后扬雄言学,行之上,言之次,教人又其次,亦是与专门者较浅深尔!古人固无以行为上,而教人为下者,唯后世陋儒专门,莫知所以学,而徒守其师传之妄以教人,雄习见之,以为能胜此而兼行者则上矣!近世之学则又偏堕大甚,谓独自内出,不由外入,往往以为一念之功,圣贤可招楫而致。不知此身之稂莠,未可遽以嘉禾自名也。故余谓孔子以三语成圣人之功,而极至于无内外,其所以学者皆内外交相明之事,无生死壮老之分,而不厌不倦于其中,此孔子之本统与傅说同也。(《习学记言》四十四《荀子》)

因此主张并重思与学之工夫,曰:

> 《洪范》言九畴天所锡,而作圣实本于思,其他哲谋肃乂,随类而应,则

思之所通,诚一身之主宰,非他德可并而云也。然傅说谓"惟学逊志","道积于厥躬",孔子谓"学而不思则罔,思而不学则殆",是思学兼进者为圣。又称"初筮告,再三渎,渎则不告;渎蒙也,蒙以养正,圣功也",是则学者圣之所出,思者圣之所存,而孔子教人以求圣者,其门固在是矣!(《习学记言》十三《论语》)

此外,又本诸史学之立场,主张古今并策,以酌古御今,其说曰:

明道者有是非,无古今;至学之则不然,不深于古无以见后,不鉴于后无以明前。古今并策,道可复兴,圣人之志也。卓然谓王政可行者孟子也,晓然见后世可为者荀卿也。然言之易者行之难,不可不审也。(《习学记言》十九《史记》)

叶适之学固多所承受于师友之教,然要能披剥旧说,覃思精虑,以自抒心得,并创新意。盖尝自谓曰:"少经历于贱贫,学不专于师法。"(《水心文集》二十七《谢宰执登科》)故其学与陈傅良、陈亮皆始同而终异。其与陈傅良之学,自云:"自我获见,四十余冬,其术则殊,其论鲜同。"(《水心文集》二十八《祭陈君举中书文》)盖陈傅良言制度,大抵着眼于现实利害得失上,叶适则兼及立制原理之探讨。又陈傅良评论朱熹、陈亮王霸之争,谓"汉、唐事业,若说并无分毫扶助正道,教谁肯伏?"(《止斋文集》三十六《答陈同父二》)叶适则曰:"以势力威令为君道,而以刑政末作为治体,然则汉之文帝、唐之太宗,虽号贤君,其实去桀、纣尚无几也。"(《习学记言》六《诗》)"汉高祖、唐太宗与群盗争攘竞杀,胜者得之,皆为己富贵,何尝有志于民?以人之命相乘除,而我收其利,若此者犹可以为功乎?"(《习学记言》三十八《唐书》)持论之严,几不让于朱熹。故全祖望曰:"水心较止斋又稍晚出,其学始同而终异。"(《宋元学案》五十四《水心学案上》)继又曰:"永嘉功利之说,至水心始一洗之。"(同上)吾人试按其实,叶适重实用之思想与陈傅良等并无二致,而全氏云然,盖指此等处而言之也。至叶适之与陈亮,观其祭陈亮曰:"余早从子,今也变衰;子有微言,余何遽知……畴昔之言,余不敢苟。"(《水心文集》二十八《祭陈同甫文》)又铭陈亮、王自中曰:"以穷乡素士,任百年复仇之责,余固谓止于二公而已……虽然,上求而用之者也,我待求而后用者也。不我用,则声藏景匿而人不能窥,必我用,则智运术展而众不能间。若夫疾呼而后求,纳说而后用者,固常多逆而少顺,易忤而难合也。二公之出处,余则有憾矣!"(《水心文集》二十四《陈同甫王道甫墓志铭》)盖亦始同而终异也。始陈亮推重王通,叶适早岁亦然,至晚年作《习学记言》,则有不满之意。而指斥汉祖、唐宗,与陈亮义利双行,王霸并用之说更相径庭。凡若此者,皆可见叶适治学之能运用思辨,独出机杼,故其论学颇重怀疑之精神。观其对于经史诸子,几无不致疑,如《易传》《书序》《周礼》《礼记》《论语》《孟子》《大学》《中庸》《管子》《孙子》《六韬》《孔子家语》。《孔丛子》诸书,或疑其作者,或疑其记事,或疑其义理。其中诚有"不免于骇俗"者(《四库全书总目提要》一百十七)然其对于古籍之怀疑,不在于其论证是否确当或得到多少正确之结论,要在其不盲从之态度实至为可取也。稽其怀疑之对象则又偏重于易传及《孟子》《大学》《中庸》等理学家所据以为立说之根据者,是其用意乃在于就根本处推翻道学,以稽合孔氏之本统也。

此外,叶适又极注重博学约取之工夫,曰:

> 子曰:"盖有不知而作之者,我无是也。多闻,择其善著者而从之,多见而识之,知之次也。"六经之外,孔子之前作者于今尚在,其知与不知皆可验也。世方相竞于外,则不知而妄为,固亦无怪。自孔子因作而述,以开天下,然后尧、舜、三代之事不至泯绝,性命道德有所统纪。如使作而未已,舍旧求新,无复存者,则人道废坏,散为鬼蜮,又如羲、黄之时矣!百圣之归,非心之同者不能会;众言之长,非知之至者不能悟。故孔子教人以多闻多见而得之,又著于大畜之《象》曰:"多识前言往行以畜其德。"(《习学记言》十三《论语》)

> 问学之要,除之又除之,至于不容除;尽之又尽之,至于不容尽。故称钧石必以铢,会亿万必以一。(《水心文集》十一《栎斋藏书记》)

综观上所述,叶适论为学之道,盖皆其身体有得之言,而与其学术思想,亦能共条同贯而互相发明者也。

(三) 论持养

叶适论为学之道既主内外兼修,思学并重,故其论持养亦并重内出与外入之工夫,其言曰:

> 按《洪范》耳目之官不思而为聪明,自外入以成其内也;思曰睿,自内出以成其外也。故聪入作哲,明入作谋,睿出作圣,貌言亦自内出而成于外。古人未有不内外交相成而至于圣贤。(《习学记言》十四《孟子》)

其于内也,主张毋自欺以慎其独,以为慎独乃入德之方,曰:

> 有闻善之意而疑己以不明,自欺也;有为高之心而畏己以不能,自欺也;喜安于俗而不徇乎道,自欺也;求合于外而中莫之考,自欺也。其道甚大,万物咸取;圣贤之功,我则与有。(《水心文集》二十九《毋自欺室铭》)

> 故君子戒慎乎其所不睹,恐惧乎其所不闻;莫见乎隐,莫显乎微,故君

子慎其独也。按子张问行,孔子曰:"立,则见其参于前也;在舆,则见其倚于衡也;夫然后行。"以为我之所必见,则参前倚衡,微孰甚哉! 以为人之所不见,则不睹不闻,著孰甚焉……学者若专一致力于此,以慎独为入德之方;则虽未至于道,而忠信笃敬,所立坚定矣!(《习学记言》八《礼记》)

注重反省之工夫,因此而有所谓师心之说,曰:

夫力学莫如求师,无师莫如师心。《易·蒙》之义曰:"山下出泉蒙。"泉之在山,虽险难蔽塞,然而或激或止,不已其行,终为江海者,盖物莫能御,而非俟夫有以导之也。故君子观其象而以果行育德。人必知其所当行,不知而师告之,师不吾告,则反求于心,心不能告,非其心也。得其所当行,决而不疑,故谓之果行。人必知其所自有,不知而师告之,师不吾告,则反求于心,心不能告,非其心也。信其所自有,养而不丧,故谓之育德。学而至于能果行育德,则不可胜用矣!(《水心文集》十二《送戴许蔡仍王汶序》)

徐遵明指其心谓真师正在于此。古者师无误,师即心也,心即师也,非师无心,非心无师。以左氏考之,周衰,设学而教者,师已有误,故其义理渐差。及至后世,积众师之误,以成一家之学。学者唯师之信,而心不复求。遵明此义,殆千载所未发。(《习学记言》三十四《北史》)

唯师心而能得其所当行,信其所自有,固不可胜用,然人之材质高下不同,若尽废古人入德之条目,专以心性为宗主,虚意多,实力少,测知广,凝聚狭,则难免沦于心误而以心为陷阱矣! 故又曰:

虽然,师误犹可改,心误不可为,此盖遵明智所不及,而以心为陷阱者方滔滔矣!(同上)

夫古人之耳目安得不官而蔽于物,而思有是非邪正,心有人道危微,后人安能常官而得之? 舍四从一,是谓不知天之所与,而非天之与此而禁彼也。盖以心为官,出孔子之后;以性为善,独自孟子始。然后学者尽废古人入德之条目,而专以心性为宗主,虚意多,实力少,测知广,凝聚狭,而尧、舜以来内外交相成之道废矣!(《习学记言》十四《孟子》)

不仅对于孟子有所怀疑,且对于当时之一般学风亦加以评击,曰:

时儒以观心空寂名学,徒默视危拱,不能有论诘,猥曰道已存矣!(《水心文集》二十五《宋厩父墓志铭》)

天下虽争为性命之学,然而滞痼于语言,播流于偏末,多茫昧影响而

已！(《水心文集》二十一《宝谟阁待制知隆兴府徐公墓志铭》)

为今世之知言者……以性为不可不言，以命为不可不知，凡六经孔子之书，无不牵合其论而上下其辞者，精深微妙，茫然而不可测识，而圣贤之实未着也。(《水心别集》六《孔子家语》)

近世学者以浴沂舞雩为知道一大节目，意料浮想，遂为师传，执虚承误，无与进德，则其陋有甚于昔之传注者，不可不知也。(《习学记言》三十一《南史》)

近世之学则又偏堕大甚，谓独自内出，不由外入，往往以为一念之功，圣贤可招楫而致。不知此身之稂莠，未可遽以嘉禾自名也。(《习学记言》四十四《荀子》)

因此叶适于外则主张博习力行，主张师友警策，借问学之工夫，以时时提撕警醒此心灵明，其言曰：

古之人其养是觉也何道？将非一趋于问学而不变乎？将非责难于师友而不息乎？将非先义而后利乎？将非笃于所以自为而不苟于所以为人乎？是其得之也，死生祸福齐焉，是非邪正定焉。人之大伦，天下国家之经纪，取极于是矣！(《水心文集》九《觉斋记》)

垂谕道学名实真伪之说，《书》："惟学逊志，务时敏，厥修乃来。允怀于兹，道积于厥躬。"言学修而后道积也。《诗》："日就月将，学有缉熙于光明。佛时仔肩，示我显德行。"言学明而后德显也。皆以学致道，而不以道致学。道学之名，起于近世儒者，其意曰举天下之学习不足以致其道，独我能致之，故云尔。其本少差，其末大弊矣！足下有志于古人，当以《诗》《书》为正，后之名实真伪，毋致辨焉。(《水心文集》二十七《答吴明辅书》)

古人多识前言注行，谓之畜德。近世以心通性达为学，而见闻几废，为其不能畜德也。(《水心文集》二十九《题周子实所录》)

既云力学莫如求师，无师莫如师心，由是可见叶适虽倡言内外兼修，惟细按其旨，则显然较注重外入之工夫，此盖浙东学术之一贯精神也。故韩淲曰："陈同甫、陈君举、叶正则多是就外面看入来。"(《涧泉日记》下)语信不虚矣！既偏重外入之工夫，故叶适特别重视礼之制约作用，主张尽去一切不合乎礼之行为，以达复礼之境地，其言曰：

非礼则不以视听言动，而耳目百体瞿瞿然择其不合乎礼者期去之。昼去之，夜去之，旦忘之，夕忘之，诚使非礼之毫发皆尽，则所存虽丘山焉，

殆无往而不中礼也,是之谓礼复。礼复则敬立矣,非强之也。(《水心文集》十《敬亭后记》)

惟其特重于礼,故对于程颐涵养须用敬与朱熹居敬之说持反对之意见。盖叶适以复礼为先,而克己为后,以为礼复则敬自立;程朱则以克己为先,复礼为后,未能复礼而先责以敬也。适之说曰:

> 程氏语学者必以敬为始……以余所闻,学有本始,如物始生,无不懋长焉,不可强立也。孔子教颜子:"克己复礼为仁。"请问其目,曰:"非礼勿视,非礼勿听,非礼勿言,非礼勿动。"颜子曰:"回虽不敏,请事斯语矣!"是则复礼者,学之始也。教曾子曰:"安上治民莫善于礼。礼者,敬而已矣,故敬其父则子悦,敬其兄则弟悦,敬其君则臣悦,敬一人而千万人悦。"是则敬者,德之成也。学必始于复礼,故治其非礼者而后能复。礼复而后能敬,所敬者寡而悦者众矣,则谓之无事焉可也。未能复礼而遽责以敬,内则不悦于己,外则不悦于人,诚行之则近愚,明行之则近伪;愚与伪杂,则礼散而事益繁,安得谓无? 此教之失,非孔子之本旨也。(同上)

其次,叶适之释克己亦与程、朱异,盖叶适以己为自己,程、朱则以己为私欲也。适之说曰:

> 克己治己也,成己也,立己也。己克而仁至矣! 言己之重也。己不能自克,非礼害之也。故曰:"一日克己复礼,天下归仁焉。为仁由己而由人乎哉?"此仁之具体而全用也。(《习学记言》四十九《皇朝文鉴三》)

再则程朱主敬乃偏就个人涵养而言,叶适重礼而兼及于人情物理。适之说曰:

> 《曲礼》中三百余条,人情物理,的然不违。余篇如此要切言语,可并集为上下篇,使初学者由之而入;岂唯初入,固当终其身守而不畔。盖一言行则有一事之益,如鉴睹像,不得相杂也。古人治仪,因仪以知事。曾子所谓笾豆之事,今《仪礼》所遗与《周官》、戴氏《杂记》者是也。然孔子教颜渊"非礼勿视,非礼勿听,非礼勿言,非礼勿动",盖必欲此身常行于度数折旋之中。而曾子告孟敬子乃以为所贵者"动容貌,正颜色,出辞气"三事而已,是则度数折旋皆可忽略而不省,有司徒具其文,而礼因以废矣! 故余以为一贯之语,虽唯而不悟也。今世度数折旋既已无复可考,则曾子之告孟敬子者宜若可以遵用。然必有致于中,有格于外,使人情物理不相逾越,而后其道庶几可存。若他无所用力,而唯三者之求,则厚者以株守为固,而薄者以捷出为伪矣!(《习学记言》八《礼记》)

以上为叶适与程、朱说之大别,亦浙学与洛、闽学之分野。按钱穆先生曰:"敬是私人事,礼是社会事,这是理学与史学之大分野。"(《宋明理学概述》页160)又曰:"洛、闽重内,浙学则转内外,这又是一条理学与史学的界线。"(同上)日人狩野直喜亦曰:"程、朱主内观,而叶适主外制。"(《中国哲学史》页425)此可见彼此学术立场有异,故其经说自然有所出入。夫叶适言礼,"小自制律一身言行举止之法则,大至一国之文物制度,莫非是礼,即所谓安上治民莫善于礼是也"(同上)。其含意较程、朱实为广。而叶适之论持养,不止于己身之修,而必推之于立人达人,此又与其经世之旨一脉相贯者也。

(四) 论异端

叶适对于佛、老之学,素有研究,早年尝师事刘愈,愈"学佛得空解,自称无相"(《水心文集》十七《刘子怡墓志铭》),适盖有闻于其绪余。其后,适"在荆州,无吏责,读浮屠书尽数千卷,于其义类,粗若该涉"(《水心文集》二十九《题张君所注佛书》)。又永康吕皓"出入释、老,用力甚勤"(《水心文集》二十九《吕子阳老子支杂说》),尝以其所著有关老子书,就正于叶适(《云溪稿·送老子通儒说上叶水心先生书》)。且适于《水心别集·进卷》中对老子、庄子,《习学记言序目》中对老子皆有所论说。凡此皆足见叶适对于佛、老之学有相当之认识,故其所评论自较客观中肯,颇有能发前人有未能发者。

考宋儒皆力排佛、老,谓为异端,然究其实鲜有不从佛、老以入道者,唯叶适之于佛、老,虽不免有时而亦排之,然态度则较温和。彼以为学者所以至乎道也,使佛、老之道诚有以过乎孔氏,则虽孔氏尤将从之也,其要语曰:

> 学者所以至乎道者也,岂以孔、佛、老为间哉?使其为道诚有以过乎孔氏,则虽孔氏犹将从之。唯其参验反覆,要之于道之所穷,卒不可舍孔氏而他求者,故虽后世亦莫得而从也。呜呼!若此者可以为忠厚之至,有以合于圣人之本心矣!乌在于望而非之若其世仇也?必奋而操戈焉,是未能尊其道而徒私其人者也。(《水心别集》六《老子》)

儒者不修其道,纷然攻之,徒助之而已耳!甚者如"程、张攻斥老、佛至深,然尽用其学而不能知"(《习学记言》五十《吕氏文鉴》),岂非大谬哉?故叶适又言:

> 自孟轲拒绝杨、墨,而韩愈辟佛、老,儒者因之。盖杨、墨之道既已息矣,而佛、老之学犹与孔氏并行于天下,是以儒者望而非之,以为非是而无以为儒。夫望而非之,则无以究其学之终始,而其为说也不明。昔者恶夫攻异端者。夫不修其道,以合天下之异,而纷然攻之,则只以自小而为怨,

操自小之心而用不明之说，其于佛、老也，助之而已矣！（同上）

据叶适之研究，庄、佛氏之妄乃在于欲"一造而尽获"（《水心文集》十七《陈叔向墓志铭》）。而佛、老之所以不可与入圣人之道者，在于其处身过高，而以德业为应世，其偶可为者则为之，所立未毫发，而自夸甚于丘山也，故又曰：

> 佛、老之学所以为不可入周、孔圣人之道者，盖周、孔圣人以建德为本，以劳谦为用，故其所立能与天地相终始，而吾身之区区不预焉。佛、老者处身过高，而以德业为应世，其偶可为者则为之，所立未毫发，而自夸甚于丘山。至其坏败丧失，使中国胥为夷狄，安存转为沦亡而不能救，而亦不以为己责也。（《习学记言》五十《皇朝文鉴四》）

而一般理学家，说杂释、老，尽用其学而不知，乃反昌言排之，是岂非知二五而不知一十也哉？故曰：

> 按程氏答张载论定性，"动亦定，静亦定，无将迎，无内外"，"当在外时，何者为内？""天地普万物而无心，圣人顺万事而无情"，"扩然而大公，物来而顺应"，"有为为应迹，明觉为自然"，"内外两忘，无事则定，定则明"，"喜怒不系于心而系于物"，皆老、佛、庄、列常语也。程、张攻斥老、佛至深，然尽用其学而不能知……嗟夫！未有自坐佛、老病处，而揭其号曰"我固辨佛、老，以明圣人之道者"也。（同上）

夫有教有学，窃尝以为凡可以为教者无不可以学，然可以为学者未必皆可教，佛、老之说其可以学而不可以教者也。考宋儒之所以能独树一帜，有理学、道学之目，而在我国学术思想史上占一重要地位者，正在于能融合释、老，以建立其思想体系。阴用之者，此学也，可矣！阳攻而反助之者，此教也，则未可。其极而至于束书不观，游谈无根，正坐于教与学之不能分也。

1. 论老庄

叶适对于老、庄之学有褒有贬，可谓能好而知其恶，恶而知其美矣！其于老子，首斥孔子问礼于老子之说，以为乃黄老学者借孔子以重其师之辞。其意盖不欲纳老子于儒学之系统也，因谓：

> 言老子所自出，莫著于《孔子家语》《世家》《曾子问》《老子列传》。盖二戴记孔子从老聃助祭于巷党云云：史佚子死，下殇有墓，礼家儒者所传也。司马迁记孔子见老聃，叹其犹龙，遁周藏史，至关，关令尹喜，强之著书，乃著上下篇，言道德之意；非礼家儒者所传也。以庄周言考之，谓关尹、老聃古之博大真人，亦言孔子赞其为龙，则是为黄老学者借孔子以重

其师之辞也。二说皆涂引巷授，非有明据。然迁谓世之学老子则绌儒学，儒学亦绌老子，称指必类，乃好恶之实情，乌得举其所绌而亦谓孔子闻之哉？且使聃果为周藏史，当教孔子以史记，虽心所不然，而欲自明其说，则今所著者岂无绪言一二辨析于其间，而故为岩居川游，素隐特出之语，何耶？然则教孔子者必非著书之老子，而为此书者必非礼家所谓老聃，妄人讹而合之尔！（《习学记言》十五《老子》）

彼以为老子救世之切盖有急于孔子者，唯不知进化之原理，欲举君臣父子之盛，仁义礼乐圣智法度之美，一切而尽废之，意甚可哀也。故曰：

> 夫聃之书，忧天下而思有以救之，其拯一世之溺，盖有急于孔子焉。使聃而及于文、武、周公之盛也，则何以发其思虑而见之于辞？不幸而当天下之衰，治道之阙也，其意以为天地之初未始有君臣父子、仁义礼乐也，故天下不治而不乱，不安而不危。自结绳以来，圣人继起，则文化日盛，庶事日修，其极于不可复加矣！而今也天下大乱，则何术以善其后？且货财之争，欲利之智，天下之人有不安于权术度量之中，是其情之或然者也，而况其今之衰乎？且固以昔者为拙，今者为巧也，今者之华，而昔者之朴也，是以立于其末而欲反其初。且天地之运，犹橐籥之相推，长短高下，相形相使，而弛张予夺，倏去忽来，是虽甚微而其理之必然者也。是故以仁为失，以礼为乱，斫华复朴，取拙去巧，使天下复于结绳而用之。夫已立者不可改也，已成者不可毁也，民之已见者不能忘也，而为聃之智不知此乎？今也闵然欲举君臣父子之盛，仁义礼乐圣智法度之美，一切而尽废之，以为不如是则天下不能速安而已矣！呜呼！是其救世之切盖有急于孔子，则其意之可哀者也。（《水心别集》六《老子》）

谓老子之言，有定理可验，能取于人情物理以为体道之验，而精于事物之情伪，执其机要以御时变，为他书所不及。其言曰：

> 盖老子虽为虚无之宗，而皆有定理可验。远不过有无之变，近不过好恶之情，而其术备矣！（同上）

> 古之善为士者微妙玄通，深不可识，夫唯不可识，故强为之容。豫兮若冬涉川，犹兮若畏四邻，俨兮其若客，涣兮若冰将释，敦兮其若朴，旷兮其若谷，浑兮其若浊。孰能浊以静之？徐清。孰能安以动之？徐生。保此道不欲盈，夫唯不盈，故能敝不新。老子取于人情物理以为体道之验，可谓巧矣！冬之涉川，无敢骤犯者；四邻虽不吾禁，吾之所为恐其闻而见

也；主为政而客不为政，自严以待而已；冰之将释，融涣而不流也；朴者不制割也；谷者虚而深也；若浊者非浊非清也。此皆人情物理之自然，不待智者而知，至于取以为体道之验，则虽智者不能不知也。老子之于道，岂不察而近乎？浊之徐清，安之徐生，此亦人情物理之自然，而非智者不能待也。（同上）

老子之学乃昔人之常至，其能尽去谬悠不根之谈，而精于事物之情伪，执其机要，以御时变，则他人之为书固莫能及也。（同上）

然而亦指斥老子示天下之机，渎天欺人，泯绝欲望，沦虚入无，弃绝礼义忠信，裂王道，恣曲学，其道有偏，误后世甚大，兹举数例曰：

周衰，诸子各骋私见为书，豗裂王道而恣于曲学，聃其最甚者。（《水心文集》二十九《吕子阳老子支离说》）

夫聃之为书，是事之机而道之始也，圣人于《易》已著之矣！阴阳消复，游变出入于天地之常，而夫人之情伪参焉，是以吉凶祸福、忧虞悔吝百出而不穷。圣人以是为微而难见也，于是为之君臣父子以联其大分，饮食官室衣服以相其居处，仁义礼乐刑政以化以革，为之学校以劝以率。盖所以伏其机巧，消其诈伪，而全其素朴，是以其术无所不用而其道无所不满也。且圣人唯其息天下之机而无以发之，是以其详至此。今老聃将尽废而以无为治之，是与天下之人以机相示而以微相使也。天下之人，唯其安于君臣父子，仁义礼乐之际而莫见其机，是以默然不喻而自从。今老聃将遂与之并用其机，则是乱愈激而民愈不可治也，而可乎？孔子修废以俟其定，老子尽废以速其安，是老聃自变于俗，而谓圣人变之乎？且昔者圣人之道行于天下，而聃之术存于其中而不知，使后世之人知其为聃之术，而圣人之道不及尽出于其外，是以天下之乱常出于此。则是聃者，欲以速治天下而卒不免于乱也。呜呼！是其思之不至焉而已矣！（《水心别集》六《老子》）

圣人知天下之所欲而顺道节文之，使至于治，而老氏以为抑遏泯绝之，使不至于乱；此有为、无为之别也。（《习学记言》十五《老子》）

从古圣贤者畏天敬天，而从老氏者疑天慢天，妄窥而屡变，玩狎而不忌，其不可也必矣。（同上）

其大旨则欲冲不欲盈，欲能敝不新成尔。嗟夫！老子之道偏矣，其行之劳矣……按《易》"劳谦，君子有终"，其象以为"万民服"，盖以功与人而

已不居焉。老子自为而已,其于人也无功,则虽劳而固以逸为利也。(同上)

　　"上礼为之而莫之应,则攘臂而仍之。""夫礼者忠信之薄而乱之首。"世之陋儒谓失礼则入刑,则老子宜有此论矣!攘臂而仍之,入刑之谓也。道德之于礼,譬人身之有耳目手足也,非是则无以为人;故孔子曰:"安上治民莫善于礼。""道之以礼,有耻且格。"正谓不攘臂而仍之也,老子所讲不详而轻言治道,误后世莫大于此。(同上)

按老学之弊,凡叶适之所指斥者,大抵皆前此儒者所常讲,并无新意可言。唯老子之弃绝礼义,沦入虚无,与叶适尚礼学,重经世之旨乃相反对,故适痛斥之,以为"执异端以乱王道,罪不胜诛"(《习学记言》十五《老子》)也。

至叶适之于庄子,以为庄周智足以知圣人,其悲世之意亦甚深,其道虽圣人出以治天下不能废也,曰:

　　若庄周者,其智足以知圣人矣!其于君臣父子之序甚明,本末度数之宜甚详,六经之要言,德行赏罚之道,命义祸福之说,指事离情而无不毕极其至,而不变于俗,不趋于利。(《水心别集》六《庄子》)

　　夫周之所闻于老聃、列御寇者浅矣,乃不若其得于圣人者之深也……至于宗庙朝廷乡党行事之所向,仁义分守刑名原省之所次,五变而可举,九变而可言者,圣人虽出而治天下,不能废也。盖尝反覆其书而深悲之,嗟夫!庄周者不得志于当世而放意于狂言,湛浊一世而思以寄之,是以至此。其怨愤之切,所以异于屈原者鲜矣!(同上)

然庄子于圣人之道虽知之最深,而玩之最甚,譬犹识律者之傲法,罪实过于诸子,其言曰:

　　其所诋訾笑侮,自黄帝以下,圣贤之所以更履世患而身亲其忧,至于孔子老死而不遇,其忧为最深者,而折旋俯仰,形容其穷困不自得之意;又设为老聃、莱子所以教诏迷复之辞,其慢易讥谑乃特甚于诸子。其知之最深,其玩之最甚,譬犹识律者之傲法,乃皋陶之所宜诛,其罪过于愚民之不知而冒为之者也。然则庄周之罪大于诸子,孔子之徒所宜深疾而力排之矣!(同上)

　　诸子之书,害小而已息;庄周之书,祸大而长存。自周之书出,世之悦而好之者有四焉:好文者资其辞,求道者意其妙,汩俗者遣其累,奸邪者济其欲。此四者君子小人之杂也;杂而未定,而周以说乘之。是故人道之伦颠错而不叙,事物之情遗落而不理,以养生送死、饥羹渴饮之大节而付之于傥荡不羁之人,则小足以亡其身,大足以亡天下矣,可不惧哉? 盖周之书大用于世者再,其极皆为夷狄乱华,父子相夷之祸,然则杨、墨、申、韩之害,曾不若是之远已! 夫侮而玩之,意造而纵言,知是道之不可易而欲强聒以为戏,不幸而有庄周之辞焉,则其流患于天下盖未已也,呜呼! (同上)

按以上叶适论庄子之弊,亦前人所已言,而适之所以再非之者,盖亦以其学与叶适之一贯思想有所不容也。

2. 论佛

叶适对于佛学,别具只解,以为浮屠之学盖世外奇伟广博之论,与中国之学皎然殊异。而其国之风土人情亦与中土有别,不当以人伦义理责之,亦不可强而同之也。其言曰:

夫西戎僻阻,无有礼义忠信之教,彼浮屠者,直以人身哀乐之间,披析解剥,别其真妄,究其终始,为圣狂贤不肖之分,盖世外奇伟广博之论也,与中国之学皎然殊异,岂可同哉? (《水心文集》二十九《题张君所注佛书》)

按佛在西南数万里外,未尝以其学求胜于中国,其俗无君臣父子,安得以人伦义理责之乎? ……无际无极,此皆其身所亲历,足所亲履,目实见而耳实闻也。以为世外瑰特广博之论,置之可矣! (《习学记言》四十九《总述讲学大指》)

释氏之学既有其产生之特殊背景,其传而入于中国,亦未尝以其学求胜于中国,则吾人对之但置之可矣,并无足深贬也。曰:

华夷之俗不同,而其道亦异。中国之学自不当变于夷,而亦无足深贬。(《习学记言》三十三《南史》)

世外之论唯浮屠氏,盖彼已自为异端殊域,姑置之而已! (《习学记言》三十九《唐书》)

而世之儒者既未能深知其学,乃强为攘斥,求有以胜之,而反佐佑之而自乱其学,实不智之甚也。其言曰:

世之儒者,不知其浅深,猥欲强为攘斥,然反以中国之学佐佑异端,而曰吾能自信不惑者,其于道鲜矣! (《水心文集》二十九《题张君所注佛书》)

余尝患浮屠氏之学至于中国,而中国之人皆以其意言,非其学能与中国相乱,而中国之人实自乱之也。(《习学记言》四《易》)

执此以观,若周、张、二程之援引《十翼》及子思、孟子之说,以证其学本吾儒所固有,

欲以挫浮屠之锋锐者,实甚无谓也。曰:

> 佛学后出,其变为禅,喜其说者以为与孔子不异,亦挽《十翼》以自况,故又为儒释。本朝承平时,禅说尤炽,儒、释共驾,异端会同。其间豪杰之士有欲修明吾说以胜之者,而周、张、二程出焉,自谓出入于佛、老甚久矣,而曰吾道固有之矣!故无极太极,动静男女,太和参两,形气聚散,氤氲感通,有直内,无方外,不足以入尧、舜之道,皆本于《十翼》,以为此吾所有之道,非彼之道也。及其启教后学,于子思、孟子之新说奇论皆特发明之。大抵欲抑浮屠之锋锐,而示吾所有之道若此。(《习学记言》四十九《皇朝文鉴三》)

岂直无谓也,浸假而卒不能有所别异之,反自同于佛而不自知。变道从夷,而又以其道贬之。故叶适对于理学诸儒之染于佛而排佛,盖深有讥也。其言曰:

> 佛之学入中原,其始固为异教而已,久而遂与圣人之道相乱。有志者常欲致精索微以胜之,卒不能有所别异而又自同于佛者,智不足以两明而学失之略也。(《水心文集》九《李氏中洲记》)

> 凡后之学,变其道而从夷,而又以其道贬之,然亦苦于颠倒流转,遂不复自知尔!(《习学记言》三十三《南史》)

其最后之结果为畔佛之学而自为学,倒佛之言而自为言,非佛非己,荡逸纵恣,往而不能返矣!曰:

> 佛学自可至,能自为宗,其说蔓肆数十万言……此非佛之学然也,中国之学为佛者然也……中国之人畔佛之学而自为学,倒佛之言而自为言,皆自以为己即佛,而甚者至以为过于佛也。是中国人之罪,非佛过也。今夫儒者不然,于佛之学不敢言,曰异国之学也;于佛之书不敢观,曰异国之书也。彼夷术狄技,绝之易尔。不幸以吾中国之人为非佛之学,以吾中国文字为非佛之书,行于不可行,立于不可立,草野倨侮,广博茫昧,儒者智不能知,力不能救也。则中国之人,非佛非己,荡逸纵恣,终于不返矣,是不足为大戚欤?(《水心文集》十二《宗记序》)

按此上指禅学,下谓理学,皆叶适所不以为然者。惟叶适虽指斥排佛之不当,然亦不免有时而排之,唯大抵皆就学佛者之矛盾处加以指斥也。其言曰:

> 西湖法明寺,昔讲师继忠居之……至子真建两序,师昶崇殿堂,院始落成……天台既立止观二义,承而为说者益以蔓衍,而忠与昶亦各有论述……夫浮屠以身为旅泊而严其宫室不已,以言为赘疣而传于文字愈多,

固余所不解。(《水心文集》十二《法明寺教藏序》)

> 昔庞蕴夫妇破家从禅,至卖漉篱自给,男女不婚嫁,争相为死。言论播于天下,浮屠世世记之,以为超异奇特人也。虽然,使皆若蕴,则人空而道废,释氏之徒亦不立矣!(《水心文集》十七《刘夫人墓志铭》)

而对于释氏之以悟为宗旨,则显有不满之意,曰:

> 异端之说至于中国,上不尽乎性命,下不达乎世俗,举以聪明为障,思虑为贼,颠错漫汙而谓之破巢窟,颓弛放散而谓之得本心,以愚求真,以粗合妙,而卒归之于无有,是又大异矣!(《水心文集》九《觉斋记》)

> 余尝问野:"儒之于佛,强者愠,弱者眩,皆莫之睨,子以何道知之,又为之分高而别下、取要舍烦哉?"野曰:"无道也,悟而已矣!"其为是宗者亦曰:"无道也,悟而已矣!"余闻而愈悲。夫不愤不启,不悱不发,故曰亦可以弗畔矣。今悟而遂畔之,庸知非迷之大乎?(《水心文集》十二《宗记序》)

盖既以悟为宗,尽废聪明思虑,一切归之于空无,显与叶适经世实用之学旨有悖,故叶适亦讥弹之。唯态度则较一般理学家为和缓,盖适既以为置之可也,故不欲致精索微以胜之,而反佐佑之也。

(五) 论治道

叶适之学既务在稽合乎孔氏之本统,复惩于宋朝集权法密之弊,故其论政,一方面本于儒家之一贯主张,以为为政之本在于礼乐教化,人君当务修其德以收风行草偃之效,举贤礼臣以佐治布政,恤刑爱民庶使近悦远来,一方面则讲明治势,以伸张主权,并以之修明法度纪纲,建立政制体系,又极力反对集权之制,主张注重地方行政。阐明古义,针砭时失,深切著明。而其重视制度之意,尤多前人之所未发,盖尤有足多者焉。

1. 主于礼乐教化

叶适本于孔子"安上治民莫善于礼,移风易俗莫善于乐"之意,以为礼乐为治在政刑之上,乃治乱之所从出。天下之治所以不举,其患在于礼乐不明,礼乐不明故政事不立。彼其意"盖欲以礼为治者"也(《黄氏日抄》六十八)。其言曰:

> 孔子曰:"安上治民莫善于礼,移风易俗莫善于乐。"又曰:"道之以德,齐之以礼。"又曰:"其或继周者,虽百世可知也。"夫民不可以一日无其上,而亦不能一日以安其上。后世为上之不能安也,摇手动足皆归之于刑。夫民相依以生,而不相依以刑也;刑之而后安,非善治也。故安上治民,齐之以礼,孔子以是为善治,继周之后,虽远犹可知者,此意是也,不独以其

文也。若夫淫鄙暴慢,化导迁改,和亲安乐,久而成性,则虽汤、武功成之乐,孔子犹以为有憾于其间,而况于郑声乎?此礼乐之实意,致治之精说,不可以他求也。(《习学记言》十九《史记》)

先王以礼乐施于上下,自朝廷至乡党,日用之物也。王政不作,礼乐因以不举,浸衰浸息而遂亡。孔子以身习礼且正乐,考论虽多,然文字不可得而具,而亦非文字所能具,故《诗》《书》《春秋》可传,而礼乐不可传者,治之兴废在人故也。然而因孔子之论,使后世知礼乐为治在政刑上,有王者起必从之矣!(《习学记言》二十二《汉书》)

天下之治也,礼乐在于中国;其乱也,礼乐在于夷狄。当成周之盛也,夷狄之人皇皇焉思与其礼义而不得者,非以为贱而不足治也,笃于治中国者,其道不可以治夷狄耳,故礼义备而中国无隙。及其衰也,舍其国而治夷狄,夫治夷狄者失中国,失中国者礼义也,故夷狄之人执礼义之权以与诸夏抗。秦、楚浸大而齐、吴、鲁、卫弱焉者,礼义失也。至其甚也,崎岖蛮越之间,高山大川之外,种居荐食之人,徒委冠带而称霸于上国,则周之衰极矣,此逆顺之理也。观逆顺之理,可以知治乱之所从出矣!(《水心别集》六《左氏春秋》)

深惟今世,上自郊庙,下至田野间里,制度文为之节,脱略而不备,浅陋而不经,嫁娶祠祀、饮食生养无所取法,贫富相逾无所纪极,而天下之治因以不举,其患皆坐于礼乐之不明。礼乐不明则政事不立,政事不立则财困竭而天下匮矣……故臣愿陛下将兴礼乐以为出治之本。(《水心别集》九《廷对》)

礼乐之治既在刑政之上,而《礼记·乐记》乃以礼乐与刑政并举,谓"礼乐刑政,其极一也,所以同民心而出治道也"(《礼记》十一《乐记》),自为叶适所不赞同,因驳之曰:

按孔子言"安上治民莫善于礼,移风易俗莫善于乐",初不及政刑……今以礼乐刑政融会并称,而谓其不二,则论治之浅莫甚于此。其舍礼乐而不用而以刑政为极功,儒者之过也。(《习学记言》八《礼记》)

基于此故,叶适对于以威势为君道、以刑政为治体之君王,极表不满;虽汉文、唐宗号为治世之主者,亦斥之以为去桀、纣无几。曰:

以势力威令为君道,而以刑政末作为治体,然则汉之文帝、唐之太宗虽号圣君,其实去桀、纣尚无几也。(《习学记言》六《诗》)

惟礼乐之本在德,不务德而徒以礼乐相缘饰,或可取足于一时,然则教不明而治不成,其本不厚,亦难以长久也,故曰:

> 后世人主既不能行礼,而以法制齐其下,使之如礼,是贵者灭法废礼,贱者倚法而后行礼也。俗何由成而教何由明乎?(《习学记言》十《左传》)

> 今考尧、舜、禹、汤、文、武旧事,皆以德为本而以礼义行之,未有专一而言礼者。专一言礼见于《春秋》,其君臣上下不务德而以礼相缘饰、相责望,取足一时,不厚其本,难以长久……孔子曰:"能以礼让为国乎,何有?不能以礼让为国,如礼何?"然则春秋之君臣假礼让以为国而已,非能之也。本不存而求多于礼,其甚遂至于无,而以乱易乱矣,岂不悲哉?(《习学记言》十一《左传》)

由上所述,吾人可见叶适以礼乐为治之意,不容稍有假借,执意之严,虽其他儒者亦无以过之。故今人萧公权先生谓其"论治术专主礼乐"(《中国政治思想史》页469)。考叶适言道而必兼器,其学盖亦注重实用者,证以其早年之奏议论述,多有关于理财用兵者,经世之意亦颇不浅,而全祖望乃谓"永嘉功利之说,至水心始一洗之"(《宋元学案》五十四《水心学案上》),殆系指此等处而云然也。

2. 人君修实德

夫修己以安百姓,身修家齐而后国治天下平,乃自孔子以下儒家所主张之德治思想,叶适秉承此意,亦以为人主当务修其德,躬自厚则民服,身既修而后治可致,其言曰:

> 虞、夏、商书之言德,必自厚而民服。(《习学记言》五《书》)

> 古者戒人君作福威玉食,必也克己以惠下,敬身以敦俗。(同上)

> 按《书》称:"克明峻德,以亲九族,九族既睦,平章百姓,百姓昭明,协和万邦,黎民于变时雍。""浚哲文明,温恭允塞,玄德升闻,乃命以位。""后克艰厥后,臣克艰厥臣,政乃乂,黎民敏德。"皆先自身始而施之于民,然后其民以和报之。(《习学记言》八《礼记》)

> 修身以致治,尧、舜、汤、文、武皆一道。(同上)

然而叶适所谓之君德并非专指此而言,彼有所谓修实德之说,意谓人君须有见于实事实功之德,始足以服天下。此论点盖乃其经世思想之发挥也。其说曰:

> 夫风俗之所系,治化之厚薄,享国之长短,人心之向背,是岂可不留意而详择也?故臣以为天子之明圣,诚能破坏数千百年之偏说诐论而无所入于其心,虽不远于唐、虞三代之名,而近亦无取于汉、唐之陋,则人主之

实德见于天下,而天下服矣!(《水心别集》一《君德一》)

> 天下之大政,其大者为礼乐兵刑,而其小者有期会节目之要,其远而万民,而近则群臣侍御仆从之职,其物为子女玉帛器用服食之事,而其所分别好恶者,则在于君子小人邪正所由之途也,吾之一身足以验之矣!其于事天地、尊宗庙也,真见其肃恭诚一而不敢懈,而神祇祖考之来格也,非貌为之敬而意其不吾享也,而况于简慢废缺而不知畏也!其于刑狱杀戮也,真见其哀矜恻怛而不忍,虽不忍而不可赦也,非徒减膳彻乐以为是虚文故事而已也,而况于轻怒暴诛,喜深而致刻也!其于天下之民也,真见其可佚而不可劳,可安而不可动,可予而不可夺也,非轻租捐赋、宽释逋负以为之赐也,而况于急征横敛而无极也!其于群臣百官也,真见其官各有守,才各有宜,异之以事而不相易也,非贵其所贱,亲其所疏,而要之以报己也,而况于姑使之充位而自用也!其于听言受责也,真见其过言过行之出有以害天下,而幸其臣之告己也,非内不乐闻而外为宽容之意以悦天下也!于其言也,可从则用之,真见其朝不能以及夕也,不徒听之而终置之也,而况于拒谏塞谤而以不受教为能也!其于君子小人也,真见君子之可敬而小人之当远也,诚以恶佞谀而好匡救也,不徒敬君子以为名,而乐小人之自便也,而况于疏君子而比小人也!其于声色游畋玩好珠玉也,真见其简静而无欲,屏弃而不御也,不待于欲之而以理禁之也,而况于沉溺堕坏于其中而不知反也!积之以岁月,真见其悠久也;烦之以万机,真见其能无倦也,凡此者皆实德也。(《水心别集》一《君德二》)

是故昔人所盛称之容受掩覆,大度不疑,以为人主之盛德者,叶适以为此不过留名位之术,未足以服天下也,曰:

> 所谓人主之实德者何也?岂不以其容受掩覆,大度不疑,有以深结其臣民之心欤?夫猜忌不信,持法必行,阴见天下之过,而戾戾焉有疾其臣民之心,使之胁息目语而不敢肆者,则夫容度掩覆,大度不疑,旷然而与天下为一,是宜可以服天下也。虽然,天下之治非若是而可致也。名位者人主之所自有,天下不得与也。好治之君常恐名位之去己,是故或出于令,或出于法,或出于权,役巧任智,断制刑赏,以执天下之命。若此者凡以为留名位之术,而不知夫名位者不必留而不尝去也。未尝去而留之,然后天下始有不安之心,不安而将去也,则必反之而后可。然则容受掩覆,大度不疑者,是亦留名位之术也,未有服天下之道也。(同上)

盖以名位临天下,虽操生杀予夺之权,然其所以为之臣者,将迫于名位而不敢抗,而为君王者为保此名位,又不得不设为禁防之道以维持之,于是运智用巧,枝枝节节,法密文繁,君德固已日削,而天下亦不可得而治矣!故曰:

> 臣闻人君必以其道服天下,而不以名位临天下。夫莫尊于君之名,莫重于君之位,然而不得其道以行之,则生杀予夺之命,皆无以服天下之心,其所以为之臣者,特迫于名位而不敢抗耳!夫是,故以天下之大,常沾沾焉疑其并出以挠己,而禁防维持之不给,尚安能保其民而与之长守而不变哉?昔之人思其所以为人君之道,以授世主而使操之者,其说多而详矣!或以为所宝者在令,令行而莫能逆,故有留令、亏令、不从令之罚,皆至于死。或以为权者上之所独制,而不得与臣下共之者也,故杀之足以为己威,生之足以为己惠,而天下之事自己而出者谓之君。或以为人主之所恃者法也,故不任己而任法,以法御天下,则虽其父兄亲戚而有所不顾。此三者虽非先王之所废也,然而不以是先天下。而后世之君,奈何独甘心焉?是以申、商、韩非之祸炽于天下而不可禁,而其君之德固已削矣!夫偏说鄙论习熟于天下之耳目,而近功浅利足以动人主之心。于是以智笼愚,以巧使拙,其待天下之薄而疑先王之陋,以为譬若狙猿之牧者,数千百年于此矣!哀哉!盖世有狎猛虎者,能使之忘其搏噬之毒以媚己也,此盖非智巧之所能为也。而况治天下者,慈父母之于弱子之类也,又非若猛虎者之类也,智巧何为于此哉?以智巧行令,其令必壅;以智巧用权,其权必侵;以智巧守法,其法必坏。(《水心别集》一《君德一》)

是以人君当使真意实德充塞于其身而施诸天下,斯可以免于运智用巧,文繁法密之弊,则国富兵强,无往而不济矣!其言曰:

> 真意实德充塞于人主之身而施之于天下,是故其高厚可以配天地,其明察可以并日月,顺阴阳之序,遂万物之性,裁成辅相以左右民,鼓舞动荡,运转阖辟,则令不期而信,权不制而尊,法不严而必,兵强国富,而讨除残暴不顺之夷狄,何向而不济?(《水心别集》一《君德二》)

陈述君德,自修身明民而归之于修实德,此可见叶适之思想终主于当身事功之表现,而指斥文繁法密之弊,思欲人主修实德以除去之,所以针砭时失之意良亦深矣!

3. 厚植国本

按一般之言国本者,大抵皆就重民力,厚民生,惜民财而言。叶适于民非不爱之,彼固尝曰:"先王之政以养人为大。"(《水心文集》十《东嘉开河记》)又曰:"朝廷法令之大备，每患太烦，利已穷尽，不可损益，举其大概，唯在吊民。"(《水心文集》二十七《代人上书》)然其所谓国本者则意别有所属，盖系指立国之基础而言也。彼以为国于天地必有与立，亦必有与亡。是昔人之所以得天下者必有其意，其后世子孙继世而有天下，能得其意而守之，则可以为盛为治，不知其意而变乱之者则终乱而亡。故有志之君诚能深知祖宗所以得天下之意而守之，则天下何为而失之哉？其言曰：

> 国本者民欤？重民力欤？厚民生欤？惜民财欤？本于民而后为国欤？昔之言国本者盖若是矣！臣之所谓本则有异焉，臣之所谓本者，本其所以为国之意而未及于民。臣非以民为不足恃也，以为古之人君非不知爱民，而不能爱民者，意有所失于内则政有所害于外也。夫国于天地必有与立，亦必有与亡。孟子曰："三代之得天下也以仁，其失天下也以不仁，国之废兴存亡者亦然。"且其昔何为而仁，今何为而不仁？使其后世之所以守天下者皆如其始之所以得天下，则何为而失之？(《水心别集》二《国本上》)

立国之本非一端，其中意之尤大而与国家相终始者，据叶适之研究，在宋朝凡有二事，其一曰礼臣，其二曰恤刑，兹分述之如次。

所谓礼臣乃不以刑法御臣下，而与臣下共守法，其言曰：

> 夫士贵而后官贵，官贵而后国贵，国贵而后主尊。然则文、武之所以贵其士，礼其臣者，能使之无犯法，而未尝以刑法御之者也。取不能无犯法之人而材诸位，则不免于以法御之。有以刑法御其臣之心，则方其唯诺殿上，委任尊宠，若将有腹心股肱之寄者，俄而桎梏废放，黥劓杀戮，无所宽贷，而其臣亦不能自必也，故轻为奸而多犯法。呜呼！此非国家之利也。(《水心别集》二《国本中》)

盖以刑法御臣下，本在于防奸臣，然往往使奸臣有所资借以滥刑施于君子善人也，故曰：

> 以刑法御其臣，将以防奸臣，而岂有意于轻杀人也哉？自今考之，其奸臣未必得罪，而连颈就戮，前后相望者皆善人君子也。夫不能以礼化奸臣之心，而以刑滥忠臣之罚，国家将何便焉？适所以借奸臣而为之资耳！(同上)

宋之开国君主有见于此，乃尽去苛刻猜忍之意，一以宽大诚信进退礼节遇臣下，此即有宋立国之本意，而有契于舜、文王之俗者也。其言曰：

> 盖舜、文王之意迄周衰而亡,历秦、汉、隋、唐而不复兴。至于艺祖、太
> 宗而后尽去前世帝王苛刻猜忍之意,一以宽大诚信进退礼节遇其臣
> 下……夫进人以礼,退人以义,而不以刑法御其臣者,无过于祖宗之世;而
> 不使奸臣妄杀一士者,亦无过于祖宗之世。盖秦、汉之风息灭不继,而舜、
> 文王之意复兴……夫不以刑法御臣下而与臣下共守法,此岂非祖宗为国
> 之意,而舜、文王之俗然欤?(同上)

按据《宋史》云:"钦宋在燕山,谓曹勋曰:'艺祖有旧约,不杀大臣及言事者。'"(《宋
史》三百七十九《曹勋传》)是叶适之说确然有据。惟不以刑法御臣下,此独其消极
者也;推广而言之,则又归之于举贤任才,故叶适又曰:

> 夫人主之所与共守其国家者,自宰相以下至于一命之士,皆必得天下
> 之贤材而用之,其不能无犯法者不得居也。(《水心文集》二《国本中》)

> 臣闻欲占国家盛衰之符,必以人才离合为验。(《水心文集》一《上宁
> 宗皇帝札子》)

然当时之主用人每每能始而不能终,叶适因痛切言之曰:

> 窃以近岁海内方闻之士,志行端一,才能敏强,可以卓然当国家之用
> 者,宜不为少。而其间虽有已经选用,不究才能,尝预荐闻,未蒙旌擢;亦
> 有已罹忧患,恐致沉沦,既得外迁,因不复入。以一疑而伤众信,用浮华而
> 伤实能。又况其自安常分,无所扳援,复贻颊年,永绝荣进者乎?每一思
> 之,深切痛悼。(《水心文集》二十七《上执政荐士书》)

于是人主遂独运于上,无以为辅,以群臣百官为不足用而上自用,治道终无以兴成,
其言曰:

> 以陛下夙兴夜寐,精实求治,十有七年之久,而迄未有尺寸之效,能使
> 陛下有以自慰其心者,亦尝思其故乎?独运于上而未得其人以自辅也。
> (《水心别集》九《廷对》)

> 然则今之世举群臣百官以为不足用而上自用也,非所以声天下也,非
> 所以威夷狄也,非所以消奸雄而防未然也。夫所贵乎人主者,以天下为己
> 用而己不必自用,自用则人主不尊而其国威失,实与名则几乎轻。(《水心
> 别集》三《官法上》)

以群臣百官为不足用而自用,是视群臣百官为无物,似若此者,又岂礼臣之意,而终
不免于失其立国之本意矣!

至于恤刑,叶适以为历考古来用刑议刑之轻重可以觇其君之贤否,与夫其人之

是否为君子也。其说曰：

> 臣惟历代用刑各有轻重，不能尽举。然大要其君贤而所任者仁人也，
> 则用刑常轻；其君不贤而所任者非仁人也，则用刑常重。非唯用刑为然
> 也，而历代之议刑者亦莫不然。盖其人君子也，则议刑常轻，其人小人也，
> 则议刑常重。故观其所用可以知其国，观其所议可以知其人。（《水心别
> 集》二《国本下》）

虽或其君为贤君，其人为君子，然用刑议刑过重，则祸大忧甚，天下不可得而治
矣！曰：

> 其君贤君也，而用刑不免于过重；其人君子也，而议刑亦不免于过重；
> 以为重刑所以致治，非重刑而天下不可治者，是可叹也……臣之不肖，以
> 为诚使天下之贤君不免有重刑之心，而天下之君子不免有重议刑之心者，
> 其祸最大，其忧最甚，此不可以不极虑而深言也。（同上）

据叶适之研究，宋朝之用刑比之汉、唐虽云较轻，比之三代则犹重。所以然者盖在
于财政上之弊端及繁文巧法有以致之也。其言曰：

> 夫后世有天下之长者莫若汉与唐，其能求所以轻刑之意者亦莫若汉
> 与唐；而卒之能轻一代之刑者莫若吾宋也……此今日之所以用刑独轻于
> 前世，而民之自爱而畏法亦远过于前世也。虽然，今世之用刑，比汉、唐为
> 轻，比三代则为重……要之今世之民自得罪者实无几，而坐盐茶榷酤及它
> 比巧法、田役税赋之不齐以陷于罪者，十分之居其六七矣！故曰比三代之
> 刑为重。（同上）

欲改除此弊，"则恤之而已矣！"（同上）恤之之道为何，叶适虽未明言，然其症结既在
于财弊与法密，则亦唯就此二病根除之而已耳！

叶适既以为隆礼以御其臣，恤刑以爱其民，"此二者国家之大本，无穷之祚，不
可变之俗也"（同上），"二百余年之国本在是"（同上），则欲求天下之治，亦唯就此二
本"培之使益坚，养之使不伤"（同上）而已。按适申明国本，追言致病之源，而归之
于用人之能始而不能终及巧法苛敛，此又可见叶适议论之能深切时弊也。

4. 尽心民事

叶适之论国本，虽非指重民力，厚民生，惜民财而言，然其对于民事并实所注
意，尝曰：

> 某闻仁人视民如子，知其痛毒若身尝之，审择其利常与事称。疗之有
> 方，予之有名，不以高论废务，不以空意妨实，然后举措可明于朝廷而惠泽

可出于君上，此其所以法不敝而民不穷也。(《水心文集》十《平阳县代纳坊场钱记》)

盖先王之政以养人为大，生聚所资，衣食之有无，此上之责也。(《水心文集》十《东嘉开河记》)

盖其意以为虚内事外，轻用民力，则其国家无不终底于亡灭者，曰：

子胥劝夫差勿许越成而不从，卒灭于越，后世莫不恨其言之不用。以余考之，吴、越相攻，彼此常事；各入国都，互有胜负。磨以岁月，或可得之，固未能一举而灭越也。夫差虚内事外，轻用民力，骄侈不度，贪冒无厌，亡形已成。而子胥不知救正其本，将急于灭越以求霸；且使越可灭，霸可成，不待二十年，夫差要亦不免于亡，又将安所归罪？(《习学记言》十一《左传》)

叶适又以为古今之治所以有异者，其因在于古者君民一本，君既养民，又教民，然后治民；后世则君臣判为二本，不养不教而专治民。其言曰：

古者民与君为一，后世民与君为二。古者君既养民，又教民，然后治民，而其力常有余。后世不养不教，专治民，而其力犹不足。(《水心别集》二《民事上》)

尧、舜、三代之治法，任民以地而不责其身，故用民之力丰年无过三日，其爱惜之如此……后世刍狗百姓，不教不养，贫富忧乐，茫然不知真。(《习学记言》七《周礼》)

君民上下既判然出于二本，以其不养不教者治之，变生养之仁为渔食之政，宜乎治道之卒无一成之效也，曰：

后世养之者不备，治之者不详，使民自能而不知恤。其所以设官置吏，贵贱相承，皆因民之自能者遂从而取之……其君臣上下判然出于二本，反若外为之以临其民者，故比闾族党、联会考察之法一切尽废，以其不足者病民，以其不养不教者治民，毅然为之而无所愧……其乖戾反忤而治道卒无一成之效者，不特一世为然也……君无以属民，民无以事君，然则立州县，有官吏，相事相使，相君相长，不异于古者，徒有君民之势尔！世之俗吏见近忘远，将因今之故，巧立名字，并缘侵取，求民无已，变生养之仁为渔食之政。(《水心别集》二《民事上》)

在上者既失其教养人民之道，遂形成种种问题，致使民生殄瘁。为苏解民困，时之言爱民者，"俗吏见近事，儒者好远谋，故小者欲抑夺兼并之家以宽细民，而大者则欲复古井田之制,使其民皆得其利"(《水心别集》二《民事下》),叶适以为皆不可行。

井田制度之所以不可行,叶适以为井田与封建相表里,封建制度既早已不行,则井田制度亦无由得存。且土地之归于私有,历世已久,区划更动频繁,则虽欲复商鞅之阡陌已不可能,况井田乎?其言曰:

> 不得天下之田尽在官则不可以为井,而臣以为虽得天下之田尽在官,文、武、周公复出而治天下,亦不必为井。何者?其为法琐细烦密,非今天下之所能为。昔者自黄帝至于成周,天子所自治者皆是一国之地,是以尺寸步亩可历见于乡遂之中,而置官师,役民夫,正疆界,治沟洫,终岁辛苦,以井田为事。而诸侯亦各自治其国,百世不移,故井田之法可颁于天下……今天下为一国,虽有郡县吏,皆总于上,率二三岁一代,其间大吏有不能一岁半岁而代去者,是将使谁为之乎?就使为之,非少假十数岁不能定也。此十数岁之内,天下将不暇耕乎?井田之制虽先废于商鞅,而后诸侯亡,封建绝,井田虽在,不得独存矣!故井田、封建相待而行者也……后世之所以为不如三代者,罪在于不能使天下无贫民耳,不在乎田之必为井不为井也。夫已远者不追,已废者难因,今故堰遗陂,在百年之外,潴防众流,即之渺然,弥漫千顷者,如其湮淤绝灭尚不可求,而况井田远在数千岁之上?今其阡陌连亘,墟聚迁改,盖欲求商鞅之所变且不可得矣!孔、孟生衰周之时,井田虽不治,而其大约具在,故勤勤以经界为意,叹息先王之良法废慢于暴君污吏之手。后之儒者乃欲以其耳目所不闻不见之遗言,顾从而效之,亦咨嗟叹息以为不可废,岂不难乎?(同上)

抑夺兼并之所以不可行,在于县官既失其养民之权,小民依附富人以为生,已非一世之积,若骤然加以裁抑,既非形势所许可,亦唯徒滋纷扰而已耳!其言曰:

> 今俗吏欲抑兼并,破富人以扶贫弱者,意则善矣!此可随时施之于其所治耳,非上之所恃以为治也。夫州县狱讼繁多,终日之力不能胜,大半为富人之役耳,是以吏不胜忿,常欲起而诛之。县官不幸而失养民之权,转归于富人,其积非一世也。小民之无田者假田于富人,得田而无以为耕,借资于富人,岁时有急,求于富人;其甚者,庸作奴婢,归于富人,游手末作,俳优伎艺,传食于富人;而又上当官输,杂出无数,吏常有非时之责无以应上命,常取具于富人。然则富人者州县之本,上下之所赖也。富人为天子养小民,又供上用,虽厚取赢以自封殖,计其勤劳亦略相当矣……夫人主既未能自养小民,而吏先以破坏富人为事,徒使其客主相怨,有不

安之心,此非善为治也。(同上)

井田既不可复,抑夺兼并亦不宜行,然则如何而后可?叶适以为唯有建立制度而已,其言曰:

> 臣以为儒者复井田之学可罢,而俗吏抑兼并富人之意可损。因时施智,观世立法,诚使制度定于上,十年之后,无甚富甚贫之民,兼并不抑而自已,使天下速得生养之利,此天下与其群臣当汲汲为之。(同上)

由上所述,吾人可知叶适之论既能明了历史情势之演变,复能正视目前实际之问题,为革除当时之弊政而主张"因时施智,观世立法""使制度定于上"。其重视制度之意与夫所以立制之原理由此可略见之矣!

5. 讲明治势

基于对历史情势之了解,叶适论治道又有所谓治势之说,其言曰:"欲治天下而不见其势,天下不可治已。"(《水心别集》一《治势上》)则其所谓治势者似指一左右国家政治之潮流而言。然而其又曰:"古之人君,若尧、舜、禹、汤、文、武,汉之高祖、光武,唐之太宗,此其人皆能以一身为天下之势。虽其功德有厚薄,治效有浅深,而要以为天下之势在己而不在物。"(同上)"且均是人也,而何以相使?均是好恶利欲也,而何以相治?智者岂不能自谋?勇者岂不能自卫?一人刑而天下何必畏?一人赏而天下何必慕?而刑赏生杀,岂以吾能为之而足以制天下者?虽然,鸟高飞于重云之上,鱼深游于潜渊之下,而皆不免有鼎俎之忧。天下之人所以奔走后先,维附联络而不敢自弃者,诚以势之所在也。"(同上)据此则其所谓治势者实接近于今人所言之主权也。主权在己则天下之事唯其所为而莫制其后,主权不在己则太阿倒持,国家随之而亡,其言曰:

> 古之人君,若尧、舜、禹、汤、文、武,汉之高祖、光武,唐之太宗,此其人皆能以一身为天下之势。虽其功德有厚薄,治效有浅深,而要以为天下之势在己而不在物。夫在己而不在物,则天下之事唯其所为而莫或制其后……及其后世,天下之势在物而不在己,故其势之至也,汤汤然而莫能遏,反举人君威福之柄以佐其锋。至其去也,坐视而不能止,而国家随之以亡。(同上)

由此而言,势者乃治天下之大原,有其相当之重要性也,曰:

> 故夫势者,天下之至神也,合则治,离则乱,张则盛,弛则衰,续则存,绝则亡。臣尝考之于载籍,自有天地以来,其合离、张弛、绝续之变凡几见矣,知其势而以一身为之,此治天下之大原也。(同上)

后世人君既不明治势之重要，使天下之势在物不在己，于是人君以其身或求容于外戚，或求容于权臣，甚或求容于宦官，求容于士卒，举威福之柄而尽寄之，宜乎祸败乱亡接踵而至也。曰：

> 盖天下之势有在于外戚者矣，吕、霍、上官非不可以监也，而王氏卒以亡汉。有在于权臣者矣，汉之曹氏、魏之司马氏，至于江南之齐、梁，皆亲见其篡夺之祸，习以其天下与人而不怪。而其甚也，宦官之微，匹夫之奋呼，士卒之擅命，而天下之势无不在焉。若夫五胡之乱，西晋之倾覆，此其患特起于公卿子弟，里巷书生游谈聚论，沉湎淫佚而已，而天地为之分裂者数十世。呜呼！势在天下而人君以其身求容焉，犹豫反侧而不能以自定，其或在于宦官，或在于士卒，而举威福之柄以尽寄之者，此甚可叹也。（同上）

是以人君治国当讲明治势，务期能以其身为天下之势，则天下之势亦环向而从己也，其言曰：

> 臣尝怪唐末、五代之衰，皆以列校之卑，易置人主如反掌之易。而周世宗一旦临大位，北威契丹，南服李璟，法度修举，文武并用。太祖皇帝践祚，十年之间，不耀兵甲，俘取僭伪之君若拾遗，而天下为一，身致太平，为子孙万世之计。向之衰败圮阙者二百余年，英武之君、忠志之臣，图回收取不能十一，而孱王幼主俯首服从，相顾愤发，以至于流涕痛哭莫敢谁何者，一朝翕然皆在把握之内，何其速也！此无他，能以其身为天下之势，则天下之势亦环向而从己。（同上）

夷考自三代以来，有以柄持天下之"物"者，叶适以为不外女宠、宦官、外戚、权臣、奸臣，此天下之五患也，其言曰：

> 天下之乱与亡有五，而人主之得罪于民不与焉，一曰女宠，二曰宦官，三曰外戚，四曰权臣，五曰奸臣。此非特秦、汉之近事为然也，而三代亦莫不然。是五者有一焉，此其天下未遽乱也，未遽亡也，而天下之垣镛已与我共之矣！发以虐政，致以严刑，而播人主失德于下，然后乘之以水旱，动之以甲兵，则小者乱，大者亡。（《水心别集》一《治势中》）

执此以观有宋天下之势，所以能致宋初太平之治者，乃在于太祖、太宗及真宗、仁宗之能以其身为天下之势也，曰：

> 太祖、太宗削平专国，统一方夏；真宗、仁宗祈天永命，乂安海宇。当是时也，其要在使天下无女宠，无宦官，无外戚，无权臣，无奸臣，随其萌

藥,寻即除治,而又蹙狭其门,颠错其途,使其至于蹯蹬绝灭,四顾而问,不得其所求,俯首而去之。宫中之裁决,大臣之平章,近臣之献纳,小臣之议论,无不咸出于此,操天下之垣镭以与天下共守之而无所害。是故以言其井地牧民,税赋均一则不如周;群臣才智,赴功遵力则不如汉;蓄积富厚,国用沛然则不如隋;拓地沙漠,冠带夷蛮则不如唐。然而天下之势周密而无间,附固而无隙,不忽治而乍乱,几亡而仅存,可以传之后世,垂之无极则远过于前代。(同上)

而所以致靖康之变者,则在于天下五患之中舍女宠之外有其四焉,曰:

盖所以致靖康之变者,昔之五患有其四耳。(同上)

由此历史事实观之,可证天下之势在内而不在外,欲求攘外则当先安其内也,曰:

由此言之,天下之势在内而不在外也……忘内忧外以起内乱,其为计也末矣!(同上)

然则当时天下之势又如何?夫攘除金人,恢复祖宗之旧固为当时急务,然锐意进取,不念本根之重而自危求战,叶适以为此实有悖于天下之势在内而不在外之旨,其为不可也必矣!故曰:

臣观今天下之士,唯其嗜利无行者,乃或扣阍投匦,妄论形势,更易风云之阵,疏释孙、吴之言,请对便殿,条画边要,指心誓日,以功名自诡。及其宠异逾等,尊用过望,乃始徐托罪咎,引身而去,其大略如此。而忠厚难进,明见利害之人,则皆深念根本之重,以为不可辄发……臣之不肖,盖尝筹之,以为使今之天下自安而忘战则不可,使之自危而求战,尽变而能战,又决不可。(《水心别集》一《治势下》)

盖嗜利无行者指心誓日,以功名自诡,终于宠异逾等,尊用过望,天下之势难免失之于是,故叶适引为深忧而汲汲以为不可也。

按叶适论治道而注重于治势之讲明,申明主权之重要,实能度越前贤,故近人萧公权著《中国政治思想史》,许为"水心之最大贡献""对政治机构作精密切实之讨论"(《中国政治思想史》页466)。按萧先生之言是矣,唯其所谓政治机构鄙意以为宜作政治结构,庶可免滋误解。又据萧先生云:"水心所谓治势实为君主专制之命脉,虽非孟学正宗,而远较徒龈龈于天理人欲之辨者为得论政之要领。"(《中国政治思想史》页467)按叶适思想之较切于实际,其论政能得其要领固矣!唯谓其所谓之治势为君主专制之命脉,则余不能无疑义焉,盖主权之在国家,无容旁分,此为一定之道理,此在民主思想尚未发皇之前,固属诸君王,或君王在正常情况下所付托之最高行政机构,亦为理所当然之事。乃萧先生谓为君主专制之命脉,不免有将主权与集权混为一谈之病焉。

6. 修明纪纲法度

叶适论治道之另一特见为致力于政制之探讨。彼以为建立纪纲法度乃为国之先务,未有此而失之而可以为国者,其言曰:

> 规矩准绳必先立而以身奉之,故法度不可失也。(《习学记言》五《书》)

> 纪纲法度一事也,法度其细也,纪纲其大也。古人之为国岂能尽正,盖或得其大,或得其细,有失其一,必得其一。若细大俱失,而欲恃烦文细故以维持国家,可静而不可动,易屈辱而虽尊荣,则本朝之事是也。(《水心别集》十四《纪纲一》)

宋朝之所以细大俱失者在于惩唐末、五代之弊,务以矫失为得,而真所以得之之道则弃置弗讲,遂失其所以自立之道,虽经巨变大祸而犹不知改弦易调也。曰:

> 国家规模特异前代,本缘唐季陵夷,藩方擅命,其极为五代废立,士卒断制之祸,是以收揽天下之权,铢分以上悉总于朝。(《水心别集》十五《上殿札子》)

> 夫以二百余年所立之国,专务以矫失为得,而真所以得之之道独弃置而未讲。故举一事本以求利于事也,而卒以害是事;立一法本以求利于法也,而卒以害是法。上则明知其不可行而姑委之于下,下则明知其不可行而姑复之于上。虚文相挺,浮论相倚,故君子不可用而用小人,官不可任而任吏,人情事理不可信而信法。唯其恻怛宽平,粗得古人之意,而文具亡实,亦独何以异于周、秦之弊哉?于是中原分割而不悟其由,请和仇雠而不激其忿,皆言今世之病而自以为无疗病之方,甘心自处于不可振救以坐视其败。据往鉴今,而陛下深思其故者,岂非真所以得之之道未讲欤!(《水心别集》十二《法度总论二》)

既务以矫失为得,不得不设为繁文密法以提防局镉之,遂至桎梏层层,举手动足辄有法禁,天下之人举为懦弛之行以相与奉繁密之法,则其为失也曷可胜道哉!于是叶适乃慨乎言之曰:

> 昔人之所以得天下也,必有以得之,亦必有以失之,得失不相待而行,是故不矫失以为得,何也?盖必有真得天下之理,不俟乎矫其失而后得之也。矫失以为得,则必丧其所得……本朝之所以立国定制,维持人心,期

于永存而不可动者,皆以惩创五季而矫唐末之失策为言。细者愈细,密者愈密,摇手举足,辄有法禁。而又文之以儒术,辅之以正论,人心日柔,士气日惰,人才日弱,举为懦弛之行以相与奉繁密之法,遂揭而号于世曰,此王政也,此仁泽也,此长久不变之术也。以仁宗极盛之世去五季远矣,而其人之惩创五季者不忘也。至于宣和又加远矣,其法度索矣,而亦曰所以惩创五季而已。况靖康以后,本朝大变,乃与唐末、五季同为祸难之余,绍兴更新以至今日,然观朝廷之法制,士大夫之议论,提防扃镭,孰曰非矫唐末而惩创五季也哉?(同上)

国家因唐、五季之极弊,收敛藩镇,权归于上,一兵之籍,一财之源,一地之守皆人主自为之也。欲夺大利而无受其大害,遂废人而用法,废官而用吏,禁防纤悉特与古异,而威柄最为不分。虽然,岂有是哉!故人材衰乏,外削中弱,以天下之大而畏人。是一代之法度又有以使之矣,宜其不能尽天下之虑也。(《水心别集》十《始议二》)

于是叶适以为时局遂有四难五不可,其所谓四难者,一为国是之难,"重誓约,畏先事,本景德以来之素规",虽经靖康之变,而宁"包容垢耻,恬受奇祸",不肯变此基本国策;二为议论之难,国是既不肯变,则士大夫亦环绕此中心作种种或为苟且畏葸,或为高而不切之议论,"流言成市,互为废兴",要皆无补于事;三为人才之难,"其怀利尚同,毁伤善类,阴塞正路,谋以力据要津者,充满内外";四为法度之难,此即务以矫失为得,亦即问题之最大症结也。其所谓五不可者,一为"兵以多而遂至于弱";二为"财以多而遂至于乏";三为"不信官而信吏";四为"不任人而任法";五为"不用贤能而用资格"。(其说详见《水心别集》十五《上殿札子》,文长不具引)而根本其缘由皆在于纪纲法度之未善也。故时政之要固莫若深明治国之意,而使纪纲法度臻之于善。故曰:

何谓今日之纪纲法度未善?昔之立国者知威柄之不能独专也,故必有所分;控持之不可尽用也,故必有所纵。三代以上,星分棋布,悉为诸侯,其自居者千里而已。此非后世之所能,然犹坚植其四隅,倚之捍御;封崇其险扼,示以形势;至于对立鼎峙,雌雄所争,则必隆其委任,多其分画,岂无外重生奸跋扈致寇之患哉?历代相承,莫之或变,盖非不欲其密,而亦不能不使之疏也。然则尽收威柄,一总事权,视天下之大如一家之细,孰有如本朝之密者钦?呜呼!靖康之祸,何为远夷作难而中国拱手钦?小民伏死而州郡迎降钦?边关莫御而汴都摧破钦?今犹弗之悟也。岂私

其臣之无一事不禀承我者为国利,而忘其仇之无一事不禁切我者为国害
欤?岂其能专而不能分,能密而不能疏,知控持而不知纵舍欤?此臣之所
以深疑治国之意未明而使今日之纪纲法度未善也。陛下何先明之乎!
(《水心别集》十五《应诏条奏六事》)

夫"秦纲密而国亡,汉章疏而祚永"(《习学记言》三十五《北史》),则更张之道亦唯上
法三代,行阔大迂远之意,疏而分之而已也,其言曰:

> 财以多为累,则莫若少之,故四总领为户部之害,经总制、折帛钱为诸
> 州之害,板帐、月椿为诸县之害,则不可以不更也。兵以多为累,则莫若少
> 之,故四屯驻大军耗总领之财计,厢禁、土兵耗诸州县之财计,则不可以不
> 更也。法度以密为累,则莫若疏之,故兵财民政分任不一者,不可以不更
> 也。纪纲以专为累,则莫若分之,故四边无所付,外无郭郭则内无堂室,故
> 处不可以守,出不可以取者,不可以不更也。更之则慰民心,苏民力,解缠
> 起痼,兴滞补弊,则二三年之间可以抗首北出,而取燕之利在掌握矣!
> (《水心别集》十《实谋》)

> 盖唐、虞、夏、商之事虽不可复见,而臣以《诗》《书》考之,知其崇义以
> 养利,隆礼以致力,其君臣上下皆有阔大迂远之意……天下自周之衰而极
> 于亡秦之乱,天地几不立矣……其君臣父子之道复立,礼义忠信之教复
> 兴,乃得求存以至于今世犹有望其无穷者,此非孔、孟迂阔之方欤……夫
> 所谓迂阔者,言利则必曰与民,言刑则必曰措刑,言兵则必曰寝兵,言当世
> 则必曰唐、虞、三代,而簿书狱讼不如礼乐,台省府寺不如学校……臣以为
> 必得真迂阔者而用之,天下其庶几乎!(《水心别集》三《士学上》)

惩校秦、汉之得失,上法三代之迂阔,此观古立制之论亦为叶适思想之一大端。彼
其意以为泥古以律今固属不宜,而就今而忘古亦有不当,唯有参考前人之经验以定
今日之去取为最适切,故曰:

> 考古虽若无益,而不能知古则不能知今也。(《水心别集》十一《财总
> 论一》)

> 欲自为其国必先观古人之所以为国……使不言古则无所斟酌,无所
> 变通,一切出于苟简而不可裁制矣……夫观古人之所以为国,非必遽效之
> 也。故观众器者为良匠,观众方者为良医,尽观而后自为之,故无泥古之
> 失而有合道之功。(《水心别集》十二《法度总论一》)

本此见解,于是叶适乃历考古来之得失,以为封建、郡县,政体容有不同,然苟能各

本其政体特有之精神,建立相应之纪纲法度,皆可不害其为治也,其言曰:

> 夫以封建为天下者,唐、虞、三代也;以郡县为天下者,秦、汉、魏、晋、隋、唐也。法度立于其间,所以维持上下之势也。唐、虞、三代必能不害其为封建而后王道行;秦、汉、魏、晋、隋、唐必能不害其为郡县而后伯政举。故制礼作乐,文书正朔,律度量衡,正名分,别嫌疑,尊贤举能,厚民美俗,唐、虞、三代之所谓法度也。至于国各自行其政,家各自专其业,累世而不易,终身而不变,考察缓而必,黜陟简而信,此所以不害其封建而行王道也。秉威明权,簿书期会,课计功效,核虚实,验勤惰,令行禁止,役省刑清,秦、汉、魏、晋、隋、唐之所谓法度也。至于以一郡行其一郡,以一县行其一县,赏罚自用,予夺自专,刺史之问有条,司隶之察不烦,此所以不害其郡县而行伯政也。(同上)

执此以观宋制,盖宋行郡县之制,既与三代异制,不得谓为王政,而又专惩创前人之失计,总揽大权于朝,以防杜吏民,则并后世郡县之霸政亦不可得,则其为失也自可不言而喻矣!且不论其为封建抑或郡县,其主要精神皆在于分权为治。封建者,"国各自行其政,家各自专其业"(同上)。郡县者,"以一郡行其一郡,以一县行其一县,赏罚自用,予夺自专"(同上)。而宋则采取集权之制,既违分权为治之精神,则其为失也必矣!更就历史事实之演变观之,自尧舜以来,凡采分权之制者其享国皆久于采集权之制者,试就秦、汉以后一统天下之事论之,秦"破坏封建而为郡县","自天子以外无尺寸之权,一尊京师而威服天下","人主恣睢太甚,而天下不堪命",故"不旋踵而败亡"。汉则虽因秦制,然能"三边各自备,内郡专刑赏","守相皆得自为",用能"兵其兵也,民其民也,财其财也,极其所治,无不可者"。自三国以迄隋、唐,或"边方鼎立",或"征镇固守",或"内则诸卫将军,外则节度总管"(以上皆引自《水心别集》十四《纪纲一》),亦皆能参用分权之法以治理其国。此足见过度集权为前人所不取,亦败亡之根源。而宋乃采行之,自为叶适所反对,因极力主张采行分权之制,"专择其人以各自治其一州,所谓兵民财赋皆得自用","与之兵民财赋以重人臣之任","而后朝廷所谓烦密不可变之法度者尽变之,以共由于疏通明达之途","朝廷所谓专闭不分之纪纲者尽分之,以各合于外坚中柔之术"(《水心别集》十五《终论一》)。如此则可以"兼两汉之长而不袭两汉之失,待之以成功而终之以礼乐,则三王之治不难进也"(同上)。

　　按前人虽不乏反对专制集权之非者,然大抵皆就君王之淫暴,政事之烦苛,民生之疾苦上立论,至叶适始专就制度加以探讨,此其过人处也。盖过度集权之病不除,则虽或有仁君贤臣,亦难免于苛细扰民,而不能致天下于安定也。此可见叶适之论实能批隙导窾,而深切于问题之最大症结也。

7. 注重地方行政

叶适既极力主张采行分权之政制,则其对于州县之治特别重视自属当然之事。彼以为郡县之制自有其优点,古之人君亦皆能荣守令之职而重其任,凡为令长者亦因此而能自爱重。逮乎后世,朝廷既轻其任,人亦厌苦其职,于是务为苟且之政,遂至纪秩荡然而功化陵夷。其言曰:

> 县乡亭之制本于商鞅,鞅虽改法,要是周衰,国大者难用旧制,齐、晋、楚裂地名官以自便,往往在商鞅之前矣!古者百里之狭自为朝廷,由后世视之,疑若烦民;然三老、啬夫、游徼犹各有职掌,近民而分其责任。若后世荡然无复纪秩,而令长悍焉独以征取为事!又鞅之所不为也。(《习学记言》二十一《汉书》)

> 昔之立法者以职官令录近于民,非举其材不得为之,最重者改官而知大县,奏上,天子临前,侍郎读胪句传而命之,谓之再及第,由是脱吏部而登朝廷矣!盖其厚以一县为寄而超尊之,非恤士大夫而苟荣其身也。及其久也,循习而例不明,以为凡仕者必关升,必改官,此上所设以待人之求,而其进取条目之限当如此也。自改官至外员郎,有禄以传其子,所以备一身之事尔!故其既得改官也,反以为格法之咎,曰:"何必使我为知县?"而厌苦之至,常避免而不得,则勉强而后受。既至如不能脱,未有乐而久居者也,皆务为苟且之政。虽欲无大阙败,然积百数十岁以一意相承,而功化之陵夷甚矣!(《水心文集》十二《送刘茂实序》)

其任既轻,复以法令之层层束缚,于是为守若令者遂不复肯顾礼乐教化之事矣,曰:

> 今州郡不得与国拟,太守盖乡大夫之任也,然皆以钱谷刑狱、搏击擒捽为职,不复肯顾教化礼乐之事。(《水心文集》二十九《温州州学会拜》)

虽专以钱粮之末为事,亦未必能皆出于正也,曰:

> 一县会计,天下同有也,所以取民必有正也;取而不得已,必有宽也。有正,义也;有宽,仁也;未有不由仁义而能使民思之者也。(《水心文集》十二《平阳会书序》)

于是论者遂以州县为难治,而探讨其致病之由实在于法令之烦密,征敛之无度也。若此而不除,则虽或有仁厚通敏之才亦难以为治也。其言曰:

> 余见今之论者真以县为难治,位卑责重,不可以自为,又以不自为者

为罪也,亦未尽力而已。秦、汉以下,顾何容有易治之县耶?独未知三代何如耳,曹、滕、郑、莒有南面之尊,未尝得自行其志。虽孔子之门人冉求、仲由之果艺,又未尝不以宰邑为难。然则县之难治,亦非独今世也。其要使为国者尽去烦密之法,无破产之役,无杂名之敛,一出于简古而不以所难责吏,则庶几公私之论可一而民可善治矣!不然,则或幸而得仁厚通敏之才,不以改官为身计,而能因今之法度以行其政事之仁,然后可望以一县之善治也,不其难欤!(《水心文集》十二《送刘茂实序》)

更张之法既在于去烦密之法,无破产之役,无杂名之敛,然其症结实在于专制集权,此叶适之所以大声疾呼,痛切感慨,期期以为集权之制之不可采行者也。

(六) 论财计

我国自昔士大夫多未视理财之道,夫"理财正辞,禁民为非曰义"。《易大传》已明言之,以理财为非者,诚不得谓非书生之见。有宋财政之紊乱,盖有由已,此在薛季宣业已发之。叶适对此亦深具同感,于是乃针对此错误观念加以纠正,谓自古圣君贤臣未有不善于理财者,唯其能以天下之财与天下共理之,故其上之用度可沛然满足而不匮也。其言曰:

> 夫聚天下之人,则不可以无衣食之具。衣食之具或此有而彼亡,或彼多而此寡,或不求则伏而不见,或无节则散而莫收,或消削而浸微,或少竭而不继,或其源虽在而浚导之无法,则其流壅遏而不行。是故以天下之财与天下共理之者大禹、周公是也,古之人未有不善理财而为圣君贤臣者也。若是者,其上之用度固已沛然满足而不匮矣!后世之论则以为小人善理财而圣贤不为利也,圣贤诚不为利也,上下不给而圣贤不知所以通之,徒曰我不为利也,此其所以使小人为之而无疑欤!(《水心别集》二《财计上》)

其后此义渐失,世之言理财者唯聚敛而已矣!于是君子避理财之名,小人执理财之权,财政弊乱,民之受病,国之受谤,无时或已,其曰:

> 理财与聚敛异,今之言理财者聚敛而已矣!非独今之言理财者,自周衰而其义失,以为取诸民而供上用,故谓之理财。而其善者则取之巧而民不知,上有余而下不困,斯为理财而已矣!故君子避理财之名,而小人执理财之权。夫君子不知其义而徒有仁义之意,以为理之者必取之也,是故避之而弗为。小人无仁义之意而有聚敛之资,虽非有益于己而务以多取为悦,是故当之而不辞,执之而弗置。而其上亦以君子为不能也,故举天

下之大计属之小人，虽明知其负天下之不义而莫之恤，以为是固当然而不疑也。呜呼！使君子避理财之名，小人执理财之权，而上之任用亦出于小人而无疑，民之受病，国之受谤，何时而已！（同上）

是以叶适对于北宋新、旧两党皆加以指斥，以为王安石之误在遽夺民利，而反对者则误在以理财为聚敛而不讲也。其言曰：

> 当熙宁之大臣慕周公之理财，为市易之司以夺商贾之赢，分天下之债而取什二之息，曰此周公泉府之法也。天下之为君子者又从而争之，曰此非周公之法也，周公不为利也。其人又从而解之，曰此真周公之法也，圣人之意，六经之书，而后世不足以知之，以此嗤笑其辨者。然而其法行而天下终以大弊。（同上）

> 夫学周公之法于数千岁之后，世异时殊，不可行而行之者，固不足以理财也。谓周公不为是法，而以圣贤之道不出于理财者，是足为深知周公乎？且使周公为之，固不以自利，虽百取而不害，而况其尽与之乎？然则奈何君子避理财之名，苟欲以不言利为义，坐视小人为之，亦以为当然而无怪也？徒从其后频蹙而议之，厉色而争之耳！然则仁者固如是耶？（同上）

而宋代养兵之多又为财政困竭之一大原因，盖"为天下之大蠹，十分之九以供之而犹不足者兵是也"（《水心别集》九《廷对》）。设若此患不除，则财政之困终无以解之也。故叶适曰：

> 昔祖宗竭天下之财以养天下之兵，固前世之所无有，而今日竭南方之财以养四屯驻之兵，又祖宗所无有也。（《水心别集》十二《四屯驻大兵》）

> 今州郡二税之正籍尽以上供者，及其所趁办酒税窠名尽以上供者，朝廷既自以养大兵，而州郡以其自当用度者，又尽以养厢禁士兵，又有配隶罪人，牢犴充塞，亦州郡所养，然则财安得不匮而民安得不困乎？（《水心别集》十二《厢禁军弓手士兵》）

> 夫财用所以至此者，兵多使之也。（《水心别集》十一《经总制钱二》）

> 自唐天宝至于今日，终身养兵，加赋愈广，孔、孟复起，无所发药。盖附赘悬疣之初，为患尚微，不急攻疗，及既臃肿，遂与生俱，则良医不能措矣！（《习学记言》十七《孔子家语》）

故为改革财政，叶适以为在治标上首须改革兵制。盖宋代之兵悉由召募而来，而以税养兵，若能改募兵为农兵，而以田养兵，则国家养兵之费可以省除矣，其言曰：

自府兵立而兵农分,自府兵废而兵农不可合,遂遗唐、五代之患,而本朝至渡江受其极弊。略计四总领之所给,岁为钱六千余万缗,而米绢犹不预。百官群吏日夜鞭挞疲民以奉其费而不能安也,危乎殆哉!夫因民为兵而以田养之,古今不易之定制也。募人为兵而以税养之,昔人一时思虑仓猝不审,积习而致然尔,改之无难也。(《水心别集》十六《后总》)

而在治本上固首须破除理财即聚财之错误心理,其次则当建立治道之兴废不取决于财用多寡之观念,而不动辄以加赋增税为能事也。其言曰:

夫财之多少有无,非古人为国之所患……盖三代之所取者正天下之疆理而借民力以治公田,为其无以阜通流转,则作币铸金以权之。当是之时,不闻以财少为患而以财多为功也……隋最富而已,唐最贫而兴,唐之取民以租以庸以调,过此无取也,而唐之武功最多,辟地最广,用兵最久,师行最胜,此其事则差近而可知矣!致唐之治,有唐之胜,其不待多财而能之也决矣!然则其所以不若唐者非以财少为患也。故财之多少有无非古人为国之所患,所患者谋虑取舍,定计数,必治功之间耳!非如今日以一财之不足而百虑尽废,奉头竭足以较锱铢,譬若惰夫浅人,劫劫焉徒知事其口腹而已者也。以财少为患之最大而不可整救,其说稍出于唐之中世,盛于本朝之承平,而其极甚乃至于今日。其为国之名物采章,精神威望一切消耗,内之所以取悦其民,外之所以示威于敌者一切无有。(《水心别集》十一《财总论一》)

正确之观念既经建立,夫然后出之以诚信之态度治理之,确定国家费用之常数,明示天下以无所用之门,则不致困扰其民。否则,"所入或悖,足以殃民;则所出非经,其为蠹国审矣!"(《水心文集》一《上宁宗皇帝札子三》)其言曰:

古之圣人所以大过乎人者,理天下之财而天下不疑其利,擅天下之有而天下不疑其贪,政令之行,天下虽未必能知其意而终不疑其害己。故圣人之于天下无不可为者,以其所以信服天下者明也。后世之君用民之财未必如三代之多,役民之力未必如三代之烦,常为安静之令,数出宽大之言,而天下终疑之而不置,不亦悲乎!今国家之患,法度未立,号令未信,财用未足,欲有所为而不能遂。若此者不足为大忧也,而其忧则在乎未能免天下之疑……夫当天下之皆疑,此不可以力胜而辨解也,宜退而考其原。今天下有百万之兵,畎不战而仰食于官;北有强大之虏,以未复之仇而岁取吾重赂;官吏之数日益而不损,而贵臣之员多不省事而坐食厚禄。夫明示天下以无所用财之门，而后天下之税当之而有余，则户部必不以困诸道，每道必不以困其州，而州若县独何以自困其民耶？（《水心别集》二《财计下》）

> 至若当时财之大患，叶适以为凡有四焉，曰经总制钱，曰折帛，曰和买，曰茶盐，苟能设法除去之，则国用可足，生民不困矣！曰：

> 臣请陈今日财之四患：一曰经总制钱之患，二曰折帛之患，三曰和买之患，四曰茶盐之患。四患去则财少，财少则有余，有余则逸。有余而逸，以之求治，朝令而夕改矣！（《水心别集》十一《财总论二》）

> 经总制钱不除则取之虽多，敛之虽急，而国用之乏终不可救也，今欲变而通之莫若先削今额之半，正其窜名之不当取者罢去，然后令州县无敢为板帐、月桩以困民，黜其旧吏刻削之不可训诲者，而拔用恻胆爱民之人，使稍修牧养之政，其次罢和买，其次罢折帛，最后议茶盐而宽减之。若此则人才不衰，生民不困矣！（《水心别集》十一《经总制钱二》）

按经总制钱之弊前已于薛季宣论财计条下言之，至于和买，乃"咸平中，马元方为三司判官，建言：'方春乏绝时，预给库钱贷民，至夏、秋、冬输绢于官。'大中祥符中……李士衡又言：'请预给帛钱，及时输送，则民获利而官亦足用。'诏优予其直，自是诸路亦如之……初预买䌷绢，务优直以礼民，然犹未免烦民，后或令民折输钱，或物重而价轻，民力浸困，其终也官不给直，而赋取益甚矣！"（《宋史》一百七十五《食货志上》三）是和买本为便民善政，其后官吏抑勒苛索，责民以绢价折钱缴官，遂变和买为折帛："建炎三年春，高宗初至杭州，两浙转运副使王琮言：'本路上供和买夏税䌷绢……每匹折输钱二千以助用。'诏许之，东南折帛钱自此始。"（同上）则显然为一种苛捐恶税矣！故《文献通考》云："按折帛元出于和买，其始也则官给钱而买之，其后也则官不给钱而自取之，又其后也则反令以每匹之价折纳见钱而谓之折帛，倒置可笑如此。"（《文献通考》二十《市籴考》）演变至此，其为民蠹盖已不言可喻，宜乎叶适之亟请去之也。

综观上所述叶适论改革财弊，一方面主张建立正确观念，消除财政上之大患，一方面主张改革军政，节省国家糜费。标本兼治，上宽朝廷，下宽州县，固致治之要道，而中兴王室，亦不难致之矣！故彼又曰：

> 致今日之治无他道，上宽朝廷，下宽州县而已……朝廷宽则凡所以取州县者皆不用，而食租税之正矣。州县宽则凡所以取民者皆不用，而敛租税之正矣。且又非特此也，朝廷宽则群臣有暇而人才多矣，不若今之乏

也。州县宽则庶民有暇而良善多矣，不若今之薄也。上多人才，下多良

民，兵省而精，费寡而富，五年之内，二年之外，合其气势，用其锋锐，义声

昭布，奇策并出，不用以灭虏而何所用哉？（《水心别集》十五《终论二》）

按永嘉学派经世思想之产生主要为受时势之刺激，而思有以挽救之，以跻国家于富

强之境。观乎叶适之论财计而归结于中兴宋室，其意盖显然可见矣！

此外尚可得而言者厥为叶适对于工商业之重视，其曰：

按《书》"懋迁有无化居"，周讯而不征，春秋通商惠工，皆以国家之力

扶持商贾，流通货币。故子产拒韩宣子一环不与，今其词尚存也，汉高祖

始行困辱商人之策，至武帝乃有算船告缗之令，盐铁榷酤之入，极于平准，

取天下百货自居之，夫四民交致其用而后治化兴，抑末厚本非正论也。

（《习学记言》十九《史记》）

按叶适此一观念在工商业发达之今日视之，固极平常，然于重农轻商之传统社会

下，有此见解实至为可贵也。而四民交致其用而后治化兴，此其见识之尤为高卓难

以企及也。

（七）论军事

永嘉之学所以自"必兢省以御物欲"一变而为"必弥纶以通世变"者，要以受时

势之刺激为最深，故南渡后永嘉诸子每以恢复为言，务期雪靖康之耻，复中原之故

土。而欲求恢复必至于用兵，因此南宋永嘉诸子多注重于军事之研究，或讲究兵法

形势，如薛季宣是也，或探讨历代兵制得失，如陈傅良是也，且著为专书详加论述

（参附录二）。考叶适于兵形制度虽无专著，然屡陈恢复之道，且于《习学记言序目》

中对古兵书若《孙子》《吴子》《司马法》《六韬》《三略》《尉缭子》等皆有说，足见其对

于军事盖素有研究也。

1. 本于仁义政事

儒家言兵必本诸仁义政事，所谓仁者无敌乃孔、孟言兵之大旨，叶适亦以为"非

知德者不足以言兵"（《习学记言》四十六《司马法》），"自古两敌相争，高者修德行

政，下者蓄力运谋"（《水心别集》十《患虚论二》）。谓苟能行实德，修实政，则可以改

弱就强，屡战不屈，其言曰：

窃谓必先审知今日强弱之势而定其论，论定而后修实政，行实德，如

此则弱果可变而为强，非有难也。（《水心文集》一《上宁宗皇帝札子》）

陛下修实政于上，而又行实德于下，和气融洽，善颂流闻，此其所以能

屡战而不屈，必胜而无败者也。（《水心文集》一《上宁宗皇帝札子三》）

因此叶适于古兵家之中,对于尉缭子颇为推重,而对于后世奉为兵家之祖之孙武则大为不满,充分显示其重视仁义之意,曰:

> "凡兵不攻无过之城,不杀无罪之人,夫杀人之父兄,利人之财货,臣妾人之子女,皆过也。"尉缭子言兵犹能立此论。孙子:"得车十乘以上,赏其先得者,而更其旌旗,车杂而乘之,卒善而养之,是谓胜敌而益强。"区区乎计掳掠多少,视尉缭此论何其狭也!夫名为禁暴除患,而未尝不以盗贼自居者,天下皆是也,何论兵法乎?(《习学记言》四十六《尉缭子》)

以为《孙子》一书纲领"不过于用间而已"(《习学记言》四十六《孙子》),因对孙武兵者诡道之说大加批驳,曰:

> "兵者诡道也,故能而示之不能,用而示之不用,近而示之远,远而示之近,利而诱之,乱而取之,时而备之,强而避之,怒而扰之,卑而骄之,佚而劳之,亲而离之,攻其不备,出其不意。"按子罕言:"天生五材,民并用之,废一不可,谁能去兵?兵者所以威不轨而昭文德也,圣人以兴,乱人以发。"其论突兀怪伟,无有典常,然犹是兵内事。今诡道二字于兵外立义,遂为千古不刊之说。自司马子鱼以来,不得已而一用之者,以类采集,自为一家,变异翕忽,犹若鬼神,而古人之言兵者尽废矣!乱而取,实而备,强而避,卑而骄,禹、汤、文王之兵也。正道也,非诡道也。孙子不学不能知,所知者诡而已。(《习学记言》四十六《孙子》)

后世用兵之所以权谋并出,以诡诈相尚者,孙武其始作俑者也,曰:

> 非诈不为兵,盖自孙武始。甚矣人心之不仁也,非武之书不好焉。用兵以诈,古之圣智或不能免。自管仲、咎犯、先轸其人已不纯于义,务为争利必胜之术,春秋之世,日有侵伐之事,国各讲求其意以备之,而秦、楚横行于天下,大抵无义兵矣!然则非武之独为诈也,而谓之自武始,何谓也?曰管仲、咎犯、先轸致其君于霸强,本出于兵,然独变先王之兵法而自为法耳。盖其意常先治国家,崇礼信,厚集人心而亲附诸侯,至于决战济师而后益之以诈,不专以诈自名也。故古之于兵也止言其法,部曲行伍,坐作进退,繁简曲直,纪律号令皆法也。能尽此以为不可败,则敌至而智见矣,故法可传而智不可传。至于孙武始弃法而言智,其著兵之情,奇正分合,豫应天下之变,百出而不穷,以诈自名于世,而曰兵徒诈而已矣!盖管仲、咎犯之所用略而未详,阴取而讳称者武尽载之。而后世之好为诈者,思欲出武之外亦终不可得,然则真谲诈之雄者也。(《水心别集》四《兵权上》)

叶适复以为孙武之术并无救于国家,乃后世崇尚其书,祖其故智,且选师设学,争相诵读,是徒以不仁之心上下相援,而为世之大患也。其言曰:

> 计武著书及用事之时,乱楚,兴越,亡吴而侵扰中国,然则武术之无救
> 于国家亦可见矣……而后世之兵悉祖其故智,于其言有所不能通者,皆深
> 思远虑,出无端涯之见以求合之……而为兵者必诈而后胜,故无出于武之
> 书。噫! 其人心之不仁耶? 不然何其遗弃众说,而好之笃而敬之深耶?
> 韩信号善用兵,自言其法出于武;曹公无敌于天下,犹师武术,自为之传;
> 唐太宗、李靖,近世君臣之言兵者无出其上,其所问对亦止于武之意。而
> 天下好奇之士,夺笔墨以傅益武之说而为书者数十百家,而号孙子为谈兵
> 之祖。其气焰兴起于百世之下,若将与圣贤并称者。噫! 人心之不仁至
> 于极耶? 岂数千年之独不幸耶? 今之所患者,以天下之大,甲兵之强,谋
> 臣智士之众,而所嗜好训学者,不出于武自为一将之术耳……夫选天下之
> 士,教之于学,试之于廷,使之读诵以为文义者乃无先于孙子……徒以不
> 仁之心上下相授,授天下以不仁之心,患之大者也。(同上)

且夫"从古兵法有正无奇"(《习学记言》四十六《太宗李靖问对》),而武专以诡道言兵,故其术可罢也。夫法者所以用兵,而兵之成败并不专在于兵法也,故叶适又曰:

> 夫法所以用兵,而兵之成败不专在于法。若必以法为胜,则蚩尤、桀、
> 纣若林之旅,岂其智无法哉? 且项羽之于汉高,尝百胜,一败而亡,岂汉一
> 日而有法哉?(《习学记言》四十六《太宗李靖问对》)

> 靖言"王寻、王邑不晓兵法,徒夸兵众,所以自败"。按王莽用事者,严
> 尤最晓兵法,昆阳之战,尤为谋主,既败,乘轻骑践死人而逃。嗟夫! 莽之
> 亡至此晚矣! 何论兵法乎?(同上)

盖自《诗》《书》《礼》《乐》沦没,而兵制大坏,古阵法因此荡尽,而黄帝《握奇》遂为秘文,然则有害无益,可以不学。且《周官》司马教战之法具在,又何事他求哉? 故叶适曰:

> 按《周官》司马掌搜狝狩,其阵皆如战之阵,其坐作进退、疾徐疏数皆
> 如战之节……上自王公,下至卒伍者,明知之不以为异也……《诗》《书》
> 《礼》《乐》沦没,而兵制亦大坏,盗贼亡命化为侯王,此古战阵法所以荡尽,
> 而黄帝《握奇》遂为秘文也……今之习者已学《周官》,奈何视为外物,相于
> 别画阵法无休时? 学既无所统一,而殚思竭虑,有害无益,是可叹矣!
> (《水心别集》四《兵权上》)

考叶适之所以痛斥孙武者,固武之术其有悖于其用兵本于仁义之旨,而与适所处当时之局势亦大有关系,盖时之中原百姓莫非吾土吾民,流涕对之犹不足,又岂忍以孙武之术加之哉? 适之说曰:

> 夫今之所为战者,战虏乎? 战吾国乎? 自淮以北,岂非吾土地乎? 其来斗者,将非吾民乎? 抑尽虏乎? 然则流涕以对之犹不足,而孙武之智尚忍言之? 呜呼! 岂未有思及此者也! (同上)

痛哉斯言也! 此时此地,吾人读之,当益觉其言之沉痛深切也! 惟彼时并未有人深念及此,但务为奇言巧说,实非谋国虑患之道也。故叶适又曰:

> 言之实者无奇,无奇则难听,故天下多奇言,而言兵为尤奇……奇言漫衍于天下,而天下反皆以奇为常,是以下未知兵而习为多杀人之术,上未用兵而先自轻杀人之心。呜呼! 孰能知其天下之大祸耶? 平居无事,常言兵计:某众可袭,某城可攻。某地最利,宜先取以制敌,敌有上中下计,当出于某,吾以何道应之。其将某为良,可反间以疑之,可死士以刺之。某兵可乱,半渡以薄之,倍道以掩之。某处葭苇蔽亏,林麓深阻,可用伏兵。某为奇道,可用以出敌不意。或欲为辩士,说下其心腹大臣,或使内溃,或使来降。或自请为将,用其术以制胜。或乞乘传招集豪杰,不费粮糗甲兵,自以义民杀虏。古阵法兵法凡几家,今不可循用,宜悉损益何事。刀槊弓弩,今未精有几,更为击伐之技,或乞试上前,或请颁其法于诸将。或言时不可失,坐论无益,今当并进,益取敌地,以自为守,因事观变。或言臣岁月浸晚,恨不及功名,乞一死敌。或言古者取天下凡几,其故术犹在,今当何所用,虽始若少缓,终当有成。其言边亭敌地,风沙苍莽,雨雪冻饥,战士哭声,器械解弛,使人忧悲恐惧。至论仇耻愤激,瞋目按剑。或广大其意,下城得地,所过牛酒迎劳王师,复故境土,天下一家,使人尉喜,洋洋然欲不计胜负存亡而为之。其人或已在亲要,朝夕开说,素所狎昵,纵言不顾。或疏远求进,尝试上心。或山林草泽之士,请来献见。或在外之臣,无以固结恩宠,走马面论,密疏入中。或因缘称荐,无以为名,必挟兵说以自重。且其开口论议,容止不动,声音伟然,问答纵横,不可穷诘。至于超乘负矢,意气敢决,而其上固已壮之矣。凡此者皆奇言也,人主慨然而乐听之,虽未必用,而其轻杀之人念已动于中矣! 凡此者其意非真以为见于事也,以为言之不得不奇也。非谋国也,非虑患也,中一时之欲而已者也。(《水心别集》四《兵权下》)

是故根本之道乃在于行实德,修实政也,奇言纷纷,皆不可赖也。唯仁义至,政事修,而后兵可用,斯所谓实言,而为谋国虑患之正也。曰:

> 何谓实言?今世或有以为兵端可畏,易开难合,厚赂请和,可以持久,此偷安姑息之论也。兵何尝一日而不可用也,顾其用何如耳!故不多杀人则兵可用,邦本不摇则兵可用,不横敛、不急征则兵可用,将非小人则兵可用,天下虽不畏战而亦不好战则兵可用,视北方如南方则兵可用。功成而患不至,外斗而内不知,虽不免于用诈而羞称其事,虽大启旧国而能不矜其事,若是者其兵无不可用也。(同上)

> 胜之之道,尽去吾之弊政,用必死之将、必死之士,决坏二百年糜烂不可通之说,真以必死敌之则胜矣!若今世之言兵,出某策,张某阵,用某人,以奇立功者,岂可赖邪?在以实胜虚,以志胜气,以力胜口而已矣!

《水心别集》十五《终论四》)

按据《宋史》云:"适志意慷慨,雅以经济自负。方侂胄之欲开兵端也,以适每有大仇未复之言,重之,而适自召还,每奏疏,必言当审而后发,且力辞草诏。"(《宋史》四百三十四本传)"足见叶适虽志切复仇,然深知仁义不至,政事不立,未有能成事者,因不主急功躁进,故全祖望谓水心非浪用兵者也。"(《宋元学案》五十四《水心学案上》)而《宋史》谓"第出师之时,适能极力谏止,晓以利害祸福,则侂胄必不妄为,可免南北生灵之祸,议者不能不为叹息焉!"(《宋史》四百三十四本传)盖于适深有憾者。考韩侂胄自庆元用事以来,骄横数年,既一心欲"立盖世功名以自固",适之言,侂胄其必纳之乎?夫叶适言兵之旨平日讲之已明,兵兴之先,每奏疏,必言当审而后发,侂胄不容不知。且力辞草诏,其意显然可见,侂胄亦当知之。即适复谆谆,抑又何益哉?以此而咎适,恐非持平之论也。

2. 论守御之道

叶适论军事虽主于仁义政事,而对于兵阵之法有排拒之倾向,然其对于地理形势与夫城郭守御之具则颇重视,以为不可不于平日经画以防变,其言曰:

> 孟轲论高城深池之利不如人和,盖先治其城郭者,乃诸侯郡守之常政尔。其后吏慢因循,以为幸其人之和辑,可以坐镇,何必殚财动众,以新无用之城垒。及变故起于仓猝,则虽有尧、舜之民不能以自保,此明主之所共鉴也。(《水心文集》九《江陵府修城记》)

> 盖天下之计,远有在于疆界之外,则不可豫言;近在闬奥之内,则不足深论。唯其墙垣之固,障蔽所加,若舍而不营,则内外俱丧。其或经书稍

定,防变既周,内可以安国家,外可以灭仇虏。(《水心文集》二十七《代人
上书》)

唯既主于仁义政事,则"人力所至,不用天险"(《习学记言》三十三《陈书》)。乃当时
南宋专意倚江,徒恃天险而隳人力,实不智之至也。盖长江虽于江南为一巨防,然
两淮为我所固有,自古南北对峙,虽有画江为限者,然未闻弃地而守,自为弱势者。
故叶适极力反对,以为有失守御之道,其言曰:

> 自吴、晋立国,皆与北方争于江之外,独陈霸先能争于江之内,遂以骤
> 兴……长江虽于江南为一巨防,然其间又自有多少险扼,吴、越相攻,守笠
> 泽者三年而后吴卒败。后世之论,专倚一江,甚至淮南亦并弃之。但北人
> 一骑南渡,则影消魄褫,便无生存之望。此非止脆怯无刚之罪,亦因内外
> 议论所不讲,故其智虑闭塞而不复开也。(《习学记言》三十三《陈书》)

> 诸葛恪屯皖,懿将攻之,议者以贼据坚城积谷,欲引致官兵,今悬军远
> 攻,其救必至。按吴画江为守,魏人尚忧其越险致师。近世乃委淮与敌,
> 自有城堡,亦预毁弃,虽古今之变,勇怯不同,亦由谋国者未尝考论故也。
> (《习学记言》二十九《晋书》)

因此叶适乃主张过江守江、过淮守淮,其言曰:

> "江汉为池,舟楫为用,利则陆钞,不利则入水,中国长技,无所用之",
> 此袁淮称江南地利也。既又言孙权自十数年以来,大畋江北,敢远其水,
> 陆次平土,中国所愿闻。盖权是时不止于守江,而又欲为取淮、汉以北之
> 规故也。孙氏及五代江、淮攻守大略类此。自吴杨氏无争淮北之势,而淮
> 不可守。唐李氏割淮臣周,不敢窥江以北,而江不可守。建炎、绍兴承用
> 杨、李,以淮守淮、以江守江,而孙氏及五代之故实遂不复讲。余顷在制
> 司,初亦循近辙,几误,急易之,仅能自完。既将经画江北以及两淮,而上
> 自卿相大夫,下至偏校走卒,无一人以过江守江、过淮守淮为是者,余亦以
> 病归矣!今因诸书间错见之。此今世大议论也,未有不知守江、淮而犹欲
> 论取中原者也。(《习学记言》二十七《三国志》)

> 三国孙氏常以江北守江,而不以江南守江,至于六朝,无不皆然,乃昔
> 人已用之明验。(《水心文集》二《定山瓜步石跋三堡坞状》)

而欲过江守江、过淮守淮则须经营两淮。盖两淮为江南之屏障,两淮不固则江南亦
不可得而安矣,曰:

> 夫两淮,国之墙垣,江之障蔽也。宜在过为防虑,严设捍卫。而观今

之所以措置疆界,不知其何故也。三国争利,南北戍守,尺寸之地莫不建城筑坞,坐分要害。今其遗址,具在策书。爰自通和之久,例作寻常州郡一差遣。庐、杨置帅,仅存虚名。列城具官厚禄,坐食其间,贵人子弟因缘请托,遂为馈遗脯醢之地。不唯措置未尽其术,而边政日以隳矣!且夫障蔽厚则室家完,墙垣固则外患息。绍兴三十余年,江、淮无一日之政,故逆亮骤来而江左震动,人不自保,此淮不固则江不安之验也。(《水心文集》二十七《代人上书》)

淮不固则江不安,故叶适主张经营濒淮沿汉诸郡,以安集两淮,使能牢实自守,然后始可以议进取也。其言曰:

臣所谓备成而后动,守定而后战者,臣伏观建炎、绍兴渡江之后,非不欲固守两淮、襄、汉,而虏人冲突无常,势不暇及。既议和好,则收兵撤戍已有定约,又不敢谋。故淮、汉千余里常荡然不自保也。今虽分兵就边,稍图外向,然我既能往,彼必能来,是时淮汉守备不全,仓猝不过移治,而专倚大军迎敌,胜负不可知,要必扼江而后止。如此往者未足以系西北之望,而来者已足以摇东南之心矣!本期外攘,岂愿内扰,万一摇动,将何赖焉?故臣欲经营濒淮沿汉诸郡,各做家计,牢实自守。虏虽拥众而至,阻于坚城,彼此策应,首尾相接,藩墙御扞,堂奥不动,然后进取之计可言矣!(《水心文集》一《上宁宗皇帝札子二》)

且当于边淮先募弓弩手,耕极边三十里之地,西至襄、汉,东极楚、泗,约可十万家,列屋而居,使边西牢实,虏人不得逾越,所以安其外也……因民所欲,令其依山阻水,自相保聚……春夏散耕,秋冬入堡,大将凭城郭,诸使总号令。虏虽大入,而吾之人民安堵如故,扣城则不下,攻壁则不入,然后设伏以诱其进,纵兵以扰其归。使此谋果定,行之有成,又何汲汲于畏虏乎?所以安其内也。(《水心文集》二《安集两淮甲省状》)

为实现此议,故叶适于开禧二年,知建康府兼江淮制置使任内,先后于江北定山、瓜步、石跋三处营建堡坞,并四十七处围结山水寨,招集流民,给以田舍,募其强壮者,教以习射,以与官兵共守,彼以为如此可屏蔽江面,使江北之人民心有所恃,长江之防实利赖焉。其言曰:

今石跋则屏蔽采石,定山则屏蔽靖安,瓜步则屏蔽东阳、下蜀,西护历阳,东连仪真,缓急应援,首尾联络……盖堡坞之成,于防江有四利……今堡坞既立,虏有所忌,固不敢窥江。就使来窥,江南岸兵胆气自生,志力得展,使之前进,无所畏怯,一利也……今堡坞既成,虏纵在江北,我有应接之地,或近岸排列,千弩并发;或舍舟登岸,乘势击逐,二利也……迫虏于岸而收全功者其势易,俟其入江而决死斗者其势难,今堡坞既成,有易无难,三利也。战舰甲士虚闲舟中,拥戈坐观,从昔病之,无策可治,今舟得便利,人无虚设,四利也。使虏果忌堡坞为彼之害,或拥大众,志在必取。今石砐、瓜步近在江津,定山去江才三里尔,我以战舰海舟为江中家计,强弩所及,虏人腹背受敌,自投死地,理在不疑。脱若虏人畏而不前,置而不问,尽力攻击和、滁、真、六合等城,或有退遁,我以堡坞全力助其逐袭,或迎其前,或出其后,制胜必矣。此堡坞之利,所以为用力寡而收功博。孙氏、六朝以江北而守江南,能立国于百战之余者,非幸也,数也。故某欲因屯田堡坞之立,收兵民杂守之用,屏蔽江面,先作一层,使江北之民,心有所恃,虏虽再来,不复求渡,腾突纷扰,贻乱江南。(《水心文集》二《定山瓜步石砐三堡坞状》)

凡此经画,固如叶适所言先作一层,犹非其主张之全部实现。然于此可见叶适非仅坐而言,尤能起而行,非纸上谈兵者比也。

　　3. 论改革兵制

　　有宋一代,为国之大蠹者有二:一为财,一为兵。而财之困则由于兵之冗,所谓"财之所以为大事者,由兵之为大事而已"(《水心别集》十一《兵总论一》),是故"其举措为废兴之决无先于此"(同上),叶适因主张改革兵制。改之之道首在恢复兵之常制,使边兵、宿卫兵、大将屯兵、州郡守兵,或募或征,或养之,或自食之。兵制各行而兵力不聚,进能战,退能守,得养兵之用而不困于财。其言曰:

　　　　姑试言兵之常制以合今日之事者四:有边兵,有宿卫兵,有大将屯兵,有州郡守兵。边兵者,因其地,练其民,不待内地之兵食而固徼塞也。宿卫兵者,因都邑所近之民,教成而番上,与募士杂,国廪其半而不全养也。大将屯兵者,悉用募士而教其精锐,全养之而已。州郡守兵者,以州郡之人守之而不以州郡之力养之也。故兵制各行而兵力不聚,然后有百万之兵而不困于财矣!故进则能战,退则能守,而不受侮于夷狄。今也一之,边兵募也,宿卫募也,大将屯兵昔有旧人而今募以补之使成军也,州郡守兵昔之禁兵消尽,而今募其人,名之曰禁兵也。四者皆募,而竭国力以养之,是徒知募而供其衣食耳,此所以竭国力而不足以养百万之兵也。力则已困,用则不可,故进不可战,退不可守,百人跳梁则一方震动,而夷狄之侵侮无时而可禁也。臣愿陛下审虑定计,以分四者之兵而变今之法,不过二年,法行制定,财不足以为大忧而兵可用矣!(《水心别集》十一《兵总论一》)

其次则在汰兵使极少,治兵使极严,以达到精兵之目的,则兵虽少而皆可用,以免"养兵以自困,多兵以自祸,不用兵以自败"也(《水心别集》十一《兵总论二》)。其言曰:

> 太祖既收节度权柄,故汰兵使极少,治兵使极严,所以平一僭乱,威服海内者,太祖统纪制御之力,非恃兵以为固也。群臣不考本末,不察事势,忘昔日士卒奋呼专上无礼之患,而反以为太祖之所以立国者,其要在兵;都于大梁,无形势之险,而其险以兵。夫都于大梁,因周、汉之旧,而非太祖择而都之也,使果恃兵以为固,则连营百万,身自增之,不待后世也。其数乃不满二十万,何也? 不以兵强,前世帝王之常道也。况太祖之兵不满二十万,其非恃兵以为固也决矣!(《水心别集》十一《兵总论二》)

此言宋太祖兵虽少而至精,用能平一僭乱,威服海内,而不恃兵以为固。其后既专恃兵以为固,而后天下始有百万之兵,于是弱天下以奉兵,治遂无可为矣! 是兵不患寡而患不精,此叶适之所以主张采取精兵主义也。

信能一面恢复兵之常制,使各有所养而不必由国家全养之,一面采取精兵主义以裁汰冗弱,则可以上宽朝廷,下宽州县,致治之道舍此其莫由矣! 故叶适乃申明其义,并提出施行之步骤如下:

> 致今日之治无他道,上宽朝廷,下宽州县而已。竭朝廷之力使不得宽者,四驻扎之兵也;竭州县之力使不得宽者,厢、禁军、弓手、土兵也。然则何以治四驻扎之兵而宽朝廷? 今既减轻总制,罢和买、折帛、蜀之折估、青草,而内出二年之费以供馈四总领矣。宜任四人者,由郡守摄都统制,召旧师使归宿卫,钩考其隐冒、干没、请给不尽及军人之罪,声而治之。然后俾四人者一听其所为,而吾无问焉,所问者,吾欲精其军,使各不过三四万;吾欲用士之锐,而不并富其家小……更其散政,行其新令,吾欲其无欢无动以唯吾之所命。若此者在用其人而已,各与之以数州地使自食,而余州得宽焉。此二年之内所得为,而二年之外收其效者也。若是则朝廷宽矣! 然则何以治厢、禁军、弓手、土兵而宽州县? 宜先择一二十州界之,使散杂役之厢军;今之厢军尽隶官下,无在营者,并与之以一二年之衣粮,使各自为子本以权给之,而州无复给。又散禁军,夫厢军可散也,禁军散且

为乱,奈何？曰禁军之可畏者为有以禁切州郡,使不得私役且上教故也。今不上教,散而杂役如厢军焉,彼欣然自幸耳！然则散禁如散厢军,弓手之费稍轻,土军差少,不急散也,久将消尽,要以必散而止。夫厢、禁、土兵、弓手皆散,何以守其地？自三等以上籍其家一人为兵,蠲其税役,大州二千人而止,小州八百人而止,州县各为之所,将校率其州人,秋冬而教,春夏则否,有警呼召,不用常法。然其为兵也,必在州县四方三十里之近家者。此三四年之内所得为,而三四年之外收其效者也。若是则州县宽矣！(《水心别集》十五《终论二》)

而根本解决之道则在于由募还农,恢复兵民合一之旧。因此叶适晚年又有改募兵为农兵之议,主张以田养兵,以彻底消除以税养兵之患。其言曰：

自府兵立而兵农分,自府兵废而兵农不可合,遂遗唐、五代之患,而本朝至渡江受其极弊。略计四总领之所给,岁为钱六千余万缗,而米绢犹不预。百官群吏日夜鞭挞疲民以奉其费而不能安也,危乎殆哉！夫因民为兵而以田养之,古今不易之定制也。募人为兵而以税养之,昔人一时思虑仓猝不审,积习而致然尔,改之无难也。(《水心别集》十六《后总》)

兵农已分,法久而坏,齐民云布,孰可征发？以畏动之意求愿从之名,虽至百万,无不用募,何足怪矣！且井田丘乘所以人人为兵者,天子不过千里,大诸侯不过百里,其势无独免之民也。若以天下奉一君而人人不免为兵,不复任养兵之责,则圣人固所不为。若以天下奉一君而养兵至于百万,独任其责而不能供,则人知其不可。今自守其州县者,兵须地著,给田力耕。千里之内,番上宿卫已有诸卫前兵,不可轻改,因其地分募乐耕者以渐归本。边关扞御尽须耕作,人自为战。三说参用,由募还农,大费既省,守可以固,战可以克,不必慨慕府兵,追羡井田,误离为合,徇空谈而忘实用矣！圣人复起,不能易也。(《习学记言》三十九《唐书》)

至于其施行之法,于边地"募故将相贵臣家子弟之愿进者,自百家至千家,第其官职而褒优之","教阅皆如在军法"(《水心别集》十六《后总》),使其能自守御。而各州则"传城三十里内,以爵及僧牒买田"(同上),召民租佃如私家,以赡养诸军,不向国库支领经费。其于《后总》之中且约温州为言,立其程式,为详细之措画。按叶适此法,黄震于其《日钞》中谓"世降俗漓,法密文弊,民之不可一日与官接,犹羊之不可与虎群也……今世吏卒催租,鸡犬为尽,徒亏官额以饱私囊,是三十里倍钱纳租之外,又将不胜其横扰,且亏官也,其奈何？且其立法之细亦多难久者"(《黄氏日钞》

六十八)。是叶适所论之法于法密文弊、吏卒贪暴之当时诚难以施行,唯其意在于"永免扰民"(同上)则甚可取也。后世明太祖施行卫所屯田制度,养兵百万而不费国家一钱,与叶适论议相符,是叶适之说未必终不可行也。

4. 培养地方武力

叶适之论治道既极力抨击集权专制之弊,而主张采行分权之政制,故其对于军事亦以为人主不宜拥兵自专,否则其弊将有不可胜言者,其言曰:

> 收藩镇之重势,而人主聚兵以自将为名,竭天下之力以养之。及人主
> 不能自用,而柄任已不专于诸将矣,则四顾茫然,无所统一,于是内则常忧
> 其自为变,而外则不足以制患,至于有莫大之兵而受夷狄无穷之侮,此非
> 今日之所谓实患乎?(《水心别集》十一《兵总论一》)

因谓用兵之本,不宜去州郡武备,曰:

> 史言(山)涛与卢钦论用兵之本,以为不宜去州郡武备,其论甚精。
> (《习学记言》二十九《晋书》)

而宋自太祖立国,惩于唐末、五代割据之病,削方镇兵权,则未免有太甚之弊,曰:

> 贾昌朝论边事,言太祖得御将之道,及善用将帅,精于觇候,人所共
> 知。言削方镇兵权太甚,则人所不知。虽有知者,亦不敢言也。(《习学记
> 言》四十八《皇朝文鉴二》)

按贾昌朝之说曰:"太祖初有天下,监唐末、五代方镇武臣土兵牙校之盛,尽收其兵权,当时以为万世之利。及太宗时,将帅率多旧人,犹能仗威灵,禀成算,出师御寇,所向有功。近岁恩幸子弟饰厨传、钓名誉,多非勋劳,坐取武爵,折冲攻守,彼何自而知哉?然边鄙无事,尚得自容;自西羌之叛,士不练习,将不得人,以屡易之将驭不练之士,故战则必败,此削方镇太过之弊也。"(《宋史》二百八十五本传)此可见方镇兵权太甚固有尾大不掉之弊,然方镇自有其屏藩之作用,亦不容尽废,否则矫枉过正,其害不浅矣!按顾炎武尝论之曰:"国朝之患大略与宋同。岳飞说张所曰:'国家都汴,将河北以为固,苟凭据要冲,峙列重镇,一城受围,则诸城或挠或救,金人不敢窥河南,而京师根本之地固矣!'文天祥言:'本朝惩五季之乱,削除藩镇,一时虽足以矫尾大之弊,然国以浸弱,故敌至一州则一州破,至一县而一县残。今宜分境内为四镇,使其地大力众,足以抗敌,约日齐奋,有进无退。彼备多力分,疲于奔命,而吾民之豪杰者,又伺间出于其中,则敌不难却也。'呜呼!世言唐亡藩镇,而中叶以降,其不遂并于吐蕃、回纥,灭于黄巢者,未必非藩镇之力。宋至靖康而始立四道,金至元兴而始建九公,不已晚乎?"(《日知录》十三《藩镇》)王夫之亦谓:"使宋

能优全故将,别建英贤。颠倒奔奏,星罗牙错。充实内地,树结边隅。一方溃茂,声援谷响。虽逮陵迟,取资百足。亦何至于延息海滨,乞灵潮水。皋亭纳玺,碙岛沉渊;终使奇渥吞舟,乾坤霾塞,滨百年而需远复哉!"(《黄书古仪》第二)凡此皆可见藩镇自有其作用在,而地方武备终不可轻易去除也。于是可见叶适之反对集权,重视州郡武备,痛深言切,盖乃有所见而然者也。

第八章　宋永嘉学派学术思想之影响

永嘉学者之学术思想在北宋时期几全为洛学所笼罩，其影响于后世者较少，迨南渡后，一则有感于理学末流之空疏，再则深受时势之刺激，其学风转而以经制言事功，又往往兼治史学，富有实证之精神，对于后代学者颇多启发，而后代学者凡其所处时代之背景与之相似者，所受影响尤大。唯一学者或一学派之学术思想，对于后世之影响实至难言，盖其中难免有暗合者。兹采前人之说，并附己见，取其实有征者，略分为四期，述永嘉学派学术思想之影响如次。

第一节　南宋末年期

南宋末年，国事日益非，而理学自朱、陆以后，无继续发展之余地，至此已趋下坡。有识之士处此情势之下，遂转而趋向笃实之路线，承永嘉、金华之风，究心史事，为明体达用之学。今人钱穆先生于《宋明理学概述》一书中谓："朱、陆对峙已到达了宋代理学展演之最高峰，同时从吕祖谦到叶适，浙东史学已然崭露头角。朱、陆以下，理学上没有更大进步，但史学则继续有传人。"（《宋明理学概述》页169）并举金履祥、黄震、王应麟三人而述其学。又何佑森先生亦曰："浙东的永嘉之学是渊源于北宋的理学，而王应麟、黄东发的浙东史学是渊源于永嘉之学。"（《两宋学风的地理分布》）此可见永嘉学术对于南宋末年之浙学实有相当之影响力，其中受其影响最显明者为王应麟。

王应麟，字伯厚，浙江鄞县人，登淳祐元年进士第，尝曰："今之事举子业者，一切委弃，制度典故漫不省，非国家所望于通儒。"（《宋元学案》八十五《深宁学案》）其为学之旨略可推见。所著述甚富，大抵皆有关于历史制度考证者。其学"兼取诸家……综罗文献。"（《鲒埼亭集外编》十六《同谷三先生书院记》）又遭亡国身世之痛，永嘉学术思想亦不期而为其所挹取，《宋元学案》云："先生朝夕讲道，言关、洛、濂、闽、江西之同异，永嘉制度、沙随古易、蔡氏图书经纬、西蜀史学，通贯精微，剖析幽渺。"(《宋元学案》八十五《深宁学案》附录)全祖望云:"先生之学,私淑东莱,而兼综建安、江右、永嘉之传。"(《鲒埼亭集外编》十九《宋王尚书画像记》)近人金毓黻亦曰:"考浙东学派起于宋,时有永嘉学派、金华学派之称,永嘉之著者为陈傅良(止斋)、叶适(水心),金华之著者为吕祖谦(东莱)、陈亮(同甫)。祖谦与朱子同时,于朱、陆二派之歧异,则兼取其长,而辅之以中原文献之传,而陈傅良、叶适、陈亮皆好言事功,同时又有唐仲友(说斋),以经制之学,孤行其教,当时号称浙学。吕祖谦既著大事记,其后又有王应麟(伯厚)籍于浙东之后仪,究心史学,著述最富,亦承永嘉、金华之风而兴起者也。"(《中国史学史》页255)是王应麟之学受永嘉学术之影响,前人盖已屡屡言之矣!

第二节　明末清初期——有清乾、嘉期附

明朝末年,政治之腐败达于极点,举数千年之禹域,鱼烂以奉他族,创巨痛深,旷古所无。稽其原因,固不一端,然学术之沦丧其最者也。盖自有明中叶,姚江学派披靡天下,理想高卓,迈越前古,事功气节,蔚为史光;顾其弊也,说杂释、老,遂不免于过高支离。流衍所及,学者习于束书不观,游谈无根,"舍多学而识以求一贯之方,置四海困穷不言,而终日讲危微精一之说"(《亭林文集》三《与友人论学书》),横流恣肆,"人人禅宗,家家训诂……圣道不明,苍生无命"(《习斋记余》一《〈未坠集〉序》)"世道以是潦倒"(《南雷文定后集》三《赠编修弁玉吴君墓志铭》),"而人心之坏莫不由之"(《船山遗书·礼记章句》三)。道理之沉晦至此极矣!尚赖顾炎武、黄宗羲、王夫之诸遗老,及颜元辈,身负沉痛,惩于王学末流之空疏误国,因以坚忍气节为教,以经世治国为归,以尚武任侠为精神,以躬行实践为凭借,思期补偏救弊,以起世道人心之沉疴。其学其志,盖或有承于永嘉之绪余也。梁启超盖尝有云:"五先生者(按指顾、黄、王、颜及刘继庄)皆时势所造之英雄,卓然成一家言,求诸前古,则以比周秦诸子,其殆庶几。后此唯南宋永嘉一派(陈止斋、叶水心、陈龙川一派)亦略肖焉。"(《中国学术思想变迁之大势》页80)何格恩曰:"叶适对于清初大儒,颇有影响。"(《叶适在中国哲学史上之位置》)今人牟宗三先生亦曰:"王学一面亦常因迫切之需要而为人所注意,而且常在华族受欺凌于夷狄而覆亡于夷狄时,入南宋时永嘉派之薛士龙、陈君举、叶水心,以及永康之陈同甫,明末时之顾亭林、黄梨洲、王船山,以及颜习斋、李恕谷等皆甚著重此一面。"(《心体与性体》第一册,页194)"泛

言事功与实用而诟诋谈性命天道之内圣之学者以叶水心为最极端而彻底……后之顾亭林与颜、李，乃至戴东原诸反对宋明儒之谈性命天道者皆不能出其规模之外。"（同上，页196）"自南宋永嘉、永康言经制事功、皇帝王霸之学以后，明末顾亭林与颜、李，其思路语脉与规模无一能出叶水心之外者。"（同上，页278）"中国自秦、汉以来直至今日，形成其历史文化之严重症结者唯在政治一关之不透。秦之法家，南宋之衰微，明末之亡于清，皆足以刺激人心而接触此问题。而南宋之衰微与明之亡尤是此问题特显之时。陈同甫、叶水心以及顾亭林、黄梨洲、王船山皆于此有实感而慨乎言之。"（同上，页292）"顾、黄、王诸儒之精神即在要求向外开，以期成就外王之功业。而要求外王功业之意识，本不始于顾、黄、王。前乎此者，则有南宋之叶水心、陈同甫。"（《政道与治道》页220）凡此皆足见清初诸大儒与永嘉学术思想之关系焉。

一、顾炎武

顾炎武，本名绛，后易名炎武，字宁人，学者称为亭林先生，江苏昆山人也。论学主"博学于文""行己有耻"（《亭林文集》三《与友人论学书》），而激于时事，尤"留心经世之术"，"不为空谈，期于致用"（《汉学师承记》八）。推崇张载、吕大临之教，以为"君子为学，舍礼何由？"（同上）其精神与永嘉学旨盖相契合。而所著书中亦每每痛陈专制之弊，法密之害。更屡引叶适之言以见其意，如《亭林文集》卷一《郡县论八》引《水心别集》卷十四《吏胥》，卷五《读宋史陈逅》引《水心别集》十一《经总制钱》，《日知录》卷十《法制》引《水心别集》卷十《始议》《实谋》，卷十二《铨选之害》引《水心别集》卷十二《铨选》，同卷《人材》引《水心别集》卷十四《纪纲二》等，用以抨击专制法密之弊害，使国家人才日衰，国用日乏，生民日困。即此可见其与永嘉学术之关系也。

二、黄宗羲

黄宗羲，字太冲，号梨洲，浙江余姚人也。其学"以慎独为宗，实践为主，不恣言心性，堕入禅门"（《汉学师承记》八），"谓明人讲学袭语录之糟粕，不以六经为根柢，束书而从事于游谈，故受业者必先穷经，经术所以经世，方不为迂儒之学，故兼令读史。又谓读书不多，无以证斯理之变化，多而不求于心，则为俗学"（《鲒埼亭集》十一《梨洲先生神道碑文》）。盖能兼经史艺数，合心性事功为一者也。其与永嘉学术之关系，据其私淑弟子全祖望云："公以濂、洛之统，综会诸家，横渠之礼教，康节之数学,东莱之文献,艮斋、止斋之经制,水心之文章,莫不旁推交通、连珠合璧,自来儒林所未有也。"(同上)彼亦尝谓:"永嘉之学教人就事上理会,步步著实,言之必使可行,足以开物成务。"(《宋元学案》五十二《艮斋学案》)"以余论之,水心异识超旷,不假梯级,谓'洙泗所讲,前世帝王之典籍赖以存,开物成务之伦纪赖以著'。'《易》《彖》《象》,夫子亲笔也,《十翼》则讹矣!'《诗》《书》,义理所聚也,《中庸》《大学》则后矣!'曾子不在四科之目,曰参也鲁。''以孟子能嗣孔子,未为过也,舍孔子而宗孟子,则于本统离矣!'其意欲尽废后儒之浮论,所言不无过高,以言乎疵则有之,若云其概无所闻,则亦堕于浮论矣!"(《宋元学案》五十四《水心学案上》)于永嘉之学盖颇致推许之意。又其著《周易象数论》,释《河图》《洛书》,本其笃实之精神,师取薛季宣之说,以《河图》为即后世图经,《洛书》为即后世地志,曰:"圣人之作《易》也,一则曰仰以观于天文,俯以察于地理,再则曰仰则观象于天,俯则观法于地,于是始作八卦……"天垂象,见吉凶,圣人象之"者,仰观于天也。"河出图,洛出书,圣人则之"者,俯察于地也。谓之图者,山川险易,南北高深,如后世之图经是也。谓之书者,风土刚柔,户口扼塞,如夏之《禹贡》、周之《职方》是也……某之为此言者,发端于永嘉薛士隆。"(《周易象数论》一)而《明夷待访录》一书,专发挥其政治理想,可见其经世之意亦颇不浅,唯格于时势,不得不以箕子自许而"秘其言也"(《明夷待访录》自序)。其中抨击专制之弊,法密之害,与叶适所云,盖不啻若自一口出者,梁启超曰:"陈、叶的文献经世之学,与阳明的身心性命之学,混合起来,头一个承受的人,便是黄梨洲。"(《儒家哲学》页 67)其与永嘉学术思想关系之密切,实至为显然也。

三、颜元

颜元,字易直,又字浑然,号习斋,河北保定府博野县人也。其论学本《周官》之乡三物与《左传》之六府三事(《习斋先生言行录》下《世情第十七》),主实学实习,而惩于宋、明理学末流之空疏,甚至欲尽废纸墨诵说而专重实行,以为"治平之道莫先于礼"(《习斋先生言行录》下《学须第十三》)。于宋儒之中最推胡瑗,其次张载为近孔门教学(《存学篇》二)。按胡、张二氏本亦永嘉学术之所从出者,彼此之基本精神固相一致也。其《朱子语类评》更屡为永嘉诸子辩护。其为永嘉诸子总辩护者,如:

> 朱子言永嘉诸人皆以道艺先觉自处。(辩曰)若在三代时,诸公原不
> 敢称先觉,当两宋为禅宗章句,灭却孔子之道,全无一人不为程、朱惑者,
> 而能别出手眼,或以经济,或以道艺,倡收人才,亦可谓先觉矣!(《朱子语

类评》)

朱子言永嘉诸公多喜文中子,然只是小,它自知做孔子不得,见小家便悦而趋之。(辩曰)咳!圣道之亡只为先生辈贪大局,说大话,灭尽有用之学,而举世无一真德真才矣!试问先生是学孔子乎?孔子岂是半日静坐,半日读书乎?(同上)

其为陈傅良辩护者,如:

(朱子言)陈君举以为读《洪范》方知孟子之道性善,如前言五行五事则各其德性,而未言其失,及过于皇极则方辨其失。(辩曰)君举认性道之真如此,精确如此,程、朱气质之性杂恶,孟子之罪人也,而反斥君举,望人从己,愚谬甚矣!(同上)

(朱子言)至如君举胸中有一部《周礼》,都撑肠柱肚,顿著不得。(辩曰)陈永嘉……到吃紧便含糊不与朱子说,盖朱子拘泥章句,好口头角胜,又执呆自是,不从人善。凡英雄遇之,初慕其名望,皆爱与谈学问,商经济,到看透他不作事,好争长书生局,便只到模糊罢手。(同上)

朱子言坐食之兵之弊,人问君举曾要如何措置,曰常常忧此,但措置亦未尝说出。(辩曰)自是有心人方忧此,方图措置,禅宗人只忧静坐未能主一无适耳,章句人只忧集注某字未妥,须十九年苦工耳!噫!朱子讥君举登小土堆,恐自身在平地,寸基未着脚也。(同上)

朱子言陈先生要人就事上理会。(辩曰)陈先生不远过诸人乎?(同上)

其为叶适辩护者,如:

朱子言子静是禅,却成一个门户,如叶正则说只是要教人都不晓得,尝得一书来,言世间有一般魁伟底道理,自不乱于三纲五常,却是个甚么物事,也是乱道,也不说破。(辩曰)龙川、正则使碎心肝,朱子全不晓是甚么物事,予素况之与夏虫语冰,不益信乎?(同上)

朱子言正则之说最误人,世间呆人都被他瞒。(辩曰)仆谓人再呆不过你,被人瞒者更呆,元亦呆了三十年,方从你瓶中出得半头,略见得帝皇王霸世界,尧、舜、周、孔派头,一回想在呆局中,几度摧胸堕泪。(同上)

朱子言正则说话只是杜撰,看他《进卷》可见。又云叶《进卷》《待遇集》毁板,亦毁得是。(辩曰)可惜荆公《日录》、正则《进卷》板毁,二公本领不尽传于世也。(同上)

朱子曰正则作文论事全不知些著实利害。(辩曰)翻语。(同上)

对于朱熹之指斥虽不无过甚之处,然即此益可见其对于永嘉学术向往之深矣! 又叶适以经制言学,推本于《周官》之言道兼艺,颜元亦推本《周礼》言道。钱穆先生曰:"浙学转向外所以不忽了功利,这亦是颜元、戴震排斥宋儒的理论。"(《宋明理学概述》页160)又谓叶适"径以程氏为老、佛,其所抨击,尤似颜元、戴震之口吻"(同上,页161)。是其与永嘉学术关系之密切盖从可知矣!

四、万斯同、全祖望、章学诚、邵晋涵

自黄宗羲以次,万斯同、全祖望以逮有清乾、嘉间之章学诚、邵晋涵,其学历有渊源而自成一系统,世称浙东史学派。其源启自宗羲,而实远绍宋代永嘉、金华文献经制之学,故梁启超曰:"自宋以来,浙东学术很发达,吕东莱而后,是陈同甫、叶水心,再后是甬上四先生杨、袁、舒、沈,又后是王阳明、刘蕺山,都是浙东人,浙东在学术界,占很高的地位。陈、叶的文献经世之学,与阳明的身心性命之学,混合起来,头一个承受的人,便是黄梨洲……由黄梨洲而万季野、邵念鲁,由万、邵而全谢山,渐渐成为一种特有的学风。致用方面,远绍吕东莱一派文献之学;修养方面,仍主阳明。到乾隆末,出一位大师,曰章实斋,集浙东学派的大成。"(《儒家哲学》页67—68)"瓯海一隅,自宋以来别为永嘉学派,实斋论浙东学术,于兹托始焉。"(《近代学风之地理的分布》页28)"浙东学派,其源出于梨洲、季野,而尊史,其巨子曰邵二云、全谢山、章实斋。"(《中国学术思想变迁之大势》页95)唯近人金毓黻于此则持异论,盖其论史学弗取学派之说,而一以专门名家为断也。其说曰:"浙东人研史之风,元明之世,本不甚盛,至清初黄宗羲出,昌言治史,传其学于万斯同,继起者又有全祖望、章学诚、邵晋涵,皆以浙东人而为史学名家,于是浙东多治史之士,隐然以近代之史学为浙东所独擅,并上溯于宋之永嘉、金华,以为渊源之所自,世人之不究本末者,亦翕然以此称之,一哄成市,岂得为定论哉。观黄宗羲承其师刘宗周之教,而导源于王阳明,盖与宋代吕、叶、二陈绝少因缘,其源如此,其流可知,万斯同固亲承黄氏之教矣,全祖望私淑黄氏,续其未竟之《学案》,亦不愧为黄氏嫡派,至于章、邵二氏,异军特起,自致通达,非与黄、全诸氏有何因缘,谓为壤地相接,闻风兴起则可,谓具有家法互相传授,即起章、邵二氏于九原亦不之承也。"(《中国史学史》页255)按金氏此论,词意闪烁,难以令人折服。夫黄宗羲与吕、叶、二陈,甚至薛季宣之关系上已述之,不得谓为绝少因缘也。章、邵二氏之于黄、万诸氏,既云"壤地相接,闻风兴起",则非受其影响而何? 观章学诚于《文史通义》中,盛称浙东史学,而推服黄宗羲之隐逸、万氏兄弟之经术(《文史通义》内篇《浙东学术》),谓:"浙东之

学,言性命者,必究于史,此其所以卓也。"(同上)景仰之意至深。其言学谓"六经皆史"(《文史通义》内篇《易教上》),"史学所以经世"(《文史通义》内篇《浙东学术》),经世之意固与黄宗羲甚相合,而远契于永嘉诸子。至如邵晋涵,江藩谓其"习闻戢山、南雷之说"(《汉学师承记》六)。章学诚亦许其为浙东史学之传,谓:"自斯人不禄,而浙东文献尽矣!"(《校雠通义》外篇《与胡洛君论〈胡稚威集〉二简》)是其与黄宗羲以至永嘉学之关系盖非无因缘可寻也。再考邵晋涵从祖邵廷采,其史学出于黄宗羲之教,晋涵既承家学,而章学诚对廷采尤为推服,谓其所著《思复堂文集》,五百年来所罕见(《章实斋文集》三《邵与桐别传跋》),其渊源历历可寻。章学诚曰:"浙东史学,自宋、元数百年来,历有渊源。"(同上)信不可诬也。复按全祖望称"宋乾、淳诸老,以经世自命者,莫如薛季宣……叶水心尤精悍"(《鲒埼亭集》十二《亭林先生神道碑表》)。又其论孙武,曰:"左氏春秋内外传,纪吴事颇详,然绝不一及孙子,即《越绝》诸书,出于汉世,然亦不甚及孙子,故水心疑吴原未尝有此人,而其书其事,皆纵横家之所伪为者,可以补《七略》之遗,破千古之惑。"(《鲒埼亭集》二十九《孙武子论》)全氏此说,又为章学诚所引(见《章氏遗书·乙卯札记》),是则彼等与永嘉学术关系之深益可见矣!

上述诸家而外,若明末清初之王夫之,有清乾、嘉间之戴震,其思想或学说皆有与永嘉学术思想相契合者,唯既无显迹可寻,为免穿凿附会,余亦不敢遽谓其与永嘉之学有何因缘也。

第三节　有清道、咸、同、光期

清朝自道光年间鸦片之役,订定《江宁条约》以后,对外有英法联军之役、中法安南之役、中日甲午战役、八国联军之役,而无役不败,败则订约,既辱国体,又丧主权。在内则有民军起事,虽经次第平定,而兵燹所过,民生为之凋敝。清廷虽图变法自强,唯心怀委蛇,终无以振衰起疲。此时势之刺激,虽谓自雍、熙、乾、嘉以来,学者于清室笼络高压之政策下,但媚古研经训以自藏,于国计民生不复敢措意,然至此亦不能不"眷怀时局,抚卷增喟"矣(孙诒让《周礼正义》序)!于时永嘉后学孙衣言、诒让父子遂致力于乡邦文献之搜采,以表彰永嘉之学,思期效忠厉节,以应世偶变,虽云终无补于大局,唯其志其行要足堪嘉尚也。

孙衣言,字劭闻,号琴西,瑞安人也。道光庚戌进士,由编修入直上书房,历官江宁布政使，召为太仆卿，文章气节重于时。"为人疏简宽易，而常有当世之志。"（俞樾《孙琴西同年逊学斋诗序》）以永嘉嫡派自任（俞樾挽琴西公联）。致力于乡邦文献之搜采，尝辑永嘉丛书。据其高弟刘寿曾云："温州学派莫盛于宋。庆历间儒志、经行开之，元丰九先生继之，绍兴以后，艮斋、止斋、水心诸公绪益昌大，天下尊为永嘉之学。其宗旨在躬行实践，由明体以达于用，文章风节皆卓然有所表见渊源于伊川、考亭，而立乎金华、永康之上者也。元以后之学稍微矣！然芬泽濡染，犹能矢音不衰。吾师尝编《永嘉学案》，以见派别之正。又曰欲采今汉学、宋学之弊者，其永嘉乎！"（《温州经籍志》序）复按其嫡孙孙延钊云："表章永嘉学术，为公毕生志力所在。盖南宋以迄于清，阅年七百，经制之道浸以湮微，其遗文之犹存者，收藏家往往秘本长扃，并世学人，罕所津逮。公怃然思有以振厥堕绪，广征博讨，凡前人著作有得于弥纶兢省之全者，咸甄综而理董之，或易旧镌以精镠，或求孤钞之副帙，丹黄点勘，迟莫勿衰……论定而刊行者，十有三种三百四十六卷。"（《孙太仆年谱》跋）志业若此，盖亦可以无愧于乡邦先达矣！

　　孙衣言之次子孙诒让，字仲容，晚号籀膏（或籀廎）。同治丁卯举人，官刑部主事，淡于荣利，家居著述。自其少时，其父即勉以"治史志，以经世致远"（章炳麟《孙诒让传》）。而平居任恤，所至兴学，晚年尝主温州师范学校，充浙江教育会长。孙衣言之辑永嘉丛书也，诒让校勘辑补，与有力焉。并尝自撰《温州经籍志》，以表扬乡邦先贤之学，刘寿曾谓是书曰："它日大展儒效，广永嘉之学于天下，以达于风俗政教者，其必有在也。"（《温志经籍志》序）属海疆多故，世变日亟，感于"时之大患，在于政教未修，而上下之情暌阂不能通，故民窳而失职，则治生之计狭隘，而谲觚干纪者众。士不知学，则无以应世偶变，效忠厉节，而世常有乏才之感"（《周礼正义》自序），以为"舍政教而议富强，是犹泛绝潢断港而蕲至于海也"（同上），因撰《周礼正义》《周礼政要》二书，以稽古论治。其研经济世之志，固甚有契于永嘉之学旨，尝曰："乾、嘉以来，巨儒辈出，而性情经术，各守其家法，不相假借，汉、宋之间盖龈龈如也。某曩在京师，与方闻之士论当时门户之弊，常以为欲综汉、宋之长，而通其区畛者，莫如以永嘉之学。"（《籀膏述林》四《艮斋〈浪语集〉跋》）盖欲承永嘉学派之绪余而兴起者也。虽然，其学仍不脱于乾、嘉以来之学风则无可讳言也，梁启超云："瓯海一隅，自宋以来别为永嘉学派，实斋论浙东学术，于兹托始焉。顾近代无能张大者，晚乃有瑞安孙仲容（诒让）治《周礼》，治《墨子》，治金文契文，备极精核，遂为清末第一大师，结二百余年来考证古典学之局。"（《近代学风之地理的分布》页28）盖实录也。

第四节 民国以来

清朝末年,国势之阽危极矣! 盖已至于随时可亡之境地,所幸天不亡我华,中山先生挺生,领导革命,推翻清室,而创建民国。然则内而军阀割据,兵戈俶扰,外而列强犹眈眈然虎视之,杌陧之象,盖不减于清季。而新学方兴,风气所至,群趋竞附,其说虽不无可采,然尽弃本根,于我国本有学术每横加诋毁。有识之士,当此国病民惫之秋,旧学将淹之际,哀政教之凌迟,盖不能无所感慨。于时则有陈黼宸、林损师弟以永嘉之学为天下倡焉。

陈黼宸,字介石,瑞安人也。生清之季世,于时考据训诂之学方盛,"公独遥接陈君举、叶正则之心传,屹然为永嘉学派之宗"(徐英《林公铎先生学记》)。其论学之旨有曰:

> 学不可不讲,而学不可措之于事施之于世者不必讲,夫所谓学者,将出其所用而措之于天下后世也。(林损《永嘉学派述》引)
>
> 无事功之心性,无用之学也。无心性之事功,无体之事也。(同上)
>
> 夫自治以治人之道,要自吾心窍中流溢而出,无他谬巧以得之。而人或分心性事功为二派,龈龈致辨于其间,至千年而犹不止,呜呼! 其亦未之深思也已。(同上)

其之推尊永嘉之学也,则曰:

> 艮斋先生承程门之传,得其绪论,与郑景望、陈止斋、叶正则辈,指画天地阴阳之变,参当世之务,于谢上蔡、尹和靖、杨龟山诸家外,独标宗旨,岸然自立,黄梨洲先生言:"永嘉之学教人就事上理会,步步著实,言之必使可行,足以开物成务。"黄百家谓:"士龙考订千载,凡夫礼乐兵刑,莫不该通委曲,真可施之实用。"非溢誉也。(同上)

虽然其于经史而外,尤深于诸子之书,著有《诸子通谊》一书,唯要其学也,"一以性理为归,而究之于人事之极"(徐英《林公铎先生学记》),盖欲折中于事功心性之间,而深有契于永嘉之学旨者也。

林损,字公铎,亦瑞安人也。受业于其舅氏陈黼宸,以教授终其身。素"不喜清人之学,尤不能为考证训诂章句之学所拘,奋然纵情于名理之窟,续永嘉之绝绪,探诸子之精髓,而以孔、孟为归……盖特立于三百年来学者风气领域之外"(徐英《林公铎先生学记》）。尝撰《政理古微》一书，专发挥其政治思想，盖"当民国新政之始，有感于时事而为之者"（同上）。又有《伦理正名论》，则发挥其人伦思想，以破当时新学者之诬。此外并有《永嘉学派述》，以阐发永嘉学术之精蕴。尝曰："当赵宋氏之南迁，朱元晦、陆子静之徒，皆以其说鸣，风被海内，垂数百年而未已。读书诵古之士，言义理者不之陆则之朱，而不知当时之有叶正则、陈君举也。陈、叶之名，世之人有能举之者矣，目之曰永嘉之学，若以为濂、洛、关、闽之附庸焉，而不知其非也。夫学，有内外精粗之辨，本末王霸之殊，不可以妄执，而用之各有当。陈、叶之学，观乎虚而体以实，原于经而征之史，本根深而枝叶畅茂，王道明而霸功为之役。内所以为身，而外足以治天下国家者，莫不备矣！"（林损《送董生黄生南归序》）于永嘉之学，推尊盖亦至矣，要亦以永嘉后学而能发扬其乡先贤之说，而无愧乎既往者也。

除上述四期而外，据日人渡边秀方云，叶适之学，"流入我们日本，则于仁斋一派的'古学派'给过大影响。仁斋体用他的精神，也批判过古书，攻击过宋儒。又徂徕从他的功利学方面，像也受过多少影响"（《中国哲学史概论》页140）。若然，则永嘉学派之学术思想，抑又影响及于彼邦矣！

第九章　结　论

　　南宋乾、淳之际，浙东之学最盛，薛季宣、陈傅良、叶适在温，吕祖谦、唐仲友、陈亮在婺，皆争言事功，臭味相投；唯其学各有所尚，所造亦复不同。故杨维桢曰："余闻婺学在宋有三氏，东莱以性学绍道统，说斋以经世立治术，龙川以皇帝王霸之略志事功。"（《宋文宪公集》序）王袆曰："宋南渡以后，东莱吕氏绍濂、洛之统，以斯道自任，其学一出于正；说斋唐氏则务为经世之术，以明帝王为治之要；龙川陈氏又修皇帝王霸之学，而以事功为可为；其学术不同，其见于文章亦各自成家。"（《王忠文公集》二《〈宋景濂文集〉序》）全祖望亦曰："乾、淳之际，婺学最盛，东莱兄弟以性命之学起，同甫以事功之学起，而说斋则为经制之学。"（《宋元学案》六十《说斋学案》）考吕祖谦之学，"合陈君举、陈同甫二人之学问而一之"（《宋元学案》五十一《东莱学案》附录朱熹语），"朱学以格物致知，陆学以明心，吕学则兼取其长，而复以中原文献之统润色之"（《鲒埼亭集外编》十六《同谷三先生书院记》）。盖吕氏治学，一如其为人，平恕委曲，不立崖岸，用能兼取众长。唯其意在调和众说，既欲深究性理，又欲希和事功，其失在杂，故或不免如朱熹所云，于"每事要鹘囵说作一块"（《宋元学案》五十一《东莱学案》附录），而有"和泥合水"之讥（《朱子大全》三十三《答吕伯恭》），故其学终不能与朱、陆并为大家。唐仲友之学，通经服古，务黜空疏而归实用，然性颇孤介，与并时浙东诸子皆不相往来，但"孤行其教"而已（《宋元学案》六十《说斋学案》）。晚年为朱熹所劾，遂杜门著书，郁郁以老，自不能蔚成风气，别开生面。至于陈亮，似能与朱熹相抗矣！观其与朱氏议论王霸，移书反复，至于数四，始终不屈，盖亦可谓强哉矫矣！唯其学"专言事功而无所承"（《宋元学案》五十六《龙川学案》），既浅于性命，又昧于经制，终不免流于粗莽空疏。极其所至，所标榜者不过一个人之英雄主义而已。故全祖望尝议之曰："同甫当其壮时，不过为大言以动众，苟用之，亦未必有成。迨一掷不中，而嗒焉以丧，遂有不克自持之势。嗟夫！同甫当上书时，敝屣一官，且有逾垣以拒曾觌之勇，而其暮年对策，遂阿光宗嫌忌重华之旨，谓不徒以一月四朝为京邑之美观，何其谬也。盖当其累困之余，急求一售，遂不惜诡遇而得之……故即令同甫不死，天子赫然用之，同甫之失，正坐亟于求售而不需谷,亟于求涉而不需缆,卒之米固不得,并其船而失之。"(《宋元学案》五十六《龙川学案》附录)然则欲其规行矩步,考订礼乐,以与朱、陆相争,亦岂可得?是则浙东之学,求其能与朱、陆相抗衡者,亦唯永嘉诸子而已。考永嘉之学,若薛季宣、陈傅良之以经制言事功,盖本于对实务之重视,其立场属态度而非义理,犹未对洛学树异帜。迨叶适之出,始就思想上以批评道学家之说,披坚执锐以陷朱学之阵。盖适既精于制度,得浙学之真传,又能言义理,遂为闽学之劲敌。用能超轶吕、唐、陈三家,为当时言经制事功学者之翘楚,而与朱、陆鼎足为三,故全祖望曰:"乾、淳诸老既殁,学术之会总为朱、陆二派,而水心龂龂其间,遂称鼎足。"(《宋元学案》五十四《水心学案上》)为永嘉之学于学术思想史上争一席地位,此其所以卓也。

原夫两宋诸儒,虽派别分歧,然其共同精神有二,一为阐明学术之传统,以树立政治及教化之方针,二为注重心理之研究,以探索学问与行事之关键。前者精神开展而阔大,后者精神凝敛而谨密。北宋初期,学者兴趣偏在于前者,如胡瑗教人,立经义、治事二斋,由明体以达用。又如孙复之蓄周、孔之道,非独善其身,而必兼利天下。其后如范仲淹、欧阳修,亦措意于生民政教之事,此皆后世所称理学名臣也。且吾人于此尤须知,有宋立国,自艺祖以来,即主于文治,而于武备颇有不竞之感。王安石盖尝痛切为神宗陈之矣,其说曰:"本朝累世因循末俗之弊……未尝如古大有为之君,与学士大夫讨论先王之法,以措之天下。"(《临川集》四十一《本朝百年无事札子》)其言虽简,而其中心所蓄,有不能尽言者,可推知矣!盖惩于唐末、五代藩镇专横自擅,纷纷割据,遂务以矫救外重内轻之弊为唯一要策,而国势终于不振。虽号为一统,而燕云十六州始终未能收归版图,此忠臣义士所为切齿拊心也。故吾师熊翰叔先生尝谓:"夫艺祖本起拥立,得国之后,惩于五代藩镇之祸,唯惧骄兵悍将之不可控驭,于是抑远天下健劲喜事之风,而以文弱谨畏为天下倡,是以不过再传,而天下虽不复如往时之骚然难治,而颓靡懈怠,不可振起。至于仁宗,解散天下而休息之,纲纪日坏,而承其后者益难为矣!"(《王安石政略》卷首《导言上》)可谓能深切问题之症结矣!故有识之士莫不惄然忧之,当仁宗朝,范仲淹已有变法之议,及王安石出,主张尤为强烈,咸以为变风俗,立法度,乃时之急务。观二氏之所擘画,虽各有偏尚,唯立意之深,用心之苦,初无二致。然终皆格于时势,备受怨谤而去。既迭经变法失败,学术风气遂渐转移,以为若心术基础未臻稳固,而遽欲图政治速效,乃至愚至危之事,于是一变而偏向后者,精微有余,而博大不足。南渡之后,心性之辨愈精,然理学之发展至此已达其顶峰,而渐趋下坡,并显露其内在之裂罅;又兼政治颓败,国势阽危,迫使学者之兴趣又转向前者,此浙东诸儒所以争言事功,热衷历史与制度之研究,以期起衰敝而图兴复也。永嘉诸子于此风气之下,遂上承伊洛之绪余,转而以经制言事功,而深有契于北宋初期之精神,其所讲说亦终于与程、朱诸儒分道前迈矣!

唯自吾人今日观之,程、朱诸儒,其学务为鞭辟向里,事功之味诚或不免稍淡,唯要非绝然无意于斯者。考程颢《上神宗皇帝札子》,陈治法十事,其要者若师傅、井地、学校、兵、农诸大端,亦将以所发明圣人体用之学,施之政教,而返斯世于三代,以跨驾汉、唐(见《明道文集》二《论十事札子》)。而程颐召见问治道,则以为为政当法三代,亟请"以王道为心,以生民为念,黜世俗之论,期非常之功"(《伊川文集》一《上仁宗皇帝书》),又尝曰:"学者不可不通世务,天下事譬如一家,非我为则彼为,非甲为则乙为。"(《伊川语录》八下)盖亦甚有担当。至朱熹于孝宗初政之始,亟陈恢复之义,其上皇帝封事中,奏言天下急务有六,曰:"辅翼太子,选任大臣,振举纲维,变化风俗,爱养民力,修明军政。"(《朱文公全集》十一《戊申封事》)更条陈十事,曰:"讲学以正人心,修身以齐家,远便嬖以近忠直,抑私恩以抗公道,明义理以绝神奸,择师傅以辅皇储,精选任以明体统,振纲纪以厉风俗,节财用以固邦本,修政事以攘夷狄。"(《朱文公全集》十二《己酉拟上封事》)凡其所论说,忧世救民之切,视永嘉诸子,亦何可复为轩轾?唯程、朱所讲,偏于穷理致知,重在先正诚而后治平;而永嘉诸子所讲,偏于经世致用,重在实事实功之建立。一以心性哲理为中心,一以政治经济为中心,此其彼此相异处也。然其所以欲拯斯民于水火,而登之衽席之上者,未尝不同归也。语云天下百虑而一致,殊途而同归,是永嘉诸子与程、朱诸儒,立场虽异,目标则同,自不必因此而交诋互诮,此吾人尚论永嘉学派之学术思想所不可不知者已。

附录一

宋永嘉学派诸子生平著述年表

略例

一、按叶适云："永嘉之学,必兢省以御物欲者,周作于前而郑承于后也……永嘉之学,必弥纶以通世变者,薛经其始而陈纬其终也。"(《水心文集》十《温州新修学记》)又永嘉之学集其大成者为叶适,故本表断自周行己之生(英宗治平四年丁未,公元 1067 年),以讫叶适之卒(宁宗嘉定十六年癸未,公元 1223 年)。

二、永嘉学派诸大家论学向不持门户之见,故凡为其学侣,或称同调,或尝从问学,而《宋元学案》别见于周许诸儒、艮斋、止斋、水心诸学案外之其他学案者,亦悉录之。唯其学之宗旨显有异而别为源流者,如林光朝别为《艾轩学案》、吕祖谦别为《东莱学案》、唐仲友别为《说斋学案》、陈亮别为《龙川学案》,凡若此者,则概不之录。

三、本表以宋代帝王纪年为主,并附甲子及公元纪年,以便计算。

四、本表取诸史传记暨各家文集以著录诸子生平著述,皆分别著明出处于下,以为覆按之资。

五、同一事迹而各家记载相出入者,皆附注于本条之下,其是非可定者,则略加考释焉。

六、所有以岁阴、岁阳、月阴、月阳或干支以纪年月日者,皆加换算为数目字,用便省览。

七、个人闻见有限,且草撰匆促,遗漏疏误盖所不免,尚祈方家有以教正之,则幸甚焉。

纪 年	生 卒	纪 事	著 述
宋英宗治平四年丁未(1067)	周行己恭叔生(《浮沚集》五《上宰相书》)		
神宗熙宁元年戊申(1068)	刘安节元承生(《刘左史文集》四附许景衡撰墓志铭)		
熙宁二年己酉(1069)	刘安上元礼生(《刘给谏文集》五附薛嘉言撰行状)		
熙宁三年庚戌(1070)			
熙宁四年辛亥(1071)			赵霄年十岁,赋《猛虎行》,乡里奇之(《浮沚集》七《赵彦昭墓志铭》)
熙宁五年壬子(1072)	许景衡少伊生(《斐然集》二十六《资政殿学士许公墓志铭》)		
熙宁六年癸丑(1073)		周行己年七岁,就傅授句读,诵五经书(《浮沚集》五《上祭酒书》)	
熙宁七年甲寅(1074)	戴述明仲生(《浮沚集》七《戴明仲墓志铭》)		
熙宁八年乙卯(1075)	蔡元康君济生(《横塘集》十九《蔡君济墓志铭》)		
熙宁九年丙辰(1076)			
熙宁十年丁巳(1077)			
神宗元丰元年戊午(1078)		许景衡始授书乡校(《横塘集》十八《送徐长世序》)	

纪年	生卒	纪事	著述
元丰二年己未 (1079)			
元丰三年庚申 (1080)			
元丰四年辛酉 (1081)		永嘉郡丞赵岘行县，与令朱素、隐士林石赋诗记事(《止斋文集》三十九《重修石岗斗门记》) 周行己年十五，学属文(《浮沚集》六《上祭酒书》)	
元丰五年壬戌 (1082)			
元丰六年癸亥 (1083)		周行己年十七，补太学诸生，学科举文(《浮沚集》五《上祭酒书》)	
元丰七年甲子 (1084)			
元丰八年乙丑 (1085)		周行己见古人文章，浩浩如波涛，缅缅如春华，于是乐而慕之(《浮沚集》五《上祭酒书》)	
哲宗元祐元年 丙寅(1086)	萧振德起生(《宋史》三百八十本传、《南宋制抚年表》下参)		
元祐二年丁卯 (1087)		周行己读书，益见道理，于是始知圣人作书遗后世，在学而行之，非以为文，于是学古人之修德立行(《浮沚集》五《上祭酒书》) 周行己肄业太学(《浮沚集》四《〈晁元升集〉序》)	六月二十六日，周行己撰《朱廷隐字大隐序》(《浮沚集》四)
元祐三年戊辰 (1088)		刘安上年十九，丁父忧(《刘给谏文集》五附薛嘉言撰行状)	
元祐四年己巳 (1089)			
元祐五年庚午 (1090)		周行己应举开封，中有司之选(《浮沚集》四《〈晁元升集〉序》)	

纪　年	生　卒	纪　事	著　述
元祐六年辛未（1091）		周行己成进士（《浮沚集》五《上宰相书》）	周行己赋《竹枝歌上姚毅夫》五章（《浮沚集》八） 五月四日，周行己撰《〈晁元升集〉序》（《浮沚集》四）
元祐七年壬申（1092）			
元祐八年癸酉（1093）	薛徽言德老生（《浪语集》三十三《先大夫行状》）	周行己侍亲归省祖茔（《浮沚集》四《闲心普安禅寺修道记》）	戴述撰《晋史属辞》二卷（《直斋书录解题》十四） 七月，周行己撰《丁世元墓志铭》（《浮沚集》七）
哲宗绍圣元年甲戌（1094）	刘安礼元素生（《刘给谏文集》四《从弟元素墓志铭》） 三月，沈度子正卒，年六十一（《浮沚集》七《沈子正墓志铭》）	丁志夫成进士（《横塘集》十九《丁大夫墓志铭》） 许景衡成进士（《斐然集》二十六《资政殿学士许公墓志铭》）	
绍圣二年乙亥（1095）			
绍圣三年丙子（1096）		许景衡为黄岩县尉（《嘉定赤城志》十二）	
绍圣四年丁丑（1097）		刘安上第进士丙科（《刘给谏文集》五附薛嘉言撰行状）	
哲宗元符元年戊寅（1098）			
元符二年己卯（1099）	陈鹏飞少南生（《水心文集》十三《陈少南墓志铭》）		许景衡赋《己卯元日持檄乐清界上望雁荡集句寄宁师》诗（《横塘集》六）
元符三年庚辰（1100）	刘诜知言生（《竹轩杂著》六《刘知言墓志铭》）	刘安节成进士（《刘左史文集》四附许景衡撰墓志） 戴述成进士（《浮沚集》七《戴明仲墓志铭》）	

续　表

纪　年	生　卒	纪　事	著　述
徽宗建中靖国元年辛巳(1101)	林石介夫卒(《止斋文集》四十八《新归墓表》)		
徽宗崇宁元年壬午(1102)			
崇宁二年癸未(1103)		赵霄成进士(《浮沚集》七《赵彦昭墓志铭》)	
崇宁三年甲申(1104)			
崇宁四年乙酉(1105)			
崇宁五年丙戌(1106)			
徽宗大观元年丁亥(1107)		刘安上除提举浙西学事,陛辞,风度详雅,论事合旨。既退,帝称其蕴藉有大臣体。寻除监察御史(《刘给谏文集》五附薛嘉言撰行状) 十一月,刘安上迁殿中侍御史(同上) 十二月,刘安上转奉议郎(同上)	
大观二年戊子(1108)		刘安上面奏蔡京罪状数十,退,后以疏言之,而京自若,乃再疏论之,言京罪有十(《宋元学案》三十二《周许诸儒学案》) 刘安上转承议郎(《刘给谏文集》五附薛嘉言撰行状) 三月,刘安上迁侍御史,赐五品服(同上)	
大观三年己丑(1109)	陈尧英秀伯生(《水心文集》十八《陈秀伯墓志铭》) 四月六日,赵霄彦昭卒,年四十八(《浮沚集》七《赵彦昭墓志铭》)	吴表臣成进士(《宋史》三百八十一本传) 陈经邦成进士(万历《温州府志》十) 周行己以毛某劾其师事程氏,卑污苟贱,无所不为,遂罢归,筑浮沚书院以讲学(《宋元学案》三十二《周许儒学案》)	

纪　年	生　卒	纪　事	著　述
		八月,刘安上迁谏议大夫,劾给事中蔡崈以道家吐纳之说,妄自尊大,侍班瞑目,上轻君父,时论伟之(《刘给谏文集》五附薛嘉言撰行状、《宋元学案》三十二《周许诸儒学案》参) 九月,刘安上丁母忧(《刘给谏文集》五附薛嘉言撰行状)	
大观四年庚寅 (1110)	三月五日,戴述明仲卒,年三十七(《浮沚集》七《戴明仲墓志铭》)		许景衡赋《与言叙己卯之别》诗(《横塘集》四) 十二月,许景衡撰《跋方湖诗》(《横塘集》二十)
政和元年辛卯 (1111)		冬,刘安上服阙,召为中书舍人(《刘给谏文集》五附薛嘉言撰行状)	
政和二年壬辰 (1112)	王十朋龟龄生(《文定集》二十三《龙图阁学士王公墓志铭》)	张辉以上舍擢第(《宋元学案》三十二《周许诸儒学案》) 许景衡为详定重修令所删定官(《横塘集》二十《陈孺人述》) 刘安上转朝奉郎(《刘给谏文集》五附薛嘉言撰行状)	
政和三年癸巳 (1113)	十一月甲子,许景亮少明卒,年五十七(《浮沚集》七《许少明墓志铭》)(注:按本年十一月无甲子,此应有误)	刘安上除给事中(《刘给谏文集》五附薛嘉言撰行状) 九月,刘安上除徽猷阁待制,知寿州(同上)	
政和四年甲午 (1114)		刘安上解寿春知州之任(《刘给谏文集》一《方潭展墓示子侄》) 刘安上提举亳州明道宫,转朝散郎,封文安县开国男,食邑三百户(《刘给谏文集》五附薛嘉言撰行状)	
政和五年乙未 (1115)		刘安上知婺州(《刘给谏文集》五附薛嘉言撰行状)	

纪　年	生　卒	纪　事	著　述
政和六年丙申 （1116）	五月十二日，刘安节元承卒，年四十九（《刘左史文集》四附许景衡撰墓志） 七月七日，韩彀公辅卒，年六十八（《横塘集》十九《宣义刘公墓志铭》）	诏追赠刘安上之父去非为朝请郎（《刘给谏文集》四《赠正议朝议大夫燎黄》） 春，宣州大疫，刘安节命医分治甚力，全活者不可计（《刘左史文集》四附许景衡撰墓志）	夏，许景衡撰《跋节物诗》（《横塘集》二十）
政和七年丁酉 （1117）	八月九日，蔡元康君济卒，年四十三（《横塘集》十九《蔡君济墓志铭》）	周行己罢摄乐清（《浮沚集》八《政和丁酉罢摄乐清寓柳市庄居和林惠叔见寄》） 刘安上转朝请郎，进封开国子，加食邑二百户（《刘给谏文集》五附薛嘉言撰行状） 诏追赠刘去非为朝散大夫（《刘给谏文集》四《赠正议朝议大夫燎黄》）	周行己撰《权乐清上韩守书》（《浮沚集》五） 周行己赋《迁居有感示二三子》诗（《浮沚集》八） 周行己赋《政和丁酉罢摄乐清寓柳市庄居和林惠叔见寄》诗（同上）
徽宗重和元年戊戌（1118）		萧振成进士（《宋史》三百八十本传） 刘安上移知邢州（《刘给谏文集》五附薛嘉言撰行状） 诏追赠刘去非为朝议大夫（《刘给谏文集》四《赠正议朝议大夫燎黄》）	十二月六日，刘安上撰《书方潭移溪事》（《刘给谏文集》四）
徽宗宣和元年己亥（1119）	黄仁静仲山生（《水心文集》十五《朝奉大夫致仕黄公墓志铭》） 吴松年公叔生（《诚斋集》一百二十五《知漳州监丞吴公墓志铭》）	许景衡请奉祠馆，得之（《斐然集》二十六《资政殿学士许公墓志铭》） 六月，刘安上提举建州武夷山冲佑观（《刘给谏文集》五附薛嘉言撰行状） 九月，刘安上丁祖母徐孺人忧（《刘给谏文集》五附薛嘉言撰行状）	
宣和二年庚子 （1120）	五月七日，丁志夫刚选卒，年五十五（《横塘集》十九《丁大夫墓志铭》）	许景衡以监察御史召，既至，除殿中侍御史（《斐然集》二十六《资政殿学士许公墓志铭》）（注：《宋史》三百六十三本传作宣和六年）	周行己撰《上宰相书》（《浮沚集》五） 许景衡赋《庚子岁作》诗（《横塘集》一）

纪　年	生　卒	纪　事	著　述
宣和三年辛丑 (1121)	张淳忠甫生(《止斋文集》四十七《张忠甫墓志铭》)	林季仲成进士(万历《温州府志》十) 刘安上服阙,除知寿春府,累表辞免不克(《刘给谏文集》五附薛嘉言撰行状) 睦州之乱,刘士英纠义兵扞之,刘安礼、鲍若雨皆佐方略(《刘给谏文集》四《从弟元素墓志铭》、《宋元学案》三十二《周许诸儒学案》参)	
宣和四年壬寅 (1122)		刘安上转朝奉大夫,进封开国伯,加食邑二百户(《刘给谏文集》五附薛嘉言撰行状)	九月一日,周行己撰《储端中字序》(《浮沚集》四)
宣和五年癸卯 (1123)		刘安礼以乡荐赴试礼部(《刘给谏文集》四《从弟元素墓志铭》)	
宣和六年甲辰 (1124)	刘凤宾之生(《水心文集》十六《著作正字二刘公墓志铭》) 三月,刘安礼元素卒,年三十一(《刘给谏文集》四《从弟元素墓志铭》)	林叔豹成进士(万历《温州府志》十) 许景衡召为监察御史,迁殿中侍御史(《宋史》卷三百六十三本传)(注:按《斐然集》二十六《资政殿许公墓志铭》作宣和二年) 刘安上除知舒州(《刘给谏文集》五附薛嘉言撰行状)	春,许景衡赋《甲辰春作》诗(《横塘集》四)
宣和七年乙巳 (1125)	诸葛说梦叟生(《止斋文集》五十一《福州长乐县主簿诸葛公行状》)	刘安上请宫祠,从之,提举南京鸿庆宫(《刘给谏文集》五附薛嘉言撰行状) 吴松年甫六、七岁,日诵数千言(《诚斋集》一百二十五《知漳州监丞吴公墓志铭》) 许景衡为内府官(《横塘集》四《乙巳八月二十九日宿内府夜梦诗》)	许景衡赋《乙巳五月十八日沈元鼎招饭昭庆登白莲望湖楼泛舟过灵芝少憩孤山下七绝句》(《横塘集》六) 许景衡赋《乙巳八月二十九日宿内府夜梦诗》(《横塘集》四) 王十朋赋《宣和乙巳冬大雪次表叔贾元实韵》诗(《梅溪前集》一)

纪　年	生　卒	纪　事	著　述
钦宗靖康元年丙午（1126）	蒋行简仲可生（《水心文集》十八《朝议大夫知处州蒋公墓志铭》）周鼎臣镇伯生（《水心文集》二十四《周镇伯墓志铭》）	许景衡以左正言召，改太常少卿，兼太子谕德，至不阅月，召试中书舍人，赐三品服（《斐然集》二十六《资政殿学士许公墓志铭》）刘安上转朝请郎，加食邑二百户，寻复朝奉大夫、朝散大夫，以疾乞致仕，转朝请大夫（《刘给谏文集》五附薛嘉言撰行状）	
高宗建炎元年丁未（1127）	刘朔复之生（《水心文集》十六《著作正字二刘公墓志铭》）邵叔豹隐甫生（《水心文集》十五《宋武翼郎新制造御前军器所监造官邵君墓志铭》）陈烨民表生（《水心文集》二十五《陈民表墓志铭》）	薛徽言以布衣上书，言六事，曰国势、边防、刑赏、巡幸、财用、官吏（《宋元学案》三十四《武夷学案》）许景衡以给事中召，至则除中丞，力言不可罢宗泽，并奏请革往事之弊（《斐然集》二十六《资政殿学士许公墓志铭》）许景衡迁中大夫（《宋宰辅编年录》十四）八月，许景衡奏言迁都南阳，无险阻城池，而密迩盗贼，且漕运不继，不如建康天险可据，请定计巡幸，疏凡八上（《中兴小纪》二）十月，陈渊见临川县丞刘诚，问其父安节所录程颐语，得之，因乞以传归（《程伊川年谱》）十一月二十二日，许景衡除尚书右丞（《宋史》二十四《高宗本纪》）	
建炎二年戊申（1128）	郑伯熊景望生（《逊学斋文钞》十二《大郑公行年小纪》）正月，刘安上元礼卒，年六十（《刘给谏文集》五附薛嘉言撰行状）五月二十日，许景衡少伊卒，年五十七（《斐然集》二十六《资政殿学士许	薛嘉言再举登进士第（《浪语集》三十三《先大夫行状》）沈大廉成进士（万历《温州府志》十）王十朋年十七，从潘先生学（《梅溪后集》七《九日寄表叔贾司理引》）五月二日，许景衡以议论与黄潜善等异，为所排，罢为资政殿学士，提举洞霄宫（《中兴小纪》二、《宋史》二十五《高宗本纪》参）	十月三十日，陈渊为刘安节《伊川先生语录》作题志（《二程遗书》十八）

纪 年	生 卒	纪 事	著 述
	公墓志铭》)	八月,马伸上奏,痛言张悫、宗泽、许景衡才皆可任,乃忌而沮之至死不得展(《中兴小纪》四)	
建炎三年己酉(1129)			
建炎四年庚戌(1130)	郑伯英景元生(《水心文集》二十一《郑景元墓志铭》)	正月,赵鼎荐吴表臣、林季仲补台官之阙,季仲避地未至,表臣先对,即日除监察御史(《中兴小纪》八) 八月,吴表臣与沈与求、黎确共论列禁台谏不得言之非是(《中兴小纪》九) 十一月,吴表臣乞补外,除直秘阁典郡(同上)	
高宗绍兴元年辛亥(1131)		薛徽言应诏上书,言所当深忧者三,曰国本未立、佞倖未去、国论未定,又上书专谏营缮(《浪语集》三十三《先大夫行状》) 吴表臣表召为司勋郎中(《宋史》三百八十一本传) 十二月,林叔豹除秘书省正字(《南宋馆阁录》八)	王十朋赋《辛亥九日侍家君同孙子渊子昭子尚登高于家之东山,时菊花未开,坐客皆以为恨。至十月望,独步东篱下,见前日青枝已烂熳矣。东坡云:凉天佳月即中秋,菊花开日乃重阳,不以日月断也。于是命酒肴呼邻里饮于丛畔云》诗(《梅溪前集》一)
绍兴二年壬子(1132)	郎肃鹏举生(《龙川文集》二十七《郎秀才墓志铭》)	薛徽言行视湖州,返,以选权监察御史,宣论湖南(《浪语集》三十三《先大夫行状》) 正月,林叔豹除校书郎(《南宋馆阁录》八) 五月二十七日,诏置修政局,以右司员外郎吴表臣为检讨官(《皇宋中兴两朝圣政》十一) 六月,林叔豹除监察御史(《南宋馆阁录》八) 八月九日,左司谏吴表臣奏请引对郡守,诏从之(《皇宋中	

纪 年	生 卒	纪 事	著 述
		兴两朝圣政》十二) 十四日,吴表臣奏防江之议(同上) 二十四日,吴表臣罢(同上) 九月二十五日,诏薛徽言等分往诸路,并以宣谕为名(《中兴小纪》十三、《宋史》二十七《高宗本纪》)(注:按《中兴小纪》作十月乙丑,考十月无乙丑,据上下文乙当为己之误,此从《宋史》九月壬午) 十一月二十二日,宣谕五使、薛徽言等同班入见(《皇宋中兴两朝圣政》十二)	
绍兴三年癸丑(1133)	刘愚必朋生(《水心文集》二十一《刘靖君墓志铭》)	五月二日,湖南宣谕薛徽言奏请均敷丁钱绢米(《皇宋中兴两朝圣政》十三) 五月二十二日,薛徽言劾知永州黄陞与其州官文武六人赃污不法,并罢之(同上) 二十五日,薛徽言奏擅发钱米账粜饥民,乞黜责,上释其罪(同上) 薛徽言荐通判永州刘延年、祈阳县令张登,召延年赴行在,登就任,增一秩(《中兴小纪》十四、《皇宋两朝中兴圣政》十三参)	薛徽言撰《癸丑续记》(《浪语集》三十三《叙遗编别录》)
绍兴四年甲寅(1134)	薛季宣士龙生(《疑年录稽疑》二、《吕东莱文集》七《薛常州墓志铭》) 袁直友声史生(《水心文集》十九《袁声史墓志铭》)	六月,林季仲除秘书郎(《南宋馆阁录》七)	王十朋撰《潜涧严主阁梨文集序》(《梅溪前集》十七)
绍兴五年乙卯(1135)		林仲熊登进士第(万历《温州府志》十) 闰二月,林季仲除祠部员外郎(《南宋馆阁录》七) 六月,林季仲因面对,乞重县令之选(《皇宋中兴两朝圣政》十八)	

续　表

纪　年	生　卒	纪　事	著　述
绍兴六年丙辰 （1136）		陈尧英上书登闻,陈策十二（《水心文集》十八《陈秀伯墓志铭》） 正月,吴表臣除秘书省少监（《南宋馆阁录》七） 五月,萧振召对称旨,上欲除台官,适无阙,令与秘书郎,越数日,除监察御史（《中兴小纪》二十） 四日,吴表臣奏言亲民之官,莫重县尹,乞于除授之间,善加措置（《皇宋中兴两朝圣政》十九） 九月,吴表臣除太常少卿（《南宋馆阁录》八）	
绍兴七年丁巳 （1137）	十一月十五日,楼钥大防生（《攻媿集》十一《资政殿学士赠少师楼公行状》） 二十四日,陈傅良君举生（《攻媿集》九十五《宝谟阁待制赠通议大夫陈公神道碑》）	王十朋以上舍廷对万言,高宗览而异之,亲擢为第一（《两浙名贤录》三） 正月,陈尧英上《清朝政序》十二篇,三月复上《兵书》,高宗异之,令政事堂召问,尧英不以求和为是,语侵中书、执政不当,奏罢之（《水心文集》十七《陈秀伯墓志铭》） 八月,赵鼎上奏,中有言林季仲等为清议所与（《中兴小纪》二十二） 十八日,权礼部侍郎吴表臣奏言科举宜并重策论（《皇宋中兴两朝圣政》二十二）	六月十六日,林季仲撰《资政与端明帖后》（《竹轩杂著》六）
绍兴八年戊午 （1138）	黄度文叔生（《水心文集》二十《故礼部尚书龙图阁学士黄公墓志铭》）	林季貍成进士（万历《温州府志》十） 周南奏陈十事（《皇宋中兴两朝圣政》二十五） 三月四日,中书门下省检正诸房公事林季仲为御史中丞常同所劾,主管洪州玉隆观（《皇宋中兴两朝圣政》二十三） 八月十三日,诏侍讲吴表臣讲孟子（《建炎以来系年要录》一百二十一） 九月,侍御史萧振言发运使籴米常使官价高于民间,仍不加耗,及即时支钱,则有以助国宽民,诏从之（《中兴小纪》二十五）	

纪 年	生 卒	纪 事	著 述
		四日,萧振论参知政事刘大中与父不睦,何以事君望,正典刑,以厚风俗。大中亦累章乞罢,乃以为资政殿学士,知处州,振复论,遂改提举洞霄宫(《中兴小纪》二十五、《皇宋中兴两朝圣政》二十三参) 七日,薛徽言守起居舍人(《建炎以来系年要录》一百二十二) 十二月,林季仲为三省检正诸房文字,上论和议疏,引夫差句践事以争之(《竹轩杂著》补遗) 二十七日,萧振、薛徽言等六人同班入对,奏言不可屈己议和(《皇宋中兴两朝圣政》二十四)	
绍兴九年己未(1139)	正月十一日,薛徽言德老卒,年四十七《浪语集》三十三《先大夫行状》)	正月二十四日,薛季宣丁母忧(《浪语集》三十三《先大夫行状》) 薛季宣年六岁,父徽言既卒,母继逝,抚于伯父薛弼(《止斋文集》五十一《右奉议郎新权发遣常州借紫薛公行状》) 二月,周南应召,奏言五不可、三急务:日不可主和议,不可失机会,不可居东南,不可不将将,不可废公论;日重国柄,蓄边略,择守令(《皇宋中兴两朝圣政》二十五) 十二月,木待问除著作郎(《南宋馆阁录》七)	
绍兴十年庚申(1140)			
绍兴十一年辛酉(1141)			戴溪撰《将鉴论断序》(《四库全书总目提要》一百)
绍兴十二年壬戌(1142)	林颐叔正仲生(《水心文集》十六《林正仲墓志铭》) 林居实安之生(《止斋文集》四十七《林安之圹志》) 四月二十八日,刘说知言卒,年四十三(《竹轩杂著》六《刘知言墓志铭》)	陈鹏飞中进士甲科(《水心文集》十三《陈少南墓志铭》) 吴松年年二十三,侍父表臣居婺州,昼夜苦读甚,至呕血,表臣以文名一世,松年尽得其学,乃试宏词科(《诚斋集》一百二十五《知漳州监丞吴公墓志铭》) 二月二十五日,吏部尚书吴表臣罢职(《中兴小纪》三十)	

纪　年	生　卒	纪　事	著　述
绍兴十三年癸亥(1143)	王楠木叔生(《水心文集》二十三《朝议大夫秘书少监王公墓志铭》) 彭仲刚子复生(《水心文集》十五《彭子复墓志铭》)		陈鹏飞撰《陈博士书解序》(《直斋书录解题》二) 二月十六日,林季仲撰《诸公送子敦诗后》(《竹轩杂著》六)
绍兴十四年甲子(1144)	徐谊子宜生(《水心文集》二十一《宝谟阁待制知隆兴府徐公墓志铭》) 陈谦益之生(《水心文集》二十五《朝请大夫提举江州太平兴国宫陈公墓志铭》) 林渊叔懿仲生(《止斋文集》四十九《林懿仲墓志铭》)	陈尧英始入太学(《水心文集》十八《陈秀伯墓志铭》)	
绍兴十五年乙丑(1145)		郑伯熊成进士(《宋元学案》三十二《周许诸儒学案》) 周鼎臣成进士(《水心文集》二十四《周镇伯墓志铭》) 陈傅良丁父母忧(《陈文节公年谱》) 冬,王十朋如临安赴补(《梅溪前集》五《予自乙丑冬如临安赴补》诗)	王十朋赋《乙丑冬罢会呈诸友》诗(《梅溪前集》三)
绍兴十六年乙丑(1146)	丁希亮少詹生(《水心文集》十四《丁少詹墓志铭》)	王十朋肄业太学(《梅溪后集》二十九《赠少保王公墓志铭》)	
绍兴十七年丁卯(1147)			四月,王十朋撰《跋霍怀州传》(《梅溪后集》二十七) 五月十六日,林季仲撰《温州乐清县学记》(《竹轩杂著》六) 秋,王十朋赋《丁卯秋赴鹿鸣宴次太守赵殿撰韵》诗(《梅溪前集》三)

纪　年	生　卒	纪　事	著　述
绍兴十八年戊辰(1148)	陈鹏飞少南卒,年五十(《水心文集》十三《陈少南墓志铭》)	王十朋下第,弃舍选不就,以刘铨劝,自越还学,卒从舍法进(《梅溪后集》二十九《刘知县墓志铭》)	王十朋赋《和醉赠张秘书寄万大年先之申之》诗(《梅溪前集》九) 王十朋赋《戊辰闰八月归临安,观旧题修竹黄杨丁香,慨然有感复书二绝于后》诗(《梅溪前集》三) 十一月二十二日,王十朋赋《和永贞行》诗(《梅溪前集》九) 二十三日,王十朋赋《和短灯檠歌寄刘长方》诗(同上) 十二月十六日,王十朋赋《和答张辙寄曹孟良》诗(同上)
绍兴十九年己巳(1149)			王十朋赋《己巳元日读送杨郎中贺正诗,因和其韵》诗(《梅溪前集》九) 王十朋赋《己巳梅溪同舍三十人,其九人者游从之旧也,酌别之夕独五人在焉。谢子与能犹在予馆,而四人者且去矣,遂各以其姓赋诗送之》诗(《梅溪前集》四)
绍兴二十年庚午(1150)	叶适正则生(《宋史》四百三十四本传) 沈体仁仲一生(《水心文集》十七《沈仲一墓志铭》)	蒋行简成进士(《水心文集》十八《朝议大夫知处州蒋公墓志铭》) 郑伯熊至黄岩,从高士徐庭筠学(《逊学斋文钞》十二《大郑公行年小纪》) 薛季宣年十七,辟为荆南书写	六月二十一日,王十朋撰《四友录》(《梅溪前集》十九) 二十五日,王十朋撰《井光辨》(同上)

纪　年	生　卒	纪　事	著　述
		机宜文字，获事袁溉道洁（《止斋文集》五十一《右奉议郎新权发遣常州借紫薛公行状》）	王十朋撰《书富家翁逸事后》（同上） 二十六日，王十朋撰《大井记》（《梅溪前集》十七） 王十朋撰《观水记》（同上） 二十八日，王十朋撰《题卓》（《梅溪前集》十九） 七月上浣日，王十朋撰《读苏文》（同上） 十四日，王十朋撰《记蛙》（同上） 十六日，王十朋撰《夜虹见》（同上） 二十日，王十朋撰《记人说前生事》（同上） 二十二日，王十朋撰《读进学解》（同上）
绍兴二十一年辛未(1151)		刘凤以词赋成进士第二名（《水心文集》十六《著作正字二刘公墓志铭》）	四月二十九日，王十朋撰《岩松记》（《梅溪前集》十七） 十月，王十朋撰《追远亭记》（同上）
绍兴二十二年壬申(1152)		十月十九日，萧振以杨炜在狱供涉镌徽猷待制，谪居池州（《宋史》三十《高宗本纪》，《宋史》三百八十本传参） 薛季宣管荆州机密，得汉尚方剑（《浪语集》三十一《记汉尚方剑》） 五月二十四日，王十朋丧子（《梅溪前集》五《哭孟丙》）	王十朋赋《西征》诗（《梅溪前集》五） 王十朋赋《哭孟丙》诗（同上） 王十朋赋《壬申中秋交朋解散不期而会者郑生逊志夏生伯虎因小饮玩月二子各以诗赠依韵酬之》诗（同上） 王十朋赋《乙丑冬西游观南明石像作诗一绝至壬申十

纪　年	生　卒	纪　事	著　述
			月四日复往观焉和前韵并书于佛阁》诗（同上）
绍兴二十三年癸酉（1153）		袁溉在江陵，得疾如中风，四肢不仁殆甚（《浪语集》三十二《袁先生传》） 五月十七日，萧振除敷文阁待制，知成都府四川安抚制置使（《宋史》三十一《高宗本纪》、《宋史》三百八十本传参）	薛季宣成《春秋经解指要》十四卷（《文献通考》一百八十二、《经义考》一百八十七）（注：按《直斋书录解题》三作绍兴三十二年，误） 王十朋赋《癸酉三月二十五日至剡溪旅舍观曹梦良题壁，有撩我思家第一篇之句，仆离家半月亦未尝作诗因次其韵》诗（《梅溪前集》六） 四月，王十朋撰《渊源堂记》（《梅溪前集》十七） 王十朋撰《细论堂记》（同上）
绍兴二十四年甲戌（1154）	高松国楹生（《水心文集》十七《台州教授高君墓志铭》） 蔡幼学行之生（《水心文集》二十三《兵部尚书蔡公墓志铭》） 滕宬季度生（《水心文集》二十四《滕季度墓志铭》）	七月十三日，复落萧振职，池州居住（《宋史》三十一《高宗本纪》）	
绍兴二十五年乙亥（1155）		十二月二十三日，复以萧振为四川制置使（《宋史》三十一《高宗本纪》）	薛季宣赋《乙亥岁东游会稽谒禹陵过马臻祠下询所谓鉴湖者则已堙塞为民田》诗（《浪语集》十一） 王十朋赋《觅海棠》

续　表

纪　年	生　卒	纪　事	著　述
			诗（《梅溪前集》七） 三月，王十朋撰《舫斋记》（《梅溪前集》十七） 十一月四日，王十朋赋《左原纪异》诗（《梅溪前集》七）
绍兴二十六年丙子(1156)	孟猷良甫生（《水心文集》二十二《故运副龙图侍郎孟公墓志铭》）		薛季宣赋《丙子岁春》诗（《浪语集》五） 王十朋赋《孙先觉母夫人正月四日生，时年八十》诗（《梅溪前集》八） 七月十四日，王十朋赋《横山连氏妻方奉姑甚谨姑死刻木像事之越十年不怠郡守张公韶下车命诸邑访孝义予披牒至其家获观木像感叹不已》诗（同上）
绍兴二十七年丁丑(1157)	王度君玉生（《水心文集》二十《太常博士王君墓志铭》） 刘弥生退翁生（《水心文集》二十《故吏部侍郎刘公墓志铭》） 六月四日，萧振德起卒，年七十二（《宋史》三百八十本传、《南宋制抚年表》下）	王十朋中进士第一（《水心文集》十八《校书郎王公夷仲墓志铭》） 正月，敷文阁直学士萧振再为四川帅，上念蜀民久困供亿，诏振与汤允恭等同措置，俾实惠及民（《中兴小纪》三十七） 五月二日，宰执以萧振在蜀已一年而职事举，欲与进职名，遂进秩四品，自待制除敷文阁学士（《中兴小纪》三十七） 冬，王十朋添差绍兴府签判（《文定集》二十三《龙图阁学士王公墓志铭》）	薛季宣撰《克斋前记》（《浪语集》三十一） 王十朋赋《丁丑二月二十一日集英殿赐第》诗（《梅溪后集》二） 夏至后七日，林季仲撰《苏诏君赠王道士诗后》（《竹轩杂著》六） 十一月二十二日，薛季宣撰《得饮崇豆记》（《浪语集》三十一） 十二月，王十朋赋《民事堂》诗（《梅溪后集》二）

纪　年	生　卒	纪　事	著　述
绍兴二十八年戊寅(1158)			王十朋撰《送喻叔奇尉广德序》(《梅溪后集》二十七) 王十朋赋《戊辰岁尝和韩退之赠张彻诗寄曹梦良至今十年梦良方和以寄因赠一绝》诗(《梅溪后集》三) 二月二十七日,薛季宣撰《书庄绰〈撰著新谱〉》(《浪语集》二十七) 冬,王十朋撰《会稽三赋》(《会稽三赋》史铸注) 十月七日,王十朋赋《和秋怀》诗十一首(《梅溪前集》九)
绍兴二十九年己卯(1159)	周南南仲生(《水心文集》二十《文林郎前秘书省正字周君南仲墓志铭》) 厉仲方约甫生(《水心文集》二十六《厉领卫墓志铭》) 宋驹廪父生(《水心文集》二十五《宋廪父墓志铭》)	叶适年十岁,能属文,藻思英发(光绪《永嘉县志》十四) 十二月七日,王十朋解官离越(《梅溪后集》五《己卯腊月七日解官离越》诗)	王十朋赋《怀喻叔奇》诗(《梅溪后集》四) 六月八日,王十朋赋《范文正公祠堂诗》并序(同上) 冬,薛季宣初本之《诗序》述《广序》(《浪语集》三十《序〈反古诗说〉》)
绍兴三十年庚辰(1160)	孟导达甫生(《水心文集》二十五《孟达甫墓志铭》)	诸葛说成进士(《止斋文集》五十一《福州长乐县主簿诸葛公行状》) 张孝恺成进士(《宋元学案》三十二《周许诸儒学案》) 刘朔成进士第一(《水心文集》十六《著作正字二刘公墓志铭》) 正月二日,王十朋除校书郎(《梅溪后集》五《己卯腊月七日解官离越》诗)(注:按《南宋馆阁录》八作二月) 十二月,王十朋除著作佐郎(《南宋馆阁录》七)	王十朋赋《己卯腊月七日解官离越十九日至家明年正月二日被命除秘书省校书郎卜以八日行书二十字》诗(《梅溪后集》五) 孟余之月,薛季宣撰《寒溪堂记》(《浪语集》三十一)

纪 年	生 卒	纪 事	著 述
绍兴三十一年辛巳(1161)		薛季宣为鄂陵县令(《浪语集》二十三《与张左司书》) 金人犯淮,薛季宣鸠集一县守江之备,并被檄运粮信阳,用悉边鄙利害(《浪语集》十六《上殿札子二》) 正月,风雷雨交作,王十朋以为阳不胜阴之验,遗书陈康伯,冀以春秋灾异之说力陈于上,崇阳抑阴,以弭天变(《宋史》三百八十七本传) 五月,王十朋除大宗正丞,将往会稽,陆游赋诗送之(《南宋馆阁录》七、《陆游年谱》参)	薛季宣撰《平狄颂》(《浪语集》三十二) 薛季宣撰《吊遗骶文》(《浪语集》十五) 薛季宣撰《新作祭器记》(《浪语集》三十一) 春,薛季宣撰《哀白鹇赋》(《浪语集》二) 七月一日,王十朋赋《赠明仲》《怀旧游》《赠诸公》《题宋庄》《题西岑》等六绝句(《梅溪后集》五) 秋,王十朋赋《某辛巳秋归自武林省先陇遂修亭宇浚溪流因思先人旧诗已随屋壁坏矣尚能记忆遂追和》诗三首(《梅溪后集》六) 十月,王十朋撰《跋陈忠肃公手帖》(《梅溪后集》二十七)
绍兴三十二年壬午(1162)	余嵘景瞻生(《后村大全集》一百四十五《龙学余尚书神道碑》)	吕大器守黄,归,以薛季宣所为语其子祖谦(《吕东莱文集》七《薛常州墓志铭》) 薛季宣锓板《武昌土俗编》二卷(《浪语集》三十《武昌土俗编叙》) 六月二十一日,王十朋除知严州(《梅溪后集》七《赴召诗》)(注:按据《文定集》二十三《龙图阁学士王公墓志铭》则在明年) 九月二十一日,诏王十朋与胡铨并赴行在(《建炎以来系年要录》二百) 十一月,王十朋以司封员外郎兼国史院编修官(《南宋馆	王十朋赋《双桂》诗(《梅溪后集》六) 二月十九日,薛季宣撰《感沐赋》(《浪语集》一) 三月,王十朋赋《左原诗》三十二首并撰序(《梅溪后集》六) 五月四日,薛季宣撰《辨李廷珪墨》(《浪语集》二十七) 六月五日,薛季宣撰《书〈武昌土俗编〉叙》于筠乡书舍

纪　年	生　卒	纪　事	著　述
		阁录》八)	《浪语集》三十) 八月五日,王十朋赋《题从侄名御庄》诗(《梅溪后集》六) 九月,王十朋赋《赴召》诗(《梅溪后集》七) 十月,王十朋撰《上殿札子》三通(《梅溪奏议》二)
孝宗隆兴元年癸未(1163)		木待问举进士第一(《宋元学案》三十二《周许诸儒学案》) 黄度成进士(《水心文集》二十《故礼部尚书龙图阁学士黄公墓志铭》) 郑伯英举进士甲科第四人(《水心文集》二十一《郑景元墓志铭》) 周去非成进士(《宋元学案》七十一《岳麓诸儒学案》) 楼钥由乡书就试,第二策中误犯泰陵旧讳,洪遵为引吴若等例奏闻,褒借甚宠,得旨降充末等首名(《攻媿集》五十二《洪文安公〈小隐集〉序》) 楼钥试南官,考官胡铨称之曰:此翰苑长才也(《絜斋集》十一《资政殿大学士赠少师楼公行状》) 王十朋除知严州,召见,奏言恢复大计,以为和绝不可议(《文定集》二十三《龙图阁学士王公墓志铭》)(注:按据《梅溪前集》七《赴召诗》除知严州、召赴行在俱在去年) 薛季宣解官自东鄂(《浪语集》三十《序〈反古诗说〉》) 陈傅良授徒永嘉城南书院,从者数百人(《陈文节公年谱》) 三月,郑伯熊除秘书省正字(《南宋馆阁录》八) 刘凤除秘书省正字(同上)	薛季宣次第其著述,名曰《反古诗说》,并为之序(《浪语集》三十《序〈反古诗说〉》) 陈傅良撰《城南集》(《温州经籍志》二十) 王十朋撰《天香亭记》(《梅溪后集》二十六) 正月,薛季宣撰《书先右史〈遗编〉》(《浪语集》三十三) 十月,王十朋赋《述怀》诗(《梅溪前集》二) 十二月,王十朋赋《癸未守岁》诗(《梅溪后集》七)

纪　年	生　卒	纪　事	著　述
		四月,王十朋除起居舍人,改兼侍讲,与左史同奏言史职之废坏者四(《文定集》二十三《龙图阁学士王公墓志铭》) 五月,王十朋除侍御史(同上) 七月,刘夙除枢密院编修官(《南宋馆阁录》八) 八月,郑伯熊监南岳庙(《南宋馆阁录》八)	
隆兴二年甲申(1164)	王象祖德甫生(民国《台州府志》一百三十一引吴子良撰墓志)	薛季宣归居故里(《浪语集》三十五附郑伯英祭常州先生文) 薛季宣至西浙(《浪语集》十一《记游诗》) 叶适学为时文(《水心文集》二十九《题周简之文集》) 楼钥中教官选,调温州州县教授(《絜斋集》十一《资政殿大学士赠少师楼公行状》) 七月,刘夙对奏水潦蝗食,长淮失戍,应以救灾为急务(《水心文集》十六《著作正字二刘公墓志铭》) 七月,王十朋赴饶州知州任(《梅溪后集》十二《初至夔州》)	王十朋赋《齿落》诗(《梅溪后集》八) 四月,王十朋撰《跋季仲默诗》(《梅溪后集》二十七) 九月,王十朋赋《九日寄表叔贾司理》诗(《梅溪后集》七) 十一月,王十朋撰《颜范祠堂记》(《梅溪后集》二十六)
孝宗乾道元年乙酉(1165)		薛季宣迁知常州(《四库全书总目提要》十三) 刘夙奉祠(《宋元学案》四十七《艾轩学案》) 七月,王十朋除知夔州(《文定集》二十三《龙图阁学士王公墓志铭》)	五月二十二日,王十朋撰《送叶秀才序》(《梅溪后集》二十七) 二十八日,王十朋《撰思贤阁记》(《梅溪后集》二十六) 六月一日,王十朋撰《潇洒斋记》(同上) 九月十日,王十朋撰《又跋温公帖》(《梅溪后集》二十七) 十五日,王十朋撰《跋温公帖》(注:按据题意此上二则

纪　年	生　卒	纪　事	著　述
			时间似有误）（同上） 十一月，王十朋赋《初到夔州》诗（《梅溪后集》十二）
乾道二年丙戌（1166）	黄章观复生（《水心文集》二十五《黄观复墓志铭》）	林颐叔成进士（《止斋文集》四十九《林懿仲墓志铭》） 王楠成进士（《水心文集》二十三《朝散大夫秘书少监王公墓志铭》） 薛季宣间过陈傅良于永嘉城南书社（《止斋文集》五十一《右奉议郎新权发遣常州借紫薛公行状》） 十一月，郑伯熊召为国子丞（《逊学斋文钞》十二《大郑公行年小纪》）	王十朋赋《齿落用昌黎韵》诗（《梅溪后集》十二） 春，薛季宣撰《叙〈黄帝阴符经〉》（《浪语集》三十） 六月，王十朋撰《唐质肃公祠记》（《梅溪后集》二十六） 七月二十七日，王十朋撰《夔州新修诸葛武侯祠堂记》（同上） 八月一日，王十朋撰《寇忠愍公巴东祠记》（同上） 十月，王十朋赋《丙戌冬十月，阎惠夫梁子绍得郡还蜀联舟过夔，访予于郡参修同年之好也，因观太上皇帝亲擢御札及馆阁题名，感叹良久，辄成恶诗一章以纪陈迹且志吾侪会合之意》诗（《梅溪后集》十三）
乾道三年丁亥（1167）		刘夙知衢州，奏论君子小人之辨（《水心文集》十六《著作正字二刘公墓志铭》） 郑伯英赴州判官任（《逊学斋文钞》十二《大郑公行年小纪》） 六月，郑伯熊除著作佐郎，寻兼太子侍读（《南宋馆阁录》	四月，王十朋撰《夔州新迁诸葛武侯祠堂记》（《梅溪后集》二十六） 四月二十七日，薛季宣赋《送郑景元赴秀州判官并序》诗（《浪语集》六）

纪　年	生　卒	纪　事	著　述
		七、《逊学斋文钞》十二《大郑公行年小纪》） 七月，王十朋移知湖州（《文定集》二十三《龙图阁学士王公墓志铭》） 冬，金使贺会庆节上寿在亲郊散斋期内，郑伯熊移书政府，争为北使用乐（《朝野杂记》乙集四）	六月，王十朋撰《跋冯员仲帖》（《梅溪后集》二十七） 七月十四日，王十朋撰《跋王金判植书》（同上） 十五日，薛季宣赋《梦仙谣》（《浪语集》六） 十月十日，王十朋撰《跋王夷仲送行诗轴》（《梅溪后集》二十七） 十二月，王十朋撰《跋二刘帖》（同上）
乾道四年戊子（1168）	陈景思恩诚生（《水心文集》十八《朝请大夫主管冲佑观焕章侍郎陈公墓志铭》）	陈傅良师事郑伯熊与薛季宣，讲读于仙岩僧舍，潜心《易》《论语》二书，求古圣贤所以穷理尽性之要（《陈文节公年谱》） 薛季宣以枢密使王炎之荐，天子赐见召对，进三说，一审政本，二冗官冗兵，三虚税（《浪语集》十六《上殿札子二》，《召对札子》一、二、三） 薛季宣入都，得陈亮之文于郑伯熊处（《浪语集》二十三《答陈同父书》） 陈傅良谢徒束书，山间屏居，薛季宣过之（《止斋文集》五十一《右奉议郎新权发遣常州借紫薛公行状》） 六月，郑伯熊为吏部员外郎（《南宋馆阁录》七） 八月，王十朋除知泉州（《梅溪后集》十七《戊子八月二日得泉州》） 九月二十五日，新差权发遣衢州刘夙奏对，论朝廷不当专以才取人（《皇宋中兴两朝圣政》四十七） 十二月十日，王十朋丧妻（《梅溪后集》二十九《令人圹志》）	四月，王十朋撰《跋杜祁公帖》（《梅溪后集》二十七） 八月，王十朋赋《戊子八月二日得泉州》诗（《梅溪后集》十七）

纪　年	生　卒	纪　事	著　述
乾道五年己丑（1169）		楼钥为温州教授（《直斋书录解题》七） 冬，陈傅良往依薛季宣具区漏上卒学，茆茨一间，聚书千余卷，日考古咨今于其中（《止斋文集》五十一《右奉议郎新权发遣常州借紫薛公行状》） 十月，楼钥仲舅汪大猷充贺正使，辟钥为书状官（《北行日录》上）	六月，王十朋撰《兴化军林氏重修旌表门间记》（《梅溪后集》二十六） 八月，王十朋撰《跋蒋元肃〈梦仙赋〉》（《梅溪后集》二十七） 十月，王十朋撰《〈蔡端明文集〉序》（同上） 二日，王十朋撰《跋张侍郎帖》（同上） 十一月，王十朋撰《泉州新修北楼记》（《梅溪后集》二十六） 六日，王十朋撰《跋严伯威墨迹》（《梅溪后集》二十七）
乾道六年庚寅（1170）	六月，刘朔复之卒，年四十四（《水心文集》十六《著作正字二刘公墓志铭》）	薛季宣奉召入京（《止斋文集》五十一《右奉议郎新权发遣常州借紫薛公行状》） 循左从政郎张秘书官于朝，数为虞丞相言黄度之贤，将用之，以议事不合而止，差充处州州学教授，未至，丁继母忧（《絜斋集》十三《龙图阁学士通奉大夫尚书黄公行状》） 陈傅良还都城，始识张栻、吕祖谦，数请问，扣以为学大指，互相发明（《止斋文集》五十二附蔡幼学撰行状） 蔡幼学试补上庠首选，其师陈傅良反出其下（《直斋书录解题》十六） 二月，刘朔除秘书省正字（《南宋馆阁录》八） 闰五月，刘朔除福建安抚司参议官（同上） 秋，陈傅良始入太学（《止斋文集》五十二附蔡幼学撰行状） 秋冬间，郑伯熊出为福建路提举常平茶盐公事（《逊学斋文钞》十二《大郑公年小纪》）	薛季宣撰《答陈君举第三书》（《温州经籍志》十） 春，王十朋撰《妙果院藏记》（《梅溪后集》二十六） 三月，王十朋撰《读礼堂记》（同上） 十日，王十朋赋《石笋桥》诗（《梅溪后集》十九） 十九日，王十朋撰《跋孙尚书张紫微帖》（《梅溪后集》二十七） 八月十日，薛季宣撰《叙焦氏〈易林〉》（《浪语集》三十） 九月，王十朋撰《雁荡山本觉院殿记》（《梅溪后集》二十六）

纪　年	生　卒	纪　事	著　述
乾道七年辛卯 (1171)	刘夙宾之卒，年四十八(《水心文集》十六《著作正字二刘公墓志铭》) 七月三日，王十朋龟龄卒，年六十(《文定集》二十三《龙图阁学士王公墓志铭》)	陈傅良娶张辉之孙，张孝恺之女张幼昭为妻(《止斋文集》五十六《舍人张氏圹志》) 陈傅良送张栻于吴兴之碧澜堂(《止斋文集》四十三《跋张魏公南轩四益箴》) 陈傅良赋冠监举，蔡幼学为监魁(《直斋书录解题》十八) 楼钥为温州教授，与张淳、陈傅良游(《攻媿集》五十一《止斋〈春秋后传〉〈左氏章指〉序》，七十七《书陈止斋所作张忠甫墓志后》) 王十朋以龙图阁学士致仕(《文定集》二十三《龙图阁学士王公墓志铭》) 三月，王十朋除太子詹事(同上) 十二月，薛季宣奉旨将命宣慰淮西(《吕东莱文集》十《薛常州墓志铭》)	正月，王十朋撰《广州重建学记》(《梅溪后集》二十六) 三月，楼钥撰《代宰臣谢宣宗太上皇御书宋玉〈高唐赋〉、傅毅〈舞赋〉、陆机〈文赋〉、嵇康〈琴赋〉、曹植〈洛神赋〉、王粲〈登楼赋〉、史节〈故事〉、段预羽〈古意诗〉、苏轼〈养生论〉、周兴嗣〈千字文〉御跋表》(《攻媿集》十八)
乾道八年壬辰 (1172)	周端朝子静生(《鹤林集》三十四《周侍郎墓志铭》)	陈傅良之高弟蔡幼学为省元，陈傅良次之，徐谊又次之，薛叔似、鲍绣、刘春、胡时等皆傅良乡郡人，非其友则其徒，为一时盛事(《攻媿集》九十五《宝谟阁待制赠通议大夫陈公神道碑》) 陈傅良成进士，授迪功郎泰州州学教授，未赴(《水心文集》十六《宝谟阁待制中书舍人陈公墓志铭》、《攻媿集》九十五《宝谟阁待制赠通议大夫陈公神道碑》) 蔡幼学年十八，成进士第一名(《水心文集》二十三《兵部尚书蔡公墓志铭》) 徐谊成进士(《水心文集》二十一《宝谟阁待制知隆兴府徐公墓志铭》) 陈谦成进士(《水心文集》二十五《朝请大夫提举江州太平兴国官陈公墓志铭》) 薛叔似成进士(《攻媿集》九十五《宋故宝谟阁待制赠通议	薛季宣撰《忠显王庙复薛夫人像记》(《浪语集》三十一) 陈傅良撰《壬辰廷对》(《止斋文集》二十九) 陈傅良撰《乾道壬辰进士赐第谢太上皇帝》(《止斋文集》三十) 两浙转运判官直秘阁曾建刊《仪礼郑氏注》十七卷、陆氏《释文》一卷，托张淳为之校正，淳因衰次所校改字句为《仪礼识误》三卷(《仪礼识误》卷首张淳自序) 春，许及之撰《儒志像赞》(《儒志编》卷末)

纪　年	生　卒	纪　事	著　述
		大夫陈公神道碑》） 郑伯熊奉召为魏王宁国府王府司马（《逊学斋文钞》十二《大郑公行年小纪》） 徐谊、蔡幼学从陆九渊游（《陆象山全集》附年谱） 夏，薛季宣宣慰淮西返命（《吕东莱文集》十《薛常州墓志铭》） 五月，木待问除校书郎（《南宋馆阁录》八） 七月，木待问以校书郎兼国史院编修官，实录院检讨官（同上）	
乾道九年癸巳（1173）	夏庭简迪卿生（《水心文集》二十三《宣教郎夏君墓志铭》） 九月十八日，薛季宣士龙卒，年四十（《吕东莱文集》十《薛常州墓志铭》，《直斋书录解题》三，《疑年录》二参）（注：《吕东莱文集》云乾道七年九月戊申卒，年四十。按：七年乃九年之误。又《直斋书录解题》三作死年四十九，亦误）	郑伯熊上魏王书，言谦德未光，不听，自劾免，改江西提刑，未行，乞祠以归（《逊学斋文钞》十二《大郑公行年小纪》） 江西运判龚茂良以书币招陈傅良，辞不赴（《陈文节公年谱》） 楼钥至临海，过彭子复（《攻媿集》一《彭子复临海县斋》） 周南年十五六时，视吴下问学止科举，心陋之，一往旬日，已，弃之，岁五易师（《水心文集》二十《文林郎前秘书省正字周君南仲墓志铭》） 二月，木待问除著作佐郎，仍兼实录院检讨官（《南宋馆阁录》七、八） 十二月，木待问除著作郎（《南宋馆阁录》七）	十二月，陈傅良撰《宋右奉议郎新改差常州借紫薛公行状》（《浪语集》三十五）
孝宗淳熙元年甲午（1174）	正月二十二日，诸葛说梦叟卒，年五十（《止斋文集》五十一《福州长乐县主簿诸葛公行状》）	丁希亮遇叶适于钱塘（《水心文集》十四《丁少詹墓志铭》） 五月二十九日，木待问奏论奔竞坏气节，不可不革（《皇宋中兴两朝圣政》五十三） 十一月，陈傅良访吕祖谦于金华（《陈文节公年谱》）	叶适撰《上西府书》（《水心文集》二十七）

纪　年	生　卒	纪　事	著　述
淳熙二年乙未（1175）	赵希馆君锡生（《鹤山大全集》七十三《安德军节度使赠少保郡王赵公希馆神道碑》） 林居实安之卒，年三十四（《止斋文集》四十七《林安之扩志》）	项安世成进士（《宋史》三百九十七本传） 郑伯熊起知婺州（康熙《金华府志·职官》） 四月，木待问丁忧（《南宋馆阁录》七）	
淳熙三年丙申（1176）		陈傅良以参知政事龚茂良荐，除太学录（《陈文节公年谱》） 黄度差分教隆兴，寻两易平江府府学教授（《絜斋集》十三《龙图阁学士通奉大夫尚书黄公行状》） 丁希亮至乐清，从叶适学（《水心文集》十四《丁少詹墓志铭》） 秋，郑伯熊访陈亮于龙窟（《陈亮年谱》） 秋，郑伯熊奉召入阙（《逊学斋文钞》十二《大郑公行年小纪》） 七月，郑鉴除校书郎（《南宋馆阁录》八） 冬，郑伯熊除国子司业（《逊学斋文钞》十二《大郑公行年小纪》）	
淳熙四年丁酉（1177）		陈傅良与吕祖谦、叶适相聚首，讲论学业（《止斋文集》三十六《答丁子斋之二》） 陈傅良改承奉郎（《陈文节公年谱》） 丁希亮从陈亮于龙窟，亮警叹以为岩穴挺出之士（《水心文集》十四《丁少詹墓志铭》） 七月，郑伯熊以国子司业兼国史院编修官（《南宋馆阁录》八） 八月，郑鉴除著作佐郎（《南宋馆阁录》七） 九月，郑伯熊迁宗正少卿，仍兼国史院编修官（《南宋馆阁录》八）	叶适撰《东嘉开河记》（《水心文集》十）

纪　年	生　卒	纪　事	著　述
		十一月,木待问除著作郎(《南宋馆阁录》七)(注:按《南宋馆阁续录》七作五年四月)	
淳熙五年戊戌(1178)	正月六日,郎鬻鹏举卒,年四十七(《龙川文集》二十七《郎秀才墓志铭》)十一月九日,陈尧英秀伯卒,年七十(《水心文集》十八《陈秀伯墓志铭》)	叶适擢进士第二人(《水心文集》二十五《母杜氏墓志铭》,《宋史》四百三十四本传)刘起晦成进士(《水心文集》十八《刘建翁墓志铭》)徐元德成进士(万历《温州府志》十)陈武成进士(《南宋馆阁录》七)戴溪应礼部试落第(《宋史》四百三十四本传)郑伯熊除直龙图阁,知宁国府(《逊学斋文钞》十二《大郑公行年小纪》)楼钥自删定改倅丹丘(《攻媿集》五十二《〈雪巢诗集〉序》)四月,郑鉴除著作郎(《南宋馆阁续录》八)闰六月二十三日,叶适丁母忧(《水心文集》二十五《母杜氏墓志铭》)秋,戴溪为别头省试第一(《宋史》四百三十四本传)七月,郑鉴除知台州(《南宋馆阁续录》八)十月,陈傅良添差通判福州(《陈文节公年谱》)	三月,叶适撰《陈少南墓志铭》(《水心文集》十三)十月五日,周去非撰《岭外代答自叙》(《岭外代答》卷首)
淳熙六年己亥(1179)	陈耕子华生(《宋史》四百一十九、《续资治通鉴》一百七十六)(注:按《后村大全集》一百四十六《忠肃陈观文神道碑》作明年)	丞相梁克家领帅事,以政委陈傅良(《陈文节公年谱》)二月,木待问除起居舍人(《南宋馆阁续录》八)	楼钥赋《正月庚申朔》诗(《攻媿集》七)
淳熙七年庚子(1180)	陈耆卿寿老生(《桐江集》三《读筼窗〈荆溪集〉跋》)吴松年公叔卒,年六十二(《诚斋集》一百二十五《知漳州监丞吴公墓志铭》)	陈傅良为右正言黄洽所劾,以专擅论罢(《攻媿集》九十五《宝谟阁待制赠通议大夫陈公神道碑》、《水心文集》十六《宝谟阁待制中书舍人陈公墓志铭》)叶适除母丧,改武昌军节度判官(《宋史》四百三十四本传,	陈傅良赋《庚子除夜有怀》诗(《止斋文集》五)

纪　年	生　卒	纪　事	著　述
		《水心文集》七《送郑丈赴建宁五首》孙衣言校注参） 五月，郑伯熊宁国秩满，归永嘉，寻除知建宁府（《逊学斋文钞》十二《大郑公行年小纪》）	
淳熙八年辛丑（1181）	章用中端叟卒（《止斋文集》四十七《章端叟墓志铭》） 正月元日，张淳忠甫卒，年六十一（《止斋文集》四十七《张忠甫墓志铭》） 夏，郑伯熊景望卒于建宁，年五十四（《逊学斋文钞》十二《大郑公行年小纪》）	楼钥预考南庙试（《攻媿集》六十《李氏思终亭记》） 正月二十八日，起居郎兼太子左谕德木待问奏言国家用度当与百姓同其丰歉（《皇宋中兴两朝圣政》五十九） 五月，少师史浩荐薛叔似、陈谦、叶适等十五人于朝（《鄮峰真隐漫录》九《陛辞荐薛叔似等札子》《续资治通鉴》一百四十八参）	十一月，叶适撰《白石净慧院经藏记》《水心文集》九
淳熙九年壬寅（1182）		陈傅良主管台州崇道观（《陈文节公年谱》） 楼钥为宗正丞（《攻媿集》五十三《〈班马字类〉序》） 春，朱熹致书陈亮，备言从游之乐，并约陈亮与陈傅良往官舍一晤（《陈亮年谱》） 十一月六日，宗正丞楼钥转对谕士大夫风俗事（《皇宋中兴两朝圣政》五十九） 十二月十七日，楼钥丁父忧（《攻媿集》六十《长汀庵记》）	八月，叶适撰《送刘茂实序》《水心文集》十二
淳熙十年癸卯（1183）		余嵘侍父出疆（《后村大全集》一百四十五《龙学余尚书神道碑》）	
淳熙十一年甲辰（1184）		林渊叔成进士（《止斋文集》四十九《林懿仲墓志铭》） 赵汝谈成进士（《南宋馆阁续录》九） 陈傅良差知桂阳军，未赴，日覃思于六经，将有所述以阐后学（《止斋文集》五十二附蔡幼学撰行状）	

纪　年	生　卒	纪　事	著　述
淳熙十二年乙巳(1185)	正月二十二日,陈说习之卒(《止斋文集》四十九《陈习之圹志》)	黄度改宣教郎,知秀州嘉兴县,为政三年,大得邑人心(《絜斋集》十二《龙图阁学士通奉大夫尚书黄公行状》)	叶适自姑苏入都,私念万一由此备官于朝,或有所问质,属稿四十余篇(《水心别集·外稿·自跋》) 陈傅良赋《乙巳岁首寄彭子复徐子宜》诗(《止斋文集》五) 三月,陈傅良撰《重修石岗斗门记》(《止斋文集》三十九) 十月十日,周必大为郑景望诗卷作跋(《省斋文稿》十六)
淳熙十三年丙午(1186)	周鼎臣镇伯卒,年六十一(《水心文集》二十四《周镇伯墓志铭》)	陈亮作书与王淮,荐叶适、薛叔似,谓愿以五十口保任其始终可信(《龙川文集》十九《与王丞相》) 戴溪领石鼓书院山长(《石鼓论语答问》许复道序)	楼钥赋《雪》诗(《攻媿集》二) 正月一日,叶适撰《宋故孟夫人墓志铭》(《水心文集》十三) 二月,陈傅良撰《西庙招辞并序》(《止斋文集》一) 十月,陈傅良撰《重修瑞安县学记》(《止斋文集》三十九)
淳熙十四年丁未(1187)		余嵘成进士(《后村大全集》一百四十五《龙学余尚书神道碑》) 倪千里成进士(《南宋馆阁续录》九) 七月二十八日,叶适丧女媛(《水心文集》十三《媛女瘗铭》) 冬,陈傅良始赴桂阳军(《止斋文集》五十二附蔡幼学撰行状)	叶适撰《上殿札子》(《水心别集》十五) 戴溪撰《石鼓论语答问》三卷(《石鼓论语答问》许复道序) 三月,陈傅良撰《温州重修南塘记》(《止斋文集》三十九)

纪　年	生　卒	纪　事	著　述
淳熙十五年戊申(1188)		叶适为宣教郎太常博士(《道命录》六) 夏,桂阳小旱,陈傅良力讲荒政,民无饥者(《陈文节公年谱》) 七月,叶适以太常博士兼实录院检讨官(《南宋馆阁续录》九) 八月,朱熹为林栗所劾,薛叔似奏援熹,叶适亦上疏为之辨,谓林栗之言无一实者(《宋元学案》九十七《庆元党禁》、《宋史》四百二十九朱熹传参)(注:按据《皇宋中兴两朝圣政》六十四云在六月,误)	陈傅良赋《戊申腊桂阳喜雪》诗(《止斋文集》六) 陈傅良撰《潭州重修岳麓书院记》(《止斋文集》三十九) 三月,叶适撰《石庵藏书目序》(《水心文集》十二)
淳熙十六年己酉(1189)		陈傅良提举湖南路常平茶盐,事就,迁转运判官,时率诸生与同僚之好学者讲道岳麓(《陈文节公年谱》) 陈傅良守桂阳(《止斋文集》四十二《跋张魏公南轩四益箴》) 陈谦通判江州,慕白氏之游,自号后司马,留二年(《水心文集》二十五《朝请大夫提举江州太平兴国宫陈公墓志铭》) 二月,中书舍人罗点荐叶适等八人可为台谏(《宋史》三十六《光宗本纪》) 三月二十九日,左补阙薛叔似为将作监(同上) 五月,叶适除秘书郎,湖北参议官,仍兼实录院检讨官(南宋馆阁续录》八、九) 九月,黄度奉旨令赴都堂审察(《絜斋集》十三《龙图阁学士通奉大夫尚书黄公行状》) 十月,黄度监登闻鼓院(同上)	

纪 年	生 卒	纪 事	著 述
光宗绍熙元年庚戌(1190)	七月十四日,林颐叔正仲卒,年四十九(《水心文集》十六《林正仲墓志铭》)	厉仲方中武举(《水心文集》二十三《厉领卫墓志铭》) 高松成进士(《水心文集》十七《台州教授高君墓志铭》) 郑伯谦成进士(乾隆《温州府志》十九) 曹叔远成进士(《南宋馆阁续录》七) 周南对进士第,秘自官掖,俚及廛肆,略无不言(《水心文集》二十《文林郎前秘书省正字周君南仲墓志铭》) 陈傅良就除转运判官,官衡阳(《止斋文集》四十九《承事郎潘公墓志铭》、《止斋文集》五十二附蔡幼学撰行状参) 陈傅良刺举列郡太守治状,蒋湖广遗材吴猎、蒋砺、杨焰、宋文仲(《陈文节公年谱》) 叶适由秘书郎出知蕲州(《宋史》四百三十四本传) 叶适参议于荆(《水心文集》十三《翰林医痊王君墓志铭》) 楼钥召对,奏言恢复(《絜斋集》十一《资政殿大学士赠少师楼公行状》) 楼钥除考功郎,兼礼部吏铨,尽革壅底(《宋元学案》七十九《邱刘诸儒学案》) 蔡幼学以右学录召,改武学博士(《宋史》四百三十四本传) 秋,陈傅良改两浙提点刑狱,辞免乞祠,不允(《陈文节公年谱》)	周南撰《庚戌廷对策》(《山房集》七) 陈傅良撰《绍熙改元贺皇帝表》(《止斋文集》三十) 八月二十日,叶适撰《江陵府修城记》(《水心文集》九) 十月,叶适撰《汉阳军新修学记》(同上) 十一月二十日,叶适撰《觉斋记》(同上)
绍熙二年辛亥(1191)	正月十二日,沈大经元诚卒(《水心文集》十五《沈元诚墓志铭》)	陈傅良以奏事赴阙,留为吏部员外郎(《陈文节公年谱》) 朱熹与陈傅良论学(《朱子年谱》四上) 朱熹答叶适书,相与论学(同上)	春,陈谦撰《儒志学业传》(《儒志编》卷末附)

纪　年	生　卒	纪　事	著　述
		叶适去荆过吴(《水心文集》十三《翰林医痊王君墓志铭》) 光宗始以疾不过重华宫,黄度为监丞,上书切谏(《水心文集》二十《故礼部尚书龙图阁学士黄公墓志铭》) 四月,沈有开以枢密院编修官兼实录院检讨官(《南宋馆阁续录》九) 五月,黄度除国子监主簿,面对,奏言三事,一曰昭明圣志,二曰修复屯田,三曰节录李焘《续资治通鉴长编》以进(《絜斋集》十三《龙图阁学士通奉大夫尚书黄公行状》) 七月,黄度迁国子监丞(同上) 八月,蔡幼学除秘书省正字(《南宋馆阁续录》九) 十一月,陈傅良上封事,谏以当行过宫之礼(《止斋文集》二十一)	
绍熙三年壬子 (1192)	四月十七日,郑伯英景元卒,年六十三(《水心文集》二十一《郑景元墓志铭》) 七月十一日,丁希亮少詹卒,年四十七(《水心文集》十四《丁少詹墓志铭》)	陈傅良进《周礼说》(《玉海》三十九) 陈傅良以选兼皇子嘉王府赞读(《陈文节公年谱》) 楼钥以左史摄西掖(《攻媿集》十五《贺会庆节表》)(注:按《攻媿集》作绍兴三年,时钥未生,兴当为熙之误) 王十朋之子闻礼镂版《梅溪文集》五十四卷于江陵(《梅溪文集》末王闻礼跋) 正月,沈有开除秘书丞,仍兼实录院检讨官(《南宋馆阁续录》七、九) 六月,陈傅良除秘书少监,仍兼实录院检讨官(《南宋馆阁续录》七、九) 六月,陈傅良以吏部郎中兼实录院检讨官(《南宋馆阁续录》九)	陈傅良撰跋《东坡与章子厚书》(《止斋文集》四十二) 陈傅良撰《建隆编》一卷(或作十卷)(《温州经籍志》八) 叶适撰《司马温州公祠堂记》(《水心文集》九) 曹叔远撰《永嘉谱》二十四卷(《直斋书录解题》八) 楼钥撰《贺会庆节表》(《攻媿集》十五) 正月四日,叶适撰《烟霏楼记》(《水心文集》九) 四月,楼钥撰《辞免

续　表

纪　年	生　卒	纪　事	著　述
		七月,黄度迁国子监丞,光宗久不朝重华宫,度上疏谏之(《絜斋集》十三《龙图阁学士通奉大夫尚书黄公行状》)(注:按此事《水心文集》云在绍熙二年) 九月,钱文子由上舍释褐出身,以吏部员外郎兼国史院编修官(《南宋馆阁续录》九) 十月,沈有开除著作郎,仍兼实录院检讨官(《南宋馆阁续录》七、九) 十月,蔡幼学以枢密院编修官兼实录院检讨官(《南宋馆阁续录》九) 十一月,上不朝重华宫,陈傅良上封事(《止斋文集》二十一) 十二月,陈傅良擢起居舍人,仍兼实录院检讨官(《止斋文集》五十二附蔡幼学撰行状,《南宋馆阁续录》九)	起居郎状》(《攻媿集》三十二)
绍熙四年癸丑(1193)		袁聘儒成进士(《水心文集》十九《袁声史墓志铭》) 陈耆卿成进士(《嘉定赤城志》三十三) 陈傅良得见司马温公与邢和叔帖于邢和叔之曾孙遵仲修处(《止斋文集》四十一《跋温公与邢和叔帖》) 楼钥以左史摄词掖,为殿试编排官(《攻媿集》七十七《跋杨叔禹所藏东坡帖》) 正月,陈傅良兼权中书舍人(《止斋文集》五十二附蔡幼学撰行状) 四月,钱文子为宗正少卿,仍兼国史院编修官(《南宋馆阁续录》九) 八月,黄度除监察御史,疏论台谏不得其职之弊,并连疏极谏光宗不过重华宫(《絜斋集》十三《龙图阁学士通奉大	二月,陈傅良撰《右史进故事》(《止斋文集》二十八) 冬,陈傅良赋《癸丑冬车驾过宫留相还朝》诗(《止斋文集》七)

纪　年	生　卒	纪　事	著　述
		夫尚书黄公行状》)(注:按黄度除监察御史《水心文集》二十《故礼部尚书龙图阁学士黄公墓志铭》作在九月) 八月,蔡幼学除校书郎,仍兼实录院检讨官(《南宋馆阁续录》八、九) 八月,薛叔似以太常少监兼实录院检讨官(《南宋馆阁续录》九) 九月二十一日,上将朝重华宫,皇后止帝,陈傅良引裾力谏,不听(《陈文节公年谱》) 十月,薛叔似除秘书监,仍兼实录院检讨官(《南宋馆阁续录》七、九) 十二月,陈傅良迁起居郎,仍兼实录院检讨官(《止斋文集》五十二附蔡幼学撰行状、《南宋馆阁续录》九)	
绍熙五年甲寅(1194)	彭仲刚子复卒,年五十二(《水心文集》十五《彭子复墓志铭》) 六月十五日,邵叔豹隐甫卒,年六十八(《水心文集》十五《宋武翼郎新制造御前军器所监造官邵君墓志铭》)	自去年至今,黄度疾甚(《水心文集》二十《故礼部尚书龙图阁学士黄公墓志铭》) 陈傅良为争过宫事,上《直前札子》(《止斋文集》二十三) 为争过宫事,陈傅良请以亲王执政或近上宗戚一人充重华宫使(《宋史》三十六《光宗本纪》) 陈傅良以争过宫不从,求去,吴猎为书留之(《宋元学案》七十一) 王大受因宪圣后兄子琚奏请孝宗下手诏息过宫事,孝宗喜其策,会晏驾,不果行(《水心文集》二十九《题拙斋诗稿》) 明越大饥,特令彭仲刚提举浙东常平(《水心文集》十五《彭子复墓志铭》) 陈谦就迁提刑,平瑶乱,进直焕章阁(《水心文集》二十五《朝请大夫提举江州太平兴国宫陈公墓志铭》) 楼钥兼直学士院(《攻媿集》	二月,叶适撰《六安县新学记》(《水心文集》九) 五月,叶适撰《醉乐亭记》(同上) 闰十月,叶适撰《杨夫人墓表》(《水心文集》十四

纪　年	生　卒	纪　事	著　述
		六十九《恭题直学士院所赐御笔留正少师判建康府赵汝愚右丞相》） 楼钥掌内外制（《攻媿集》六十九《嗣秀王伯圭免奉朝请并圣朝批答》） 正月，黄度奏请渐分兴州吴氏权柄，以免后患（《絜斋集》十三《龙图学士通奉大夫尚书黄公行状》） 二月，楼钥以中书舍人兼实录院同修撰（《南宋馆阁续录》九） 五月，陈傅良改秘阁修撰，仍兼嘉王府赞读，不受（《陈文节公年谱》） 徐谊知权户部侍郎知临安府（《南宋制抚年表》上） 八日，留正等请帝侍孝宗疾，引裾至福宁殿，叶适责以当侍帝之疾瘳（《宋史》三十六《光宗本纪》、《宋史》四百三十四本传参） 六月，孝宗崩，遣薛叔似等使金告哀（《宋史》三十六《光宗本纪》） 九日，孝宗崩，叶适与韩侂胄、赵汝愚、蔡必胜等共定议内禅（《宋史》四百三十四本传） 七月，宁宗受内禅三日，诏陈傅良归班，又四日，除中书舍人，傅良三辞而后受，未至，命兼侍讲，与朱熹同日造朝，班行相庆（《止斋文集》五十二附蔡幼学撰行状） 沈有开除起居舍人，仍兼实录院检讨官（《南宋馆阁续录》八、九） 八月，蔡幼学除著作左郎，仍兼实录院检讨官（同上） 六日，以陈傅良等为讲读官（《两朝纲目备要》三） 黄度劾奏镇江守马大同以苛刻著，平江守雷之众以纵弛闻，乞罢之（《絜斋集》十三《龙图阁学士通奉大夫尚书黄	

纪　年	生　卒	纪　事	著　述
		公行状》） 项安世除校书郎（《南宋馆阁续录》八） 乙卯，黄度自监察御史迁右正言（《两朝纲目备要》三） （注：按本年八月无乙卯，此应有误） 九月，黄度具疏将乞对，韩侂胄微闻之，遽请御笔除度直显谟阁知平江府，度力辞（《絜斋集》十三《龙图阁学士通奉大夫尚书黄公行状》） 楼钥为给事中，仍兼实录院同修撰（《南宋馆阁续录》九） 十月，黄度起知婺州（《絜斋集》十三《龙图阁学士通奉大夫尚书黄公行状》） 薛叔似除权户部侍郎（《南宋馆阁续录》七） 叶适以国子司业再兼实录院检讨官（《南宋馆阁续录》九） 闰十月十一日，朱熹与众议，欲更定实录院编撰法制，叶适不从（《朱子年谱》四上） 十一月，陈傅良兼实录院修撰（《陈文节公年谱》） 黄度以中书舍人兼实录院同修撰（《南宋馆阁续录》九） 十二日，叶适除太府卿淮东总领（《止斋文集》十八《国子司业适除太府卿淮东总领制》） 下旬，陈傅良奏荐叶适、朱熹为良史才，请以右文殿修撰或秘阁名目以留适（《止斋文集》二十七《辞免实录院同修撰第二状》） 十二月，陈傅良应诏荐宗室赵师虑、赵师渊（《止斋文集》二十七《应诏荐宗室赵师虑赵师渊状》） 楼钥以吏部尚书兼实录院修撰（《南宋馆阁续录》九） 一日，陈傅良坐留朱熹为谢深甫所劾罢官（《两朝纲目备要》三）	

纪 年	生 卒	纪 事	著 述
宁宗庆元元年乙卯(1195)	九月十一日,林渊叔懿仲卒,年五十二(《止斋文集》四十九《林懿仲墓志铭》)	宁宗即位,诏求直言,蔡幼学奏言君道有三,曰事亲、任贤、宽民,而其本在于学(《宋史》四百三十四本传) 宁宗即位,诏求言,项安世言立国之本不过量地以制赋,量赋以制用而已(《宋史》三百九十七本传) 叶适为监察御史胡纮所劾,降两官,罢,主管冲佑观(《宋史》三十七《宁宗本纪》、《宋史》四百三十四本传参) 徐谊迁检正中书门下公事,兼权刑部侍郎,进工部侍郎(《水心文集》二十一《宝谟阁待制知隆兴府徐公墓志铭》) 诏复黄度为御史,改右正言(《宋史》三百九十三本传) 楼钥出守婺州(《攻媿集》七十七《跋杨叔禹所藏东坡帖》) 正月,蔡幼学除福建提举(《南宋馆阁续录》八) 戴溪以国子录兼实录院检讨官(《南宋馆阁续录》九) 二月二十四日,徐谊坐上疏论救赵汝愚,为御史刘德秀疏罢(《水心文集》二十一《宝谟阁待制知隆兴府徐公墓志铭》、《两朝纲目备要》三、《南宋制抚年表》上参) 四月,戴溪除国子博士,仍兼实录院检讨官(《南宋馆阁续录》九) 五日,太学生周端朝等六人以论朋党事押归本贯听读(《两朝纲目备要》四) 五月,黄度知兰溪县,张元弼以赃得罪,言者以是咎度,降直徽猷阁,罢(《絜斋集》十三《龙图阁通奉大夫尚书黄公行状》) 项安世添差通判池州(《南宋馆阁续录》八) 六月,陈傅良以潜邸讲堂官转朝政大夫(《陈文节公年谱》)	楼钥撰《辞免除职与郡状》(《攻媿集》三十二) 楼钥撰《贺重明节表》(《攻媿集》十六) 五月二十日,叶适撰《绩溪县新开塘记》(《水心文集》九) 六月,叶适撰《乐清县三贤祠堂记》(同上) 六月,叶适撰《东溪先生集序》(《水心文集》十二) 秋,周南赋《乙卯之秋送项秘书倅池阳》诗(《山房集》一) 九月,叶适撰《通直郎致仕总干黄公行状》(《水心文集》二十六) 十二月二十九日,叶适撰《金坛县重建学记》(《水心文集》九)

纪　年	生　卒	纪　事	著　述
		八月二十二日,陈傅良丧妻(《水心文集》十四《张令人墓志铭》) 十二月,木待问以显谟阁待制知福州(《南宋制抚年表》下)	
庆元二年丙辰 (1196)	蒋行简仲可卒,年七十一(《水心文集》十八《朝议大夫知处州蒋公墓志铭》)	赵希馆成进士(《鹤山大全集》七十三《安德军节度使赠少保郡王赵公希馆神道碑》) 陈谦以户部为湖广总领(《水心文集》二十五《朝请大夫提举江州太平兴国宫陈公墓志铭》) 二月,戴溪为宗正寺簿,仍兼实录院检讨官(《南宋馆阁续录》九) 夏,陈傅良为察官交疏,削秩罢祠,屏居杜门,一意韬晦,榜所居室曰止斋(《止斋文集》五十二附楼钥撰神道碑、蔡幼学撰行状) 七月,黄度复领旧祠(《絜斋集》十三《龙图阁学士通奉大夫尚书黄公行状》)	陈傅良赋《丙辰寄国举兄》诗(《止斋文集》七) 陈傅良撰《丙辰贺瑞庆节表》(《止斋文集》三十一) 楼钥撰《贺重明节表》(《攻媿集》十六) 五月,叶适撰《丁少詹墓志铭》(《水心文集》十四) 九月,叶适撰《姚君俞墓志铭》(同上) 十月十八日,叶适撰《郑仲酉墓志铭》(《水心文集》十五)
庆元三年丁巳 (1197)	吴子良明辅生(《桐江集》三《读笕窗〈荆溪集〉跋》)	秋,陈耆卿丁父忧(《笕窗集》八《祭先妣文》) 十二月二十九日,籍伪学赵汝愚、朱熹等五十九人,徐谊、陈傅良、薛叔似、楼钥、叶适、赵汝谠、赵汝谈、陈武、黄度、蔡幼学、周南等与焉(《两朝纲目备要》五)	陈傅良赋《丁巳寿国举兄》诗(《止斋文集》七) 陈傅良撰《丁巳贺瑞庆节表》(《止斋文集》三十一) 叶适撰《沈元诚墓志铭》(《水心文集》十五) 叶适撰《彭子复墓志铭》(同上) 楼钥撰《贺重明节表》(《攻媿集》十六) 七月,叶适撰《沈氏萱竹堂记》(《水心文集》九) 八月,叶适撰《宋武翼郎新制造御前军器所监造官邵君墓志铭》(《水心文集》十五)

纪　年	生　卒	纪　事	著　述
			九月,周南赋《十九日初程至青阳赵令尹遣伎出迎自至池不赴乐饮至此望见令却之》诗(《山房集》一) 十月,叶适撰《奉议郎郑公墓志铭》(《水心文集》十五)
庆元四年戊午 (1198)		春,王植从学叶适于生姜门外西湖上(《水心文集》十六《庄夫人墓志铭》) 七月二十三日,丁逢以叶适、薛叔似坐赵汝愚党久斥而皆起家为郡,因奏请勿用伪党(《两朝纲目备要》五)	陈傅良赋《戊午寿国举兄》诗(《止斋文集》八) 陈傅良撰《戊午贺瑞庆节表》(《止斋文集》三十一) 楼钥撰《贺重明节表》(《攻媿集》十七) 叶适撰《宋邹卿墓志铭》(《水心文集》十五) 九月二十三日,项安世撰《〈周易玩辞序〉》(《周易玩辞》卷首) 十一月十四日,叶适撰《石洞书院记》(《水心文集》九)
庆元五年己未 (1199)		夏庭简成进士(《水心文集》二十三《宣教郎夏君墓志铭》) 夏,叶适得异疾,畏风,四肢百体皆失度如土木偶(《水心文集》十五《高永州墓志铭》)	戴溪撰《清源志》七卷(《直斋书录解题》八) 楼钥赋《舅氏适斋汪公尚书慕香山之诗句次韵》诗(《攻媿集》六) 陈傅良撰《己未贺瑞庆节表》(《止斋文集》三十一) 陈傅良赋《己未上巳清明华叟兄蕃叟弟偕潘养大过访》诗(《止斋文集》八) 陈傅良赋《己未生朝谢华叟兄送梅》诗(同上)

纪年	生卒	纪事	著述
庆元六年庚申（1200）		陈谦知袁州（《水心文集》二十五《朝请大夫提举江州太平兴国宫陈公墓志铭》）	陈傅良赋《庚申上巳》诗（《止斋文集》八）
宁宗嘉泰元年辛酉（1201）		余嵘改秩知岳州临湘县（《后村大全集》一百四十五《龙学余尚书神道碑》） 六月，徐谊前为胡纮疏，责副团置南安军，移袁、婺州，至是始听自便（《水心文集》二十一《宝谟阁待制知隆兴府徐公墓志铭》）	
嘉泰二年壬戌（1202）		徐谊知江州（《水心文集》二十一《宝谟阁待制知隆兴府徐公墓志铭》） 黄度复直显谟阁，知泉州，以亲老辞，进宝文阁，奉祠如故（《絜斋集》十三《龙图阁学士通奉大夫尚书黄公行状》） 正月，陈傅良叙复原官，提举太平兴国宫（《止斋文集》五十二附蔡幼学撰行状）	清明日，周南撰《〈姑苏衔冤录〉跋》（《山房集》五） 六月中浣，楼钥撰《〈乐书正误〉书后》（《乐书正误》卷末） 九月五日，项安世撰《重修〈周易玩辞〉序》（《周易玩辞》卷首）
嘉泰三年癸亥（1203）	十一月十二日，陈傅良君举卒，年六十七（《止斋文集》五十二附蔡幼学撰行状）	陈傅良差知泉州，以疾力辞，许之，授集英殿修撰，疾益侵，请谢事，授宝谟阁待制（《止斋文集》五十二附蔡幼学撰行状）（注：按楼钥神道碑作嘉定三年，误） 薛叔似除知广州（《南宋制抚年表》下） 三月，弛学禁，党人之见在者徐谊、陈傅良、薛叔似、叶适等诸人咸先后复官自便，或典州宫观（《两朝纲目备要》七） 四月，叶适知泉州（乾隆《泉州府志》二十六） 秋，周南得僧仲殊诗词于叶石林家（《山房集》五《书僧仲殊诗词真迹跋》） 九月，叶适奉召入对，荐楼钥、丘崇、黄度三人，悉与郡（《宋史》四百三十四本传、乾隆《泉州府志》二十六参）	叶适撰《上宁宗皇帝札子》三通（《水心文集》一） 楼钥撰《贺瑞庆节表》（《攻媿集》十七）

纪 年	生 卒	纪 事	著 述
		叶适除权兵部侍郎(同上) 十一月十一日,叶适丁父忧(《水心文集》十五《致政朝请郎叶公圹志》)	
嘉泰四年甲子(1204)		陈谦提点成都路刑狱,造李冰石堰、嘉州绳桥(《水心文集》二十五《朝请大夫提举江州太平兴国宫陈公墓志铭》) 厉仲方权庐州,俄召授左领卫中郎将(《南宋制抚年表》上) 正月九日,楼钥丁母忧(《攻媿集》六十《长汀庵记》) 七月,余嵘丁父忧,服除,除籍田令(《后村大全集》一百四十五《龙学余尚书神道碑》) 八月,薛叔似以兵部侍郎兼同修国史,兼实录院同修撰(《南宋馆阁续录》九)	叶适自为编定外稿,并附以奏札二篇成集(《水心先生别集·外稿自跋》) 三月一日,叶适撰《龙川文集序》(《龙川文集》卷首)
宁宗开禧元年乙丑(1205)	五月,刘起晦建翁卒(《水心文集》十八《刘建翁墓志铭》) 八月乙丑,黄仁静仲山卒,年八十七(《水心文集》十五《朝奉大夫致仕黄公墓志铭》)	陈铧与弟铱成进士(《后村大全集》一百四十六《忠肃陈观文神道碑》) 厉仲方造战车(《两朝纲目备要》八) 襄阳前帅李奕,后帅皇甫斌密受韩侂胄意,谋先事扰房,纵亡命劫略,陈谦屡论奕、斌之罪,力言四不宜动,且求罢(《水心文集》二十五《朝请大夫提举江州太平兴国宫陈公墓志铭》) 二月,薛叔似改吏部侍郎,仍兼同修国史,兼实录院同修撰(《南宋馆阁续录》九) 帝书归锦堂三字赐陈景思,寻又赐服三品,内出金带令系,又进直焕章阁,迁太府卿,兼夏官侍郎(《水心文集》十八《朝请大夫主管冲佑观焕章侍郎陈公墓志铭》) 闰八月,余嵘除太府寺簿(《后村大全集》一百四十五《龙学余尚书神道碑》)	周南忧居,读靖康以来杂记,得数百事,抄置楮中,题为《书坞从录》(《山房集》五《书坞从录跋》) 楼钥闲居,书《信王岐王二传》(《攻媿集》二十五《又信岐二王传》)

纪 年	生 卒	纪 事	著 述
开禧二年丙寅 (1206)		陈谦以户部郎迁司农少卿,总领湖广(《水心文集》二十五《朝请大夫提举江州太平兴国官陈公墓志铭》) 枢密院开机速房,以朝士掌之,兵事密画皆使论定而后上,周南与选,力辞补外,干办浙东常平司(《水心文集》二十《文林郎前秘书省正字周君南仲墓志铭》) 江淮大凶,使徐谊至滁城以塞贼冲(《水心文集》二十八《祭徐子宜侍郎文》) 魏了翁作书与叶适,求铭所居斋(《鹤山大全集》三十二《上建康留守叶侍郎》) 叶适除父丧,召入,除权工部侍郎,适韩侂胄将启兵端,欲借其草诏以动中外,改权吏部侍郎,兼直学士院,适劝侂胄息用兵之谋,不听,以疾力辞兼职(《宋史》四百三十四本传) 正月二十三日,薛叔似宣谕京湖(《两朝纲目备要》九) 二月,余嵘除诸玉官大小学教授(《后村大全集》一百四十五《龙学余尚书神道碑》) 三月,戴溪除秘书郎(《南宋馆阁续录》八) 四月,戴溪兼实录院检讨官,兼国史院编修官(《南宋馆阁续录》九) 薛叔似以兵部尚书兼修国史,兼实录院修撰(同上) 余嵘兼庄文府教授(《后村大全集》一百四十五《龙学余尚书神道碑》) 十三日,以京湖宣谕使薛叔似为湖北京西宣谕使(《续资治通鉴》一百五十七、《两朝纲目备要》九) 五月,余嵘除太府寺丞(《后村大全集》一百四十五《龙学余尚书神道碑》) 韩侂胄骤起师北伐,叶适首建防江之议,不纳(《水心文集》	楼钥撰《乞致仕状》(《攻媿集》三十二) 楼钥撰《〈见一堂集〉序》(《攻媿集》五十二) 叶适撰《上宁宗皇帝札子》三通(《水心文集》十) 正月,叶适撰《承事郎致仕黄君墓志铭》(《水心文集》十六) 二月,叶适撰《时斋记》(《水心文集》九)

纪　年	生　卒	纪　事	著　述
		十《叶岭书房记》） 六月二十二日,朝请大夫宝谟阁待制江东安抚使叶适知建康府事,兼沿江制置史（《景定建康志》十四） 七月,余嵘除枢密院编修官（《后村大全集》一百四十五《龙学余尚书神道碑》） 戴溪为兵部郎官,仍兼国史院编修官,实录院检讨官（《南宋馆阁续录》九） 冬,叶适病背（《水心文集》二《定山瓜步石跋三堡坞状》） 十月末,边事告急,房屯兵定山十万,叶适破之,复趋厉仲方解六合之危,人心始安（《水心文集》二《定山瓜步石跋三堡坞状》、《水心文集》二十二《厉领卫墓志铭》） 十一月十八日,陈谦自湖广总领除湖北京西宣谕副使（《两朝纲目备要》九） 十二月,余嵘轮对,奏言应兵之道在于气之胜哀（《后村大全集》一百四十五《龙学余尚书神道碑》） 二十四日,薛叔似、陈谦罢湖北京西宣谕使副（《两朝纲目备要九》）	
开禧三年丁卯（1207）		袁聘儒侍叶适于金陵,叶适与之商略募富民屯垦之道（《水心别集》十六《后总》袁聘儒注） 周南奉命召试馆职（《水心文集》二十《文林郎前秘书省正字周君南仲墓志铭》） 刘弥正为贺金国生辰使房（《水心文集》二十《故吏部侍郎刘公墓志铭》） 春,周南参浙东仓幕（《山房集》五《赵氏痛心录跋》） 二月十三日,知建康府叶适兼江淮制置史（《宋史》三十八《宁宗本纪》） 夏,叶适祷雨于祠山庙（《水心文集》六《祷雨题张王庙跋》）	吴焕然撰《朱黼〈三国六朝五代纪年总辨〉序》（《四库全书总目提要》八十九） 叶适撰《高永州墓志铭》（《水心文集》十五） 周南撰《丁卯召试馆职策》（《山房集》七） 周南撰《书〈政途杂抄录〉后》（《山房集》五） 四月,楼钥撰《辞免除龙图阁直学士致仕状》（《攻媿集》三十二）

纪　年	生　卒	纪　事	著　述
		五月，周南除秘书省正字（《南宋馆阁续录》九） 七月，叶适奉诏赴行在（《景定建康志》十四） 周南丁母忧（同上） 八月，赵汝谠除秘书省正字（《南宋馆阁续录》九） 戴溪为国子司业，仍兼国史院编修官，实录院检讨官（同上） 九月十四日，叶适罢江淮制置使（《两朝纲目备要》十）（注：《桐江集》三《读笕窗〈荆溪集〉跋》作七月） 二十八日，王楠使金（同上） 十一月，赵汝谠罢秘书省正字（《南宋馆阁续录》九） 戴溪为国子祭酒，仍兼国史院编修官，实录院检讨官（同上） 十二月八日，叶适为宝文阁待制（《宋史》三十八《宁宗本纪》） 九日，薛叔似贬夺二官，福州居住（同上）	十一月，楼钥撰《辞免召赴行在状》（《攻媿集》三十二） 冬至日，楼钥撰《止斋〈春秋后传〉〈左氏章指〉序》（《攻媿集》五十一）
宁宗嘉定元年戊辰（1208）	项安世平父卒（《宋史》三百九十七本传） 七月一日，徐谊子宜卒，年六十五（《水心文集》二十一《宝谟阁待制知隆兴府徐公墓志铭》）	赵汝谠成进士（《宋史》四百一十三本传） 戴栩成进士（《南宋馆阁续录》八） 尤焴成进士（《南宋馆阁续录》七） 刘弥正为淮东转运判官（《水心文集》二十《故吏部侍郎刘公墓志铭》） 吴汉英除大宗正丞，条上三事（《宋元学案》五十三《止斋学案》） 春，陈耆卿应黄岩江北赵氏馆职之聘（《笕窗集》三《代送学子之婺女序》） 正月，有旨召黄度赴行在，度以疾辞，又以年过七十，乞致仕，皆不许，除太常少卿（《絜斋集》十三《龙图阁学士通奉大夫尚书黄公行状》） 楼钥以吏部尚书兼修国史，兼宝录院修撰（《南宋馆阁续录》九）	曹叔远撰《〈止斋先生文集〉序》（《止斋文集》卷首） 周南撰《〈赵氏痛心录〉跋》（《山房集》五） 七月，叶适撰《庄夫人墓志铭》（《水心文集》十六） 楼钥撰《乞归田里札子》（《攻媿集》三十三） 一日，周勉撰《〈春秋后传〉序》（《春秋后传》卷首） 八月，楼钥撰《辞免签书枢密院事札子》（《攻媿集》三十三） 九月，叶适撰《温州开元寺千佛阁记》（《水心文集》九）

纪　年	生　卒	纪　事	著　述
		三月，黄度以太常少卿兼国史院编修官，兼宝录院检讨官(同上) 五月，陈谦为不乐者所毁罢官(《水心文集》二十五《朝请大夫提举江州太平兴国宫陈公墓志铭》) 戴溪以兵部侍郎兼同修国史(《南宋馆阁续录》九) 六月，黄度除权吏部侍郎，兼修玉牒官，升同修国史，实录院同修撰(《絜斋集》十三《龙图阁学士通奉大夫尚书黄公行状》) 王楠以秘书少监兼国史院编修官，兼实录院检讨官(《南宋馆阁续录》九) 余嵘差知南剑州(《后村大全集》一百四十五《龙学余尚书神道碑》) 八月十四日，楼钥自礼部尚书除端明殿学士，签书枢密院事，兼太子宾客(《絜斋集》十一《资政殿大学士赠少师楼公行状》，《宋史》三十九《宁宗本纪》参) 十月十日，楼钥除同知枢密院事，仍兼太子宾客(《宋宰辅编年录》二十，《宋史》三十九《宁宗本纪》参)	十一月，蔡幼学撰《宋故宝谟阁待制致仕赠通议大夫陈公行状》(《止斋文集》五十二附)
嘉定二年己巳 (1209)		吏部侍郎蔡幼学状陈傅良之行于太史(《水心文集》十六《宝谟阁待制中书舍人陈公墓志铭》) 正月，黄度以疾连疏求去，除集英殿修撰知福州，兼福建安抚使，除宝谟阁待制(《絜斋集》十三《龙图阁学士通奉大夫黄公行状》)(注：按据《南宋制抚年表》下，黄度除知福州在四月) 正月二十三日，楼钥参知政事(《宋史》三十九《宁宗本纪》) 四月，陈武除秘书监(《南宋馆阁续录》七)	陈谦撰《雁山行记》(《直斋书录解题》八) 二月，叶适撰《宿觉庵记》(《水心文集》九) 四月，叶适撰《龟山杨先生祠堂记》(《水心文集》十) 九月，叶适撰《平阳县代纳坊场钱记》(同上)

纪　年	生　卒	纪　事	著　述
		十月,进黄度为龙图阁待制,知建康府,兼江东安抚,行宫留守,江淮制置使,辞,不获命(《絜斋集》十三《龙图阁学士通奉大夫黄公行状》) 周南除母丧,再除秘书省正字(《南宋馆阁续录》九) 十二月,陈武除著作郎(《南宋馆阁续录》七)	
嘉定三年庚午 (1210)	车若水清臣生(《脚气集》下推) 五月二日,陈景思思诚卒,年四十三(《水心文集》十八《朝请大夫主管冲佑观焕章侍郎陈公墓志铭》)	刘弥正为两浙转运判官(《水心文集》二十《故吏部侍郎刘公墓志铭》) 陈韡侍父使海陵,叛寇胡海挟房骤至,韡募死士合盐军迎击于青垛,破之(《后村大全集》一百四十五《忠肃陈观文神道碑》) 陈耆卿丁母忧(《筼窗集》八《祭先妣文》) 正月,黄度至建康,救灾恤民,凡一切苛扰皆罢之(《絜斋集》十三《龙图阁学士通奉大夫尚书黄公行状》)(注:按《絜斋集》此作二年正月,惟检讨上下应在三年正月) 戴溪除太子詹事,仍兼同修国史,兼实录院同修撰(《南宋馆阁续录》九) 二月,戴溪以太子詹事兼秘书监(《南宋馆阁续录》七) 陈武除军器少监(《南宋馆阁续录》八) 周南罢秘书省正字(《南宋馆阁续录》九) 五月,陈武兼国史院编修官,实录院检讨官(同上) 八月,余嵘除知大宗正丞,兼权金部郎官(《后村大全集》一百四十五《龙学余尚书神道碑》) 九月,钱文子以吏部员外郎兼实录院检讨官(《南宋馆阁续录》九) 十二月十二日,军器少监兼国子监司业陈武免兼司业(《两朝纲目备要》十二)	叶适撰《瑞安县重建厅事记》(《水心文集》十) 楼钥撰《跋胡澹庵和学官八诗》(《攻媿集》七十六) 楼钥撰《跋黄长睿〈东观余论〉》(同右) 周南撰《长洲主簿厅壁记》(《山房集》四) 周南撰《跋〈巩洛行记〉后》(《山房集》五) 周南撰《书僧仲殊诗词真迹后》(同上) 四月,楼钥撰《乞归田里札子》(《攻媿集》三十三) 八月一日,楼钥追记陈傅良《跋御书所进嘉邸生辰诗》(《止斋文集》四十一)

纪　年	生　卒	纪　事	著　述
		王楠自吏部郎中兼右司郎官除将作监，兼知临安府（同上）	
嘉定四年辛未（1211）	沈体仁仲一卒，年六十二（《水心文集》十七《沈仲一墓志铭》） 十二月六日，高松国楹卒，年五十八（《水心文集》十七《台州教授高君墓志铭》）	周端朝成进士（《鹤林集》三十四《周侍郎墓志铭》） 刘弥正为两浙转运副使（《水心文集》二十《故吏部侍郎刘君墓志铭》） 正月，诏以黄度职事修举，进宝谟阁直学士（《絜斋集》十三《龙图阁学士通奉大夫尚书黄公行状》） 余嵘除右曹郎官（《后村大全集》一四五《龙学余尚书神道碑》） 二月，陈傅良之子师辙，得傅良《跋御书所进嘉邸生辰诗》于故书中（《止斋文集》四十一《跋御书所进嘉邸生辰诗后记》） 闰二月一日，陈武以军器少监兼秘书少监（《南宋馆阁续录》七、《两朝纲目备要》十二） 四月，戴溪权工部尚书，仍兼同修国史，兼实录院同修撰（《南宋馆阁续录》七、九） 陈武除秘书少监，仍兼国史院编修官，兼实录院检讨官（同上） 钱文子为宗正少卿，仍兼实录院检讨官（《南宋馆阁续录》九） 六月七日，余嵘充金国贺生辰使，不至而复（《后村大全集》一百四十五《龙学余尚书神道碑》、《两朝纲目备要》十三） 冬，黄度更正楮令，由是四境通行（《絜斋集》十三《龙图阁学士通奉大夫尚书黄公行状》） 十二月十日，叶适丧妻高氏（《水心文集》十八《高令人墓志铭》）	叶适撰《瑞安县重修县学记》（《水心文集》十） 闰二月中浣，乐章撰《项安世〈周易玩辞〉跋》（《周易玩辞》卷首） 闰二月，楼钥撰《乞致仕札子》（《攻媿集》三十三） 五月，楼钥撰《再乞致仕札子》（同上） 六月，叶适撰《利涉桥记》（《水心文集》十） 八月，叶适撰《敬亭后记》（同上） 九月，叶适撰《宋故中散大夫提举武夷山冲佑观张公行状》（《水心文集》二十六） 十一月十五日，陈耆卿撰《〈论孟纪蒙〉序》（《筼窗集》三） 十二月一日，陈耆卿撰《〈论孟纪蒙〉后序》（同上）

纪　年	生　卒	纪　事	著　述
嘉定五年壬申 （1212）	三月，沈有开应元卒，年七十九（《水心文集》二十一《朝请大夫龙图阁致仕沈公墓志铭》） 九月二十五日，厉仲方约甫卒，年五十四（《水心文集》二十三《厉领卫墓志铭》）	徐凤为陈傅良文集镂版于永嘉郡斋（《止斋文集》卷尾） 吴子良从陈耆卿学（《桐江集》三《读箐窗〈荆溪集〉跋》） 二月，余嵘除军器监（《后村大全集》一百四十五《龙学余尚书神道碑》） 四月，陈武除秘书监，仍兼国史院编修官，兼实录院检讨官（《南宋馆阁续录》七、九） 六月，余嵘乞外补以便亲养（《后村大全集》一百四十五《龙学余尚书神道碑》） 七月，余嵘除西路提点刑狱（同上） 八月二十日，王楠丁母忧（《南宋制抚年表》上） 十月，黄度受诏以礼部尚书兼侍读召，再辞，诏趣入觐，对以休养民力为本，撙节冗费为急（《絜斋集》十三《龙图阁学士通奉大夫尚书黄公行状》） 十一月，戴溪以工部尚书兼修国史，兼实录院检讨官（《南宋馆阁续录》九）	叶适撰《上蔡先生祠堂记》《水心文集》十） 叶适撰《晋元帝庙记》（同上） 三月，楼钥撰《乞致仕札子》《攻媿集》三十三） 六月，周南赋《余杜门坐三年壬申六月九日出市平望归途阻风第四桥余日是特偶相值尔不然岂造物者出门即相料理耶舟人日然因识之》诗（《山房集》一） 八月，楼钥撰《再乞致仕札子》《攻媿集》三十三） 十二月，周南撰《跋尤氏家藏苏子美帖》《山房集》五）
嘉定六年癸酉 （1213）	二月二日，袁直友声史卒，年八十（《水心文集》十九《袁声史墓志铭》） 四月十八日，楼钥大防卒，年七十七（《絜斋集》十一《资政殿大学士赠少师楼公行状》） 七月六日，刘弥正退翁卒，年五十七（《水心文集》二十《故吏部侍郎刘公墓志铭》） 闰九月一日，周南南仲卒，年五十五（《水心文集》二十《文林郎前秘书省正字周君南仲墓志铭》）	陈铧赴江州湖口尉之任，湖口当路交荐（《后村大全集》一百四十六《忠肃陈观文神道碑》） 二月，蔡幼学以龙图阁待制知福州（《南宋制抚年表》下） 三月二十二日，楼钥罢参知政事（《两朝纲目备要》十三） 五月，陈武除知泉州（《南宋馆阁续录》七） 先是，黄度数以病在告，九月七日，入侍经帏，是晚疾复作，固乞归，三请乃除焕章阁学士，知隆兴府，辞，改提举玉隆万寿官，比归会稽，病益侵，遂致仕，除龙图阁学士（《絜斋集》十三《龙图阁学士通奉大夫尚书黄公行状》） 十一月，戴溪为华文阁学士提举佑神观，仍兼修国史，兼实录院修撰（《南宋馆阁续录》九）	叶适撰《台州重建中津桥记》《水心文集》十） 叶适撰《平江县王文正公祠堂记》（同上） 叶适撰《题石月砚屏后》《水心文集》二十九） 叶适撰《书龙川集后》《陈亮年谱》） 曹叔远撰《〈止斋先生文集〉后序》《止斋文集》卷尾） 楼钥赋《石时亨饱山阁》诗（《攻媿集》六） 楼钥撰《李氏思终亭记》《攻媿集》六十）

纪　年	生　卒	纪　事	著　述
	闰九月四日，王度君玉卒，年五十七（《水心文集》二十《太学博士王君墓志铭》） 十月十三日，黄度文叔卒，年七十六（《水心文集》二十《故礼部尚书龙图阁学士黄公墓志铭》）		正月，楼钥撰《乞致仕札子》（《攻媿集》三十三） 三月十五日，周南撰《〈五云次旧闻录〉跋》（《山房集》五） 寒食节，陈耆卿撰《〈筼窗集〉自序》（《筼窗集》卷首）
嘉定七年甲戌（1214）	十月二十三日，陈烨民表卒，年八十八（《水心文集》二十五《陈民表墓志铭》）	陈耆卿成进士（《南宋馆阁续录》九） 春，吕皓疏陈亮、朱熹之辨几万言，求正于叶适，适复书告以持论未定，不欲更注脚（《云溪稿·与水心先生叶侍郎书》《云溪稿·水心先生哀辞》） 八月，余嵘除大理少卿（《后村大全集》一百四十五《龙学余尚书神道碑》）	陈亮粹撰《〈补汉兵制〉序》（《补汉兵制》卷首） 十月，叶适撰《风雩堂记》（《水心文集》十） 十一月一日，陈耆卿撰《寄庵记》（《筼窗集》四）
嘉定八年乙亥（1215）	戴溪肖望卒（《宋史》四百三十四本传） 正月十二日，刘愚必明卒，年八十三（《水心文集》二十一《刘靖君墓志铭》）	陈谦提举兴国宫（《水心文集》二十五《朝请大夫提举江州太平兴国宫陈公墓志铭》） 戴溪以宣奉大夫龙图阁学士致仕（《宋史》四百三十四本传） 正月，戴溪为徽猷阁学士，提举佑神观，仍兼修国史，兼实录院修撰（《南宋馆阁续录》九） 三月，余嵘以母疾丐祠，除知婺州，寻丁母忧（《后村大全集》一百四十五《龙学余尚书神道碑》） 七月，倪千里以起居舍人兼国史院编修官，兼实录院检讨官（《南宋馆阁续录》九） 八月十五日，王楠以知镇江府兼知临安府（《南宋制抚年表》上） 九月，王大昌为其师钱文子之《补汉兵制》再版于淮南漕廨（《〈补汉兵制〉跋》）	叶适撰《绍兴府新置二庄记》（《水心文集》十） 陈耆卿撰《拙养斋记》（《筼窗集》四） 正月，叶适撰《题陈秀伯碑阴》（《水心文集》二十九） 二月，叶适撰《赵汝𨛦为台州属县簿建屋以藏户版余为名曰孔先而著其词》（同上） 叶适撰《宜人郑氏墓志铭》（《水心文集》二十一） 三月，叶适撰《宝谟阁待制知隆兴府徐公墓志铭》（同上） 五月，叶适撰《温州新修学记》（《水心文集》十）

纪　年	生　卒	纪　事	著　述
			叶适撰《漳浦县圣祖殿记》(同上) 五日,王大昌撰《〈补汉兵制〉跋》(《补汉兵制》卷尾) 九月,叶适撰《毛积夫墓志铭》(《水心文集》二十一) 九月,叶适撰《文渊墓志铭》(同上) 叶适撰《中奉大夫尚书工部侍郎曾公墓志铭》(同上) 十月,叶适撰《刘靖君墓志铭》(同上) 十一月,叶适撰《郭氏种德庵记》(《水心文集》十一) 叶适撰《故通直郎清流知县何君墓志铭》(《水心文集》二十一) 叶适撰《夫人陈氏墓志铭》(同上) 叶适撰《郑景元墓志铭》(同上) 十二月,叶适撰《东塘处士墓志铭》(同上)
嘉定九年丙子 (1216)	八月一日,陈谦益之卒,年七十三(《水心文集》二十五《朝请大夫提举江州太平兴国宫陈公墓志铭》) 十二月七日,孟猷良甫卒,年六十一(《水心文集》二十二《故运副龙图侍郎孟公墓志铭》)	陈㷊湖口秩满,再调南剑州录事参军,丁继母郑夫人忧(《后村大全集》一百四十六《忠肃陈观文神道碑》)	陈谦撰《永宁编》十五卷(《直斋书录解题》八) 正月,叶适撰《信州重修学记》(《水心文集》十一) 二月,叶适撰《中大夫直敷文阁两浙运副赵公墓志铭》(《水心文集》二十一) 七月,叶适撰《宋葛君墓志铭》(《水心文集》二十五)

续　表

纪　年	生　卒	纪　事	著　述
			十一月,叶适撰《长溪修学记》(《水心文集》十一) 叶适撰《厉领卫墓志铭》(《水心文集》二十二) 十二月,叶适撰《赵孺人墓铭》(同上) 叶适撰《故知广州敷文阁待制薛公墓志铭》(同上)
嘉定十年丁丑(1217)	正月,巩丰仲至卒(《水心文集》二十二《巩仲至墓志铭》) 五月二十二日,王楠木叔卒,年七十五(《水心文集》二十三《朝议大夫秘书少监王公墓志铭》) 七月二日,蔡幼学行之卒,年六十四(《水心文集》二十三《兵部尚书蔡公墓志铭》)	蔡幼学权兵部尚书,修玉牒,兼太子詹事(《水心文集》二十三《兵部尚书蔡公墓志铭》) 二月八日,王楠免兼临安府(《南宋制抚年表》上) 十月,余嵘奉旨赴行在奏事(《后村大全集》一百四十五《龙学余尚书神道碑》) 十一月,余嵘除秘书少监,兼国史院编修官,兼实录院检讨官(《南宋馆阁续录》七、九) 十二月,余嵘兼权太常寺少卿(《后村大全集》一百四十五《龙学余尚书神道碑》)	二月,叶适撰《故朝奉大夫知峡州宋公墓志铭》(《水心文集》二十二) 四月,叶适撰《故运副龙图侍郎孟公墓志铭》(同上) 五月四日,陈耆卿撰《送伯父归余杭序》(《筼窗集》三) 六月,叶适撰《太孺人唐氏墓志铭》(《水心文集》二十二) 十二月,叶适撰《温州社稷记》(《水心文集》十一) 日长至,史铸撰《会稽三赋序》(《会稽三赋》卷首)
嘉定十一年戊寅(1218)	夏庭简迪卿卒,年四十六(《水心文集》二十三《宣教郎夏君墓志铭》) 九月,滕宬季度卒,年六十五(《水心文集》二十四《滕季度墓志铭》)	陈耆卿为青田县主簿(《四库全书总目提要》六十八) 正月,余嵘除太常少卿,仍兼国史字编修官,兼实录院检讨官(《后村大全集》一百四十五《龙学余尚书神道碑》,《南宋馆阁续录》七、九) 六月,余嵘兼吏部侍郎(《后村大全集》一百四十五《龙学余尚书神道碑》) 七月,余嵘兼国子监祭酒(同上)	叶适撰《季氏庙记》(《水心文集》十一) 二月十六日,陈耆卿撰《处州平政桥记》(《筼窗集》四) 八月十五日,陈耆卿撰《送应太丞赴阙序》(《筼窗集》三) 九月,叶适撰《永嘉县社稷记》(《水心文集》十一) 十月,叶适撰《林德秀墓志铭》(《水心文集》二十三)

纪　年	生　卒	纪　事	著　述
嘉定十二年己卯(1219)	舒岳祥舜侯生(《阆风集》七《辛巳自寿》)	陈耆卿为庆元府学教授(《四库全书总目提要》六十六) 二月,余嵘除权吏部侍郎,兼中书舍人,兼祭酒(《后村大全集》一百四十五《龙学余尚书神道碑》) 六月,余嵘升兼同修国史,实录院同修撰,三乞祠(同上) 十一月,余嵘除集英殿修撰、知建宁府以归(同上)	叶适撰《题〈拙斋诗稿〉》(《水心文集》二十九) 戴栩赋《贺水心先生七十》诗(《浣川集》二) 六月,叶适撰《兵部尚书蔡君墓志铭》(《水心文集》二十三) 叶适撰《宣教郎夏君墓志铭》(同上) 七月,叶适撰《南安军三先生祠堂记》(《水心文集》十一) 八月,叶适撰《台州州学三老先生祠堂记》(同上) 叶适撰《福建运使直显谟阁少卿赵公墓志铭》(《水心文集》二十三) 十二月,叶适撰《滕季度墓志铭》(《水心文集》二十四)
嘉定十三年庚辰(1220)	正月初八,黄章观复卒,年五十五(《水心文集》二十五《黄观复墓志铭》) 五月七日,宋驹廌父卒,年六十二(《水心文集》二十五《宋廌父墓志铭》) 七月二十七日,孟导达甫卒,年六十一(《水心文集》二十五《孟达甫墓志铭》)	陈铧丁继母忧服除,差监行在编估打套局门(《后村大全集》一百四十六《忠肃陈观文墓志铭》) 吴子良以书通叶适,求教道学名实之说(《桐江集》三《读筠窗〈荆溪集〉跋》) 十月,余嵘改太平州(《后村大全集》一百四十五《龙学余尚书神道碑》)	二月,叶适撰《故宝谟阁待制知平江府赵公墓铭》(《水心文集》二十三) 二月上浣,陈耆卿撰《重赠陈良夫序》(《筼窗集》三) 六月,叶适撰《国子祭酒赠宝谟阁待制李公墓志铭》(《水心文集》二十四) 叶适撰《周镇伯墓志铭》(同上) 七月,陈耆卿撰《思爱庵记》(《筼窗集》四) 八月,叶适跋《周南丁卯召试馆职策》(《山房集》七)

纪　年	生　卒	纪　事	著　述
			九月,叶适撰《兵部尚书徽猷阁学士赵公墓志铭》(《水心文集》二十四) 陈耆卿撰《青田县尉题名记》(《筼窗集》四) 十月,叶适撰《宜兴县修学记》(《水心文集》十一) 十二月,叶适撰《故枢密参政汪公墓志铭》(《水心文集》二十四)
嘉定十四年辛巳(1221)	薛叔似象先卒(《宋史》三百九十七本传)	贾涉开淮闸,辟陈韡为京东河北节制司干办公事(《后村大全集》一百四十六《忠肃陈观文神道碑》) 八月,虏犯蕲黄,沿江戒严,有旨以余嵘节制采石水军,嵘物色军中积弊,有《须知》一卷、《条约》一卷(《后村大全集》一百四十五《龙学余尚书神道碑》)	正月,叶适撰《陈同甫王道甫墓志铭》(《水心文集》二十四) 二月,叶适撰《故知枢密院事资政殿大学士施公墓志铭》(《水心文集》二十四) 三月,叶适撰《潼川府修城记》(《水心文集》十一) 四月,叶适撰《宋厩父墓志铭》(《水心文集》二十五) 五月,叶适撰《朝奉大夫知惠州姜公墓志铭》(同上) 六月,叶适为叶路分赋《居恩堂》诗(《水心文集》七) 七月,叶适撰《连州开楞伽峡记》(《水心文集》十一) 叶适撰《陈处士姚夫人墓志铭》(《水心文集》十五) 叶适撰《孟达甫墓志铭》(同上)

纪　年	生　卒	纪　事	著　述
			九月,叶适撰《茶陵军减苗置寨记》(《水心文集》十一) 十二月,叶适撰《黄观复墓志铭》(《水心文集》二十五) 闰十二月,叶适撰《贺政殿学士参政枢密杨公墓志铭》(《水心文集》二十三)
嘉定十五年壬午(1222)		蔡范知黄岩县(《嘉定赤城志》十一) 淮西告警,陈铧策金人必专向安丰,因屯兵以待,后果如其言,改淮西制置司干办公事,除将作监丞,升制司参议兼通判楚州(《后村大全集》一百四十六《忠肃陈观文神道碑》) 九月,余嵘除焕章阁待制,沿江制置使,兼知建康府,江东安抚使,兼行宫留守公事,凡所擘画,有《事目》一卷(《后村大全集》一百四十五《龙学余尚书神道碑》) 十月,余嵘除显谟阁待制(同上)	正月,叶适撰《修职郎监和剂局吴君墓志铭》(《水心文集》二十五) 叶适撰《戴佛墓志铭》(同上) 二月,叶适撰《栎斋藏书记》(《水心文集》十一) 三月,叶适撰《湖州胜赏楼记》(同右) 六月,叶适撰《赵孺人墓志铭》(同上)
嘉定十六年癸未(1223)	正月二十六日,叶适正则卒,年七十四(《桐江集》三《读筼窗〈荆溪集〉跋》)	戴栩预礼闱试务(《浣川集》九《无垢先生廷对分录跋》) 四月,贾涉以疾入奏,委陈铧暂摄淮闸(《后村大全集》一百四十六《忠肃陈观文神道碑》) 五月,戴溪长子桷为其父刻《春秋讲义》于金陵学舍,沈光为之序(《春秋讲义》卷首沈光序) 十月,叶适《习学记言序目》刊成(《习学记言序目》孙之宏序)	四月,云谷胡氏为郑伯熊《书说》作序(《经义考》八十) 十月,孙之宏为其师叶适《习学记言序目》作序(《习学记言序目》卷首) 十一月十六日,陈耆卿撰《赤城志序》(《嘉定赤城志》卷首)

附录二

宋永嘉学派诸子著述考略

略例

一、本考以书系人，人则略依《宋元学案》周许诸儒、艮斋、止斋、水心诸学案，永嘉诸子师友传承关系为先后之序。其一人之著述多种者，则略依四库分类以为之次，唯不备述其为某部某类。

二、本考著录群籍，以目录学专著为主，其次则取诸各府州县志之艺文、经籍志略及诸史传记、各家文集，并注明其卷数，以为覆按之资。

三、永嘉学派诸大家论学向不持门户之见，故凡为其学侣，或称同调，或尝从问学，而《宋元学案》别见于周许诸儒等学案外之其他学案者，亦悉录之。唯其学之宗旨显有异而别为源流者，如林光朝别为《艾轩学案》、吕祖谦别为《东莱学案》、唐仲友别为《说斋学案》、陈亮别为《龙川学案》，凡若此者，则概不之录。

四、诸子著述，其存佚可考者，则附注于本书之下，其所不知者，则从阙以识疑焉。

五、清季以还，我国家久经丧乱，书之为厄岂止于五，书之聚散存佚已难详按，故凡近代著录诸家云尚存之本概从著录，以待日后考索。

六、个人闻见有限，且草撰匆促，遗漏疏误盖所不免，尚祈方家有以教正之，则幸甚焉。

王开祖

《儒志编》 《宋史·艺文志》四无编字，今从《四库全书总目提要》九十一。

一卷 《宋史·艺文志》四，《四库全书总目提要》九十一，《续文献通考》一百七十三。

存 乾隆壬申童基刊本，永嘉诗人词堂丛刻，四库全书珍本四集。

林 石

一、《塘奥集》 万历《温州府志》十七。乾隆《温州府志》二十七、嘉庆《瑞安志》九奥并作嚣。

佚 《温州经籍志》十九。

二、《三游集》 万历《温州府志》十七。

佚 《温州经籍志》十九。

周行己

一、《易讲义》 《浮沚集》四。

佚 《温州经籍志》一。

二、《礼记讲义》 《浮沚集》四。

佚 《温州经籍志》四。

三、《浮沚先生集》

十六卷 《直斋书录解题》十七，《文献通考》二百三十七。《四库全书总目提要》一百五十五存八卷。

阙 武英殿重辑本（八卷），敬乡楼丛书第三辑（九卷，补遗一卷），武英殿聚珍版丛书（九卷），丛书集成初编，四库全书珍本别辑。

注：按《四库全书总目提要》云八卷，惟据四库全书珍本别辑目录实为九卷。

四、《后集》

三卷 《直斋书录解题》十七，《文献通考》二百三十七。《宋史·艺文志》七、《国史经籍志》五并载《周行己集》十九卷，盖合前后集计之。

佚 《温州经籍志》十九。

五、《周博士文集》

十卷 《宋史·艺文志》七。《宋元学案》三十二作三十卷。

佚 《温州经籍志》十九。

许景亮

《治说》 乾隆《温州府志》二十作《治统》，误，今从《浮沚集》七。

二十篇　《浮沚集》七。

佚　《温州经籍志》十四。

许景衡

《横塘集》

三十卷　《直斋书录解题》十八，《文献通考》二百三十八，《宋史·艺文志》七，《国史经籍志》五。《四库全书总目提要》一百五十六存二十卷。

阙　逊学斋藏重辑二十卷钞本，永嘉丛书（二十卷），四库全书珍本别辑（同上）。

刘安节

一、《伊川先生语录》

一卷　《二程遗书》十八。

存　《二程遗书》十八。

二、《刘左史文集》

四卷　《直斋书录解题》十七，《文献通考》二百三十八。《宋史·艺文志》七作五卷，误。

存　逊学斋藏钞本，同治癸酉新刊本，永嘉丛书，四库全书珍本六集。

刘安上

一、《刘氏制诰集》　《续文献通考》一百七十六。

佚　《温州经籍志》八。

二、《刘给谏文集》　《直斋书录解题》十八、《文献考》二百三十八、《四库全书总目提要》一百五十五并作《刘给事集》，万历《温州府志》十七作《刘元礼文集》，今从旧钞本、永嘉丛书本。

三十卷　万历《温州府志》十七。《直斋书录解题》十八、《文献考》二百三十八并作五卷，《宋史·艺文志》作《刘安上文集》四卷，又别出《刘给事文集》一卷，《邵亭知见传本书目》作七卷。

阙　逊学斋藏钞本（五卷），同治癸酉新刊本（同上），永嘉丛书本（同上），浙江图书馆藏旧钞本（七卷）。

戴述

一、《归去来集》　万历《温州府志》十七。

佚　《温州经籍志》十九。

二、《二戴集》　万历《温州府志》十七。

佚 《温州经籍志》三十二。

注：乃门人合戴述与其弟戴迅之文而成者。

鲍若雨

一、《程门问答录》 《世善堂藏书目录》上，万历《温州府志》十七。《宋元学
案》三十二作《伊川问答录》。

六章 《两浙名贤录》三。

佚 《温州经籍志》十四。

二、《敬亭文集》 万历《温州府志》十七。

佚 《温州经籍志》十九。

张辉

《草堂语录》 《千顷堂书目》十一，《补辽金元艺文志》。

佚 《温州经籍志》十四。

李迎

《济溪老人遗稿》

一卷 《直斋书录解题》十八，《宋史·艺文志》七。

林季仲

《竹轩杂著》

十五卷 《直斋书录解题》十八，《国史经籍志》五。《四库全书总目提要》一百
五十八存六卷。

阙 逊学斋藏重辑六卷钞本，永嘉丛书本（同上），四库全书珍本别辑（同上）。

萧振

《萧德起文集》 雍正《浙江通志》二百四十八作《萧振文集》，今从乾隆《温州府
志》二十七。

二十卷 《宋史》三百八十。

佚 《温州经籍志》十九。

戴迅

《晋史属辞》

三卷 《直斋书录解题》十四。

佚 《温州经籍志》十八。

薛徽言

一、《经书训义》 乾隆《温州府志》二十七。乾隆《永嘉县志》二十三作训解，

《续文献通考》一百七十五题薛季宣，并误。

佚　《温州经籍志》五。

二、《薛右史遗编》

十卷　《艮斋浪语集》三十三。

佚　《温州经籍志》十九。

三、《遗编别录》《艮斋浪语集》三十三。

佚　《温州经籍志》十九。

周去非

《岭外代答》

十卷　《直斋书录解题》八，《文献通考》二百五十，《国史经籍志》三，《四库全书总目提要》七十。

存　知不足斋丛书，丛书集成初编，《笔记小说大观》续编，《旧小说》丁集，四库全书珍本别辑。

吴松年

《江湖集》《诚斋集》一百二十五。

佚　《温州经籍志》二十。

王十朋

一、《尚书解》《世善堂藏书目》上，《续文献通考》一百七十三。《国史经籍志》二作《王龟龄书解》。

未见　《经义考》八十一注曰未见。

二、《泰誓论》

一篇　《经义考》九十五。

存　《经义考》九十五。

三、《周礼详说》《经义考》一百二十三。

佚　《经义考》一百二十三。

四、《春秋解》《世善堂藏书目录》上，《续文献通考》一百七十三，《经义考》一百八十六。

佚　《经义考》一百八十六。

五、《论语解》《续文献通考》一百七十五。

佚　《温州经籍志》六。

六、《梅溪奏议》

三卷 《直斋书录解题》二十二。《国史经籍志》五作四卷,《百川书志》十八作五卷,《天一阁书目》二之一作二卷。

存 《温州经籍志》八注曰未见。明正统间刊黑口本(四卷),四部丛刊初编(合廷试策奏议为五卷)。

七、《唐书详节》 《文渊阁书目》五。

佚 《温州经籍志》九。

八、《家政集》 道光《乐清县志》十四。

佚 《温州经籍志》十四。

九、《会稽三赋》

一卷 《四库全书总目提要》七十作三卷,《续文献通考》一百七十一作二卷,今从宋刊本。

存 明嘉靖三年刊本,明山阴朱启元校刊本,湖海楼丛书,道光乙未杜氏仿宋大字本,惜阴轩丛书,讬跋廛丛刻。

十、《梅溪先生文集》

五十四卷 《四库全书总目提要》一百五十九。汪应辰《龙图阁学士王公墓志铭》、史铸《会稽三赋注》并作五十卷,《国史经籍志》五作四十九卷,朱熹《梅溪集序》、《文献通考》二百四十并作三十二卷,唐传钲《重编宋王忠文公集》二十四卷《诗集》二十六卷。

存 "中央研究院"藏清钞本,《两宋名贤小集》(八卷),四部丛刊初编(含廷试策奏议五卷,前集二十卷,后集二十九卷)。

十一、《后集》

一卷 《宋史·艺文志》七。

佚 《温州经籍志》二十。

十二、《梅溪续集》

五卷 《直斋书录解题》十八,《文献通考》二百四十。

佚 《温州经籍志》二十。

十三、《南游集》

二卷 《宋史·艺文志》七。

佚 《温州经籍志》二十。

十四、《杜诗集注》

十本 季振宜《延令宋板书目》。

未见　《温州经籍志》二十。

十五、《楚东酬唱集》　《宋史·艺文志》八、《续文献通考》一百八十三并作《楚唱酬集》，今从《梅溪后集》九。

一卷　《宋史·艺文志》八。

佚　《温州经籍志》三十二。

十六、《王状元标目集注唐文类》　《百川书志》十九作《唐文类稿》，今从《季沧苇藏书目》。《孝慈堂书目》六、《天一阁书目》四之三并无集注二字。

六卷　《百川书志》十九，《季沧苇书目》。《孝慈堂书目》六、《天一阁书目》四之三并作十二卷。

未见　《温州经籍志》三十二。

十七、《王状元集注分类东坡先生诗》　《四库全书总目提要》一百五十四作《东坡诗集注》，今从《平津馆鉴藏书记》。

二十五卷　《述右堂藏书目》二，《平津馆鉴藏书记》。《四库全书总目提要》一百五十四作三十二卷。

存　逊学斋藏明刊本，清滋德堂传钞明汪氏诚意斋刊本，四部丛刊初编，日本明历丙申（二年）松柏堂刊本。

郑伯熊

一、《郑敷文书说》　《续文献通考》一百四十六作《郑伯熊书说》。

一卷　《国史经籍志》二，《续文献通考》一百四十六，《四库全书总目提要》十一，《经义考》八十一。

存　《函海》，《经苑》，《艺海珠尘》，逊学斋藏旧钞本，榕园丛书。

二、《六经口义拾遗》　《经义考》二百四十三。

佚　《宋元学案》三十二，《经义考》二百四十三。

三、《戆语》　《东嘉先哲录》六，《两浙名贤录》三，万历《温州府志》十七。

佚　《宋元学案》三十二，《温州经籍志》十七。

四、《记闻》　《东嘉先哲录》六，万历《温州府志》十七。

佚　《宋元学案》三十二，《温州经籍志》十七。

五、《郑景望集》　《国史经籍志》五作《郑伯熊集》。

三十卷　《直斋书录解题》十八，《文献通考》二百四十，《宋史·艺文志》七，《国史经籍志》五。

佚　《宋元学案》三十二，《四库全书总目提要》十一，《温州经籍志》十九。

六、《郑景望杂著》 《龙川集》十四。

　　　佚 《温州经籍志》十九。

张淳

一、《古礼》 《经义考》一百三十二作《校正古礼》,今从《直斋书录解题》二及
　　《文献通考》一百八十。

　　　十七卷 《直斋书录解题》二,《文献通考》一百八十。

　　　佚 《经义考》一百三十二。

二、《释文》

　　　一卷 《直斋书录解题》二,《文献通考》一百八十。

　　　佚 《经义考》一百三十二。

三、《识误》 万历《温州府志》十七作《释撰》,误。《四库全书总目提要》二十
　　上有仪礼二字。

　　　三卷 《直斋书录解题》二,《文献通考》一百八十,《四库全书总目提要》二
　　　　十。《宋史·艺文志》一、《授经图》礼四并作一卷,误。

　　　存 《经义考》一百三十二注曰佚,误。武英殿聚珍版丛书,得月簃次刻丛
　　　　书,丛书集成初编,四库全书珍本别辑。

陈鹏飞

一、《陈博士书解》

　　　三十卷 《直斋书录解题》二,《文献通考》一百七十七,《宋史·艺文志》
　　　　一,《国史经籍志》二,《经义考》八十。

　　　佚 《经义考》八十。

二、《诗解》

　　　二十卷 《直斋书录解题》二,《文献通考》一百七十九,《国史经籍志》二,
　　　　《经义考》一百五十。

　　　未见 《经义考》一百五十。

三、《罗浮集》

　　　二卷 《水心文集》十三,万历《温州府志》十七。《舆地纪胜》九十九,《续
　　　　文献通考》一百八十、《两浙名贤录》三并作十卷。

　　　佚 《温州经籍志》十九。

四、《管见集》

　　　十卷 《水心文集》十三。

佚 《温州经籍志》十九。

薛季宣

一、《古文周易》

十二卷 《经义考》二十六。《浪语集》二十七《书〈古文周易〉后》作十二篇。

佚 《经义考》二十六。

二、《书古文训》 万历《温州府志》十七作《书古文训义》。

十六卷 《国史经籍志》二,《千顷堂书目》一,《宋史艺文志补》,《四库全书总目》十三,《续文献通考》一百四十六。

存 《通志堂经解》本。

三、《艮斋定斋二先生书说》

三十卷 《经义考》八十一。

未见 《经义考》八十一。

注:按定斋者谢谔,此书不知何人合刻。

四、《诗性情说》 《浪语集》二十七。《经义考》一百七十作《反古诗说》,又云一作《诗性情说》。

佚 《经义考》一百七十。

注:按据《浪语集》二十七《书〈诗性情说〉后》,知原作《反古诗说》,后乃更名为《诗性情说》。

五、《周礼释疑》 《经义考》一百二十三作《周礼辨疑》,今从《周礼订义》序目。

佚 《温州经籍志》三。《经义考》一百二十三注曰未见。

六、《春秋经解》

十二卷 《直斋书录解题》三,《经义考》一百八十七。

佚 《经义考》一百八十七。

七、《指要》

二卷 《直斋书录解题》三。《文献通考》一百八十二、《玉海》四十、《经义考》一百八十七并云《经解指要》共十四卷,陈傅良《新权发遣常州薛公行状》作《指要》一卷,误。

佚 《温州经籍志》五。

八、《论语少学》 《水心文集》二十九、《宋史·艺文志》一、《国史经籍志》二、并作小学,误。今从《艮斋浪语集》三十,《经义考》二百十八。

二卷　《宋史·艺文志》一,《国史经籍志》二,《经义考》二百十八。

　　佚　《经义考》二百十八。

九、《论语直解》　《经义考》二百十八。万历《温州府志》十七作约说,《续文献
　　通考》一百七十五有约说无少学、直解。

　　　佚　《经义考》二百十八。

十、《中庸解》　《经义考》一百五十二解作说,今从《艮斋浪语集》二十九。

　　　一卷　《艮斋浪语集》二十九。

　　　存　《经义考》一百五十二注曰佚,误。《艮斋浪语集》二十九。

十一、《大学解》　《经义考》一百五十六解作说,今从《艮斋浪语集》二十九。

　　　　一卷　《艮斋浪语集》二十九。

　　　　存　《经义考》一百五十六曰佚,误。《艮斋浪语集》二十九。

十二、《十国纪年通谱》　《艮斋浪语集》三十。

　　　　佚　《温州经籍志》九。

十三、《薛常州地理丛考》

　　　　一卷　《宋史·艺文志》三。

　　　　佚　《温州经籍志》九。

十四、《九州图志》　《千顷堂书目》八,《宋史艺文志补》。《朱子语类》二作《九
　　　　域图》。

　　　　佚　《温州经籍志》十。

十五、《武昌土俗编》

　　　　二卷　《直斋书录解题》八,《文献通考》二百五十,《国史经籍志》三。

　　　　佚　《温州经籍志》十二。

十六、《汉兵制》　万历《温州府志》十七。

　　　　佚　《温州经籍志》十三。

十七、《资治通鉴约说》　陈傅良《右奉议郎新权发遣常州薛公行状》。

　　　　佚　《温州经籍志》十三。

十八、《校雠黄帝阴符经》　《浪语集》三十。《宋元学案》五十二、《两浙名贤
　　　　录》三并无黄帝二字,且与《山海经》连言,误。

十九、《校正风后握奇经》

　　　　一卷　《直斋书录解题》十二,《文献通考》二百二十一,《世善堂藏书目
　　　　录》下。

存　《艮斋浪语集》三十。

二十、《遁甲龙图》

四卷　《艮斋浪语集》三十。

佚　《温州经籍志》十七。

二十一、《艮斋先生薛常州浪语集》　《国史经籍志》五作《薛季宣集》。

三十五卷　《国史经籍志》五,《四库全书总目提要》一百六十,《续文献通考》一百八十九,《千顷堂书目》二十九,《宋史艺文志补》。

存　逊学斋藏钞本,同治壬申刊本,永嘉丛书,四库全书珍本七集。

刘夙

一、《春秋讲义》　《莆田县志》三十二作《春秋解义》。

一卷　《经义考》一百八十八。

佚　《经义考》一百八十八。

二、《史记正误》　《莆田县志》三十三。

三、《注汉书》　《莆田县志》三十三。

四、《奏议》

一卷　《莆田县志》三十三。

五、《续博古编》　《莆田县志》三十三。

六、《二刘遗文》

十卷附录五卷　《莆田县志》三十三。

注:乃刘夙与其弟刘朔二人之合集。

刘朔

一、《易占》　《经义考》二十五。

佚　《经义考》二十五。

二、《图书注》　《经义考》二十五。

佚　《经义考》二十五。

三、《春秋纪年图》　《莆田县志》三十三。

四、《唐书注》　《莆田县志》三十三。

诸葛说

一、《艮园易说》　《经义考》二十五。

佚　《经义考》二十五。

二、《论语说》　《经义考》二百十八。雍正《浙江通志》二百四十二作《艮园论语说》。

  佚 《经义考》二百十八。

刘轸

《诠心指要》 《千顷堂书目》十一,《宋史艺文志补》。

  佚 《温州经籍志》十四。

陈尧英

一、《周礼说》

  三卷 雍正《浙江通志》二百四十二。

  佚 《温州经籍志》三。

二、《清朝政序》 《水心文集》十八,雍正《浙江通志》二百四十四。

  佚 《温州经籍志》十四。

三、《兵书》 万历《温州府志》十七,雍正《浙江通志》二百四十七。

  佚 《温州经籍志》十六。

郑伯英

《归愚翁集》 《国史经籍志》五作《郑伯英集》。

二十六卷 《直斋书录解题》十八,《文献通考》二百四十,《宋史·艺文志》七,《国史经籍志》五。

  佚 《宋元学案》三十二,《温州经籍志》二十。

郑伯谦

《太平经国之书》 《宋史·艺文志》一作《太平经国书统集》,《经义考》一百二十四作《太平经国之书统集》,今从《四库全书总目提要》十九。

十一卷 《四库全书总目提要》十九,《续文献通考》一百五十一。《宋史·艺文志》一作七卷,误。

  存 明嘉靖间刊本,丛书集成初编,正谊斋丛书(十一卷,首一卷),《学津讨原》(同上),《通志堂经解》(同上)。

陈傅良

一、《书抄》 《国史经籍志》二,《经义考》八十一。

  佚 《温州经籍志》二。《经义考》八十一注曰未见。

二、《毛诗解诂》 曹叔远《止斋文集叙》作《诗训义》,叶绍翁《四朝闻见录》甲作《诗传》,《世善堂藏书目录》上、《续文献通考》一百七十三并作《毛诗解》,今从《止斋文集》附蔡幼学行状。

二十卷　《经义考》一百七十。

佚　《经义考》一百七十。

三、《周礼说》

三卷　《读书附志》上,《直斋书录解题》二,《文献通考》一百八十一。《宋史·艺文志》二、《授经图》礼四并作一卷,《国史经籍志》二作十三卷,并误。

佚　《温州经籍志》三。《经义考》一百二十三注曰未见。

四、《周官制度精华》

二十卷　《玉海》三十九,《经义考》一百二十三。

佚　《温州经籍志》三。《经义考》一百二十三注曰未见。

注:《朱子语类》八十六云:上半册陈傅良作,下半册徐元德作。

五、《高士送终礼》　《续文献通考》一百七十六。

六、《止斋先生春秋后传》　《读书附志》上春秋下有左氏二字,误。

十二卷　《直斋书录解题》三,《读书附志》上,《宋史·艺文志》一,《经义考》一百八十七,《四库全书总目提要》二十七。

存　《通志堂经解》本。

七、《春秋后传补遗》

一卷　《授经图》春秋四。

佚　《温州经籍志》五。

八、《左氏章指》

三十卷　《直斋书录解题》三,《宋史·艺文志》一,《授经图》春秋四,《经义考》一百八十七。《读书附志》上、《国史经籍志》二并作十七卷。

佚　《温州经籍志》五。《经义考》一百八十七注曰未见。

注:《国史经籍志》三又称《春秋后传》并《左氏章指》四十二卷。

九、《论孟古义》　乾隆《温州府志》二十七、嘉庆《瑞安县志》九并作《经书古义》,今从《百川书志》二十。

一卷　《百川书志》二十。

未见　《温州经籍志》六。

注:或曰止斋著,又曰王从之著,未详孰是(《温州经籍志》六)

十、《经筵孟子讲义》

二篇　《经义考》二百三十四。

存　《止斋文集》二十八。

十一、《建隆编》　《读书附志》上、《玉海》四十九并作《开基事要》,《玉海》四十
　　　　七作《续通鉴节要》,今依《直斋书录解题》四,《文献通考》一百九十
　　　　三,《宋史·艺文志》二,《国史经籍志》三。

　　　　一卷　《直斋书录解题》四,《文献通考》一百九十三,《宋史·艺文志》
　　　　二,《国史经籍志》三。《读书附志》上、《玉海》四十七并作十卷。

　　　　佚　《温州经籍志》八。

十二、《读书谱》

　　　　一卷　《直斋书录解题》四,《文献通考》一百九十三,《国史经籍志》三。

　　　　佚　《温州经籍志》八。

十三、《皇朝大事记》　曹叔远《止斋文集叙》。

　　　　佚　《温州经籍志》八。

十四、《制诰集》

　　　　五卷　蔡幼学《宋故宝谟阁待制致仕赠通议大夫陈公行状》。

　　　　佚　《温州经籍志》八。

十五、《西汉史钞》

　　　　十七卷　《文献通考》二百,《世善堂藏书目录》上。

　　　　佚　《温州经籍志》九。

十六、《皇朝百官公卿拜罢谱》　曹叔远《止斋文集叙》。

　　　　佚　《温州经籍志》十三。

十七、《皇朝财赋兵防秩官志稿》　曹叔远《止斋文集叙》。

　　　　佚　《温州经籍志》十三。

十八、《历代兵制》

　　　　八卷　《国史经籍志》四,《四库全书总目提要》八十二,《续文献通考》一
　　　　百六十八。《千顷堂书目》十三、《宋史艺文志补》并作六卷,误。

　　　　存　《墨海金壶》,守山阁丛书,长思书室丛书,"中央图书馆"藏钞本。

　　　　注:《千顷堂书目》云一作八卷。

十九、《汉兵制》

　　　　一卷　《宋史·艺文志》六。

　　　　存　《历代兵制》二。

　　　　注:按此乃《历代兵制》之残本也。

二十、《长乐志》

四十卷　雍正《浙江通志》二百四十四,乾隆《温州府志》十七,嘉庆《瑞安县志》九。

注:按《直斋书录解题》八、《宋史·艺文志》三并属之府帅梁克家,惟据本书淳熙九年序云:时陈傅良君举通判州事,大略皆出其手,是本书虽系梁氏,而编务则傅良主之也。

二十一、《止斋先生文集》

五十一卷附录一卷　《文献通考》二百四十一、《宋史·艺文志》七、《国史经籍志》五并作五十二卷,《直斋书录解题》十八作五十三卷,今从《四库全书总目提要》一百五十九。

存　逊学斋藏明正德乙丑林长繁刊本,嘉靖辛卯安正堂刊本(并为二十八卷),乾隆乙丑林上梓刊本(分诗集五卷,文集十九卷),甲午陈用光刊本(同上),永嘉丛书(五十二卷附录一卷),四部丛刊初编(同上)。

二十二、《城南集》　曹叔远《止斋文集跋》。

佚　《温州经籍志》二十。

二十三、《待遇集》　《荆溪林下偶谈》四,《文献通考》三十二。

佚　《温州经籍志》二十。

二十四、《陈止斋先生论祖》

五卷　《四库全书总目提要》一百七十四,《续文献通考》一百八十九。

存　明刊本、逊学斋藏钞本。

注:雍正《浙江通志》二百五十二作四卷,另有《止斋论决》一卷。

二十五、《止斋先生奥论》

八卷　《千顷堂书目》二十九、《宋史艺文志补》并作十卷,今依明刊本。

存　逊学斋藏明刊本,明刊黑口本。

二十六、《永嘉先生八面锋》　《四库全书总目提要》一百八十五无先生二字。

十三卷　《千顷堂书目》三十二,《宋史艺文志补》,《四库全书总目提要》一百八十五,《续文献通考》一百八十六。

存　明刊本湖海楼丛书,坊刻巾箱本,丛书集成初编。

注:按此书刻本不著撰人名氏,卷末有明宏治癸亥都穆跋,谓宋时

常有版刻，第云永嘉先生，考陈傅良、叶适当时皆称永嘉先生，相
传此为傅良所撰，或曰叶氏为之，今观其间多傅良平日之语，其为
陈氏无疑云云，因姑属之傅良以俟考。

叶适

一、《周易述释》

一卷 《宋史·艺文志》一，《经义考》三十二。

未见 《经义考》三十二。

二、《春秋通说》

十三卷 万历《温州府志》十七。

佚 《温州经籍志》五。

三、《名臣事纂》

九卷 《宋史·艺文志》六。

佚 《温州经籍志》九。

四、《叶学士唐史钞》

十卷 《宋史·艺文志》二。

佚 《温州经籍志》九。

五、《荀扬问答》 《千顷堂书目》十一作《叶适荀扬问答外编》，《宋史艺文志
补》又作《外稿》，并误。今从万历《温州府志》十七。

佚 《温州经籍志》十四。

六、《习学记言序目》

五十卷 《直斋书录解题》十，《文献通考》二百十四，《经义考》二百四十
三，《四库全书总目提要》一百十七。《宋史·艺文志》四作四十五
卷，误。

存 逊学斋藏明秦四麟钞本，祥符周氏藏明叶道毂钞本，"中央图书馆"藏
萃古斋钞本，敬乡楼丛书一辑，四库全书珍本三集，"中央图书馆"藏
清钱塘吴氏绣谷亭钞本(存卷一至卷五)。

七、《水心先生文集》

二十八卷 《直斋书录解题》十八，《读书附志》下，《文献通考》二百四十
一，《宋史·艺文志》七，《国史经籍志》五。《四库全书总目提要》一百六
作二十九卷。

存 明正统戊辰黎谅重编二十九卷本，重刊黎编本，乾隆乙亥温州刊本，

永嘉丛书本(二十九卷,补遗一卷),四部备要(同上),河洛出版社铅印本(二十九卷,补遗一卷另别集十六卷)。

八、《拾遗》

一卷　《直斋书录解题》十八,《文献通考》二百四十一。

佚　《温州经籍志》二十一。

九、《水心先生别集》

十六卷　《直斋书录解题》十八,《文献通考》二百四十一。《国史经籍志》五作十七卷,误。

存　逊学斋藏钞本,同治辛未新刊本,永嘉丛书本,河洛出版社铅印本(与文集合编)。

十、《制科进卷》

九卷　万历《温州府志》十七。

存　《水心别集》。

十一、《外稿》

六卷　万历《温州府志》十七。

存　《水心别集》。

十二、《贤良进卷》

八卷　《季沧苇藏书目》。《研经室外集》四,《四库未收书目》四并作四卷。

存　归安陆氏仪顾堂藏钞本(八卷),台北故宫博物院图书馆藏清钞本(四卷),《水心别集》一至八。

十三、《水心文粹》　黎谅《水心文集叙》。

佚　《温州经籍志》二十一。

十四、《策场标准集》　黎谅《水心文集叙》。

佚　《温州经籍志》二十一。

十五、《播芳集》　《水心文集》十二。

佚　《温州经籍志》三十二。

朱伯起

《阴阳精义》

二十篇　《文献通考》二百二十,《国史经籍志》四。万历《温州府志》十七、雍正《浙江通志》二百四十七并作二十卷,误,《宋元学案》三十二又云二卷。

佚　《温州经籍志》十七。

刘天益

《筼坡集》　万历《温州府志》十七。雍正《浙江通志》二百四十八误题为陈天益。

佚　《温州经籍志》二十二。

陈武

《江东地利论》

一卷　《四库全书总目提要》七十五,《续文献通考》一百七十一。

存　翰林院储《永乐大典》本。

陈谦

一、《诗解诂》《经义考》一百八十。

佚　《经义考》一百八十。

二、《续毛诗解》《宋元学案》五十三。

三、《周礼说》《经义考》一百二十三。

佚　《经义考》一百二十三。

四、《续周礼说》《宋元学案》五十三。

五、《春秋解》《续文献通考》一百七十三。

佚　《温州经籍志》五。

六、《续春秋后传》《宋元学案》五十三。

七、《续左氏章指》《宋元学案》五十三。

八、《谢修撰墓志》

一卷　《直斋书录解题》七,《文献通考》一百九十九,雍正《浙江通志》二百四十四。

注:按与《黄适谢修撰行状》合为一卷。

九、《永宁编》

十五卷　《宋史·艺文志》三,《直斋书录解题》八,《文献通考》二百四十,《国史经籍志》三。

佚　《温州经籍志》十。

十、《雁山行记》

一卷　《直斋书录解题》八,《文献通考》二百六十。

佚　《温州经籍志》十二。

十一、《阳明洞天图经》

二卷 《世善堂藏书目录》上。

佚 《温州经籍志》十二。

十二、《易庵文集》 《续文献通考》一百八十,万历《温州府志》十七。

佚 《温州经籍志》二十一。

黄度

一、《周易说》

五卷 雍正 《浙江通志》二百四十一。

注:据康熙丙辰纳兰成德《黄度〈尚书说〉序》,谓其《易传》未成而殁。

二、《书说》 《四库全书总目提要》十一作《尚书说》。

七卷 《直斋书录解题》二,《文献通考》一百七十七,《宋史·艺文志》一,《国史经籍志》二,《经义考》八十一,《四库全书总目提要》十一。

存 《通志堂经解》。

三、《诗说》 《文献通考》一百七十九、《国史经籍志》二并作《诗序》。

三十卷 《直斋书录解题》二,《文献通考》一百七十九,《宋史·艺文志》一,《国史经籍志》二,《经义考》一百六十。

佚 《经义考》一百六十,《四库全书总目提要》十一。

四、《周礼说》 《经义考》一百二十九作《周礼五官说》。

五卷 《直斋书录解题》二,《文献通考》一百八十一,《宋史·艺文志》一,《国史经籍志》二,《经义考》一百二十九。

佚 《四库全书总目提要》十一。

五、《史通》 雍正《浙江通志》二百四十三。

六、《艺祖宪监》

三卷 《宋史·艺文志》二。

七、《仁皇从谏录》

三卷 《宋史·艺文志》二。

八、《屯田便宜》

一卷 雍正《浙江通志》二百四十四。《世善堂藏书目录》下作《历代边防屯田便宜》二十卷。

九、《历代边防》

六卷 雍正《浙江通志》二百四十四。《世善堂藏书目录》下作《历代边防屯田便宜》二十卷。

十、《黄度三朝言行录》　万历《温州府志》十七。

　　注：度曾孙黄奇孙辑。

薛叔似

一、《薛恭翼公奏议》

　　十卷　万历《浙江通志》十七。

　　佚　《温州经籍志》八。

二、《薛文节文集》　雍正《浙江通志》二百四十八。万历《温州府志》十七、乾
　　　隆《永嘉县志》二十三并作《文节公集》。

　　佚　《温州经籍志》二十一。

钱文子

一、《白石诗传》

　　二十卷　《直斋书录解题》二,《文献通考》一百七十九。《宋史·艺文志》
　　　一、《国史经籍志》二、《授经图》四作十卷,《经义考》一百九十引《宋志》
　　　作三十卷,并误。

　　未见　《温州经籍志》二。《经义考》一百九十注曰存。

二、《诗训诂》　《授经图》四作《诗故训》,今从《宋史·艺文志》一,《经义考》一
　　　百九十。

　　三卷　《宋史·艺文志》一,《授经图》四,《经义考》一百九十。

　　未见　《温州经籍志》二,《经义考》一百九十注曰存。

三、《论语传赞》

　　二十卷　《宋史·艺文志》一,《国史经籍志》二,《经义考》二百十九。

　　佚　《经义考》二百十九。

四、《中庸集传》

　　一卷　《宋史·艺文志》一,《经义考》一百五十三。

　　佚　《经义考》一百五十三。

五、《孟子传赞》

　　十四卷　《宋史·艺文志》四,《国史经籍志》二,《经义考》二百二十五。

　　佚　《温州经籍志》六。

六、《两汉编》　乾隆《温州府志》二十七。万历《温州府志》十七编作志。

　　佚　《温州经籍志》八。

七、《汉唐专要》

二十卷　《玉海》四十九。

佚　《温州经籍志》八。

八、《汉唐制度》　《文渊阁书目》四。

佚　《温州经籍志》十三。

注:《温州经籍志》疑即《玉海》四十九之《汉唐事要传本》,标题偶异耳。

九、《补汉兵志》　《直斋书录解题》十二、《文献通考》二百二十一并作《补汉兵制》,误,今从《宋史·艺文志》六。

一卷　《直斋书录解题》十二,《文献通考》二百二十一,《宋史·艺文志》六,《四库全书总目提要》八十二。

存　乾隆己丑盛百二刊本,知不足斋丛书,"中央图书馆"藏钞本。

戴溪

一、《易总说》　《周易启蒙翼传》中、《授经图》易四并作《周易总义》,又《授经图》复出作《周易总说》,万历《温州府志》十七、《经义考》三十二并作《周易总说》。

二卷　《直斋书录解题》一,《文献通考》一百七十六,《宋史·艺文志》一,《授经图》易四,《经义考》三十二。

佚　《经义考》三十二。

二、《书说》　《经义考》八十三。

佚　《经义考》八十三。

三、《续吕氏家塾读诗记》　《直斋书录解题》二、《文献通考》一百七十九并作《岷隐续读诗记》,《授经图》诗四、《经义考》一百八十并作《续读诗记》,万历《温州府志》十七作《续诗记》,今从《四库全书总目提要》十五。

三卷　《直斋书录解题》二,《文献通考》一百七十九,《宋史·艺文志》一,《四库全书总目提要》十五。

阙　《经义考》一百八十注曰未见,误。武英殿聚珍版丛书,《墨海金壶》,小万卷楼丛书,《经苑》,丛书集成初编,四库全书珍本别辑。

注:今本仍为三卷,然仅原著之十之七八而已(《四库提要》)。

四、《诗说》

三卷　万历《温州府志》十七。

佚　《温州经籍志》二。

五、《曲礼口义》

二卷　《直斋书录解题》二,《文献通考》一百八十一,《宋史·艺文志》一,《国史经籍志》二,《授经图》礼四,《经义考》一百四十八。

佚　《经义考》一百四十八。

六、《学记口义》

三卷　《宋史·艺文志》一,《经义考》一百五十。《文献通考》一百八十一、《国史经籍志》二、《授经图》礼四并作二卷。

佚　《经义考》一百五十。

七、《春秋讲义》　万历《温州府志》十七作《春秋说》,今从《宋史·艺文志》一、《四库全书总目提要》二十七。

四卷　《宋史·艺文志》一,《四库全书总目提要》二十七,《续文献通考》一百五十三。《授经图》春秋四作戴少望《春秋廛义》六卷,误。

存　《经义考》一百九十注曰佚,误。"中央图书馆"藏钞本,敬乡楼丛书第二辑,四库全书珍本三集。

八、《续春秋口义》　咸丰《永嘉县志》二十。

佚　《温州经籍志》五。

九、《春秋说》

三卷　《宋元学案》五十三,《两浙名贤录》三。

十、《石鼓论语答问》　《国史经籍志》二,《续文献通考》二百七十五、《四库全书总目提要》三十五并作问答。

三卷　《直斋书录解题》三,《文献通考》一百八十四,《宋史·艺文志》一,《四库全书总目提要》三十五。

存　《经义考》二百十八注曰佚,误。敬乡楼丛书第三辑,四库全书珍本四集。

十一、《石鼓孟子答问》

三卷　《直斋书录解题》三,《文献通考》一百八十四,《宋史·艺文志》四,《国史经籍志》二,《经义考》二百三十五。

佚　《温州经籍志》六。

十二、《清源志》　《世善堂藏书目录》上源下有山字,误衍。

七卷　《直斋书录解题》八,《文献通考》二百五十。

佚　《温州经籍志》十。

十三、《通鉴笔议》　万历《温州府志》十七。乾隆《永嘉县志》二十三作《通鉴博议》。

　　佚　《温州经籍志》十三。

十四、《将鉴论断》《宋史·艺文志》六、《续文献通考》一百七十九并作《历代
　　　将鉴博议》,《百川书志》四作《将鉴博议》,今从《四库全书总目提要》
　　　一百。

　　十卷　《宋史·艺文志》六,《四库全书总目提要》一百,《续文献通考》一
　　　百八十三。

　　存　"中央图书馆"藏朝鲜旧钞本。《温州经籍志》十六注曰未见。

十五、《复雠对》《续文献通考》一百七十九。

　　佚　《温州经籍志》十六。

十六、《会稽兵家术》《续文献通考》一百七十九。

十七、《岷隐文集》　万历《温州府志》十七。

　　佚　《温州经籍志》二十二。

项安世

一、《周易玩辞》

　　十六卷　《直斋书录解题》一,《宋史·艺文志》一,《经义考》二十八,《四库
　　　全书总目提要》三。

　　存　《湖北先生遗书》,"中央研究院"藏宋刊本,《通志堂经解》。

二、《毛诗前说》

　　一卷　《直斋书录解题》二,《宋史·艺文志》一,《经义考》一百七十。

　　佚　《经义考》一百七十,《四库全书总目提要》九十二。

三、《中庸说》

　　一卷　《直斋书录解题》二,《宋史·艺文志》一,《经义考》一百五十二。

　　存　《项氏家说》附录二。《经义考》一百五十二注曰未见。

四、《周礼邱乘图说》

　　一卷　《直斋书录解题》二,《宋史·艺文志》一,《经义考》一百二十九。

　　佚　《四库全书总目提要》九十二。

五、《孝经说》

　　一卷　《直斋书录解题》三,《宋史·艺文志》一,《经义考》二百二十六。

　　存　《经义考》二百二十六注曰佚,误。《项氏家说》附录一。

六、《项氏家说》《宋史·艺文志》作《项氏家记》。

十卷　《直斋书录解题》三(别有附录四卷),《宋史·艺文志》四,《四库全书总目提要》九十二(别有附录二卷)。

存　《湖北先生遗书》,丛书集成初编,武英殿聚珍版丛书,四库珍本别辑。

注:按《四库全书总目提要》九十二云:《直斋书录解题》别附附录四卷,即《孝经说》《中庸说》《毛诗前说》《周礼邱乘图说》。《四库全书总目提要》别附附录二卷,为《孝经说》《中庸臆说》。

王绰

一、《春秋传记》　《宋元学案》五十五、雍正《浙江通志》二百四十一、万历《温州府志》十七、乾隆《永嘉县志》六十三并作传记。乾隆《温州府志》二十七作传说。今从《续文献通考》一百七十三、《经义考》一百九十。

三卷　《经义考》一百九十。

佚　《经义考》一百九十。

二、《王诚叟文集》　万历《温州府志》十七。

佚　《温州经籍志》二十二。

徐元德

《周官制度精华》

二十卷　《玉海》三十九,《经义考》一百二十三。

佚　《温州经籍志》三。《经义考》一百二十三注曰未见。

注:《朱子语类》八十六云:上半册陈傅良作,下半册徐元德作。

王楠

一、《合斋集》　万历《温州府志》十七集上有文字,今从《直斋书录解题》十八、《文献通考》二百四十五、《国史经籍志》五。

十六卷　《直斋书录解题》十八,《文献通考》二百四十五,《国史经籍志》五。

佚　《温州经籍志》二十。

二、《王秘监集》　万历《温州府志》十七、乾隆《永嘉县志》二十三集上并有诗字,今从《直斋书录解题》二十、《文献通考》二百四十五。

四卷　《直斋书录解题》二十,《文献通考》二百四十五。

佚　《温州经籍志》二十。

楼钥

一、《金縢图说》

　　一篇　《经义考》九十七。

　　存　《经义考》九十七。

二、《乐书正误》

　　一卷　《攻媿集》五十三，光绪《鄞县志》五十二。

　　存　宋嘉泰二年陈苕南丰刊本，择是居丛书。

三、《玉牒会要》　《絜斋集》十一。

四、《圣政书》　《絜斋集》十一。

五、《范文正公年谱》

　　一卷　《四库全书总目提要》五十九，《续文献通考》一百六十四，《天一阁书
　　　　目》二。

　　存　四明丛书三辑，四部丛刊初编。

六、《温州进士题名录》　《攻媿集》五十三。

七、《北行日录》　《国史经籍志》三作《北行杂录》。

　　一卷　《直斋书录解题》七，《文献通考》一百九十九，《国史经籍志》三。

　　存　知不足斋丛书，《攻媿集》一百十一、一百十二。

八、《攻媿集》

　　一百二十卷　《直斋书录解题》十八，《宋史·艺文志》七。《国史经籍志》
　　　　五作一百二十六卷，《四库全书总目提要》一百五十八作一百十二卷。

　　存　"中央图书馆"藏钞本，丛书集成初编（一百十二卷），武英殿聚珍版丛
　　　　书（同上），四部丛刊初编（同上）。

戴栩

《东坡阳羡谱》　佚名《少卿戴公行状》。

佚　《温州经籍志》九。

蔡幼学

一、《春秋解》　《经义考》一百八十四。

　　佚　《经义考》一百八十四。

二、《国朝编年要》　《文献通考》一百九十七作《国史编年政要》，《宋史·艺
　　　　文志》二作《宋编年政要》，今依《通考》引《中兴艺文志》、《读书附志》上、
　　　　《玉海》四十七、《国史经籍志》三。

四十卷 《读书附志》上,《玉海》四十七,《文献通考》一百九十七,《宋史·艺文志》二,《国史经籍志》三。

佚 《温州经籍志》八。

三、《年历大事记》 《宋元学案》五十三,《水心文集》二十三。

四、《国朝实录列传举要》

十二卷 《玉海》四十七,《文献通考》一百九十七,《宋史·艺文志》二。

佚 《温州经籍志》八。

五、《皇朝宰拜罢录》

一卷 《文献通考》一百九十七。

佚 《温州经籍志》八。

六、《续百官公卿表》

二十卷 《文献通考》二百九十七,《宋史·艺文志》二,《国史经籍志》三,《世善堂藏书目录》上。《直斋书录解题》四作十卷。

佚 《温州经籍志》八。

七、《续百官表质疑》

十卷 《直斋书录解题》四,《文献通考》一百九十七,《宋史·艺文志》二。

佚 《温州经籍志》八。

八、《备志》 《文献通考》一百九十七引《中兴艺文志》。

佚 《温州经籍志》八。

九、《宋通志》

五百卷 《宋元学案》五十三。

佚 《温州经籍志》八。

注:盖与其子蔡范合编。

十、《育德堂外制集》 万历《温州府志》十七育德下无堂字,今从《直斋书录解题》十八、《文献通考》二百四十一、《国史经籍志》五。

八卷 《直斋书录解题》十八,《文献通考》二百四十一,《国史经籍志》五。

阙 《温州经籍志》八注曰佚,误。宋蔡氏家刊本(五卷),敬乡楼丛书第二辑(同上)。

十一、《内制集》

三卷 《直斋书录解题》十八,《文献通考》一百四十一,《国史经籍志》五。

佚　《温州经籍志》八。

十二、《育德堂集》

五十卷　《宋史·艺文志》七。

佚　《温州经籍志》二十一。

十三、《文懿公集》　万历《温州府志》十七。

佚　《温州经籍志》二十一。

十四、《西垣集》　万历《温州府志》十七。

佚　《温州经籍志》二十一。

曹叔远

一、《周官讲义》《经义考》一百二十三。

佚　《经义考》一百二十三。

二、《周礼地官讲义》《经义考》一百二十九。

佚　《经义考》一百二十九。

三、《春秋书法起例》　姜准《岐海琐谈》五。

佚　《温州经籍志》五。

四、《诸经要解》　姜准《岐海琐谈》五。

佚　《温州经籍志》五。

五、《中庸注疏》　乾隆《温州府志》二十九。

佚　《温州经籍志》六。

六、《宣和御寇纪事》《菊庵集选》

未见　《温州经籍志》八。

七、《永嘉谱》　《宋史·艺文志》三谱作志，误，今从《直斋书录解题》八、《文献通考》二百四十、《宋史·艺文志》三、《国史经籍志》三。

二十四卷　《直斋书录解题》八，《文献通考》二百四十，《宋史·艺文志》三，《国史经籍志》三。

佚　《温州经籍志》十。

注：据《宋元学案》五十三包括年谱、地谱、名谱、人谱。

八、《江阳谱》

八册　《文渊阁书目》十九。

未见　《温州经籍志》十。

九、《修复李渠志》　谢旻《江西通志》十五。

佚 《温州经籍志》十一。

十、《家塾手编》《岐海琐谈》五。

佚 《温州经籍志》十七。

十一、《蘧经集》《岐海琐谈》五。

佚 《温州经籍志》二十二。

吕声之

《沃洲杂咏》 雍正《浙江通志》二百四十八,金城《新昌县志》十五。《宋人小集》作《雁册山杂咏》。

四卷 《宋人小集》。

存 《宋人小集》。

吕冲之

一、《壁经宗旨》《两浙名贤录》一,雍正《浙江通志》二百四十一。

二、《诗文墨妙》《两浙名贤录》一。

朱黼

一、《纪年备遗》

一百卷 《文献通考》一百九十三,《国史经籍志》三。

佚 《温州经籍志》十三。

二、《纪元统纪论》 雍正《浙江通志》二百四十三,乾隆《温州府志》二十七。乾隆《平阳县志》九并无纪字,今从《直斋书录解题》四,《文献通考》一百九十三。

一卷 《直斋书录解题》四、《文献通考》一百九十三。

佚 《温州经籍志》十三。

三、《三国六朝五代纪年总辨》

二十八卷 《四库全书总目提要》八十九,《续文献通考》一百六十七。

存 永嘉区征辑乡哲遗著会藏钞本,"中央图书馆"藏清乾隆三十九年江苏巡抚薖载进呈影宋钞本。

注:按实即《纪年备遗》中之二十八卷也(《续文献通考》)。

徐筠

一、《周礼微言》

十卷 《宋史·艺文志》一,《经义考》一百二十三。

未见 《经义考》一百二十三。

二、《汉官考》

　　六卷　《直斋书录解题》六。

三、《姓氏源流考》

　　七十八卷　《宋史·艺文志》三。

四、《修水志》

　　十卷　《宋史·艺文志》三。

吴汉英

一、《安定十策》　乾隆《江南通志》一百九十二。

二、《更化三札》　乾隆《江南通志》一百九十二。

三、《归休集》

　　十九卷　《宋元学案》五十三。《江阴县续志》作二十卷。

陈耆卿

一、《论语纪蒙》

　　六卷　《直斋书录解题》三,《文献通考》一百八十四,《宋史·艺文志》一,
　　《国史经籍志》二,《经义考》二百十八。

　　佚　《经义考》二百十八。

二、《孟子纪蒙》

　　十四卷　《直斋书录解题》三,《文献通考》一百八十四,《国史经籍志》二,
　　《经义考》二百三十五。

　　佚　《经义考》二百三十五。

三、《赤城志》　《四库全书总目提要》六十八前有嘉定二字。

　　四十卷　《直斋书录解题》八,《四库全书总目提要》六十八。

　　存　明万历二十四(丙申)年补修本,清嘉庆二十三(戊寅)年临海宋氏重
　　刊本,台州丛书乙辑。明弘治丁巳太平谢铎重刊本(存卷一至十四)。

四、《筼窗集》

　　十卷　《四库全书总目提要》一百六十三,《续文献通考》一百九十。《读书
　　附志》初集三十卷、续集三十八卷。

　　存　四库善本丛书初编(十卷),四库全书珍本初集(同上)。

王汶

一、《东谷集》　《台州府志》七十五,雍正《浙江通志》二百四十八。

　　佚　《赤城新志》二十一,《台州经籍志》二十五。

丁希亮

《丁少詹集》 《宋元学案》五十五，《水心文集》十二。《贡岩县志》作《梅岩文集》。

佚 《台州经籍志》二十五。

周南

一、《戊午议和录》 《山房集》五。

二、《书坞丛录》 《山房集》五。

三、《同舍小录》 《山房集》四。

四、《山房集》

四十卷 《国史经籍志》五，《直斋书录解题》十八（周氏《山房集》二十卷、《后集》二十卷）。史艺文志七作五卷，误。《四库全书总目提要》厘为九卷。

阙 四库全书珍本三辑（前集八卷、后稿一卷），《涵芬楼秘笈》（同上）。

孟猷

一、《上饶志》

十卷 《宋史·艺文志》三。

二、《孟侍郎集》 《宋元学案》五十五。

王大受

《拙斋诗稿》 《水心文集》二十九。光绪《江西通志》一百七十作《拙斋集》。

邓传之

一、《系辞说》

一卷 《经义考》六十九，光绪《江西通志》九十九。

佚 《经义考》六十九。

二、《求斋稿》 《宋元学案》五十五。

戴栩

一、《春秋说》 《续文献通考》七十三。

佚 《温州经籍志》五。

二、《五经说》 《经义考》二百四十四。

佚 《经义考》二百四十四。

三、《东都要略》 万历《温州府志》十七，《两浙名贤录》一。

佚 《温州经籍志》八。

四、《诸子辨论》 万历《温州府志》十七,《两浙名贤录》一,雍正《浙江通志》二百四十六。

　　佚 《温州经籍志》十七。

五、《浣川集》 万历《温州府志》十七作《戴博士集》。

　　十八卷 《千顷堂书目》二十九,《国史经籍志》五,《宋史艺文志补》。《四库全书总目》一百六十二存十卷,《续文献通考》一百八十九亦作十卷。

　　阙 逊学斋藏重辑十卷钞本,敬乡楼丛书第一辑(十卷、补遗一卷),四库全书珍本别辑。

孔元忠

一、《书纂》

　　二卷 《宋元学案》五十五。

二、《祭编》

　　五卷 《宋元学案》五十五。

三、《纬书类聚》

　　二卷 《宋元学案》五十五。

四、《论语钞》

　　十卷 《宋元学案》五十五。

五、《编年通考》

　　七十三卷 《宋元学案》五十五。

六、《考古类编》

　　四卷 《宋元学案》五十五。

七、《豫斋集》

　　二十卷 《宋元学案》五十五。

袁聘儒

《述释叶氏易说》 《国史经籍志》二作《叶正则易说》。

　　一卷 《直斋书录解题》一,《文献通考》一百七十六,《国史经籍志》二,《经义考》三十二。

　　佚 《经义考》三十二。

赵汝谈

一、《易说》 《文献通考》一百七十六、《国史经籍志》二并作《南塘易说》,《经义考》三十二作《周易说》。

三卷　《文献通考》一百七十六,《宋史·艺文志》一,《国史经籍志》二,《经义考》三十二。

佚　《经义考》三十二。

二、《易注》　《宋史》四百十三,《余杭县志》三十四。

三、《南塘书说》

三卷　《直斋书录解题》二,《文献通考》一百七十七,《国史经籍志》二。《宋史·艺文志》一、《经义考》八十三并作二卷。

未见　《经义考》八十三。

四、《尚书注》　《宋史》四百十三,《余杭县志》三十四。

五、《诗注》　《经义考》一百八十,《两浙名贤录》三十五。

佚　《经义考》一百八十。

六、《周礼注》　《经义考》一百二十三,《两浙名贤录》三十五。

佚　《经义考》一百二十三。

七、《二礼注》　《经义考》一百六十三。

未见　《经义考》一百六十三。

八、《礼记注》　《经义考》一百四十二,《两浙名贤录》三十五。

佚　《经义考》一百四十二。

九、《论语注》　《宋史》四百十三,《两浙名贤录》三十五。

十、《孟子注》　《宋史》四百十三,《两浙名贤录》三十五。

十一、《通鉴注》　《两浙名贤录》三十五。

十二、《坤鉴》　雍正《浙江通志》二百四十五。

注:与赵汝谠合集历代皇后事(《宋史》本传)。

十三、《荀子注》　《千顷堂书目》十一,《宋史艺文志补》,《两浙名贤录》三十五。

十四、《庄子注》　《宋史》四百十三,《两浙名贤录》三十五。

十五、《南塘集》

九卷　《国史经籍志》五,《千顷堂书目》二十九,《宋史艺文志补》。

十六、《介轩诗集》

一卷　《两宋名贤小集》。

存　《两宋名贤小集》。

十七、《南塘四六》

一卷 《四库全书总目提要》一百七十四,《续文献通考》一百八十九。

存 宋刊本。

十八、《杜诗注》 《两浙名贤录》三十五。

叶绍翁

一、《四朝闻见录》

五卷 《续文献通考》一百七十九,雍正《浙江通志》二百四十三,《四库全书总目提要》五十一,《宋史艺文志补》。

存 《笔记小说大观》五编(五卷、附录一卷),《说郛》(同上),知不足斋丛书四辑(同上),《浦城遗书》(无附录)。

二、《靖逸小集》

一卷 《千顷堂书目》二十九,《宋史艺文志补》。

存 《宋百家诗存》,《两宋名贤小集》,《南宋六十家集》(附补遗一卷),《南宋群贤小集》(同上),《宋名家小集》,《宋人小集》,《江湖小集》。

陈埴

一、《书说》

二卷 《朱子晦庵续集》三。

佚 《温州经籍志》二。

二、《禹贡辩》

一卷 《经义考》九十四。

佚 《温州经籍志》二。《经义考》九十四注曰未见。

三、《洪范解》

一卷 《经义考》九十六。

佚 《经义考》九十六。

四、《王制章句》

一卷 《经义考》一百四十八。

佚 《温州经籍志》四。《经义考》一百四十八注曰未见。

五、《潜室文集》 万历《温州府志》十七。

佚 《温州经籍志》二十二。

六、《潜室先生木钟集》

十一卷 《经义考》二百四十四,《四库全书总目提要》九十二,《续文献通考》一百七十三,《千顷堂书目》三,《宋史艺文志补》。

存　明慎独斋刊本,明弘治刊本,温州府学新刊本,"中央研究院"藏钞本,
四库全书珍本四集。

余嵘

一、《周易启蒙》《后村大全集》一百四十五。

二、《毛诗说略》　雍正《浙江通志》二百四十一。

三、《戴记序发略》《后村大全集》一百四十五。

四、《春秋大旨》　雍正《浙江通志》二百四十一。

五、《使燕录》

一卷　《直斋书录解题》七,雍正《浙江通志》二百四十四。

六、《掖垣类稿》《后村大全集》一百四十五。

七、《肯堂宾谈随笔》《后村大全集》一百四十五。

八、《八肯堂职业》《后村大全集》一百四十五。

九、《杂记录》《后村大全集》一百四十五。

周端朝

一、《冠婚丧祭礼》

二卷　《宋史·艺文志》三。

佚　《温州经籍志》四。

二、《桂阳志》

五卷　《宋史·经籍志》三。

佚　《温州经籍志》十。

三、《周子静集》　万历《温州府志》十七。

佚　《温州经籍志》二十二。

虞复

一、《成己集》《两浙名贤录》一,雍正《浙江通志》二百四十八。

二、《告蒙集》《两浙名贤录》一,雍正《浙江通志》二百四十八。

三、《告忠集》《两浙名贤录》一,雍正《浙江通志》二百四十八。

四、《远斋集》《两浙名贤录》一,雍正《浙江通志》二百四十八。

注:《宋元学案》五十三云以上四集共八十卷,《两浙名贤》一云合八十余卷。

蔡范

一、《宋通志》

五百卷　《宋元学案》五十三。

佚　《温州经籍志》八。

注：与其父蔡幼学合编。

二、《黄岩志》

十六卷　《直斋书录解题》八,《文献通考》二百五十。

佚　《温州经籍志》十。

蔡节

《论语集说》

二十卷　《经义考》二百十九。《千顷堂书目》三、《宋史艺文志补》、《四库全书总目》三十五并作十卷,《续文献通考》一百五十五作十三卷。

存　《通志堂经解》(十卷)。

注：按据淳祐五年蔡节进《论语集说表》自云二十卷,惟自淳祐六年刊于湖颍已为十卷。

吴子良

一、《赤城续志》

八卷　《文献通考》二百四十。

二、《荆溪集》　《赤城新志》二十一,雍正《浙江通志》二百四十八,《台州府志》七十五。

佚　《赤城新志》二十一,《四库全书总目提要》一百九十五。

三、《木笔杂钞》

二卷　《四库全书总目提要》一百二十七。

存　《学海类编》。

注：按皆《荆溪林下偶谈》之文。

四、《荆溪林下偶谈》。

八卷　《天一阁书目》五。《千顷堂书目》十二、《四库全书总目提要》一百九十五并作四卷。

存　"中央研究院"藏明钞本(八卷),唐宋丛书(四卷)、《宝颜堂秘笈》(同上),《笔记小说大观》四编(同上)。

注：《四库全书总目提要》云旧本八卷。

五、《吴氏诗话》

二卷　《四库全书总目提要》一百九十七。

存　《学海类编》,丛书集成初编。

注：按其文即《荆溪林下偶谈》中摘其论诗之语。

车若水

一、《大学沿革论》

一卷　《经义考》一百五十七。

未见　《经义考》一百五十七。

二、《宇宙略纪》　《千顷堂书目》四，《赤城新志》二十一，《台州外书》六，雍正《浙江通志》二百四十三。

未见　《台州经籍志》二十一。

三、《世运录》　《赤城新志》二十一，雍正《浙江通志》二百四十三。

未见　《台州经籍志》八。

四、《道统录》　《赤城新志》二十一，雍正《浙江通志》二百四十四。

佚　《台州经籍志》十八。

五、《性理要旨》　雍正《浙江通志》二百四十五。

六、《脚气集》

二卷　《千顷堂书目》十二，《四库全书总目提要》一百二十一，《续文献通考》一百七十七。

存　《宝颜堂秘笈》，陈眉公家传广秘笈，孙熹刻本，《笔记小说大观》四编，上海商务印书馆排印本，《续说郛》，"中央图书馆"藏钞本，《皇明百家小说》（一卷）。

七、《玉峰冗稿》

十卷　《千顷堂书目》二十九，《台州府志》七十五。

未见　《台州经籍志》二十五。

孙嵘叟

《读易管见》　《经义考》三十八。

佚　《经义考》三十八。

舒岳祥

一、《深衣图说》

一卷　《经义考》一百五十。

佚　《经义考》一百五十。

二、《补史》

一卷　《台州府志》六十七。

佚　《台州经籍志》九。

三、《阆风家录》

　　三卷　《千顷堂书目》二十九,《宋史艺文志补》,《台州府志》六十八。

　　佚　《台州经籍志》十一。

四、《史述》

　　十八卷　《台州府志》六十八。

　　佚　《台州经籍志》十二。

五、《汉砭》

　　四卷　《台州府志》七十一。

　　佚　《台州外书》六。

六、《三史纂言》

　　六卷　《千顷堂书目》二十九,《宋史艺文志补》,《台州府志》六十八。

　　佚　《台州经籍志》十二。

七、《昔游录》　《两浙名贤录》四十六,雍正《浙江通志》二百四十六。

　　佚　《台州经籍志》二十一。

八、《谈丛》　《两浙名贤录》四十六,《赤城新志》二十一,雍正《浙江通志》二百
　　四十六。

　　佚　《台州经籍志》二十二。

九、《丛续》　《两浙名贤录》四十六。

　　佚　《台州经籍志》二十二。

十、《丛残》　《两浙名贤录》四十六,《赤城新志》二十一,雍正《浙江通志》二百
　　四十六。

　　佚　《台州经籍志》二十二。

十一、《丛传》　《两浙名贤录》四十六,《赤城新志》二十一,雍正《浙江通志》二
　　　百四十六。

　　　佚　《台州经籍志》二十二。

十二、《丛肆》　《两浙名贤录》四十六,《赤城新志》二十一,雍正《浙江通志》二
　　　百四十六。

　　　佚　《台州经籍志》二十二。

十三、《篆畦稿》

　　九卷　《千顷堂书目》二十九,《宋史艺文志补》。

　　　　佚　《台州经籍志》二十五。

十四、《百一老诗》《阆风集》十。

　　　　佚　《台州经籍志》二十五。

十五、《梧竹里稿》《两浙名贤录》四十六。

　　　　佚　《台州经籍志》二十五。

十六、《蝶轩稿》

　　　　九卷　《千顷堂书目》二十九,《宋史艺文志补》。

　　　　佚　《台州经籍志》二十五。

十七、《逊野稿》《两浙名贤录》四十六作《荪墅稿》。

　　　　三卷　《千顷堂书目》二十九,《宋史艺文志补》。

　　　　佚　《台州外书》六。

十八、《避地稿》

　　　　十卷　《千顷堂书目》二十九,《宋史艺文志补》。

　　　　佚　《台州外书》六。

注:《两浙名贤录》四十六云《史述》《汉砭》《补史》《家录》《荪墅稿》《避地稿》《篆畦稿》《蝶轩稿》《梧竹里稿》《三史纂言》《谈丛》《丛续》《丛残》《丛传》《丛肆》《昔游录》《深衣图说》凡二百二十卷。

十九、《阆风集》

　　　　二十卷　《国史经籍志》五,《四库全书总目提要》一百六十四,《千顷堂书目》二十九,《宋史艺文志补》。《台州府志》七十五作四十卷,《续文献通考》一百九十作十二卷。

　　　　阙　嘉业堂丛书(十二卷),求恕斋丛书(同上),四库全书珍本三辑(同上)。

刘庄孙

一、《易志》

　　　　十卷　《经义考》四十五。

　　　　佚　《经义考》四十五。

二、《书传》上下篇

　　　　二十卷　《经义考》八十五。

　　　　佚　《经义考》八十五。

三、《诗传音旨补》

二十卷　《经义考》一百十一。

佚　《经义考》一百十一。

四、《周官集传》

二十卷　《台州外书》六。

佚　《台州府志》六十五。

五、《深衣考》《经义考》一百五十。

佚　《经义考》一百五十。

六、《春秋本义》

二十卷　《经义考》一百九十四。

佚　《经义考》一百九十四。

七、《论语章旨》《经义考》二百二十。

佚　《经义考》二百二十。

八、《老子发微》《台州外书》六,《台州府志》七十四。

佚　《台州经籍志》二十四。

九、《楚辞补注音释》《台州外书》六,《台州府志》七十五。

佚　《台州经籍志》二十五。

十、《樗园文集》《千顷堂书目》二十九,《宋史艺文志补》,《台州外书》六,雍

正《浙江通志》二百四十八。《宋元学案》五十五作《刘黄陂集》,误。

佚　《台州经籍志》二十五。

注:按据《赤城新志》二十一《刘黄陂集》作者为刘俣。

十一、《芳润稿》

五十卷　《台州外书》六,《台州府志》七十五。

佚　《台州经籍志》二十五。

十二、《和陶诗》《台州府志》七十五作《和陶集》。

一卷　《台州外书》六,《台州府志》七十五。

佚　《台州经籍志》二十五。

附录三

参考书目举要

一、专书

（一）古籍部分

1. 经部

《周易》，艺文印书馆十三经注疏本

《周易象数论》，明·黄宗羲，光绪十九年广雅书局刊本

以上易类

《尚书》，艺文印书馆十三经注疏本

《郑敷文书说》，宋·郑伯熊，大通书局影印《经苑》本

《书古文训》，宋·薛季宣，大通书局影印《通志堂经解》本

《尚书说》，宋·黄度，大通书局影印《通志堂经解》本

以上书类

《诗经》，艺文印书馆十三经注疏本

《续吕氏家塾读诗记》，宋·戴溪，商务印书馆四库全书珍本别辑

以上诗类

《周礼》，艺文印书馆十三经注疏本

《周礼正义》，清·孙诒让，艺文印书馆孙籀顾先生集

《周礼政要》，清·孙诒让，光绪壬寅普通学堂本

《仪礼识误》，宋·张淳，商务印书馆四库全书珍本别辑

《礼记章句》，清·王夫之，自由出版社影印太平洋书局《船山遗书》本

《太平经国之书》，宋·郑伯谦，大通书局影印《通志堂经解》本

以上礼类

《春秋左氏传》，艺文印书馆十三经注疏本

《春秋后传》，宋·陈傅良，大通书局影印《通志堂经解》本

《春秋讲义》，宋·戴溪，商务印书馆四库全书珍本三集

以上春秋类

《乐书正误》，宋·楼钥，择是居丛书本

以上乐类

《论语》，艺文印书馆十三经注疏本

《石鼓论语答问》，宋·戴溪，商务印书馆四库全书珍本四集

《论语集说》，宋·蔡节，大通书局影印《通志堂经解》本

《孟子》，周·孟轲，艺文印书馆十三经注疏本

《四书集注》，宋·朱熹，世界书局

以上四书类

2. 史部

《史记》，汉·司马迁，艺文印书馆二十五史本

《旧唐书》，后晋·刘昫等，艺文印书馆二十五史本

《新唐书》，宋·欧阳修等，艺文印书馆二十五史本

《旧五代史》，宋·薛居正等，艺文印书馆二十五史本

《新五代史》，宋·欧阳修等，艺文印书馆二十五史本

《宋史》，元·脱脱等，艺文印书馆二十五史本

《清史稿》，赵尔巽等，民国十六年清史馆排印本

以上正史类

《资治通鉴》，宋·司马光，世界书局

《续资治通鉴》，清·毕沅，世界书局

《建炎以来系年要录》，宋·李心传，商务印书馆四库全书珍本别辑

《中兴小纪》，宋·熊克，商务印书馆四库全书珍本别辑

《两朝纲目备要》，文海出版社影印四库全书本

《皇宋中兴两朝圣政》，文海出版社影印宛委别藏本

《北行日录》，宋·楼钥，兴中书局影印知不足斋丛书本

以上编年类

《宋史纪事本末》，明·陈邦瞻，三民书局

以上纪事本末类

《伊洛渊源录新增附续录》，宋·朱熹，广文书局影印和刻近世汉籍丛刊

《道命录》,宋·李心传,兴中书局影印知不足斋丛书本

《宋元学案》,清·黄宗羲等,世界书局

《学案补遗》,清·王梓材等,世界书局

《儒林宗派》,清·万斯同,四明丛书本

《汉学师承记》,清·江藩,商务印书馆人人文库

《两浙名贤录》,明·徐象梅,光绪庚子浙江书局重刊本

《疑年录》,清·钱大昕,粤雅堂丛书本

《碑传集补》,闵尔昌,文海出版社近代中国史料丛刊

《程伊川年谱》,宋·朱熹,广文书局影印和刻近世汉丛刊《晦庵先生朱文公全集》

《朱子年谱》,清·王懋竑,商务印书馆人人文库

《陈文节公年谱》,清·孙锵鸣,敬乡楼丛书本

《陈亮年谱》,童振福,商务印书馆

《邵念鲁年谱》,姚名达,商务印书馆人人文库

以上传记类

《浙江通志》,清·沈翼机等,华文书局影印乾隆元年重修本

《江南通志》,清·黄之隽等,华文书局影印乾隆二年重修本

《江西通志》,清·赵之谦等,华文书局影印光绪七年刊本

《景定建康志》,宋·周应合,嘉庆七年重刻本(金陵孙忠愍祠版)

万历《温州府志》,明·王光蕴,万历三十三年乙巳刊本

乾隆《温州府志》,清·齐召南等,同治四年重刊本

《金华府志》,明·王懋德等,学生书局影印明万历间刊本

《泉州府志》,清·黄任等,同治九年重刊乾隆二十八年本

《台州府志》,喻长霖等,成文出版社影印民国二十五年铅印本

嘉定《赤城志》,宋·陈耆卿,明万历间刊本

《赤城新志》,明·谢铎,明弘治十年丁巳刊本

《永嘉县志》,清·王芬等,光绪八年刊本

《瑞安县志》,清·黄徵又等,嘉庆十三年刊本

《黄岩县志》,清·王咏霓等,光绪三年刊本

《余杭县志》,清·朱文藻等,成文出版社影印民国八年重刊本

《莆田县志》,清·宋若霖等,成文出版社影印民国十五年重印光绪五年潘文凤

补刊本

《鄞县志》,清·董沛霖等,光绪三年丁丑刊本

《新昌县志》,陈畲等,成文出版社影印民国八年铅印本

《江阴县续志》,缪荃孙,成文出版社影印民国九年刊本

《岭外代答》,宋·周去非,商务印书馆四库全书珍本别辑

《舆地纪胜》,宋·王象之,文海出版社影印咸丰十年粤雅堂刊本

《台州外书》,清·戚学标,嘉庆己未夏镌本

《会稽三赋》,宋·王十朋,阳湖陶氏涉园重雕讬跋廛丛刻

以上地理类

《南宋馆阁录》,宋·陈骙,商务印书馆四库全书珍本别辑

《南宋馆阁续录》,宋·陈骙,商务印书馆四库全书珍本别辑

《宋宰辅编年录》,宋·徐自明,文海出版社影印民国十八年永嘉黄氏校印本

《南宋制抚年表》,清·吴廷燮,开明书局二十五史补编本

以上职官类

《历代兵制》,宋·陈傅良,文友书局影印博古斋《墨海金壶》本

《补汉兵制》,宋·钱文子,新兴书局影印《笔记小说大观》续编

《文献通考》,元·马端临,上海图书集成书局据武英殿版校印本

《续文献通考》,清·嵇璜等,上海图书集成书局据武英殿版排印本

《宋会要辑稿》,清·徐松等,世界书局

以上政书类

《直斋书录解题》,宋·陈振孙,商务印书馆国学基本丛书本

《国史经籍志》,明·焦竑,粤雅堂丛书本

《援经图》,明·朱睦㮮,惜阴轩丛书本

《世善堂藏书目录》,明·陈第,兴中书局影印知不足斋丛书本

《百川书志》,明·高儒,郋园全书本

《四库全书总目提要》,清·纪昀,商务印书馆

《宋史艺文志补》,清·倪灿,商务印书馆丛书集成初编

《补辽金元艺文志》,清·倪灿,开明书局二十五史补编本

《经义考》,清·朱彝尊,中华书局四部备要本

《平津馆鉴藏书记》,清·孙星衍,木犀轩丛书本

《千顷堂书目》,清·黄虞稷,适园丛书本

《季沧苇藏书目》,清·季振宜,商务印书馆丛书集成初编

《孝慈堂书目》,清·王闻远,观古堂书目汇刊

《述古堂藏书目》,清·钱曾,粤雅堂丛书本

《天一阁见存书目》,清·薛福成,光绪己丑无锡叶氏新刊本

《温州经籍志》,清·孙诒让,广文书局

《台州经籍志》,清·项元勋,广文书局

以 上 目 录 类

《宋论》,清·王夫之,自由出版社影印太平洋书局《船山遗书》本

《文史通义》,清·章学诚,吴兴嘉业堂《章氏遗书》本

以 上 史 评 类

3. 子部

《荀子》,周·荀卿,艺文印书馆王先谦集解本

《儒志编》,宋·王开祖,商务印书馆四库全书珍本四集

《张子全书》,宋·张载,中华书局四部备要本

《二程全书》,宋·程颢、程颐,广文书局影印和刻近世汉籍丛刊

《上蔡语录》,宋·谢良佐,广文书局影印和刻近世汉籍丛刊

《朱子大全》,宋·朱熹,中华书局四部备要本

《朱子语类》,正中书局影印明成化九年江西藩司覆刊宋咸淳六年导江黎氏本

《近思录》,宋·朱熹、吕祖谦,商务印书馆人人文库

《陆象山全集》,宋·陆九渊,商务印书馆国学基本丛书

《木钟集》,宋·陈埴,商务印书馆四库全书珍本四集

《项氏家说》,宋·项安世,商务印书馆四库全书珍本别辑

《黄氏日抄》,宋·黄震,商务印书馆四库全书珍本三集

《明夷待访录》,清·黄宗羲,永吉出版社《黎洲遗著汇刊》

《黄书》,清·王夫之,自由出版社影印太平洋书局《船山遗书》本

《存学编》,清·颜元,广文书局颜李丛书本

《言行录》,清·颜元,广文书局颜李丛书本

《朱子语类评》,清·颜元,广文书局颜李丛书本

《习斋记余》,清·颜元,广文书局颜李丛书本

以 上 儒 家 类

《孙子》,周·孙武,世界书局诸子集成本

《尉缭子》,周·尉缭,续古逸丛书本

以上兵家类

《习学记言》,宋·叶适,商务印书馆四库全书珍本三集

《脚气集》,宋·车若水,新兴书局影印《笔记小说大观》四编

《涧泉日记》,宋·韩淲,商务印书馆四库全书珍本别辑

《隐居通义》,元·刘埙,道光己酉海山仙馆丛书本

《日知录》,清·顾炎武,明伦出版社

《乙卯札记》,清·章学诚,吴兴嘉业堂《章氏遗书》本

以上杂家类

《玉海》,宋·王应麟,光绪九年浙江书局重刊本

《永嘉先生八面锋》,宋·陈傅良,商务印书馆丛书集成初编

以上类书类

《四朝闻见录》,宋·叶绍翁,新兴书局影印《笔记小说大观》六编

《癸辛杂识》,宋·周密,新兴书局影印《笔记小说大观》三编

以上小说家类

《老子》,周·李耳,中华书局四部备要本

《庄子》,周·庄周,中华书局四部备要本

以上道家类

4. 集部

《浮沚集》,宋·周行己,永嘉丛书本、四库全书珍本别辑

《横塘集》,宋·许景衡,永嘉丛书本、四库全书珍本别辑

《刘左史集》,宋·刘安节,永嘉丛书本、四库全书珍本六集

《刘给谏集》,宋·刘安上,永嘉丛书本

《浪语集》,宋·薛季宣,永嘉丛书本

《止斋文集》,宋·陈傅良,永嘉丛书本、商务印书馆四库丛刊初编

《水心文集》,宋·叶适,永嘉丛书本

《水心别集》,宋·叶适,永嘉丛书本

《叶适集》,宋·叶适,河洛出版社

《竹轩杂著》,宋·林季仲,商务印书馆四库全书珍本别辑

《梅溪集》,宋·王十朋,商务印书馆四部丛刊初编

《攻媿集》,宋·楼钥,商务印书馆四部丛刊初编

《山房集》，宋·周南，商务印书馆四库全书珍本三集

《浣川集》，宋·戴栩，商务印书馆四库全书珍本别辑

《筼窗集》，宋·陈耆卿，商务印书馆四库全书珍本初集

《阆风集》，宋·舒岳祥，商务印书馆四库全书珍本三集

《范文正公集》，宋·范仲淹，商务印书馆四部丛刊初编

《斐然集》，宋·胡寅，商务印书馆四库全书珍本初集

《吕东莱文集》，宋·吕祖谦，商务印书馆丛书集成简编

《东莱吕太史集》，宋·吕祖谦，续金华丛书本

《龙川文集》，宋·陈亮，中华书局四部备要本

《说斋文钞》，宋·唐仲友，续金华丛书本

《南轩集》，宋·张栻，广学社影印书馆影印绵邑洗墨池重刊本

《文定集》，宋·汪应辰，商务印书馆丛书集成初编

《絜斋集》，宋·袁燮，商务印书馆四库全书珍本别辑

《诚斋集》，宋·杨万里，商务印书馆四部丛刊初编

《鹤山大全集》，宋·魏了翁，商务印书馆四部丛刊初编

《鹤林集》，宋·吴泳，商务印书馆四库全书珍本初集

《鄮峰真隐漫录》，宋·史浩，商务印书馆四库全书珍本二集

《云溪稿》，宋·吕皓，续金华丛书本

《后村大全集》，宋·刘克庄，商务印书馆四部丛刊初编

《桐江集》，元·方回，文海出版社影印宛委别藏本

《桐江续集》，元·方回，商务印书馆四库全书珍本初集

《清容居士集》，元·袁桷，商务印书馆四部丛刊初编

《太岳集》，明·张居正，明万历间刊本

《南雷文定》，清·黄宗羲，永吉出版社《梨洲遗著汇刊》

《亭林文集》，清·顾炎武，光绪戊子朱氏校经山房刊《亭林遗书》本

《鲒埼亭集》，清·全祖望，商务印书馆国学基本丛书本

《章实斋文集》，清·章学诚，吴兴嘉业堂《章氏遗书》本

《揅经室集》，清·阮元，商务印书馆四部丛刊初编

《宾萌集》，清·俞樾，春在堂丛书本

《抱经堂文集》，清·卢文弨，商务印书馆四部丛刊初编

《逊学斋文钞》，清·孙衣言，清同治间刊本

《逊学斋文续钞》,清·孙衣言,同治十二年刊本

《籀庼述林》,清·孙诒让,艺文印书馆《孙籀庼先生集》

以上别集类

《宋文鉴》,宋·吕祖谦,世界书局

《两宋名贤小集》,宋·陈思,"中央研究院"藏钞本

以上总集类

《荆溪林下偶谈》,宋·吴子良,艺文印书馆

以上诗文评类

(二) 近今人著作部分

《国史大纲》,钱穆,商务印书馆

《宋史》,方豪,华冈出版社

《宋代政教史》,刘伯骥,中华书局

《宋代兴亡史》,张孟伦,商务印书馆人人文库

《宋史研究论集》,王德毅,商务印书馆人人文库

《中国学术思想变迁之大势》,梁启超,中华书局

《中国哲学史》,钟泰,商务印书馆人人文库

《中国近三百年学术史》,梁启超,中华书局

《中国近三百年学术史》,钱穆,商务印书馆

《国学概论》,钱穆,商务印书馆人人文库

《宋明理学》,吴康,华国出版社

《清代学述概论》,梁启超,中华书局

《朱熹》,周予同,商务印书馆人人文库

《朱子新学案》,钱穆,自印本

《叶适研究》,周学武,台大中文研究所

《籀庼学记》,王更生,台湾师大国文研究所

《中国史学史》,金毓黻,商务印书馆

《中国政治思想史》,萨孟武,三民书局

《王安石政略》,熊公哲,商务印书馆人人文库

《中国考试制度史》,沈兼士,商务印书馆人人文库

《中国商业史》,王孝通,商务印书馆

《宋元经济史》,王志瑞,商务印书馆人人文库

《中国税制史》,吴兆华,商务印书馆

《近代学风之地理的分布》,梁启超,中华书局

《林公铎先生遗著》,林损,世界书局

《儒家哲学》,梁启超,中华书局

《十力语要》,熊十力,广文书局

《仰止詹言》,熊公哲,自印本

《宋儒与佛教》,林科棠,商务印书馆国学小丛书

《心体与性体》,牟宗三,正中书局

《政道与治道》,牟宗三,广文书局

(三) 外国人著作部分

《中国哲学史》,狩野直喜,岩波书店

《中国哲学史》,宇野哲人,东京宝文馆

《中国哲学史概论》,渡边秀方,商务印书馆(译本)

二、论文

《温州文献概述》,孙延钊,《文澜学报》二卷一期、三卷一期

《孙太仆年谱跋》,孙延钊,《浙江图书馆馆刊》四卷

《浙江图书馆藏善本书志》,夏定域,《文澜学报》二卷二期

《浙江省文献展览会专号》,《文澜学报》二卷三、四期

《陈同甫先生学说管窥》,陈楚豪,《文澜学报》一卷一期

《南宋金华三派学说概述》,骆允治,《文澜学报》三卷二期

《叶适在中国哲学史上之位置》,何格恩,《岭南学报》二卷四期

《论叶适思想》,吕振羽,《历史研究》六十卷一、二期

《两宋学风的地理分布》,何佑森,《新亚学报》一卷一期

《黄宗羲与清代浙东史学派之兴起》,杜维运,《故宫文献》二卷三、四期

后　记

《宋永嘉学派之学术思想》是我费时三年，多方搜集资料，并经深切思索，最后妥加融裁组织，而于 1977 年 6 月完成的博士论文。受限于当时印刷及出版条件的不足，只能于请人誊写后复印并装订成册，字迹并非十分清晰，外表也嫌不够精美。因属专门之学术著作，仅提供资格审查与学术机构收藏之用，印量既不多，流传也不广，知之者当然不十分普遍，影响也就相当有限，毋宁是一件令人感到十分遗憾之事。

我于四十多年前研究永嘉学派之时，大家对永嘉学术，以至浙东学派，甚至整个中华传统文化，都不是很重视，我的论文未能发挥大的影响，也就成为势所必然之事。所幸近二十多年来，大家日益重视传统文化，连带着各地域的学术，包括浙东学术、永嘉学派也颇受关注，曾召开过几次学术会议，研究者日益增加，研究成果也逐渐显现，可以说是一种相当可喜的现象。对于研究永嘉学派开风气之先的我而言，更是喜出望外，难以言喻。

永嘉书院总经理李作勤先生于事业有成之后，致力于搜罗地方文献，以期发扬光大乡邦之学。获悉我的博士论文乃最早且全面而有系统的研究永嘉学派之作，乃设法与我取得联系，并表达希望能重新排印出版的心意。经多次通过电话及电子邮件交换意见，既深为其熟诚感动，再加上自己当年所花费的心血能获得重视，更重要的是永嘉之学兼重心性与事功，既有助于个人涵养，尤能促进社会发展，当然是欣喜异常，乃慨然表示同意，很快达成协议。

李作勤总经理将拙作重新排版之后，为慎重其事，再送来请我重新校核，发现当年请人誊写时仍有部分错、别、漏、衍字未及更正，也有极少数文意偶或照应欠周之处，乃借此机会全面检视修订。至于其他内容，经再三审酌，发现我对永嘉之学的认识，以及对其学术价值的肯定，并未因为时隔四十多年而有所改观，甚至于发现即使在现代，仍有值得重视，而对国计民生极有裨益之处，因而完全保留不动，以存原貌，以见其学之历久而弥新。

现任浙江儒学会会长、曾负责编校《黄宗羲全集》《王阳明全集》等著作、对推展浙江儒学不遗余力的吴光教授,与我相交相知三十多年。我们在两岸隔绝的时代,有机缘在韩国首尔相识,以志趣相投结为好友,感情弥足珍贵;其后两岸得以互通,更屡屡在国内外的多次学术会议上,交换宏扬浙江儒学与中华传统文化的意见。他得知拙作即将重排出版,乃慨然应允撰写序言,将拙作的撰述旨趣、章节体例等抉发出来,盛情隆意更是令人感念。

据我所知,四十多年来,永嘉学派的学术思想已逐渐受到重视,不仅投入研究者日多,也有一些专门著作问世,其中还不乏内容可观者,诚然令人欣喜。然则永嘉学派人物众多,思想内涵也十分丰富,尤其是可与当代结合处更多有之,正有赖我们从各个角度深入抉发。拙作在李总经理与吴教授的竭力协助之下,即将付梓,其中难免尚有疏误之处,敬祈不吝指正,以匡正未逮;尤其盼望大家能因而关注永嘉学派,期使其思想日益发扬光大,在学术史占有其应有的地位。

董金裕　谨志于台北指南山下

2021 年 7 月